SQL
BOOSTER

저자 소개

유일환

서경대학교에서 컴퓨터 공학을 전공하고 2001년부터 개발자로 일을 시작했다.
2005년부터 2017년까지 중국 삼성전자 판매 법인에 필요한 시스템이 적시에 개발되도록 DA(Data Architecture) 임무를 수행했다.
판매, 유통, 데이터 분석 등의 다양한 업무의 데이터베이스를 설계했으며 수많은 배치와 핵심 SQL들을 개발해왔다.
현재는 프리랜서로 일하고 있다. 데이터베이스뿐만 아니라 데이터 활용에 많은 관심을 두고 있으며, 대한민국이 데이터 강국이 되기를 꿈꾸고 있다.

SQL BOOSTER

Copyright ⓒ 2019 by RYU ILLHWAN

All rights reserved. Including the rights of reproduction in whole or in part in any form. Printed in KOREA.

초판 1쇄 발행 | 2019년 11월 1일
초판 2쇄 발행 | 2021년 10월 20일

지은이	유일환
펴낸이	조시형
펴낸곳	주식회사 디비안
디자인	이정숙
출판등록	2018년 4월 5일 제2018-000041호
주소	서울특별시 강서구 공항대로 220, 1105호 (마곡동, 우성에스비타워Ⅱ)
전화	02)2662-8246
팩스	050)4394-8246
홈페이지	www.dbian.co.kr
인터넷카페	www.dbian.net

ISBN 979-11-963957-5-9 93000
값 28,000원

이 책은 저작권의 보호를 받으며, 출판권자의 승인을 받지 않은 복사, 변형, 유포, 게재, 디지털 매체로의 저장 및 전송, 촬영, 녹취 등의 일체 행위는 금지됩니다.

SQL BOOSTER

프로젝트 성공을 위한
SQL 필독서

개발자에게 필요한
오라클 SQL 실전서

유일환 지음

참고 문헌

오라클 성능 고도화 원리와 해법 I권, 조시형 저
오라클 성능 고도화 원리와 해법 II권, 조시형 저
친절한 SQL 튜닝, 조시형 저
SQL의 컨셉 for ORACLE, 변동구 저
불친절한 SQL 프로그래밍, 정희락 저
아는 만큼 보이는 데이터베이스 설계와 구축, 이춘식 저
Practical Database Design, 손호성 저

책의 전체 SQL은 DB 전문가 네트워크 '디비안 포럼(DBian.net)'에서 받을 수 있습니다.
- http://www.dbian.net

SQL을 좀 더 잘하고 싶은 모든 분께
이 책을 바칩니다.

목차

PART. I	Kick-Off, 프로젝트 시작을 위한 SQL 기술	13
PART. II	성능 테스트, 성능 개선을 위한 SQL 기술	117
PART. III	오픈, 훌륭한 마무리를 위한 SQL 기술	231

PART. I Kick-Off, 프로젝트 시작을 위한 SQL 기술 — 13

Chapter. 1 준비하기 — 14

- 1.1 연습을 위한 환경 구성 — 15
  - 1.1.1 연습용 테이블 스페이스 만들기 — 15
  - 1.1.2 연습용 사용자 만들기 — 16
- 1.2 연습용 데이터베이스 구성 — 18
  - 1.2.1 연습용 테이블 생성하기 — 18
  - 1.2.2 연습용 데이터 생성하기 — 24

Chapter. 2 GROUP BY와 ROLLUP — 30

- 2.1 GROUP BY — 31
  - 2.1.1 GROUP BY 이해하기 — 31
  - 2.1.2 GROUP BY 컬럼의 변형 — 33
  - 2.1.3 집계함수에서 CASE문 활용하기 — 35
  - 2.1.4 COUNT 집계함수 — 38
  - 2.1.5 중복을 제거한 COUNT — 39
  - 2.1.6 HAVING — 41
- 2.2 ROLLUP — 43
  - 2.2.1 ROLLUP 이해하기 — 43
  - 2.2.2 ROLLUP의 컬럼 순서 — 44
  - 2.2.3 GROUPING — 46
  - 2.2.4 ROLLUP 컬럼의 선택 — 48
- 2.3 소계를 구하는 다른 방법 — 52
  - 2.3.1 ROLLUP을 대신하는 방법 — 52
  - 2.3.2 CUBE — 55
  - 2.3.3 GROUPING SETS — 56

Chapter 3 JOIN　　　　　　　　　　　　　　　　58

3.1　INNER-JOIN　　　　　　　　　　　　　　59
　3.1.1　INNER-JOIN 이해하기　　　　　　　　59
　3.1.2　여러 테이블의 조인　　　　　　　　　62
　3.1.3　잘 못 작성한 조인(M:1:M 조인)　　　65
　3.1.4　RANGE-JOIN　　　　　　　　　　　　70

3.2　OUTER-JOIN　　　　　　　　　　　　　　72
　3.2.1　OUTER-JOIN 이해하기　　　　　　　　72
　3.2.2　OUTER-JOIN의 필터 조건　　　　　　75
　3.2.3　실행이 불가능한 OUTER-JOIN　　　　76
　3.2.4　OUTER-JOIN이 포함된 여러 테이블의 조인　77
　3.2.5　OUTER-JOIN의 응용　　　　　　　　　79

3.3　CARTESIAN-JOIN　　　　　　　　　　　81
　3.3.1　CARTESIAN-JOIN 이해하기　　　　　81
　3.3.2　CARTESIAN-JOIN의 위험성　　　　　82
　3.3.3　분석마스터 만들기　　　　　　　　　83
　3.3.4　테스트 데이터 만들기　　　　　　　87

Chapter 4 유용한 SQL 문법　　　　　　　　89

4.1　서브쿼리　　　　　　　　　　　　　　　90
　4.1.1　서브쿼리의 종류　　　　　　　　　　90
　4.1.2　SELECT 절의 단독 서브쿼리　　　　　91
　4.1.3　SELECT 절의 상관 서브쿼리　　　　　94
　4.1.4　SELECT 절 서브쿼리 - 단일 값　　　　98
　4.1.5　WHERE 절 단독 서브쿼리　　　　　　101
　4.1.6　WHERE 절 상관 서브쿼리　　　　　　103

4.2　MERGE　　　　　　　　　　　　　　　　105
　4.2.1　MERGE　　　　　　　　　　　　　　105
　4.2.2　MERGE를 사용한 UPDATE　　　　　108

4.3　WITH　　　　　　　　　　　　　　　　112
　4.3.1　WITH　　　　　　　　　　　　　　　112
　4.3.2　WITH 절을 사용한 INSERT　　　　　114

PART. II 성능 테스트, 성능 개선을 위한 SQL 기술　117

Chapter 5 성능 개선을 위한 기본 지식　　118

5.1　실행계획　　　　　　　　　　　　　　119
　5.1.1　당부의 글　　　　　　　　　　　　　119

5.1.2	실행계획	120
5.1.3	실행계획 확인하기	121
5.1.4	실행계획의 순서	123
5.1.5	실제 실행계획 확인하기	126

5.2 성능 개선을 위한 최소한의 지식 — 130

5.2.1	옵티마이져(Optimizer)	130
5.2.2	소프트 파싱, 하드 파싱	131
5.2.3	IO(Input, Output)	132
5.2.4	블록(BLOCK)	133
5.2.5	논리적 IO와 물리적 IO	135
5.2.6	부분 범위 처리	136

Chapter. 6 INDEX — 140

6.1 INDEX의 기본 개념 — 141

6.1.1	인덱스(INDEX)란?	141
6.1.2	인덱스의 종류	143
6.1.3	B*트리 구조와 탐색 방법	146
6.1.4	데이터를 찾는 방법	150
6.1.5	데이터를 찾는 방법 - 테이블 전체 읽기	151
6.1.6	데이터를 찾는 방법 - 인덱스를 이용한 찾기	153
6.1.7	INDEX RANGE SCAN VS. TABLE ACCESS FULL	158

6.2 단일 인덱스 — 161

6.2.1	단일 인덱스의 컬럼 정하기	161
6.2.2	단일 인덱스 VS. 복합 인덱스	164

6.3 복합 인덱스 — 169

6.3.1	복합 인덱스 - 컬럼 선정과 순서#1	169
6.3.2	복합 인덱스 - 컬럼 선정과 순서#2	173
6.3.3	복합 인덱스 - 컬럼 선정과 순서#3	175
6.3.4	복합 인덱스 - 컬럼 선정과 순서#4	176

6.4 인덱스의 활용 — 179

6.4.1	인덱스로 커버된 SQL	179
6.4.2	Predicate Information – ACCESS	180
6.4.3	너무 많은 인덱스의 위험성	183
6.4.4	인덱스 설계 과정	184

Chapter. 7 JOIN과 성능 — 189

7.1 조인의 내부적인 처리 방식 — 190

7.1.1	조인의 3가지 처리 방식	190
7.1.2	NESTED LOOPS JOIN	191
7.1.3	MERGE JOIN	194
7.1.4	HASH JOIN	195

7.2 NL 조인과 성능   198
    7.2.1 성능 테스트를 위한 테이블 생성   198
    7.2.2 후행 집합에 필요한 인덱스   199
    7.2.3 선행 집합 변경에 따른 쿼리 변형   204
    7.2.4 조인 횟수를 줄이자#1   206
    7.2.5 조인 횟수를 줄이자#2   209
    7.2.6 여러 테이블의 조인   211
    7.2.7 과도한 성능 개선   215
    7.2.8 선행 집합은 항상 작은 쪽이어야 하는가?   218

7.3 MERGE 조인과 성능   220
    7.3.1 대량의 데이터 처리   220
    7.3.2 필요한 인덱스   222

7.4 HASH 조인과 성능   225
    7.4.1 대량의 데이터 처리   225
    7.4.2 빌드 입력 선택의 중요성   226
    7.4.3 대량의 데이터에만 사용할 것인가?   228
    7.4.4 어떤 조인을 사용할 것인가?   230

PART. III 오픈, 훌륭한 마무리를 위한 SQL 기술   231

Chapter. 8 OLTP SQL 기술   232

8.1 트랜잭션   233
    8.1.1 트랜잭션(Transaction)이란?   233
    8.1.2 트랜잭션 테스트   236
    8.1.3 트랜잭션 고립화 수준 – READ COMMITTED   240

8.2 락(LOCK)   248
    8.2.1 락(LOCK)   248
    8.2.2 SELECT~FOR UPDATE   248
    8.2.3 대기(WAIT) 상태   252
    8.2.4 데드락(DEAD-LOCK, 교착상태)   253
    8.2.5 트랜잭션 최소화   256
    8.2.6 방어 로직   258
    8.2.7 불필요한 트랜잭션의 분리   260

8.3 문서번호 처리 기술   262
    8.3.1 SELECT MAX 방식   262
    8.3.2 SELECT MAX 방식의 성능   264
    8.3.3 SELECT MAX 방식의 중복 오류   270
    8.3.4 채번 테이블   272
    8.3.5 채번함수   275

8.4 시퀀스와 ROWNUM　　　　　　　　　　　　　281
　　8.4.1　시퀀스 객체(Sequence Object)　　　281
　　8.4.2　잘못 활용한 시퀀스　　　　　　　　284
　　8.4.3　최근 데이터를 가져오는 기술　　　286

Chapter. 9　분석함수　　　　　　　　　　　　292

9.1 OVER 절　　　　　　　　　　　　　　　　293
　　9.1.1　OVER 절 이해하기　　　　　　　　293
　　9.1.2　분석 대상　　　　　　　　　　　　295
　　9.1.3　OVER - PARTITION BY　　　　　　299
　　9.1.4　OVER - ORDER BY　　　　　　　　303

9.2 기타 분석함수　　　　　　　　　　　　　　306
　　9.2.1　순위 분석함수　　　　　　　　　　306
　　9.2.2　ROW_NUMBER　　　　　　　　　　307
　　9.2.3　LAG, LEAD　　　　　　　　　　　　309

9.3 분석함수를 대신하기　　　　　　　　　　　312
　　9.3.1　분석함수를 대신하는 방법　　　　　312
　　9.3.2　PARTITION BY를 대신하기　　　　　314
　　9.3.3　ROW_NUMBER를 대신하기　　　　　315

Chapter. 10　페이징 처리 기술　　　　　　　　319

10.1 페이징 기술　　　　　　　　　　　　　　320
　　10.1.1　페이징의 종류　　　　　　　　　　320
　　10.1.2　DB 페이징　　　　　　　　　　　　321
　　10.1.3　DB-INDEX 페이징　　　　　　　　326

10.2 페이징 성능 높이기　　　　　　　　　　　332
　　10.2.1　페이징을 위한 카운트 처리　　　　332
　　10.2.2　DB-INDEX 페이징의 성능 개선　　334
　　10.2.3　DB-INDEX 페이징으로 유도하기　337
　　10.2.4　DB-INDEX 페이징의 한계　　　　　340

Chapter. 11　SQL 개발 가이드　　　　　　　　343

11.1 WHERE 절 가이드　　　　　　　　　　　344
　　11.1.1　WHERE 절의 컬럼은 변형하지 않는다　　344
　　11.1.2　날짜 조건 처리하기　　　　　　　346
　　11.1.3　조건 값은 컬럼과 같은 자료형을 사용한다　　351
　　11.1.4　NOT IN 보다는 IN을 사용한다　　353
　　11.1.5　불필요한 LIKE는 제거하자　　　　357

11.2	불필요한 부분 제거하기	359
	11.2.1 불필요한 COUNT는 하지 않는다	359
	11.2.2 COUNT에 불필요한 부분은 제거한다	362
	11.2.3 불필요한 컬럼은 사용하지 않는다	365
	11.2.4 동일 테이블의 반복 서브쿼리를 제거하자	366
11.3	생각의 전환	369
	11.3.1 사용자 함수 사용의 최소화	369
	11.3.2 작업량을 줄이자	373
	11.3.3 집계 테이블을 고민하자	377

PART I

Kick-Off,
프로젝트 시작을 위한 SQL 기술

Chapter. 1	준비하기
Chapter. 2	GROUP BY와 ROLLUP
Chapter. 3	JOIN
Chapter. 4	유용한 SQL 문법

어떤 Back-End 개발자와 프로젝트를 시작할 것인가? GROUP BY와 조인을 잘하는 개발자와 함께할 것이다. 그냥 잘하는 정도가 아니라, 거침없이 정확하게 사용할 줄 아는 개발자를 찾을 것이다.

이 책은 GROUP BY와 조인을 원리부터 촘촘하게 설명한다. SELECT, UPDATE와 같은 기본 문법은 설명하지 않는다. 실전 현장에서 활용할 만한 예제들을 담기 위해 노력했다. 문제를 위한 문제 같은 예제는 최소화했다. 부디 프로젝트에서 GROUP BY와 조인을 거침없이 사용할 수 있는 Back-End 개발자가 되어주기 바란다.

Chapter. 1

준비하기

'시작이 반이다' 무슨 일이든 시작이 어렵지, 시작하면 일을 끝마치기는 어렵지 않다는 뜻이다. 'Chapter. 1 준비하기'는 오라클 설치와 연습용 데이터베이스 생성에 관한 내용이다. 수준 있는 개발자들에게는 귀찮은 내용일 수 있다. 하지만 시작이 반이다. '준비하기' 과정을 잘 마치면 나머지는 책을 보고 따라가기만 하면 된다. '준비하기' 과정을 피하지 말고 즐겨주기 바란다.

실제 SQL을 연습할 수 있게 책을 구성했다. 직접 작성하고 실행해야만 SQL 기술을 자신의 것으로 만들 수 있기 때문이다. 책을 읽어보는 것만으로도 도움이 되겠지만, 직접 SQL을 실행해 본다면 더 큰 도움이 될 것이다.

책 속의 예제들은 오라클 11g Express Edition 기준으로 작성되었지만 꼭 오라클 11g Express가 아니어도 된다. 다른 버전이라면 성능과 관련된 부분에서 책의 내용과 약간 다르게 나올 수 있지만, 대부분 원리와 개념, 결과는 비슷하다. 10g 이상의 오라클 버전이면 별다른 문제는 없다.

오라클은 'https://www.oracle.com/index.html'에서 다운받아 설치할 수 있다. 2021년 10월 기준으로 11g Express는 아래 주소에서 다운받을 수 있다.

    https://www.oracle.com/database/technologies/xe-prior-release-downloads.html

오라클 설치에 관한 설명은 생략한다. 설치 과정 대부분이 다음 버튼을 누르면 된다. 설치 시에 설정한 시스템 계정의 암호만 잘 기억하고 있으면 된다. 만약에 자세한 설치 방법이 필요하다면 인터넷 블로그 등을 검색해 보기 바란다. 자세하게 설명된 블로그를 쉽게 찾아낼 수 있을 것이다.

오라클 11g Express Edition을 설치했거나, 개발용 오라클에 접속할 수 있다면 본격적으로 SQL의 세계로 떠나보자.

1.1 연습을 위한 환경 구성

1.1.1 연습용 테이블 스페이스 만들기

SQL을 작성하고 실행하려면 SQL 개발 툴이 필요하다. 개발 툴에는 토드(Toad), 오렌지(Orange) 등 여러 가지가 있다. 어떤 툴이든 각자 자신에게 편한 툴을 사용하면 된다. 이 책은 오라클에서 무료로 제공하는 SQL Developer 툴을 사용한다. SQL Developer는 2021년 10월 기준으로 아래 주소에서 다운할 수 있다.

　https://www.oracle.com/tools/downloads/sqldev-downloads.html

SQL Developer 설치 방법은 인터넷에서 쉽게 찾아볼 수 있다. 스스로 찾아서 설치해보기 바란다. [그림 1.1.1-1]은 SQL Developer가 실행된 화면이다.([그림 1.1.1-1]은 SQL Developer 버전에 따라 다를 수 있다.)

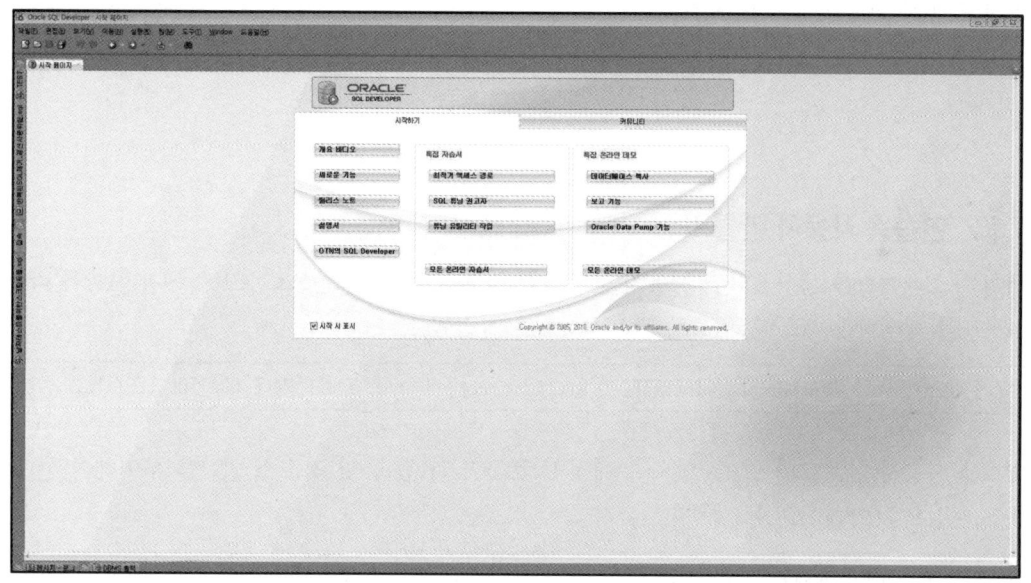

[그림 1.1.1-1]

툴까지 설치 완료되었고 오라클에 접속할 수 있다면, 이제는 연습용 테이블 스페이스와 사용자를 만들 차례다. 책의 내용을 실습하기 위해서는 총 15기가의 디스크 공간이 필요하다. 참고하기 바란다.

연습용 테이블 스페이스를 생성하려면 SYS 계정으로 오라클에 접속해 아래 명령어를 실행해야 한다. 명령어에서 폴더와 파일명은 각자 환경에 맞게 변경해야 한다. (아래 SQL에서 강조된 부분이다.)

```
1  CREATE TABLESPACE ORA_SQL_TEST_TS DATAFILE 'E:\ORA_SQL_TEST\ORA_SQL_TEST.DBA' SIZE 10G
2  EXTENT MANAGEMENT LOCAL SEGMENT SPACE MANAGEMENT AUTO;
```

위 SQL은 'ORA_SQL_TEST_TS'라는 테이블 스페이스를 생성한다. 'E:₩ORA_SQL_TEST' 폴더에 'ORA_SQL_TEST.DBA'라는 파일로 생성할 것을 명령했고 테이블 스페이스 크기는 10기가로 설정했다.

오라클 버전에 따라 위 명령어가 약간 다를 수 있다. 이 책은 오라클 11g Express Edition 기준으로 작성되었다. 본인이 접속한 오라클의 버전이 다르다면 본인 버전에 맞는 'CREATE TABLESPACE' 문법을 찾아 실행하기 바란다.

안타깝게도 이 책은 버전별 다른 문법을 다루는 문법서는 아니다. 필자의 역량이 오라클 버전별 차이를 세세하게 알고 있지 못하는 점도 있으니 이 책을 읽는 독자들에게 이해를 바란다. 조금 귀찮아도 다른 버전의 문법은 직접 찾아보기를 부탁한다.

1.1.2 연습용 사용자 만들기

테이블 스페이스를 생성했다면 사용자를 생성할 차례다. 아래 구문으로 'ORA_SQL_TEST'라는 사용자를 생성한다. 로그인 암호는 '1qaz2wsx'로 설정했다.

```
1  CREATE USER ORA_SQL_TEST IDENTIFIED BY "1qaz2wsx" DEFAULT TABLESPACE ORA_SQL_TEST_TS;
```

새로운 사용자가 로그인 할 수 있도록 계정 UNLOCK과 접속 및 리소스 권한을 부여해야 한다. SYS 계정으로 아래 SQL을 실행한다.

```
1  ALTER USER ORA_SQL_TEST ACCOUNT UNLOCK;
2  GRANT CONNECT, RESOURCE TO ORA_SQL_TEST;
```

위 SQL까지 실행하면 'ORA_SQL_TEST' 사용자로 오라클에 접속할 수 있다. Part. II에서 성능 관련 내용도 다룰 것이므로 'ORA_SQL_TEST' 사용자에 아래 권한을 추가해 놓도록 한다. 아래 SQL을 실행하기 위해서는 여전히 SYS 계정으로 접속한 상태여야 한다.

```
1  GRANT ALTER SYSTEM TO ORA_SQL_TEST;
2  GRANT SELECT ON V_$SQL TO ORA_SQL_TEST;
3  GRANT SELECT ON V_$SQL_PLAN_STATISTICS_ALL TO ORA_SQL_TEST;
4  GRANT SELECT ON V_$SQL_PLAN TO ORA_SQL_TEST;
5  GRANT SELECT ON V_$SESSION TO ORA_SQL_TEST;
6  GRANT EXECUTE ON DBMS_STATS TO ORA_SQL_TEST;
7  GRANT SELECT ON DBA_SEGMENTS TO ORA_SQL_TEST;
```

오라클의 'TEMP 영역 사이즈' 확인도 필요하다. 대량의 테스트 데이터를 생성할 때 TEMP 사이즈가 부족하면 에러가 발생할 수 있다. 아래 SQL로 TEMP가 몇 메가인지 알 수 있다.

```
1  SELECT  T1.FILE_NAME
2         ,(T1.BYTES / 1024 / 1024) TMP_MB
3  FROM    DBA_TEMP_FILES T1;
```

필자의 경우는 TEMP가 5,000MB로 잡혀 있다. 본인의 TEMP 크기가 5,000MB보다 작다면 아래 SQL을 사용해 5,000MB까지 TEMP를 늘리기 바란다. 경로와 파일명은 위 SQL에서 나온 FILE_NAME을 사용해야 한다.

```
1  ALTER DATABASE TEMPFILE 'E:\ORACLEXE\APP\ORACLE\ORADATA\XE\TEMP.DBF' RESIZE 5000M;
```

지금까지 SYS 계정으로 테이블 스페이스와 사용자를 생성했다. 이제는 'ORA_SQL_TEST' 계정으로 접속해 필요한 테이블과 테스트 데이터를 생성할 차례다.

1.2 연습용 데이터베이스 구성

1.2.1 연습용 테이블 생성하기

이 책에서 사용할 연습용 데이터베이스는 가상의 온라인 판매 시스템이다. 앞에서 만든 'ORA_SQL_TEST' 계정으로 접속해 관련 테이블을 생성한다.

연습에 사용할 데이터베이스 구조는 [그림 1.2.1-1]과 같다. 설명과 연습에 필요한 부분만을 추려 간략하게 설계했다. 구조 이해가 빠르고 쉽도록 논리명과 물리명을 동시에 표현했다. 아래 테이블 외에도 설명에 필요한 테이블은 필요 시점에 추가로 설계하고 생성할 예정이다.

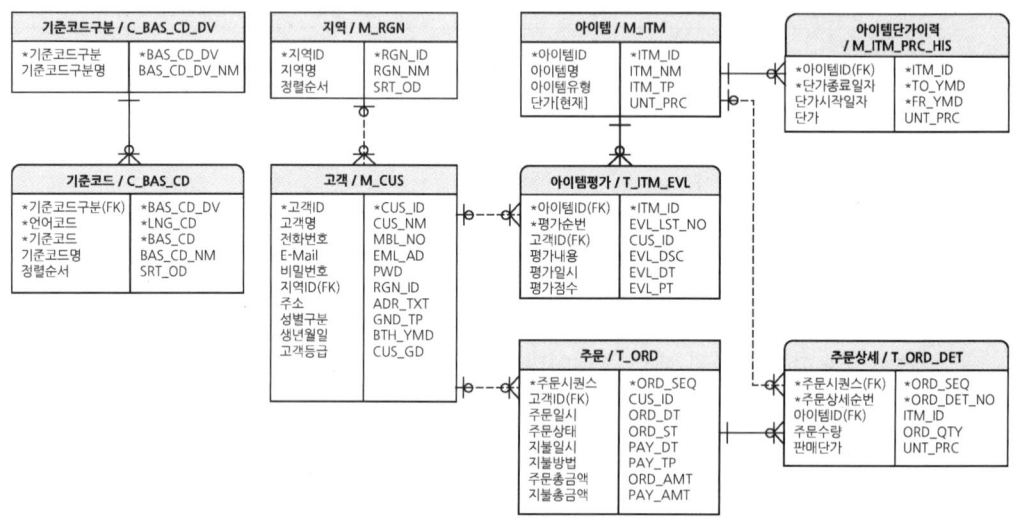

[그림 1.2.1-1]

테이블을 간략하게 설명하면 아래와 같다.

- 기준코드구분/기준코드: 시스템 전반적으로 사용하는 기준코드
- 지역(마스터): 지역(Region)을 관리
- 고객(마스터): 고객(Customer)정보를 관리
- 아이템(마스터): 쇼핑몰에서 판매하는 아이템(Item, 상품)을 관리
- 아이템단가이력(마스터): 아이템의 판매 단가를 이력 구조로 관리
- 아이템평가(실적): 고객이 아이템을 평가한 기록

- 주문/주문상세(실적): 고객의 주문 정보

> **MEMO 기준코드**
>
> 기준코드라는 말이 생소할 수 있다. 기준코드는 시스템에서 사용하는 코드성 데이터다. 지불유형(PAY_TP), 주문상태(ORD_ST), 아이템유형(ITM_TP)과 같은 코드성 데이터를 뜻한다. 이러한 기준코드는, 시스템에 따라 공통코드나 기초코드 또는 마스터코드, 그룹코드와 같은 다양한 용어로 부른다. 여기서는 기준코드라는 용어를 사용한다.

업무 프로세스를 간단히 설명하면, 고객은 주문을 할 수 있다. 하나의 주문에 여러 개의 아이템을 동시에 주문할 수 있다. 고객은 아이템에 좋고 나쁨을 평가 할 수 있다. 그리고 아이템 단가는 이력을 이용해 관리하고 있다. 매우 단순한 구조이지만 SQL 연습을 하기에는 충분하다.
테이블의 전체적인 구조와 테이블 명, 컬럼 명도 눈으로 한 번씩 살펴보기 바란다. 이후 실습에 있어서 큰 도움이 된다. 실제 프로젝트에서도 자신이 개발하는 부분의 데이터 모델을 정확히 알고 있는 것은 매우 중요하다.

[그림 1.2.1-1]의 테이블들을 생성하는 스크립트는 아래와 같다. 아래 블로그 주소나 디비안 포럼(http://www.dbian.net)에서 스크립트를 다운받아 실행해도 된다.

- 테이블 생성 스크립트: https://blog.naver.com/ryu1hwan/221525912860

앞에서 생성한 'ORA_SQL_TEST' 계정으로 접속해 아래 스크립트를 실행하기 바란다.

```
1   -------------------------------------------------------------
2   -- 기준코드(공통코드, 기초코드, 그룹코드 등으로 불린다)
3   -------------------------------------------------------------
4   CREATE TABLE C_BAS_CD
5   (
6           BAS_CD_DV           VARCHAR2(40)    NOT NULL,
7           LNG_CD              VARCHAR2(40)    NOT NULL,
8           BAS_CD              VARCHAR2(40)    NOT NULL,
9           BAS_CD_NM           VARCHAR2(100)   NULL,
10          SRT_OD              NUMBER(18)      NULL
11  );
12
13  CREATE UNIQUE INDEX PK_C_BAS_CD ON C_BAS_CD(BAS_CD_DV ASC,LNG_CD ASC,BAS_CD ASC);
14
15  ALTER TABLE C_BAS_CD
16          ADD CONSTRAINT  PK_C_BAS_CD PRIMARY KEY (BAS_CD_DV,LNG_CD,BAS_CD);
17
```

```sql
-- ---------------------------------------------------------
-- 기준코드구분
-- ---------------------------------------------------------
CREATE TABLE C_BAS_CD_DV
(
        BAS_CD_DV               VARCHAR2(40)   NOT NULL,
        BAS_CD_DV_NM            VARCHAR2(100)  NULL
);

CREATE UNIQUE INDEX PK_C_BAS_CD_DV ON C_BAS_CD_DV(BAS_CD_DV ASC);

ALTER TABLE C_BAS_CD_DV
        ADD CONSTRAINT  PK_C_BAS_CD_DV PRIMARY KEY (BAS_CD_DV);


-- ---------------------------------------------------------
-- 아이템 테이블
-- 아이템 = 실제 판매가 발생하거나 재고 관리가 되는 상품 단위
-- ---------------------------------------------------------
CREATE TABLE M_ITM
(
        ITM_ID                  VARCHAR2(40)   NOT NULL,
        ITM_NM                  VARCHAR2(100)  NULL,
        ITM_TP                  VARCHAR2(40)   NULL,
        UNT_PRC                 NUMBER(18,3)   NULL
);

CREATE UNIQUE INDEX PK_M_ITM ON M_ITM(ITM_ID ASC);

ALTER TABLE M_ITM
        ADD CONSTRAINT  PK_M_ITM PRIMARY KEY (ITM_ID);


-- ---------------------------------------------------------
-- 아이템 단가 이력 테이블
-- ---------------------------------------------------------
CREATE TABLE M_ITM_PRC_HIS
(
        ITM_ID                  VARCHAR2(40)   NOT NULL,
        TO_YMD                  VARCHAR2(8)    NOT NULL,
        FR_YMD                  VARCHAR2(8)    NULL,
        UNT_PRC                 NUMBER(18,3)   NULL
);
```

```sql
CREATE UNIQUE INDEX PK_M_ITM_PRC_HIS ON M_ITM_PRC_HIS(ITM_ID  ASC,TO_YMD  ASC);

ALTER TABLE M_ITM_PRC_HIS
        ADD CONSTRAINT  PK_M_ITM_PRC_HIS PRIMARY KEY (ITM_ID,TO_YMD);



-----------------------------------------------------------
-- 지역 마스터 테이블
-----------------------------------------------------------
CREATE TABLE M_RGN
(
        RGN_ID              VARCHAR2(40)   NOT NULL,
        RGN_NM              VARCHAR2(100)  NULL,
        SRT_OD              NUMBER(18)  NULL
);

CREATE UNIQUE INDEX PK_M_RGN ON M_RGN(RGN_ID  ASC);

ALTER TABLE M_RGN
        ADD CONSTRAINT  PK_M_RGN PRIMARY KEY (RGN_ID);


-----------------------------------------------------------
-- 고객 마스터 테이블
-----------------------------------------------------------
CREATE TABLE M_CUS
(
        CUS_ID              VARCHAR2(40)   NOT NULL,
        CUS_NM              VARCHAR2(100)  NULL,
        MBL_NO              VARCHAR2(100)  NULL,
        EML_AD              VARCHAR2(100)  NULL,
        PWD                 VARCHAR2(200)  NULL,
        RGN_ID              VARCHAR2(40)   NULL,
        ADR_TXT             VARCHAR2(200)  NULL,
        GND_TP              VARCHAR2(40)   NULL,
        BTH_YMD             VARCHAR2(8)   NULL,
        CUS_GD              VARCHAR2(40)   NULL
);

CREATE UNIQUE INDEX PK_M_CUS ON M_CUS(CUS_ID  ASC);

ALTER TABLE M_CUS
        ADD CONSTRAINT  PK_M_CUS PRIMARY KEY (CUS_ID);

```

```sql
--------------------------------------------------------
-- 아이템 평가
-- 고객이 아이템에 평가를 수행한 기록
--------------------------------------------------------
CREATE TABLE T_ITM_EVL
(
        ITM_ID              VARCHAR2(40)   NOT NULL,
        EVL_LST_NO          NUMBER(18)     NOT NULL,
        CUS_ID              VARCHAR2(40)   NOT NULL,
        EVL_DSC             VARCHAR2(1000) NULL,
        EVL_DT              DATE  NULL,
        EVL_PT              NUMBER(18,2)   NULL
);

CREATE UNIQUE INDEX PK_T_ITM_EVL ON T_ITM_EVL(ITM_ID  ASC,EVL_LST_NO  ASC);

ALTER TABLE T_ITM_EVL
        ADD CONSTRAINT  PK_T_ITM_EVL PRIMARY KEY (ITM_ID,EVL_LST_NO);


--------------------------------------------------------
-- 주문
--------------------------------------------------------
CREATE TABLE T_ORD
(
        ORD_SEQ             NUMBER(18)    NOT NULL,
        CUS_ID              VARCHAR2(40)  NOT NULL,
        ORD_DT              DATE  NULL,
        ORD_ST              VARCHAR2(40)  NULL,
        PAY_DT              DATE  NULL,
        PAY_TP              VARCHAR2(40)  NULL,
        ORD_AMT             NUMBER(18,3)  NULL,
        PAY_AMT             NUMBER(18,3)  NULL
);

CREATE UNIQUE INDEX PK_T_ORD ON T_ORD(ORD_SEQ  ASC);

ALTER TABLE T_ORD
        ADD CONSTRAINT  PK_T_ORD PRIMARY KEY (ORD_SEQ);


--------------------------------------------------------
-- 주문상세
--------------------------------------------------------
CREATE TABLE T_ORD_DET
(
```

```sql
            ORD_SEQ             NUMBER(18)   NOT NULL,
            ORD_DET_NO          NUMBER(18)   NOT NULL,
            ITM_ID              VARCHAR2(40) NOT NULL,
            ORD_QTY             NUMBER(18)   NULL,
            UNT_PRC             NUMBER(18,3) NULL
);

CREATE UNIQUE INDEX PK_T_ORD_DET ON T_ORD_DET(ORD_SEQ  ASC,ORD_DET_NO  ASC);

ALTER TABLE T_ORD_DET
        ADD CONSTRAINT  PK_T_ORD_DET PRIMARY KEY (ORD_SEQ,ORD_DET_NO);



-----------------------------------------------------
-- FOREIGN KEY설정들
-----------------------------------------------------
ALTER TABLE C_BAS_CD
        ADD (CONSTRAINT  FK_C_BAS_CD_DV_1 FOREIGN KEY (BAS_CD_DV) REFERENCES C_BAS_CD_DV(BAS_CD_DV));

ALTER TABLE M_ITM_PRC_HIS
        ADD (CONSTRAINT FK_M_ITM_PRC_HIS FOREIGN KEY (ITM_ID) REFERENCES M_ITM(ITM_ID));

ALTER TABLE M_CUS
        ADD (CONSTRAINT FK_CUS_1 FOREIGN KEY (RGN_ID) REFERENCES M_RGN(RGN_ID));

ALTER TABLE T_ITM_EVL
        ADD (CONSTRAINT FK_T_ITM_EVL_1 FOREIGN KEY (CUS_ID) REFERENCES M_CUS(CUS_ID));

ALTER TABLE T_ITM_EVL
        ADD (CONSTRAINT FK_T_ITM_EVL_2 FOREIGN KEY (ITM_ID) REFERENCES M_ITM(ITM_ID));

ALTER TABLE T_ORD
        ADD (CONSTRAINT FK_T_ORD_1 FOREIGN KEY (CUS_ID) REFERENCES M_CUS(CUS_ID));

ALTER TABLE T_ORD_DET
        ADD (CONSTRAINT FK_T_ORD_DET_1 FOREIGN KEY (ORD_SEQ) REFERENCES T_ORD(ORD_SEQ));
```

1.2.2 연습용 데이터 생성하기

연습용 테이블을 생성했다면 이제는 연습용 데이터를 채워 넣을 차례다. 연습 데이터를 생성하는 스크립트는 길고 복잡하다. 아래 블로그나 디비안 포럼(http://www.dbian.net)에서 스크립트를 다운받을 수 있다.

- 데이터 생성 스크립트: https://blog.naver.com/ryu1hwan/221525919310

다운받을 수 없는 상황이면 아래 스크립트를 직접 작성해야 한다. 스크립트가 제법 길지만 직접 작성해서 실행한다면 SQL 실력 향상에 약간은 도움이 될 것이다.
아래 스크립트에서는 카테시안-조인(CARTESIAN-JOIN)과 'CONNECT BY ROWNUM'을 곳곳에 사용한다. 우선은 테스트 데이터를 생성할 때 이러한 기술을 활용할 수 있다는 것만 알고 있도록 하자. 이 책을 모두 읽게 되면 자연스럽게 원리를 알 수 있다.

아이템 데이터 생성

```
1   INSERT INTO M_ITM (ITM_ID ,ITM_NM ,ITM_TP ,UNT_PRC)
2   SELECT  'ITM'||LPAD(TO_CHAR(ROWNUM),3,'0') ITM_ID ,T1.ITM_NM ,T1.ITM_TP ,T1.UNT_PRC
3   FROM   (
4           SELECT   T1.ITM_TP||'_'||LPAD(TO_CHAR(RNO),3,'0') ITM_NM
5                   ,T1.ITM_TP
6                   ,T1.RNO * 100 UNT_PRC
7           FROM    (
8                    SELECT   ROWNUM RNO ,'ELEC' ITM_TP FROM DUAL --가전제품
9                    CONNECT BY ROWNUM <= 10
10                   UNION ALL
11                   SELECT   ROWNUM RNO ,'PC' ITM_TP FROM DUAL --컴퓨터
12                   CONNECT BY ROWNUM <= 20
13                   UNION ALL
14                   SELECT   ROWNUM RNO ,'COOK' ITM_TP FROM DUAL --주방용품
15                   CONNECT BY ROWNUM <= 30
16                   UNION ALL
17                   SELECT   ROWNUM RNO ,'CLOTHES' ITM_TP FROM DUAL --옷
18                   CONNECT BY ROWNUM <= 40
19                   ) T1
20          ORDER BY T1.ITM_TP
21                  ,T1.RNO
22         ) T1
23         ;
24  COMMIT;
```

아이템단가 이력 데이터 생성

```sql
1   INSERT INTO M_ITM_PRC_HIS (ITM_ID ,TO_YMD ,FR_YMD ,UNT_PRC)
2   SELECT   T1.ITM_ID ,T2.TO_YMD ,T2.FR_YMD ,T1.UNT_PRC * T2.PRC_RT UNT_PRC
3   FROM     M_ITM T1
4            ,(
5                 SELECT   '20170310' TO_YMD ,'20170101' FR_YMD ,0.7 PRC_RT FROM DUAL UNION ALL
6                 SELECT   '20170320' TO_YMD ,'20170311' FR_YMD ,0.8 PRC_RT FROM DUAL UNION ALL
7                 SELECT   '99991231' TO_YMD ,'20170321' FR_YMD ,1 PRC_RT FROM DUAL
8            ) T2
9   WHERE    T1.ITM_ID LIKE '%9'
10  UNION ALL
11  SELECT   T1.ITM_ID ,'99991231' TO_YMD ,'20170101' FR_YMD ,T1.UNT_PRC UNT_PRC
12  FROM     M_ITM T1
13  WHERE    T1.ITM_ID NOT LIKE '%9'
14  ;
15  COMMIT;
```

지역 데이터 생성

```sql
1   INSERT INTO M_RGN  (RGN_ID ,RGN_NM ,SRT_OD)
2   SELECT   T1.RGN_ID ,T1.RGN_NM ,ROW_NUMBER() OVER(ORDER BY T1.RGN_ID) SRT_OD
3   FROM     (
4            SELECT   CHR(ASCII('A') + (ROWNUM-1)) RGN_ID
5                     ,CHR(ASCII('A') + (ROWNUM-1)) RGN_NM
6            FROM     DUAL
7            CONNECT BY ROWNUM <= 5
8            ) T1
9   ;
10  COMMIT;
```

고객 데이터 생성

```sql
1   INSERT INTO M_CUS(CUS_ID ,CUS_NM ,MBL_NO ,EML_AD ,PWD ,RGN_ID ,ADR_TXT ,GND_TP ,BTH_YMD ,CUS_GD)
2   SELECT   'CUS_'||LPAD(TO_CHAR(T1.ID_SEQ),4,'0') CUS_ID
3            ,'NAME_'||LPAD(TO_CHAR(T1.ID_SEQ),4,'0') CUS_NM
4            ,LPAD(TO_CHAR(T1.ID_SEQ),4,'0')||'-'||LPAD(TO_CHAR(T1.ID_SEQ),4,'0') MBL_NO
5            ,RPAD(TO_CHAR(T1.ID_SEQ),5,'0')||'@abc.com' EML_AD
6            ,'******' PWD
7            ,T1.RGN_ID
8            ,T1.RGN_ID||' Region' ADR_TXT
9            ,T1.GND_TP
10           ,TO_CHAR(ADD_MONTHS(TO_DATE('19900101','YYYYMMDD'),T1.ADD_BTH_MM)+T1.ID_SEQ,'YYYYMMDD') BTH_YMD
11           ,T1.CUS_GD
12  FROM     (
13           SELECT   T_RGN_ID.RGN_ID
```

```
14              ,T_GND_TP.GND_TP
15              ,T_CUS_GD.CUS_GD
16              ,T_RGN_ID.SRT_OD ADD_BTH_MM
17              ,ROW_NUMBER() OVER(ORDER BY T_GND_TP.GND_TP ,T_RGN_ID.RGN_ID ,T_CUS_GD.CUS_GD) ID_SEQ
18        FROM  (
19                  SELECT  A.RGN_ID
20                         ,A.SRT_OD
21                  FROM    M_RGN A
22                         ,M_RGN B
23                  WHERE   B.SRT_OD >= A.SRT_OD
24              ) T_RGN_ID
25              ,(
26                  SELECT 'MALE' GND_TP FROM DUAL UNION ALL
27                  SELECT 'FEMLE' GND_TP FROM DUAL
28              ) T_GND_TP
29              ,(
30                  SELECT  'A' CUS_GD FROM DUAL CONNECT BY ROWNUM <= 2 UNION ALL
31                  SELECT  'B' CUS_GD FROM DUAL CONNECT BY ROWNUM <= 1
32              ) T_CUS_GD
33        ORDER BY T_RGN_ID.RGN_ID
34                ,T_GND_TP.GND_TP
35                ,T_CUS_GD.CUS_GD
36        ) T1
37        ;
38  COMMIT;
```

주문 데이터 생성

```
1   INSERT INTO T_ORD (ORD_SEQ ,CUS_ID ,ORD_DT ,ORD_ST ,PAY_DT ,PAY_TP ,ORD_AMT ,PAY_AMT)
2   SELECT  T4.RNO ORD_SEQ ,T4.CUS_ID ,T4.ORD_DT
3          ,CASE WHEN MOD(T4.RNO, 10) = 1 THEN 'WAIT' ELSE 'COMP' END ORD_ST
4          ,CASE WHEN MOD(T4.RNO, 10) = 1 THEN NULL ELSE T4.ORD_DT END PAY_DT
5          ,CASE WHEN MOD(T4.RNO, 10) = 1 THEN NULL
6               WHEN MOD(T4.RNO, 10) IN (3,4,5) THEN 'BANK'
7               ELSE 'CARD' END PAY_TP
8          ,NULL ORD_AMT
9          ,NULL PAY_AMT
10  FROM   (
11          SELECT  ROW_NUMBER() OVER(ORDER BY T3.ORD_DT ,T3.CUS_ID) RNO
12                 ,T3.CUS_ID ,T3.ORD_DT
13          FROM    (
14                  SELECT  T1.CUS_ID ,TO_DATE(T2.YMD,'YYYYMMDD') ORD_DT
15                  FROM    M_CUS T1
16                         ,(
17                          SELECT  TO_CHAR(TO_DATE('20161231','YYYYMMDD') + ROWNUM,'YYYYMMDD') YMD
```

```
18                                  ,ROWNUM RNK
19                          FROM    DUAL T1
20                          CONNECT BY ROWNUM <= 365
21                      ) T2
22              WHERE   SUBSTR(T1.CUS_ID,-1,1) = SUBSTR(TO_CHAR(T2.RNK),-1,1)
23              AND     NOT(T2.YMD LIKE '201701%' AND T1.CUS_ID LIKE '%1')   --일부 고객 제외 처리.
24              AND     NOT(T2.YMD LIKE '201702%' AND (T1.CUS_ID LIKE '%2' OR T1.CUS_ID LIKE '%3'))
25              AND     NOT(T2.YMD LIKE '201704%' AND (T1.CUS_ID LIKE '%4' OR T1.CUS_ID LIKE '%5'))
26              AND     NOT(T2.YMD LIKE '201703%' AND (T1.CUS_GD = 'B'))
27              ORDER BY T2.YMD
28                      ,T1.CUS_ID
29              ) T3
30      ) T4
31  ;
32  COMMIT;
```

주문 디테일 데이터 생성

```
1   INSERT INTO T_ORD_DET (ORD_SEQ ,ORD_DET_NO ,ITM_ID ,ORD_QTY ,UNT_PRC)
2   SELECT  T0.ORD_SEQ ,T0.ORD_DET_NO ,T0.ITM_ID ,T0.ORD_QTY ,T9.UNT_PRC
3   FROM    (
4           SELECT  T1.ORD_SEQ ,1 ORD_DET_NO ,T2.ITM_ID ,1 ORD_QTY,T1.ORD_DT
5           FROM    T_ORD T1
6                   ,(
7                       SELECT  A.UNT_PRC ,A.ITM_ID
8                               ,ROW_NUMBER() OVER(ORDER BY A.ITM_ID) RNK
9                       FROM    M_ITM A
10                      WHERE   A.ITM_ID <> 'ITM100'
11                      AND     A.ITM_TP <> 'PC'
12                  ) T2
13          WHERE   MOD(T1.ORD_SEQ,(SELECT COUNT(*) FROM M_ITM C WHERE C.ITM_ID <> 'ITM100')) + 1 = T2.RNK
14          UNION ALL
15          SELECT  T1.ORD_SEQ ,2 ORD_DET_NO ,T2.ITM_ID ,1 ORD_QTY,T1.ORD_DT
16          FROM    T_ORD T1
17                  ,(
18                      SELECT  A.UNT_PRC ,A.ITM_ID
19                              ,ROW_NUMBER() OVER(ORDER BY A.ITM_ID DESC) RNK
20                      FROM    M_ITM A
21                      WHERE   A.ITM_ID NOT IN ('ITM100','ITM099')
22                      AND     A.ITM_TP <> 'PC'
23                  ) T2
24          WHERE   MOD(T1.ORD_SEQ,
25                  (SELECT COUNT(*) FROM M_ITM C WHERE C.ITM_ID NOT IN ('ITM100','ITM099'))) + 1 = T2.RNK
26          AND     MOD(T1.ORD_SEQ,10) IN (1,3,5)
27          ) T0
```

```
28              ,M_ITM_PRC_HIS T9
29     WHERE    T0.ITM_ID = T9.ITM_ID
30     AND      TO_CHAR(T0.ORD_DT,'YYYYMMDD') BETWEEN T9.FR_YMD AND T9.TO_YMD
31              ;
32     COMMIT;
```

주문 금액 업데이트

```
1      MERGE INTO T_ORD T1
2      USING   (
3              SELECT  A.ORD_SEQ ,SUM(A.ORD_QTY * A.UNT_PRC) ORD_AMT
4              FROM    T_ORD_DET A
5              GROUP BY A.ORD_SEQ
6              ) T2
7              ON (T1.ORD_SEQ = T2.ORD_SEQ)
8      WHEN MATCHED THEN UPDATE SET T1.ORD_AMT = T2.ORD_AMT
9                                  ,T1.PAY_AMT = CASE WHEN T1.ORD_ST = 'COMP' THEN T2.ORD_AMT ELSE NULL END;
10
11     COMMIT;
```

아이템 평가 데이터 생성

```
1      INSERT INTO T_ITM_EVL(ITM_ID ,EVL_LST_NO ,CUS_ID ,EVL_DSC ,EVL_DT ,EVL_PT)
2      SELECT  T0.ITM_ID
3              ,ROW_NUMBER() OVER(PARTITION BY T0.ITM_ID ORDER BY T0.ORD_DT) EVL_LST_NO
4              ,T0.CUS_ID
5              ,CASE WHEN T0.EVL_PT >= 4 THEN 'Great'
6                    WHEN T0.EVL_PT >= 2 THEN 'Not bad'
7                    ELSE 'Bad' END EVL_DSC
8              ,T0.ORD_DT EVL_DT
9              ,T0.EVL_PT
10     FROM    (
11             SELECT  T2.ITM_ID ,T1.CUS_ID ,T1.ORD_DT
12                     ,MOD(TO_NUMBER(SUBSTR(T1.CUS_ID,-2,2)) + TO_NUMBER(SUBSTR(T2.ITM_ID,-2,2)),5) + 1 EVL_PT
13             FROM    T_ORD T1
14                     ,T_ORD_DET T2
15             WHERE   T1.ORD_SEQ = T2.ORD_SEQ
16             AND     TO_CHAR(T1.ORD_DT,'YYYYMMDD') NOT LIKE '%2'
17             AND     T1.CUS_ID LIKE '%3'
18             UNION ALL
19             SELECT  T2.ITM_ID ,T1.CUS_ID ,TO_DATE('20170301','YYYYMMDD') ORD_DT
20                     ,1 EVL_PT
21             FROM    M_CUS T1
22                     ,M_ITM T2
23             WHERE   T1.CUS_ID LIKE '%1'
```

```
24            AND    T2.ITM_ID LIKE '%1'
25          ) T0
26          ;
27   COMMIT;
```

기준코드구분 데이터 생성

```
1   INSERT INTO C_BAS_CD_DV(BAS_CD_DV ,BAS_CD_DV_NM)
2   SELECT  'LNG_CD' BAS_CD_DV ,'언어코드' BAS_CD_DV_NM FROM DUAL UNION ALL
3   SELECT  'ITM_TP' BAS_CD_DV ,'아이템유형' BAS_CD_DV_NM FROM DUAL UNION ALL
4   SELECT  'ORD_ST' BAS_CD_DV ,'주문상태' BAS_CD_DV_NM FROM DUAL UNION ALL
5   SELECT  'PAY_TP' BAS_CD_DV ,'지불유형' BAS_CD_DV_NM FROM DUAL UNION ALL
6   SELECT  'GND_TP' BAS_CD_DV ,'성별구분' BAS_CD_DV_NM FROM DUAL UNION ALL
7   SELECT  'CUS_GD' BAS_CD_DV ,'고객등급' BAS_CD_DV_NM FROM DUAL;
8
9   COMMIT;
```

기준코드 데이터 생성

```
1    INSERT INTO C_BAS_CD (BAS_CD_DV ,LNG_CD ,BAS_CD ,BAS_CD_NM ,SRT_OD)
2    SELECT  'LNG_CD' BAS_CD_DV ,'KO' LNG_CD ,'KO' BAS_CD ,'한국어' BAS_CD_NM ,10 SRT_OD FROM DUAL UNION ALL
3    SELECT  'LNG_CD' ,'KO' ,'EN' ,'영어' ,20 FROM DUAL UNION ALL
4    SELECT  'LNG_CD' ,'KO' ,'CN' ,'중국어' ,30 FROM DUAL UNION ALL
5
6    SELECT  'ITM_TP' ,'KO' ,'ELEC' ,'가전제품' ,10 FROM DUAL UNION ALL
7    SELECT  'ITM_TP' ,'KO' ,'PC' ,'컴퓨터' ,20 FROM DUAL UNION ALL
8    SELECT  'ITM_TP' ,'KO' ,'COOK' ,'주방도구' ,30 FROM DUAL UNION ALL
9    SELECT  'ITM_TP' ,'KO' ,'CLOTHES' ,'옷' ,40 FROM DUAL UNION ALL
10
11   SELECT  'ORD_ST' ,'KO' ,'WAIT' ,'대기' ,10 FROM DUAL UNION ALL
12   SELECT  'ORD_ST' ,'KO' ,'COMP' ,'완료' ,20 FROM DUAL UNION ALL
13
14   SELECT  'PAY_TP' ,'KO' ,'BANK' ,'계좌이체' ,10 FROM DUAL UNION ALL
15   SELECT  'PAY_TP' ,'KO' ,'CARD' ,'카드' ,20 FROM DUAL UNION ALL
16
17   SELECT  'GND_TP' ,'KO' ,'FEMLE' ,'여성' ,10 FROM DUAL UNION ALL
18   SELECT  'GND_TP' ,'KO' ,'MALE' ,'남성' ,20 FROM DUAL UNION ALL
19
20   SELECT  'CUS_GD' ,'KO' ,'A' ,'A' ,10 FROM DUAL UNION ALL
21   SELECT  'CUS_GD' ,'KO' ,'B' ,'B' ,20 FROM DUAL;
22   COMMIT;
```

책의 내용을 실습하기 위한 연습용 테이블과 데이터를 생성하는 준비과정을 살펴보았다.
'준비하기'를 마쳤으니 이 책의 반을 읽은 셈이다. 나머지 반을 채우려면 훨씬 더 많은 시간이 필요하지만, 지금까지의 열정이면 충분히 해낼 수 있다.

Chapter. 2

GROUP BY와 ROLLUP

개발 프로젝트의 개발자를 구할 때, 필요한 '최소한의 SQL 기술'은 무엇일까? 필자는 'GROUP BY'라고 생각한다.

필자가 중국에서 운영 업무를 했을 때다. 면접관이 되어서 개발자의 SQL 실력을 확인해야 할 때가 있었다. 처음에는 SQL 명령어와 데이터베이스 상식에 관한 질문 몇 개를 던져 실력을 확인하려 했다. 하지만 이와 같은 방법으로는 SQL 실력을 판단하기 쉽지 않았다. 그리고 모든 면접에 참여할 수 없었기 때문에 면접용 SQL 시험 문제를 만들기로 했다. 샘플 테이블 두 개를 만들고, 간단한 세 개의 문제를 만들었다.
첫 번째 문제는, 'GROUP BY'를 사용할 줄 아는지 확인하는 테스트였다. 실적 테이블을 월별, 고객별 집계해서 평균 주문 금액을 구하는 SQL이었다.
두 번째 문제는, 아우터-조인과 'GROUP BY'를 사용해야 풀 수 있는 SQL이었다. 실적이 없는 고객도 집계해서 결과가 나와야 하는 문제다.
마지막 세 번째 문제는, 두 번째 문제에 CASE나 DECODE 문까지 이용해서 로우를 컬럼으로 표시해야 하는 문제였다.
첫 번째 문제를 틀린 개발자는 되도록 뽑지 않았다. 두 번째 문제까지 푼 개발자에게 높은 기술 점수를 주었다. 두 번째 문제를 제대로 푼 인원이 없다면, 최대한 풀려고 노력한 개발자에게 높은 점수를 주었다. 세 번째 문제를 해결한 개발자는 많지 않았다. 아마도 뽑으려는 개발자가 3~4년 차 정도였기 때문이었다고 생각한다.
이 기준을 이용해 개발자를 뽑자, SQL을 작성하지 못해 개발을 멈추는 경우는 없었다. 작성한 SQL이 크게 잘못된 경우도 없었다.

SQL이 개발자에게 절대적으로 필요한 기술은 아니다. 다양한 개발 분야가 있고, 그 분야에 맞는 기술을 갖고 있으면 된다. 하지만 대부분의 업무 시스템들은 관계형 데이터베이스를 기반으로 구축되어 있기에 SQL을 어느 정도 다룰 수 있는 것이 중요할 수밖에 없다.
개발 현장에 뛰어드는 데 필요한 '최소한의 SQL 기술'이 바로 'GROUP BY'라고 생각한다. 'GROUP BY'를 제대로 사용할 수 있어야 다음 단계로 나아갈 수 있다.
여기서는 'GROUP BY'를 먼저 자세하게 설명하고, 'GROUP BY'와 함께 활용할 수 있는 'ROLLUP'까지 설명하도록 하겠다.

2.1 GROUP BY

2.1.1 GROUP BY 이해하기

'GROUP BY'는 데이터를 그룹화(GROUPING)하는 문법이다. 그룹화란 같은 값을 가진 데이터끼리 모으는 것을 뜻한다. 예를 들어, 'GROUP BY'를 사용해 같은 주문일자를 가진 데이터끼리 모을 수 있다.

'GROUP BY'로 정의된 항목(컬럼)은 중복 값이 제거되어 결과로 나온다. 주문일자가 '20170101'인 데이터가 10건 존재할 때 주문일자별로 'GROUP BY'를 하면 10건이 한 건으로 그룹화되어 결과에 나온다. 중복을 제거하는 기능만을 놓고 보면 SELECT 절의 DISTINCT와 같다. 하지만 'GROUP BY'는 SUM, MIN과 같은 집계함수(Aggregate Function)를 동시에 사용할 수 있는 장점이 있다. DISTINCT와는 용도가 확실히 다르다.

보통은 집계함수를 사용하기 위해 'GROUP BY'를 사용한다. 'GROUP BY'와 집계함수를 같이 사용하면 '고객별 주문 건수'를 구하거나, '주문일시, 지불유형별 주문금액'을 집계하는 것이 가능하다. 아래 SQL은 '주문일시, 지불유형별 주문금액'을 구하는 SQL이다.

주문일시, 지불유형별 주문금액

```
1   SELECT   T1.ORD_DT ,T1.PAY_TP
2            ,SUM(T1.ORD_AMT) ORD_AMT
3   FROM     T_ORD T1
4   WHERE    T1.ORD_ST = 'COMP'
5   GROUP BY T1.ORD_DT ,T1.PAY_TP
6   ORDER BY T1.ORD_DT ,T1.PAY_TP;
```

SQL의 5번 라인에 'GROUP BY'가 사용되고 있다. 'GROUP BY'는 SQL에서 WHERE 절 다음, 'ORDER BY' 절 이전에 위치한다. 'GROUP BY'를 적은 후 그룹화할 내용을 적어주면 된다. 여기서는 ORD_DT와 PAY_TP 컬럼을 사용했다. 1번 라인의 SELECT 절에는 'GROUP BY'에 사용한 컬럼을 똑같이 사용하고 있다. 2번 라인에서는 SUM 집계함수를 사용해 'GROUP BY'에 정의한 컬럼별로 ORD_AMT의 합계를 구하고 있다.

위 SQL이 처리되는 과정은 [그림 2.1.1-1]과 같다.

1. GROUP BY 이전 데이터				
SEQ	CUS_ID	ORD_DT	PAY_TP	AMT
1	CUS_0001	20170301	CARD	100
2	CUS_0002	20170302	CASH	300
3	CUS_0001	20170302	CARD	200
4	CUS_0001	20170303	CASH	1000
5	CUS_0001	20170302	CASH	200
6	CUS_0001	20170301	CARD	100
7	CUS_0002	20170303	CARD	100
8	CUS_0002	20170302	CARD	100

2. GROUP BY ORD_DT, PAY_TP				
ORD_DT	PAY_TP	SEQ	CUS_ID	AMT
20170301	CARD	1	CUS_0001	100
		6	CUS_0001	100
20170302	CARD	3	CUS_0001	200
		8	CUS_0002	100
	CASH	2	CUS_0002	300
		5	CUS_0001	200
20170303	CARD	7	CUS_0002	100
	CASH	4	CUS_0002	1000

GROUP BY 컬럼 | 집계 함수로만 조회 가능

3. 최종 결과		
ORD_DT	PAY_TP	SUM(AMT)
20170301	CARD	200
20170302	CARD	300
20170302	CASH	500
20170303	CARD	100
20170303	CASH	1000

[그림 2.1.1-1]

그림에서 1번은 'GROUP BY'가 적용되지 않은 원본 데이터다. 2번은 1번의 원본 데이터를 ORD_DT, PAY_TP별로 'GROUP BY' 하는 중간 과정이다. ORD_DT와 PAY_TP가 같은 데이터끼리 모여 있다. 중간 과정을 거쳐 최종 결과가 나올 때는 그림의 3번과 같이 'GROUP BY'에 정의된 ORD_DT, PAY_TP별로 한 건씩의 데이터만 출력된다. 그러므로 'GROUP BY'에 정의하지 않은 'SEQ, CUS_ID, AMT' 컬럼 등은 집계함수를 사용해 한 건으로 집계해야만 조회할 수 있다.

'GROUP BY'와 함께 사용하는 주요 집계함수를 잠깐 살펴보자. 다양한 집계함수가 있지만, 다음 4가지만 기억해도 개발에 큰 문제는 없다.

- SUM: 수량, 금액과 같은 숫자 형 데이터의 합을 구하는 집계함수
- COUNT: 데이터의 건수를 구하는 집계함수
- MIN: 데이터 중 최솟값을 구하는 집계함수
- MAX: 데이터 중 최댓값을 구하는 집계함수

이외에도 평균이나 표준편차와 같은 다양한 집계함수가 있지만, 실제 사용하는 경우는 드물다. 그렇다고 다른 집계함수를 알 필요가 없다는 뜻은 아니다. 기회가 된다면 어떠한 집계함수가 있는지 찾아보기 바란다.

> **MEMO**
>
> OVER 절과 함께 사용하는 SUM, LEAD, LAG 와 같은 분석함수는 집계함수와는 다른 개념이다. 분석함수는 Chapter. 9에서 다룬다.

집계함수는 'GROUP BY' 없이도 단독 사용할 수 있다. 이때 집계함수를 사용하지 않은 컬럼은 SELECT 절에서 같이 사용할 수 없다. 아래 두 SQL을 보면 쉽게 이해할 수 있다. 아래 SQL 중 왼쪽 SQL은 정상 실행된다. 하지만 오른쪽 SQL은 'ORA-00937: not a single-group group function' 에러가 발생한다. SELECT 절에서 ORD_ST 컬럼이 집계함수를 사용한 다른 컬럼과 동시에 사용되었기 때문이다.

집계함수 - 정상적인 SQL, 에러가 발생하는 SQL

```
1  SELECT   COUNT(*) CNT                              SELECT   T1.ORD_ST
2          ,SUM(T1.ORD_AMT) TTL_ORD_AMT                       ,COUNT(*) CNT
3          ,MIN(T1.ORD_SEQ) MIN_ORD_SEQ                       ,SUM(T1.ORD_AMT) TTL_ORD_AMT
4          ,MAX(T1.ORD_SEQ) MAX_ORD_SEQ                       ,MIN(T1.ORD_SEQ) MIN_ORD_SEQ
5    FROM   T_ORD T1                                          ,MAX(T1.ORD_SEQ) MAX_ORD_SEQ
6   WHERE   T1.ORD_DT >= TO_DATE('20170101','YYYYMMDD')  FROM   T_ORD T1
7     AND   T1.ORD_DT <  TO_DATE('20170201','YYYYMMDD'); WHERE   T1.ORD_DT >= TO_DATE('20170101','YYYYMMDD')
8                                                         AND   T1.ORD_DT <  TO_DATE('20170201','YYYYMMDD');
```

오른쪽 SQL에 에러가 나오지 않게 하려면 SQL의 마지막에 'GROUP BY T1.ORD_ST'를 추가하거나 T1.ORD_ST를 집계함수 처리해야 한다. 만약에 'GROUP BY T1.ORD_ST'를 추가하면 오른쪽 SQL의 집계함수들은 T1.ORD_ST 별로 집계 처리된다.

'GROUP BY'의 기본적인 개념과 사용법을 살펴보았다. 이 정도면 'GROUP BY'에 감은 잡혔을 것이다. 다음의 규칙을 기억하자.

- GROUP BY에 사용한 컬럼만 SELECT 절에서 그대로 사용할 수 있다.
- GROUP BY에 사용하지 않은 컬럼은 SELECT 절에서 집계함수를 사용해야 한다.

위 규칙을 머리에 넣고 이어지는 내용을 읽어 나가기 바란다.

2.1.2 GROUP BY 컬럼의 변형

'GROUP BY'에 컬럼을 정의할 때 컬럼을 변형할 수 있다. 변형을 위해 TO_CHAR, TO_DATE 와 같은 오라클의 기본 함수뿐 아니라 CASE(또는 DECODE)와 같은 치환 문법도 사용할 수 있다. 또는 문자와 문자를 결합하거나 산술연산도 할 수 있다.

다음 SQL은 'GROUP BY' 될 항목에 CASE를 사용한 예제다.

	CASE를 이용해 가격유형(ORD_AMT_TP)별로 주문 건수를 카운트
1	SELECT T1.ORD_ST
2	,CASE WHEN T1.ORD_AMT >= 5000 THEN 'High Order'
3	WHEN T1.ORD_AMT >= 3000 THEN 'Middle Order'
4	ELSE 'Low Order'
5	END ORD_AMT_TP
6	,COUNT(*) ORD_CNT
7	FROM T_ORD T1
8	GROUP BY T1.ORD_ST
9	,CASE WHEN T1.ORD_AMT >= 5000 THEN 'High Order'
10	WHEN T1.ORD_AMT >= 3000 THEN 'Middle Order'
11	ELSE 'Low Order'
12	END
13	ORDER BY 1 ,2;

9~12번 라인을 보면 ORD_AMT를 CASE 처리해 'GROUP BY' 하고 있다. CASE를 활용해 주문 금액이 5,000 이상이면 'High Order'로, 주문 금액이 5,000 미만, 3,000 이상이면 'Middle Order'로 분류했다. 그 외의 경우는 'Low Order'로 분류하고 있다.

CASE를 활용한 데이터 치환은 추가적인 테이블 변경이나 프로그램 작업 없이 SQL만으로 많은 문제를 해결할 수 있게 해준다. CASE는 'ORDER BY'에도 사용할 수 있다. 잘 기억하고 사용하기 바란다.

위와 같이 주문금액을 CASE로 분류한 것은 좋은 방법은 아니다. 일회성으로 사용하는 SQL이라면 위와 같이 작성해도 상관없다. 하지만 실제 운영 화면에서는 이처럼 SQL을 사용하면 안 된다. 혹시라도 ORD_AMT의 기준이 변경되면 SQL을 변경해야 하기 때문이다.

또 다른 예제를 살펴보자. 주문일시(ORD_DT)를 'YYYYMM' 형태로 변경해서 주문년월별 주문 건수를 조회하는 SQL이다.

	TO_CHAR 변형을 이용한 주문년월, 지불유형별 주문건수
1	SELECT TO_CHAR(T1.ORD_DT,'YYYYMM') ORD_YM ,T1.PAY_TP
2	,COUNT(*) ORD_CNT
3	FROM T_ORD T1
4	WHERE T1.ORD_ST = 'COMP'
5	GROUP BY TO_CHAR(T1.ORD_DT,'YYYYMM') ,T1.PAY_TP
6	ORDER BY TO_CHAR(T1.ORD_DT,'YYYYMM') ,T1.PAY_TP;

이처럼 원래 컬럼을 다양하게 변형해 'GROUP BY' 할 수 있다.

2.1.3 집계함수에서 CASE문 활용하기

집계함수의 괄호 안에서도 CASE 문을 사용할 수 있다. 이를 이용하면 CASE 조건에 따라 집계를 수행할 수 있으며 로우 데이터를 컬럼으로 출력할 수 있다.

주문 테이블에서 주문년월별로 '계좌이체 건수'와 '카드결제 건수'를 조회하는 SQL을 작성해 보자. 이때 '계좌이체 건수'와 '카드결제 건수'를 각각의 컬럼으로 표시해야 한다.

주문년월별 계좌이체(PAY_TP=BANK) 건수와 카드결제(PAY_TP=CARD) 건수

```
1  SELECT   TO_CHAR(T1.ORD_DT,'YYYYMM') ORD_YM
2          ,SUM(CASE WHEN T1.PAY_TP = 'BANK' THEN 1 END) BANK_PAY_CNT
3          ,SUM(CASE WHEN T1.PAY_TP = 'CARD' THEN 1 END) CARD_PAY_CNT
4  FROM     T_ORD T1
5  WHERE    T1.ORD_ST = 'COMP'
6  GROUP BY TO_CHAR(T1.ORD_DT,'YYYYMM')
7  ORDER BY TO_CHAR(T1.ORD_DT,'YYYYMM');
```

'계좌이체 건수(BANK_PAY_CNT)'를 구하는 부분은 2번 라인의 'SUM(CASE~END)' 문장이다. CASE 부분을 살펴보면 PAY_TP가 BANK인 경우는 숫자 1로 치환하고 있다. ELSE를 정의하지 않았기 때문에 PAY_TP가 BANK가 아닌 경우는 자동으로 NULL로 치환된다. 치환된 결과에 SUM을 수행하면 계좌이체 건수를 구할 수 있다. '카드결제 건수(CARD_PAY_CNT)' 역시 PAY_TP가 CARD인 경우만 1로 치환해 SUM을 수행한다.

위 SQL에서 CASE가 처리되는 과정은 [그림 2.1.3-1]과 같다. 그림에서 1번의 원본 데이터에 CASE 문만 적용하면 2번과 같은 결과가 나온다. (아직 GROUP BY와 SUM이 적용되기 전이다.) 그림 2번에서 첫 번째 로우의 PAY_TP는 CARD이므로 'PAY_TP=CARD' 항목만 1로 채워져 있다. 두 번째 로우는 PAY_TP가 BANK다. 'PAY_TP=BANK'만 1로 채워져 있다. 그림 2번을 ORD_YM 별로 SUM 하면 그림 3번과 같은 최종 결과가 만들어진다. 집계함수로 SUM이 아닌 COUNT를 사용해도 된다.

Chapter. 2

1. 원본데이터			2. CASE로 치환 결과(SUM수행 전)					3. SUM 수행 결과		
ORD_YM	PAY_TP		ORD_YM	PAY_TP	PAY_TP =BANK	PAY_TP =CARD		ORD_YM	PAY_TP =BANK	PAY_TP =CARD
201701	CARD		201701	CARD		1		201701	1	2
201701	BANK		201701	BANK	1			201702	1	3
201701	CARD		201701	CARD		1				
201702	CARD		201702	CARD		1				
201702	CARD		201702	CARD		1				
201702	BANK		201702	BANK	1					
201702	CARD		201702	CARD		1				

[그림 2.1.3-1]

'지불유형(PAY_TP)' 컬럼 하나를 CASE 문장을 이용해 두 개 컬럼으로 만들었다. 정규화된 모델의 테이블 구조에서 분석용 데이터를 보여주기 위해 자주 사용하는 기법이다.

이번에는 지불유형을 세로(로우)로 나오게 하고 주문년월을 가로(컬럼)로 표시해보자. 아래와 같다.

지불유형(PAY_TP)별 주문건수(주문 건수를 주문년월별로 컬럼으로 표시)

```
1    SELECT  T1.PAY_TP
2           ,COUNT(CASE WHEN TO_CHAR(T1.ORD_DT,'YYYYMM') = '201701' THEN 'X' END) ORD_CNT_1701
3           ,COUNT(CASE WHEN TO_CHAR(T1.ORD_DT,'YYYYMM') = '201702' THEN 'X' END) ORD_CNT_1702
4           --...201703~201711반복.
5           ,COUNT(CASE WHEN TO_CHAR(T1.ORD_DT,'YYYYMM') = '201712' THEN 'X' END) ORD_CNT_1712
6      FROM  T_ORD T1
7     WHERE  T1.ORD_ST = 'COMP'
8    GROUP BY T1.PAY_TP
9    ORDER BY T1.PAY_TP;
```

많은 분석 화면이 월이나 주와 같은 '시간 속성'을 가로로 보여주길 원한다. 시간에 따른 데이터 수치 변화를 살펴보기에 '시간 속성'을 가로로 보는 것이 효율적이기 때문이다.

로우 데이터를 컬럼으로 변환하거나, 반대로 컬럼을 로우로 변환하는 기능을 피벗(PIVOT)이라고 한다. 엑셀에서 피벗 기능을 본 적이 있을 것이다. 만약에 BI (Business Intelligence) 툴이 있다면 피벗 기능을 툴 안에서 지원해주므로 'GROUP BY'와 CASE 조합을 사용할 일은 많지 않다. 하지만 BI 툴 없이 SQL만으로 분석 리포트를 개발해야 한다면 'GROUP BY'와 CASE의 조합은 필수다.

위 SQL은 아래와 같은 방식으로 변경할 수도 있다. 참고하기 바란다.

지불유형(PAY_TP)별 주문건수(주문 건수를 주문년월별로 컬럼으로 표시) - 인라인-뷰 활용

```
1   SELECT   T1.PAY_TP
2            ,MAX(CASE WHEN T1.ORD_YM = '201701' THEN T1.ORD_CNT END) ORD_CNT_1701
3            ,MAX(CASE WHEN T1.ORD_YM = '201702' THEN T1.ORD_CNT END) ORD_CNT_1702
4            --...201703~201711반복.
5            ,MAX(CASE WHEN T1.ORD_YM = '201712' THEN T1.ORD_CNT END) ORD_CNT_1712
6   FROM     (
7            SELECT   T1.PAY_TP ,TO_CHAR(T1.ORD_DT,'YYYYMM') ORD_YM
8                     ,COUNT(*) ORD_CNT
9            FROM     T_ORD T1
10           WHERE    T1.ORD_ST = 'COMP'
11           GROUP BY T1.PAY_TP ,TO_CHAR(T1.ORD_DT,'YYYYMM')
12           ) T1
13  GROUP BY T1.PAY_TP;
```

위 SQL은 인라인-뷰(INLINE-VIEW)를 이용(7~11번 라인)했다. 인라인-뷰에서 주문 데이터를 PAY_TP, ORD_YM 별로 먼저 카운트한 다음에 인라인-뷰 바깥에서 PAY_TP별로 'GROUP BY~CASE' 처리했다. 이처럼 다양한 방법으로 SQL을 변형할 수 있다.

> **MEMO 인라인-뷰(INLINE-VIEW)**
>
> 단독으로 실행 가능한 SQL을 괄호로 묶어 FROM 절의 테이블처럼 사용하는 것을 말한다. 하나의 SQL에 여러 개의 인라인-뷰를 사용할 수 있다. 인라인-뷰 바깥에 또 다른 인라인-뷰를 중첩 사용할 수도 있다. 이와 같은 특징은 복잡한 SQL을 단계적으로 개발할 때 유용하다.

오라클 11g는 'PIVOT' 명령어도 지원한다. 'GROUP BY~CASE'를 사용하지 않아도 PIVOT으로 같은 결과를 만들어 낼 수 있다. 다만 PIVOT을 사용할 수 없는 DBMS도 많다. (이 책은 PIVOT에 대한 설명은 생략한다.)

SQL 전문가가 되려면 가로를 세로로 바꾸고, 세로를 가로로 바꾸는 것을 자유자재로 할 수 있어야 한다. 이를 위해서는 'GROUP BY'와 집계함수에 CASE를 조합할 수 있어야 한다.

2.1.4 COUNT 집계함수

자주 사용하는 집계함수에는 'SUM, MAX, MIN, COUNT'가 있다. 4개의 집계함수는 별다른 설명을 하지 않아도 사용에 무리가 없지만, COUNT는 좀 더 자세히 들여다볼 필요가 있다. 사용 방법에 따라 다른 결과가 나올 수 있기 때문이다.

COUNT 집계함수가 NULL 값을 어떻게 카운트하는지 살펴보자.

NULL에 대한 COUNT #1
1 SELECT   COUNT(COL1) CNT_COL1
2   ,COUNT(COL2) CNT_COL2
3   ,COUNT(COL3) CNT_COL3
4 FROM   (
5   SELECT 'A' COL1 ,NULL COL2 ,'C' COL3 FROM DUAL UNION ALL
6   SELECT 'B' COL1 ,NULL COL2 ,NULL COL3 FROM DUAL
7   ) T1;

COUNT 집계함수는 NULL 값을 0으로 카운트한다. 위 SQL에서 COL1에는 NULL 값이 없다. 그러므로 'COUNT(COL1)'은 2라는 결과가 나온다. 반면에 COL2의 값은 모두 NULL이다. 'COUNT(COL2)'는 0이 나온다. COL3은 두 건 중에 한 건만 NULL이다. 그러므로 'COUNT(COL3)'은 1이 된다. NULL 값은 0으로 카운트된다는 점을 기억하자.

또 다른 COUNT SQL을 살펴보자.

NULL에 대한 COUNT#2
1 SELECT   COUNT(COL1) CNT_COL1 ,COUNT(*) CNT_ALL
2 FROM   (
3   SELECT NULL COL1 FROM DUAL UNION ALL
4   SELECT NULL COL1 FROM DUAL
5   ) T1;

위 SQL에서 T1은 COL1 컬럼 하나만 있다. COL1의 값은 모두 NULL이다. 이와 같은 상황에서 'COUNT(COL1)'의 결과는 0이다. 반면에 COUNT(*)는 2가 나온다. COUNT(*)는 로우 자체의 건수를 카운트하기 때문이다. 즉, COUNT(*)는 로우를 구성하는 컬럼이 모두 NULL이어도 1로 카운트한다.

이와 같은 특징을 정확히 기억하고 COUNT를 사용해야 한다. 특히 아우터-조인(OUTER-JOIN)의 경우 COUNT(*)와 COUNT(컬럼명)을 상황에 따라 적절히 사용해야 한다. (아우터-조인은 Chapter. 3에서 설명한다.)

2.1.5 중복을 제거한 COUNT

SELECT 절에서 DISTINCT를 사용하면 중복이 제거된다. COUNT 안에서도 DISTINCT를 사용할 수 있다.

주문 테이블에서 주문년월별 '고객 수'와 '주문 건수'를 구하는 SQL을 생각해 보자. 여기서 '고객 수'는 주문년월별로 고객이 중복되지 않도록 카운트해야 한다. 다시 말해, '2017년 1월'에 A 고객이 주문을 세 번 했어도, A 고객은 1로만 카운트 한다. 이때 'COUNT(DISTINCT 컬럼)'을 사용할 수 있다.

주문년월별 주문고객 수(중복을 제거해서 카운트), 주문건수

```
1  SELECT  TO_CHAR(T1.ORD_DT,'YYYYMM') ORD_YM
2          ,COUNT(DISTINCT T1.CUS_ID) CUS_CNT
3          ,COUNT(*) ORD_CNT
4  FROM    T_ORD T1
5  WHERE   T1.ORD_DT >= TO_DATE('20170101','YYYYMMDD')
6  AND     T1.ORD_DT <  TO_DATE('20170401','YYYYMMDD')
7  GROUP BY TO_CHAR(T1.ORD_DT,'YYYYMM')
8  ORDER BY TO_CHAR(T1.ORD_DT,'YYYYMM');
```

위 SQL을 실행하면 [그림 2.1.5-1]과 같은 결과가 나온다.

ORD_YM	CUS_CNT (중복제거)	ORD_CNT
201701	81	243
201702	72	198
201703	60	185

[그림 2.1.5-1]

'2017년 1월'의 결과를 보면 '주문건수(ORD_CNT)'는 243건이지만, 주문한 '고객 수(CUS_CNT)'는 81명이다. 이처럼 'COUNT(DISTINCT)'는 주문이 한 건이라도 존재하는 고객 수를 구하기 위해 사용할 수 있다.

'COUNT(DISTINCT)'는 여러 컬럼을 동시에 사용할 수 없다. 만약에 '주문상태와 지불유형'의 조합에 대한 종류 수가 필요하면 아래 SQL 중 오른쪽과 같이 작성해야 한다.

주문상태(ORD_ST)와 지불유형(PAY_TP)의 조합에 대한 종류 수

```
1   -- ERROR                                                -- USE CONCAT
2   SELECT   COUNT(DISTINCT T1.ORD_ST ,T1.PAY_TP)           SELECT   COUNT(DISTINCT T1.ORD_ST||'-'||T1.PAY_TP)
3   FROM     T_ORD T1;                                      FROM     T_ORD T1;
4
5   ORA-00909: invalid number of arguments
```

왼쪽 SQL은 에러가 발생한다. 'COUNT(DISTINCT)'에는 두 개 이상의 컬럼을 사용할 수 없다. 오른쪽 SQL과 같이 2개 컬럼을 파이프(||)로 결합해 사용해야 한다. 또는 아래와 같이 인라인-뷰로 해결할 수도 있다.

주문상태(ORD_ST)와 지불유형(PAY_TP)의 조합에 대한 종류 수 - 인라인-뷰로 해결

```
1   -- USE INLINE VIEW
2   SELECT   COUNT(*)
3   FROM     (
4            SELECT   DISTINCT T1.ORD_ST ,T1.PAY_TP
5            FROM     T_ORD T1
6            ) T2;
```

'COUNT(DISTINCT)'는 아래와 같은 데이터를 구할 때 사용할 수 있다.

- 한 번이라도 로그인이 있는 고객 수
- 한 번이라도 사용 기록이 있는 메뉴 수
- 한 번이라도 판매가 이루어진 아이템 수

위 경우들은 대부분 'SELECT~EXISTS'로도 구현할 수 있다. 아래와 같다.

한 번이라도 로그인이 있는 고객 수

```
1    -- COUNT(DISTINCT)를 이용
2    SELECT   COUNT(DISTINCT T1.고객ID)
3    FROM     로그인 T1
4    ;
5
6    -- SELECT~EXISTS를 이용
7    SELECT   COUNT(*)
8    FROM     고객 T1
9    WHERE    EXISTS(
10               SELECT   *
11               FROM     로그인 A
12               WHERE    A.고객ID = T1.고객ID)
13   ;
```

첫 번째 SQL은 'COUNT(DISTINCT)'로 로그인이 한 번이라도 존재하는 '고객 수'를 구하고 있다. 두 번째 SQL은 'SELECT~EXISTS'로 처리한 방법이다. 'SELECT~EXISTS'로 처리하기 위해서는 '고객' 마스터 테이블을 이용해야 한다.

하나의 문제를 해결하는데 다양한 솔루션이 있는 것처럼, 하나의 결과를 얻기 위한 다양한 SQL이 있다. 항상 다양한 방법을 고민해보기 바란다. SQL 실력 향상에 도움이 된다.

2.1.6 HAVING

HAVING 절은 'GROUP BY'가 수행된 결과 집합에 조건을 줄 때 사용한다. WHERE 절과 같은 기능이라고 생각하면 된다.

집계된 주문 금액이 특정 금액 이상인 데이터만 조회하고자 할 때 HAVING을 사용할 수 있다. 아래 SQL을 살펴보자.

고객ID, 지불유형(PAY_TP)별 주문금액이 10,000 이상인 데이터만 조회
1 SELECT   T1.CUS_ID ,T1.PAY_TP ,SUM(T1.ORD_AMT) ORD_TTL_AMT
2 FROM   T_ORD T1
3 WHERE   T1.ORD_ST = 'COMP'
4 GROUP BY T1.CUS_ID ,T1.PAY_TP
5 HAVING SUM(T1.ORD_AMT) >= 10000
6 ORDER BY SUM(T1.ORD_AMT) ASC;

HAVING 은 'GROUP BY' 뒤에 위치한다. SQL에 'ORDER BY'가 있으면 HAVING은 'GROUP BY'와 'ORDER BY' 사이에 위치한다. HAVING 은 WHERE 절처럼 AND나 OR를 이용해 여러 개의 조건을 동시에 사용할 수도 있다.

HAVING에서는 'GROUP BY'에 정의한 내용(컬럼)은 그대로 사용할 수 있으나, 'GROUP BY'에 정의하지 않은 내용은 집계함수 처리 후에 사용해야 한다.

아래 SQL은 'GROUP BY'에서 정의하지 않은 ORD_ST를 HAVING 절에서 사용하고 있다.

	HAVING 절에는 GROUP BY에 사용한 컬럼 또는 집계함수를 사용한 컬럼만 사용 가능하다.
1	SELECT T1.CUS_ID ,T1.PAY_TP ,SUM(T1.ORD_AMT) ORD_TTL_AMT
2	FROM T_ORD T1
3	GROUP BY T1.CUS_ID ,T1.PAY_TP
4	HAVING T1.ORD_ST = 'COMP' --ERROR
5	ORDER BY SUM(T1.ORD_AMT) ASC;
6	
7	-- 에러 발생: ORA-00979: not a GROUP BY expression

위 SQL은 에러가 발생한다. ORD_ST에 대한 조건은 HAVING 절이 아닌 WHERE 절에 사용해야 한다. ORD_ST컬럼을 HAVING 절에서 사용하려면 ORD_ST 컬럼이 'GROUP BY' 절에 있어야 한다. 또는 ORD_ST를 MAX나, MIN과 같은 집계함수 처리한 후에 HAVING 절에서 사용할 수 있다.

HAVING 조건은 인라인-뷰에 대한 WHERE 절로도 대신할 수 있다. 'GROUP BY' 결과를 인라인-뷰로 처리하고, 인라인-뷰 바깥에서 WHERE 절로 처리하면 된다. 아래 SQL과 같다.

	HAVING절 대신 인라인-뷰를 사용
1	SELECT T0.*
2	FROM (
3	SELECT T1.CUS_ID ,T1.PAY_TP ,SUM(T1.ORD_AMT) ORD_TTL_AMT
4	FROM T_ORD T1
5	WHERE T1.ORD_ST = 'COMP'
6	GROUP BY T1.CUS_ID ,T1.PAY_TP
7	) T0
8	WHERE T0.ORD_TTL_AMT >= 10000
9	ORDER BY T0.ORD_TTL_AMT ASC;

필요에 따라서 HAVING이나 인라인-뷰 방식을 적절하게 선택하면 된다.

'GROUP BY'의 기본적인 사용법과 개념을 살펴보았다. 'GROUP BY'에 정의된 내용에 따라 데이터는 그룹화되고 그룹화된 데이터끼리 집계함수를 사용할 수 있다. 'GROUP BY' 절과 집계함수 내에는 CASE 도 활용할 수 있다.

2.2 ROLLUP

2.2.1 ROLLUP 이해하기

대부분의 분석 리포트는 소계(중간합계)와 전체합계가 필요하다. 소계와 전체합계를 구하는 방법에는 여러 가지가 있지만, BI 툴 없이 순수 SQL만 사용해야 한다면 ROLLUP이 가장 효율적이다. ROLLUP을 자유자재로 사용할 수 있다면 어떤 소계든지 SQL만으로 해결할 수 있다.

ROLLUP은 'GROUP BY' 뒤에 'ROLLUP' 이라고 적어서 사용한다. 예를 들어, 'GROUP BY ROLLUP(A, B, C, D)'라고 사용하면 다음과 같은 데이터들이 조회된다.

- GROUP BY된 A+B+C+D별 데이터
- A+B+C별 소계 데이터
- A+B별 소계 데이터
- A별 소계 데이터
- 전체합계

'GROUP BY'만 사용된 예와 'GROUP BY'와 ROLLUP이 같이 사용된 예를 비교해 보자.

	GROUP BY와 GROUP BY~ROLLUP의 비교	
1	SELECT TO_CHAR(T1.ORD_DT,'YYYYMM') ORD_YM	SELECT TO_CHAR(T1.ORD_DT,'YYYYMM') ORD_YM
2	,T1.CUS_ID	,T1.CUS_ID
3	,SUM(T1.ORD_AMT) ORD_AMT	,SUM(T1.ORD_AMT) ORD_AMT
4	FROM T_ORD T1	FROM T_ORD T1
5	WHERE T1.CUS_ID IN ('CUS_0001','CUS_0002')	WHERE T1.CUS_ID IN ('CUS_0001','CUS_0002')
6	AND T1.ORD_DT >= TO_DATE('20170301','YYYYMMDD')	AND T1.ORD_DT >= TO_DATE('20170301','YYYYMMDD')
7	AND T1.ORD_DT < TO_DATE('20170501','YYYYMMDD')	AND T1.ORD_DT < TO_DATE('20170501','YYYYMMDD')
8	GROUP BY TO_CHAR(T1.ORD_DT,'YYYYMM') ,T1.CUS_ID	GROUP BY
9	ORDER BY TO_CHAR(T1.ORD_DT,'YYYYMM') ,T1.CUS_ID;	ROLLUP(TO_CHAR(T1.ORD_DT,'YYYYMM') ,T1.CUS_ID)
10		ORDER BY TO_CHAR(T1.ORD_DT,'YYYYMM') ,T1.CUS_ID;

왼쪽 SQL은 'GROUP BY'만 사용되었고, 오른쪽은 'GROUP BY' 뒤에 ROLLUP이 사용되었다. 각각 SQL을 실행해 보면 [그림 2.2.1-1]과 같은 결과를 확인할 수 있다.

GROUP BY만 사용된 결과		
ORD_YM	CUS_ID	ORD_AMT
201703	CUS_0002	4300
201704	CUS_0002	1900
201703	CUS_0001	2800
201704	CUS_0001	5000

ROLLUP이 적용된 결과		
ORD_YM	CUS_ID	ORD_AMT
201703	CUS_0001	2800
201703	CUS_0002	4300
201703	(null)	7100
201704	CUS_0001	5000
201704	CUS_0002	1900
201704	(null)	6900
(null)	(null)	14000

주문년월별 소계 → 201703 (null) 7100
주문년월별 소계 → 201704 (null) 6900
전체 합계 → (null) (null) 14000

[그림 2.2.1-1]

그림 오른쪽의 ROLLUP이 적용된 결과를 보면 주문년월별 소계 두 건과 전체합계 한 건이 추가되어 있다. 주문년월별 소계는 ORD_YM 값은 있지만 CUS_ID는 NULL이다. 주문년월별 소계이므로 CUS_ID를 특정 짓지 못해 CUS_ID는 NULL로 표시가 된 것이다. 마찬가지로 전체합계는 ORD_YM과 CUS_ID 모두가 NULL이다. 특정 ORD_YM이나 CUS_ID의 주문금액 합계가 아닌 전체합계이기 때문이다.

이처럼 ROLLUP을 사용하면 소계(중간합계)와 전체합계를 추가할 수 있다. ROLLUP을 알고 있는 것만으로도 개발 현장에서 많은 도움이 될 것이라 확신한다.

2.2.2 ROLLUP의 컬럼 순서

ROLLUP에 사용하는 컬럼 순서는 매우 중요하다. 컬럼 순서에 따라 다른 소계가 나오기 때문이다.

ROLLUP은 사용된 컬럼 순서대로 계층적 소계를 만든다. 아래 두 케이스를 살펴보자. ROLLUP에 사용하는 컬럼은 같지만, 순서는 다르다.

1. GROUP BY ROLLUP(A, B, C, D): A+B+C별 소계, A+B별 소계, A별 소계, 전체합계
2. GROUP BY ROLLUP(B, A, C, D): B+A+C별 소계, B+A별 소계, B별 소계, 전체합계

두 케이스 모두 ROLLUP에 사용된 컬럼이 4개다. 총 세 종류의 소계와 전체합계가 만들어진다. 첫 번째로 만들어지는 소계를 살펴보면 1번 케이스는 A+B+C별 소계가, 2번 케이스는 B+A+C별 소계가 만들어진다. 컬럼 순서만 다를 뿐 같은 소계 값이다. 두 번째 소계도 마찬가지다. 소

계를 구성하는 컬럼은 같고 순서만 다르다. 세 번째 소계는 1번은 A별, 2번은 B별 소계다. 완전히 다른 소계다. 첫 번째, 두 번째 소계는 같지만 세 번째는 다른 소계다.

실제 SQL로 확인해보자.

주문상태, 주문년월, 고객ID 순서로 ROLLUP

```
1   SELECT   T1.ORD_ST ,TO_CHAR(T1.ORD_DT,'YYYYMM') ORD_YM ,T1.CUS_ID
2            ,SUM(T1.ORD_AMT) ORD_AMT
3   FROM     T_ORD T1
4   WHERE    T1.CUS_ID IN ('CUS_0001','CUS_0002')
5   AND      T1.ORD_DT >= TO_DATE('20170301','YYYYMMDD')
6   AND      T1.ORD_DT < TO_DATE('20170501','YYYYMMDD')
7   GROUP BY ROLLUP(T1.ORD_ST ,TO_CHAR(T1.ORD_DT,'YYYYMM') ,T1.CUS_ID)
8   ORDER BY T1.ORD_ST ,TO_CHAR(T1.ORD_DT,'YYYYMM') ,T1.CUS_ID;
```

위 SQL을 실행한 후에 ROLLUP 부분만 아래와 같이 변경해 다시 실행해 보자.

주문년월, 주문상태, 고객ID 순서로 ROLLUP(위 SQL에서 ROLLUP부분만 변경해서 수행한다.)

```
1   GROUP BY ROLLUP(TO_CHAR(T1.ORD_DT,'YYYYMM') ,T1.ORD_ST ,T1.CUS_ID)
```

[그림 2.2.2-1]을 보면 ROLLUP 컬럼 순서에 따라 다른 결과를 확인할 수 있다.

ROLLUP(ORD_ST, ORD_YM, CUS_ID)

ORD_ST	ORD_YM	CUS_ID	ORD_AMT
COMP	201703	CUS_0001	2800
COMP	201703	CUS_0002	4300
COMP	201703	(null)	7100
COMP	201704	CUS_0001	4100
COMP	201704	CUS_0002	1900
COMP	201704	(null)	6000
COMP	**(null)**	**(null)**	**13100**
WAIT	201704	CUS_0001	900
WAIT	201704	(null)	900
WAIT	**(null)**	**(null)**	**900**
(null)	(null)	(null)	14000

ROLLUP(ORD_YM, ORD_ST, CUS_ID)

ORD_ST	ORD_YM	CUS_ID	ORD_AMT
COMP	201703	CUS_0001	2800
COMP	201703	CUS_0002	4300
COMP	201703	(null)	7100
COMP	201704	CUS_0001	4100
COMP	201704	CUS_0002	1900
COMP	201704	(null)	6000
WAIT	201704	CUS_0001	900
WAIT	201704	(null)	900
(null)	201703	(null)	7100
(null)	201704	(null)	6900
(null)	(null)	(null)	14000

[그림 2.2.2-1]

그림에서 왼쪽의 결과는 ORD_ST별 소계가 있지만 오른쪽은 ORD_ST별 소계가 없다. 반대로 오른쪽에는 ORD_YM별 소계가 있지만, 왼쪽에는 없다.

요구 사항을 정확히 파악하고 필요한 소계가 나오도록 ROLLUP의 컬럼 순서를 조정해야 한다.

2.2.3 GROUPING

ROLLUP과 절대 뗄 수 없는 함수가 하나 있다. 바로 GROUPING 함수다. GROUPING 함수는 특정 컬럼의 값이 소계인지 아닌지 구분해준다. (뒤에서 설명할 GROUPING SETS와는 전혀 다른 기능이다. 혼선 없기 바란다.)

ROLLUP으로 만들어진 소계에서 ROLLUP된 컬럼은 NULL로 표시된다. 그러므로 원래 NULL 값인 데이터가 ROLLUP 되면, 원래 데이터인지 ROLLUP된 결과인지 구분할 수 없다. 이때 활용할 수 있는 것이 바로 GROUPING 함수다.

주문 테이블의 PAY_TP에는 NULL 값이 존재한다. 아래와 같이 ORD_ST와 PAY_TP를 ROLLUP하는 SQL을 실행해 보자.

	NULL이 존재하는 컬럼인 PAY_TP에 ROLLUP을 수행
1	SELECT T1.ORD_ST ,T1.PAY_TP ,COUNT(*) ORD_CNT
2	FROM T_ORD T1
3	GROUP BY ROLLUP(T1.ORD_ST ,T1.PAY_TP);

위 SQL을 실행하면 [그림 2.2.3-1]과 같이 ORD_ST가 WAIT이고 PAY_TP가 NULL인 데이터가 두 건 나온다.

ORD_ST	PAY_TP	ORD_CNT
COMP	BANK	915
COMP	CARD	1827
COMP	(null)	2742
WAIT	(null)	305
WAIT	(null)	305
(null)	(null)	3047

[그림 2.2.3-1]

둘 중에 한 건은 ROLLUP 처리된 소계이고 다른 한 건은 'GROUP BY'만 처리된 값이 분명하다. GROUPING 함수를 사용해야만 어떤 로우가 소계인지 판별할 수 있다. GROUPING 함수는 해당 컬럼이 ROLLUP 처리되었으면 1을 반환하고, 그렇지 않으면 0을 반환한다.

아래와 같이 GROUPING 함수를 사용할 수 있다.

	NULL이 존재하는 컬럼인 PAY_TP에 대해 ROLLUP을 수행 - GROUPING함수 사용
1	SELECT T1.ORD_ST ,GROUPING(T1.ORD_ST) GR_ORD_ST
2	,T1.PAY_TP ,GROUPING(T1.PAY_TP) GR_PAY_TP
3	,COUNT(*) ORD_CNT
4	FROM T_ORD T1
5	GROUP BY ROLLUP(T1.ORD_ST, T1.PAY_TP);

위 SQL을 실행하면 [그림 2.2.3-2]와 같은 결과가 나온다. 그림에서 GR_ORD_ST와 GR_PAY_TP는 GROUPING 함수를 사용한 결괏값이다. 소계에 해당하는 데이터는 1로 결과가 나왔다. 결과를 화면에 보여 줄 때 GROUPING 결과가 1이면 'Total'과 같은 텍스트로 치환하면 된다.

ORD_ST	GR_ORD_ST	PAY_TP	GR_PAY_TP	ORD_CNT
COMP	0	BANK	0	915
COMP	0	CARD	0	1827
COMP	0	(null)	1	2742
WAIT	0	(null)	0	305
WAIT	0	(null)	1	305
(null)	1	(null)	1	3047

[그림 2.2.3-2]

ROLLUP된 컬럼을 다른 값으로 치환할 때는 꼭 GROUPING을 사용해야 한다. 데이터 특성상 NULL 값이 없음을 확신하고 NULL 값을 그대로 치환할 수도 있지만, 혹시라도 나중에 NULL 값이 발생하면 잘못된 결과가 나오게 된다.

GROUPING을 사용해 소계를 'Total'로 표시하는 SQL은 아래와 같다. 참고하도록 하자.

	ROLLUP되는 컬럼을 Total로 표시
1	SELECT CASE WHEN GROUPING(T1.ORD_ST) = 1 THEN 'Total' ELSE T1.ORD_ST END ORD_ST
2	,CASE WHEN GROUPING(T1.PAY_TP) = 1 THEN 'Total' ELSE T1.PAY_TP END PAY_TP
3	,COUNT(*) ORD_CNT
4	FROM T_ORD T1
5	GROUP BY ROLLUP(T1.ORD_ST ,T1.PAY_TP)
6	ORDER BY T1.ORD_ST ,T1.PAY_TP;

2.2.4 ROLLUP 컬럼의 선택

특정 컬럼의 소계만 필요하거나 전체 합계만 필요할 때가 있다. 이때도 ROLLUP으로 해결할 수 있다. ROLLUP의 위치를 옮기거나 소계가 필요한 대상을 괄호로 조정하면 된다. 특히 전체 합계만 추가하는 기능은 매우 유용하다.

여기서 설명하는 내용은 이해가 잘 안 될 수도 있다. 이해 못 해도 괜찮다. 이런 내용이 있다는 사실만 알면 된다. 실제 사용해야 할 때, 다시 한번 책을 보고 도전해보면 된다.

(1) ROLLUP의 위치 변경

'GROUP BY'의 모든 컬럼에 ROLLUP을 사용한 SQL을 살펴보자. 일반적으로 ROLLUP은 이처럼 사용한다.

주문년월, 지역ID, 고객등급별 주문금액 - ROLLUP

```
1   SELECT  CASE  WHEN GROUPING(TO_CHAR(T2.ORD_DT,'YYYYMM'))=1 THEN 'Total'
2                 ELSE TO_CHAR(T2.ORD_DT,'YYYYMM') END ORD_YM
3          ,CASE WHEN GROUPING(T1.RGN_ID) = 1 THEN 'Total' ELSE T1.RGN_ID END RGN_ID
4          ,CASE WHEN GROUPING(T1.CUS_GD) = 1 THEN 'Total' ELSE T1.CUS_GD END CUS_GD
5          ,SUM(T2.ORD_AMT) ORD_AMT
6     FROM  M_CUS T1
7          ,T_ORD T2
8    WHERE  T1.CUS_ID = T2.CUS_ID
9      AND  T2.ORD_DT >= TO_DATE('20170201','YYYYMMDD')
10     AND  T2.ORD_DT <  TO_DATE('20170401','YYYYMMDD')
11     AND  T1.RGN_ID IN ('A','B')
12   GROUP BY ROLLUP(TO_CHAR(T2.ORD_DT,'YYYYMM') ,T1.RGN_ID ,T1.CUS_GD)
13   ORDER BY TO_CHAR(T2.ORD_DT,'YYYYMM') ,T1.RGN_ID ,T1.CUS_GD;
```

위 SQL은 다음과 같은 소계와 전체합계를 만든다.

- TO_CHAR(T2.ORD_DT,'YYYYMM'), T1.RGN_ID별 소계

- TO_CHAR(T2.ORD_DT,'YYYYMM')별 소계

- 전체합계

위 SQL을 [그림 2.2.4-1]과 같이 ROLLUP 위치만 변경해 가면서 실행해 보자.

2.2 ROLLUP

```
CUS_GD만 ROLLUP
GROUP BY TO_CHAR(T2.ORD_DT,'YYYYMM') ,T1.RGN_ID ,ROLLUP(T1.CUS_GD)
```

ORD_YM	RGN_ID	CUS_GD	ORD_AMT
201702	A	A	72040
201702	A	B	33760
201702	A	Total	105800
201702	B	A	59620
201702	B	B	28720
201702	B	Total	88340
201703	A	A	88720
201703	A	Total	88720
201703	B	A	82740
201703	B	Total	82740

ORD_YM	RGN_ID	CUS_GD	ORD_AMT
201702	A	A	72040
201702	A	B	33760
201702	A	Total	105800
201702	B	A	59620
201702	B	B	28720
201702	B	Total	88340
201702	Total	Total	194140
201703	A	A	88720
201703	A	Total	88720
201703	B	A	82740
201703	B	Total	82740
201703	Total	Total	171460

```
RGN_ID와 CUS_GD만 ROLLUP
GROUP BY TO_CHAR(T2.ORD_DT,'YYYYMM') ,ROLLUP(T1.RGN_ID ,T1.CUS_GD)
```

[그림 2.2.4-1]

[그림 2.2.4-1]을 보면 ROLLUP 위치에 따라 다른 소계가 나오는 것을 알 수 있다. 정리하면 아래와 같다.

- GROUP BY ROLLUP(A, B, C)
  : C ROLLUP => A+B별 소계
  : B, C ROLLUP => A별 소계
  : A, B, C ROLLUP => 전체 합계
- GROUP BY A, ROLLUP(B, C)
  : C ROLLUP => A+B별 소계
  : B, C ROLLUP => A별 소계
- GROUP BY A, B, ROLLUP(C)
  : C ROLLUP => A+B별 소계

ROLLUP 위치에 따른 결과를 글이나 말로 한 번에 이해하기에는 쉽지 않다. 다시 한번 위의 내용을 살펴보고 ROLLUP 위치를 직접 바꾸어 가면서 테스트해 보기 바란다.

(2) ROLLUP 컬럼 묶기

ROLLUP을 사용할 때 여러 컬럼을 하나의 괄호로 묶을 수 있다. 묶인 여러 컬럼은 하나의 단위로 ROLLUP된다. 이 방법은 전체합계와 일부 컬럼만 소계를 내야 할 때 매우 유용하다.

아래와 같이 ROLLUP 안의 모든 컬럼을 한 번 더 괄호로 묶은 후에 SQL을 실행해보자.

주문년월, 지역ID, 고객등급별 주문금액 - 전체 합계만 구하기

```
1   SELECT  CASE  WHEN GROUPING(TO_CHAR(T2.ORD_DT,'YYYYMM'))=1 THEN 'Total'
2                 ELSE TO_CHAR(T2.ORD_DT,'YYYYMM') END ORD_YM
3          ,CASE WHEN GROUPING(T1.RGN_ID) = 1 THEN 'Total' ELSE T1.RGN_ID END RGN_ID
4          ,CASE WHEN GROUPING(T1.CUS_GD) = 1 THEN 'Total' ELSE T1.CUS_GD END CUS_GD
5          ,SUM(T2.ORD_AMT) ORD_AMT
6   FROM    M_CUS T1
7          ,T_ORD T2
8   WHERE   T1.CUS_ID = T2.CUS_ID
9   AND     T2.ORD_DT >= TO_DATE('20170201','YYYYMMDD')
10  AND     T2.ORD_DT <  TO_DATE('20170401','YYYYMMDD')
11  AND     T1.RGN_ID IN ('A','B')
12  GROUP BY ROLLUP((TO_CHAR(T2.ORD_DT,'YYYYMM') ,T1.RGN_ID ,T1.CUS_GD))
13  ORDER BY TO_CHAR(T2.ORD_DT,'YYYYMM') ,T1.RGN_ID ,T1.CUS_GD;
```

ROLLUP 안에 괄호가 한 개가 아니라, 두 개 사용된 것에 주의해야 한다.

　- GROUP BY ROLLUP ((TO_CHAR(T2.ORD_DT,'YYYYMM') ,T1.RGN_ID ,T1.CUS_GD))

이처럼 작성하면, ROLLUP 안에 정의된 모든 컬럼이 하나로 인식되어, 전체합계만 구할 수 있다.

[그림 2.2.4-2]와 같이 ROLLUP의 묶음(ROLLUP 안의 두 번째 괄호 위치)을 변경하면서 SQL을 수행해 보자. 각각 다른 합계를 구하는 것을 볼 수 있다.

2.2 ROLLUP

```
ORD_YM과 RGN_ID를 묶음
GROUP BY ROLLUP((TO_CHAR(T2.ORD_DT,'YYYYMM') ,T1.RGN_ID) ,T1.CUS_GD)
```

ORD_YM	RGN_ID	CUS_GD	ORD_AMT
201702	A	A	72040
201702	A	B	33760
201702	A	Total	105800
201702	B	A	59620
201702	B	B	28720
201702	B	Total	88340
201703	A	A	88720
201703	A	Total	88720
201703	B	A	82740
201703	B	Total	82740
Total	Total	Total	365600

ORD_YM	RGN_ID	CUS_GD	ORD_AMT
201702	A	A	72040
201702	A	B	33760
201702	B	A	59620
201702	B	B	28720
201702	Total	Total	194140
201703	A	A	88720
201703	B	A	82740
201703	Total	Total	171460
Total	Total	Total	365600

```
RGN_ID와 CUS_GD를 묶음
GROUP BY ROLLUP(TO_CHAR(T2.ORD_DT,'YYYYMM') ,(T1.RGN_ID ,T1.CUS_GD))
```

[그림 2.2.4-2]

ROLLUP의 컬럼을 묶을 때 다음 두 가지만 정확히 기억하자.

첫째, 'GROUP BY A, B, C, D'와 같이 여러 개 컬럼이 'GROUP BY' 될 때, 전체합계만 필요하다면 'GROUP BY ROLLUP((A, B, C, D))'와 같이 사용한다. 'A, B, C, D'가 하나의 단위로 ROLLUP되므로 전체합계만 결과에 추가된다.

둘째, 'GROUP BY A, B, C, D, E, F'와 같이 여러 개 컬럼 중, 앞쪽 3개 컬럼까지의 소계와 전체합계가 필요하면(A+B+C별 소계, A+B별 소계, A별 소계, 전체합계가 필요한 경우다.) 소계가 필요 없는 'D, E, F'를 하나로 묶어 버리면 된다. 즉 'GROUP BY ROLLUP(A, B, C, (D, E, F))'와 같이 구현하면 된다.

여기서 설명한 내용은 자주 사용하지 않으면 쉽게 이해하기 어려운 부분이다. <u>전체 합계를 구할 때 괄호 두 개를 사용하면 된다는 것만 정확히 기억해도 충분하다.</u>

2.3 소계를 구하는 다른 방법

2.3.1 ROLLUP을 대신하는 방법

소계를 구하기 위해 ROLLUP을 반드시 사용해야 하는 것은 아니다. ROLLUP을 대신할 수 있는 다양한 방법이 있다. 가능하면 ROLLUP을 사용하는 것이 좋지만, 때에 따라 ROLLUP을 사용할 수 없는 상황도 있다.

ROLLUP으로 소계를 구하는 SQL부터 먼저 살펴보자.

주문년월, 고객ID별 주문금액 - ROLLUP 사용
```
1  SELECT  TO_CHAR(T1.ORD_DT,'YYYYMM') ORD_YM ,T1.CUS_ID
2          ,SUM(T1.ORD_AMT) ORD_AMT
3  FROM    T_ORD T1
4  WHERE   T1.CUS_ID IN ('CUS_0001','CUS_0002')
5  AND     T1.ORD_DT >= TO_DATE('20170301','YYYYMMDD')
6  AND     T1.ORD_DT <  TO_DATE('20170501','YYYYMMDD')
7  GROUP BY ROLLUP(TO_CHAR(T1.ORD_DT,'YYYYMM') ,T1.CUS_ID);
```

위 'ROLLUP SQL'을 대신하는 방법을 하나씩 알아보도록 하자.

(1) UNION ALL로 대신하기

ROLLUP을 대신하는 가장 간단한 방법은 'UNION ALL'을 사용하는 것이다. 아래와 같다.

ROLLUP을 UNION ALL로 대신하기
```
1   SELECT  TO_CHAR(T1.ORD_DT,'YYYYMM') ORD_YM ,T1.CUS_ID
2           ,SUM(T1.ORD_AMT) ORD_AMT
3   FROM    T_ORD T1
4   WHERE   T1.CUS_ID IN ('CUS_0001','CUS_0002')
5   AND     T1.ORD_DT >= TO_DATE('20170301','YYYYMMDD')
6   AND     T1.ORD_DT <  TO_DATE('20170501','YYYYMMDD')
7   GROUP BY TO_CHAR(T1.ORD_DT,'YYYYMM') ,T1.CUS_ID
8   UNION ALL
9   SELECT  TO_CHAR(T1.ORD_DT,'YYYYMM') ORD_YM ,'Total' CUS_ID
10          ,SUM(T1.ORD_AMT) ORD_AMT
11  FROM    T_ORD T1
12  WHERE   T1.CUS_ID IN ('CUS_0001','CUS_0002')
13  AND     T1.ORD_DT >= TO_DATE('20170301','YYYYMMDD')
14  AND     T1.ORD_DT <  TO_DATE('20170501','YYYYMMDD')
```

```
15    GROUP BY TO_CHAR(T1.ORD_DT,'YYYYMM')
16    UNION ALL
17    SELECT   'Total' ORD_YM ,'Total' CUS_ID
18            ,SUM(T1.ORD_AMT) ORD_AMT
19    FROM     T_ORD T1
20    WHERE    T1.CUS_ID IN ('CUS_0001','CUS_0002')
21    AND      T1.ORD_DT >= TO_DATE('20170301','YYYYMMDD')
22    AND      T1.ORD_DT <  TO_DATE('20170501','YYYYMMDD');
```

기본적인 'GROUP BY 데이터'와 '주문년월별 GROUP BY 데이터', 'GROUP BY 없는 전체 금액 합계'를 별도로 만들어 'UNION ALL' 했다. ROLLUP을 대신해 흔하게 사용하는 방법이다. ROLLUP과 정렬 순서만 다를 뿐 같은 결과다. (정렬 순서는 ORDER BY로 조정하면 된다.)
'UNION ALL'을 사용한 방법은 T_ORD를 세 번 접근하고 있다. 성능에서 손해를 볼 수밖에 없다. 소계가 필요한 만큼 'UNION ALL'이 늘어나 성능은 점점 나빠진다. 'UNION ALL'이 많아질수록 SELECT 절의 컬럼 순서를 맞추는 작업도 번거로워지는 단점이 있다.

(2) 카테시안-조인으로 대신하기

카테시안-조인(CARTESIAN-JOIN)을 사용해 소계와 전체합계를 만들어 낼 수 있다. (카테시안-조인의 자세한 설명은 Chapter. 3에서 한다.)

ROLLUP을 카테시안-조인으로 대신하기

```
1     SELECT   CASE WHEN T2.RNO = 1 THEN TO_CHAR(T1.ORD_DT,'YYYYMM')
2                   WHEN T2.RNO = 2 THEN TO_CHAR(T1.ORD_DT,'YYYYMM')
3                   WHEN T2.RNO = 3 THEN 'Total' END ORD_YM
4             ,CASE WHEN T2.RNO = 1 THEN T1.CUS_ID
5                   WHEN T2.RNO = 2 THEN 'Total'
6                   WHEN T2.RNO = 3 THEN 'Total' END CUS_ID
7             ,SUM(T1.ORD_AMT) ORD_AMT
8     FROM     T_ORD T1
9             ,(
10                 SELECT ROWNUM RNO FROM DUAL CONNECT BY ROWNUM <= 3
11            ) T2
12    WHERE    T1.CUS_ID IN ('CUS_0001','CUS_0002')
13    AND      T1.ORD_DT >= TO_DATE('20170301','YYYYMMDD')
14    AND      T1.ORD_DT <  TO_DATE('20170501','YYYYMMDD')
15    GROUP BY CASE WHEN T2.RNO = 1 THEN TO_CHAR(T1.ORD_DT,'YYYYMM')
16                  WHEN T2.RNO = 2 THEN TO_CHAR(T1.ORD_DT,'YYYYMM')
17                  WHEN T2.RNO = 3 THEN 'Total' END
18            ,CASE WHEN T2.RNO = 1 THEN T1.CUS_ID
19                  WHEN T2.RNO = 2 THEN 'Total'
```

| 20 | WHEN T2.RNO = 3 THEN 'Total' END; |

위 SQL은 카테시안-조인을 응용해 T_ORD의 결과를 세 배로 만들어 처리하는 방법이다. 10번 라인은 세 건의 로우를 만들어 내는 인라인-뷰다. 12~14번 라인의 WHERE 절을 보면 10번의 결과와 T_ORD에 대한 조인 조건이 없다. 조인 조건이 없으면 집합을 구성하는 모든 데이터 간에 조인이 발생한다. 그러므로 T_ORD는 10번 라인의 인라인-뷰에 의해 데이터가 세 배로 불어 난다.

카테시안-조인으로 해결한 방법도 문제점이 있다. 첫째 세 배로 늘어날 T_ORD에 데이터가 너무 많으면 조인 과정에서 성능 저하가 발생할 수 있다. 둘째 SQL이 너무 어렵다. SQL을 작성한 개발자 외에는 이해가 쉽지 않다. 개발한 사람도 얼마 지나서는 이 SQL을 왜 이렇게 작성했는지 고민에 빠질 수 있다. 아주 특수한 경우가 아니면 카테시안-조인은 사용하지 않는 것이 좋다.

> **MEMO 카테시안-조인(CARTESIAN-JOIN)**
>
> FROM 절에 두 개 이상의 테이블이 있을 때, 조인-조건을 주지 않으면 카테시안-조인이 발생한다. 카테시안-조인은 조인 대상의 건수를 곱한 만큼 결과가 만들어진다. 예를 들어 A 테이블에 5건, B 테이블에 10건이 존재할 때 카테시안-조인을 하면 5*10에 해당하는 50건의 조인 결과가 나온다.

(3) WITH와 UNION ALL로 대신하기

ROLLUP을 대신하기 위해 WITH와 'UNION ALL'을 같이 사용할 수 있다.

ROLLUP을 WITH 절과 UNION ALL로 대체

```
1   WITH T_RES AS(
2       SELECT  TO_CHAR(T1.ORD_DT,'YYYYMM') ORD_YM ,T1.CUS_ID
3               ,SUM(T1.ORD_AMT) ORD_AMT
4       FROM    T_ORD T1
5       WHERE   T1.CUS_ID IN ('CUS_0001','CUS_0002')
6       AND     T1.ORD_DT >= TO_DATE('20170301','YYYYMMDD')
7       AND     T1.ORD_DT <  TO_DATE('20170501','YYYYMMDD')
8       GROUP BY TO_CHAR(T1.ORD_DT,'YYYYMM') ,T1.CUS_ID
9           )
10  SELECT  T1.ORD_YM ,T1.CUS_ID ,T1.ORD_AMT
11  FROM    T_RES T1
12  UNION ALL
13  SELECT  T1.ORD_YM ,'Total' ,SUM(T1.ORD_AMT)
14  FROM    T_RES T1
```

```
15    GROUP BY T1.ORD_YM
16    UNION ALL
17    SELECT  'Total' ,'Total' ,SUM(T1.ORD_AMT)
18    FROM    T_RES T1;
```

WITH 절을 이용해 'GROUP BY' 된 결과를 T_RES로 정의하고, 아래의 메인 SQL에서 T_RES를 'UNION ALL' 하는 방법이다. 앞의 두 방법에 비해 작성양도 적고 보기에도 깔끔해졌다.(WITH절은 Chapter. 4에서 설명한다.)

ROLLUP을 대신할 다양한 방법이 있지만, ROLLUP을 사용하는 것이 일반적으로 좋다. 다만 필요한 결과를 얻어내는데 다양한 방법이 있다는 것을 알고 있기 바란다.

2.3.2 CUBE

CUBE는 조합 가능한 모든 소계를 만들어 낸다. 사용 방법은 ROLLUP과 같다. ROLLUP이 사용된 부분을 CUBE로 변경해 주기만 하면 된다.

'GROUP BY CUBE (A, B, C)'라고 하면, 다음과 같이 6개의 소계와 전체합계가 만들어진다.

- A+B별 소계, A별 소계, A+C별 소계, B+C별 소계, B별 소계, C별 소계

CUBE를 실제 사용한 SQL을 살펴보자.

```
주문상태(ORD_ST), 주문년월, 고객ID별 주문금액  - CUBE로 가능한 모든 소계를 추가
1     SELECT  CASE  WHEN GROUPING(T1.ORD_ST)=1 THEN 'Total' ELSE T1.ORD_ST END ORD_ST
2            ,CASE WHEN GROUPING(TO_CHAR(T1.ORD_DT,'YYYYMM'))=1 THEN 'Total'
3                  ELSE TO_CHAR(T1.ORD_DT,'YYYYMM') END ORD_YM
4            ,CASE WHEN GROUPING(T1.CUS_ID)=1 THEN 'Total' ELSE T1.CUS_ID END CUS_ID
5            ,SUM(T1.ORD_AMT) ORD_AMT
6     FROM    T_ORD T1
7     WHERE   T1.CUS_ID IN ('CUS_0001','CUS_0002')
8     AND     T1.ORD_DT >= TO_DATE('20170301','YYYYMMDD')
9     AND     T1.ORD_DT <  TO_DATE('20170501','YYYYMMDD')
10    GROUP BY CUBE(T1.ORD_ST ,TO_CHAR(T1.ORD_DT,'YYYYMM') ,T1.CUS_ID)
11    ORDER BY T1.ORD_ST ,TO_CHAR(T1.ORD_DT,'YYYYMM') ,T1.CUS_ID;
```

위 SQL은 CUBE를 사용했기 때문에 'GROUP BY'에 명시한 컬럼에 조합 가능한 모든 소계를 만든다. [그림 2.3.2-1]을 보면 ROLLUP과 CUBE의 차이를 쉽게 알 수 있다.

ROLLUP을 이용			
ORD_ST	ORD_YM	CUS_ID	ORD_AMT
COMP	201703	CUS_0001	2800
COMP	201703	CUS_0002	4300
COMP	201703	Total	7100
COMP	201704	CUS_0001	4100
COMP	201704	CUS_0002	1900
COMP	201704	Total	6000
COMP	Total	Total	13100
WAIT	201704	CUS_0001	900
WAIT	201704	Total	900
WAIT	Total	Total	900
Total	Total	Total	14000

CUBE를 이용			
ORD_ST	ORD_YM	CUS_ID	ORD_AMT
COMP	201703	CUS_0001	2800
COMP	201703	CUS_0002	4300
COMP	201703	Total	7100
COMP	201704	CUS_0001	4100
COMP	201704	CUS_0002	1900
COMP	201704	Total	6000
COMP	Total	CUS_0001	6900
COMP	Total	CUS_0002	6200
COMP	Total	Total	13100
WAIT	201704	CUS_0001	900
WAIT	201704	Total	900
WAIT	Total	CUS_0001	900
WAIT	Total	Total	900
Total	201703	CUS_0001	2800
Total	201703	CUS_0002	4300
Total	201703	Total	7100
Total	201704	CUS_0001	5000
Total	201704	CUS_0002	1900
Total	201704	Total	6900
Total	Total	CUS_0001	7800
Total	Total	CUS_0002	6200
Total	Total	Total	14000

[그림 2.3.2-1]

지금까지 수많은 SQL을 개발해 왔지만, CUBE를 사용한 경우는 거의 없다. CUBE를 사용할 정도의 다양한 소계는 고객도 불필요한 경우가 대부분이다. 더욱이 CUBE는 컬럼이 많고 처리할 데이터가 많을수록 성능이 좋지 못하다. CUBE를 사용해야 한다면, ROLLUP과 추가적인 'UNION ALL' 한, 두 개 또는 WITH 절과 ROLLUP으로 해결할 수 있는지 고민해 보기 바란다.

2.3.3 GROUPING SETS

'GROUPING SETS'도 ROLLUP이나 CUBE처럼 소계를 만든다. 사용하는 사람에 따라 ROLLUP보다 좀 더 쉽게 느껴질 수 있다.

'GROUP BY' 뒤에 ROLLUP이나 CUBE 대신에 'GROUPING SETS'라고 표기한 후, 그룹화할 컬럼을 괄호로 묶어 나열해 주면 된다. 다음 SQL을 보면 쉽게 이해할 수 있다.

주문년월, 고객ID별 주문건수와 주문 금액 - GROUPING SETS 활용

```
1   SELECT  TO_CHAR(T1.ORD_DT,'YYYYMM') ORD_YM
2          ,T1.CUS_ID
3          ,COUNT(*) ORD_CNT
4          ,SUM(T1.ORD_AMT) ORD_AMT
5   FROM    T_ORD T1
6   WHERE   T1.ORD_DT >= TO_DATE('20170301','YYYYMMDD')
7   AND     T1.ORD_DT <  TO_DATE('20170501','YYYYMMDD')
8   AND     T1.CUS_ID IN ('CUS_0061','CUS_0062')
9   GROUP BY GROUPING SETS(
10                 (TO_CHAR(T1.ORD_DT,'YYYYMM'),T1.CUS_ID)  --GROUP BY기본 데이터
11                ,(TO_CHAR(T1.ORD_DT,'YYYYMM'))   --주문년월별 소계
12                ,(T1.CUS_ID)   --고객ID별 소계
13                ,()    --전체합계
14                );
```

위 SQL에서 10~13번 라인과 같이 소계가 필요한 집합(SET)을 일일이 지정할 수 있다. '전체 합계'가 필요하면 13번 라인과 같이 빈 괄호를 추가해주면 된다.

Chapter. 3

JOIN

앙꼬 없는 찐빵은 맛이 없다. 조인(JOIN) 없는 관계형 데이터베이스도 '맛'이 없다. 여기서 이야기하는 '맛'은 데이터의 활용 가치를 뜻한다.

관계형 데이터베이스의 테이블은 정규화라는 기법을 사용해 설계한다. 정규화로 설계된 테이블 각각은 하나의 독립된 주제를 담는다. 예를 들어 고객 테이블에는 고객 정보만, 주문 테이블에는 주문 정보만 관리한다. 독립된 주제를 가진 테이블은 조인을 사용해 연결할 수 있으며, 조인된 결과는 더 가치 있는 정보를 제공할 수 있다.

조인을 사용하면 안 된다고 주장하는 사람도 있다. 아래와 같은 이유다.
'조인하면 결과가 무조건 맞지 않아! 다 틀려.' 조인을 정확히 사용하면, 설계가 잘못되지 않은 이상 부정확한 결과가 나올 일은 없다. 조인을 다시 익힐 필요가 있다.
'조인하면 성능이 안 좋아. 너무 느려.' SQL 성능에는 다양한 원인이 있다. 조인 때문에 성능이 나쁘다고 단정하기는 어렵다. 조인을 안 쓰기 시작하면 데이터가 중복되고 늘어난다. 이로 인해 데이터베이스 전체 성능은 더 나빠질 수 있다.

'정규화'를 주장하는 것이 아니다. 성능과 개발 편의를 위해, 적절한 '반정규화'는 필요하다. 다만, 위와 같은 이유로 무작정 '조인'을 피하려고 해서는 안 된다는 얘기다.

조인을 사용해야 테이블의 정보가 빛을 발한다. 독립된 정보를 연결해 통합된 정보가 나올 때, 업무적인 가치가 올라간다. 조인을 피하지 말고 즐길 수 있기 바란다.

3.1 INNER-JOIN

3.1.1 INNER-JOIN 이해하기

조인에는 세 가지 방법이 있다. 이너-조인(INNER-JOIN), 아우터-조인(OUTER-JOIN), 카테시안-조인(CARTESIAN-JOIN)이 그 세 가지다. 여기서는 가장 기본이라 할 수 있는 이너-조인(INNER-JOIN)을 먼저 설명한다.

보통 조인(JOIN)하면 이너-조인을 뜻한다. 이너-조인은 조인 조건을 만족하는 데이터만 결합해 결과로 내보낸다. 'T1.CUS_ID = T2.CUS_ID'와 같이 조인 조건을 주면 이너-조인이 수행된다.

SQL의 WHERE 절에 사용하는 조건은 '필터 조건'과 '조인 조건' 두 가지가 있다. FROM 절에 사용된 테이블이 하나면 WHERE 절에는 필터 조건만 존재한다. 반면에 FROM 절에 사용된 테이블이 두 개 이상이면 WHERE 절에는 필터 조건과 조인 조건이 동시에 있을 수 있다.

필터 조건은 FROM 절의 테이블에서 필요한 데이터를 걸러내는 역할을 한다. 조인 조건은 두 개의 테이블(또는 두 개의 데이터 집합)을 연결(조인)하는 역할을 한다.

(1) INNER-JOIN의 특징

이너-조인의 특징을 이해하기 위해 간단한 SQL을 실행해 보자.

이너-조인을 이해하는 SQL

```
1   SELECT  T1.COL_1 ,T2.COL_1
2   FROM  (   SELECT  'A' COL_1 FROM DUAL UNION ALL
3             SELECT  'B' COL_1 FROM DUAL UNION ALL
4             SELECT  'C' COL_1 FROM DUAL ) T1
5        ,(   SELECT  'A' COL_1 FROM DUAL UNION ALL
6             SELECT  'B' COL_1 FROM DUAL UNION ALL
7             SELECT  'B' COL_1 FROM DUAL UNION ALL
8             SELECT  'D' COL_1 FROM DUAL ) T2
9   WHERE  T1.COL_1 = T2.COL_1;
```

위 SQL은 인라인-뷰로 구성된 T1과 T2를 이너-조인하고 있다. 9번 라인에 T1과 T2의 조인 조건을 보고 알 수 있다. T1은 A, B, C 세 건의 데이터로 구성되어 있고, T2는 A, B, B, D 네 건의 데이터로 구성되어 있다. T2에는 B가 두 건이 있다. 위 SQL을 실행하면 [그림 3.1.1-1]과 같이 이너-조인이 이루어진다.

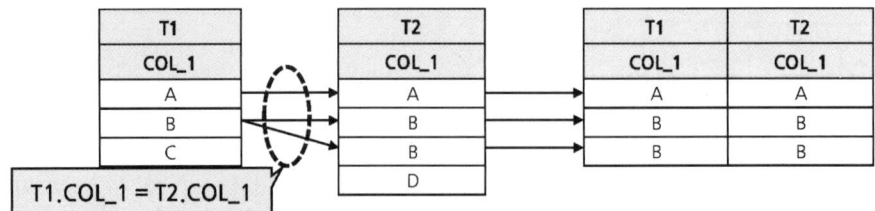

[그림 3.1.1-1]

그림에서 T1의 A는 T2의 A와 조인에 성공해 결과에 참여한다. 조인 조건인 'T1.COL_1 = T2.COL_1'을 만족하기 때문이다. T1의 B 역시 T2의 B와 조인에 성공한다. 이때, T2에는 B가 두 건 있다. 그러므로 조인 결과는 두 건이 된다. 반면에 T1의 C와 T2의 D는 조인 결과에 포함되지 못한다. 두 데이터 모두 조인 조건에 만족하지 못하기 때문이다.

이너-조인의 특징을 간단히 정리하면 아래와 같다.

- 조인 조건을 만족하는 데이터만 결합되어 결과에 나올 수 있다.
  (이때, 조인 조건은 '같다(=)' 뿐만 아니라, 다른 조건식도 사용할 수 있다.)
- 한 건과 M(Many)건이 조인되면 M건의 결과가 나온다.
  (T1의 B 한 건이 T2의 B 두 건과 결합해 두 건의 결과가 나왔다.)

(2) INNER-JOIN의 처리 과정

실제 테이블을 이용한 이너-조인 SQL을 살펴보자.

M_CUS와 T_ORD의 이너-조인
1　SELECT　T1.CUS_ID ,T1.CUS_GD ,T2.ORD_SEQ ,T2.CUS_ID ,T2.ORD_DT
2　FROM　　M_CUS T1
3　　　　　,T_ORD T2
4　WHERE　T1.CUS_ID = T2.CUS_ID
5　AND　　T1.CUS_GD = 'A'
6　AND　　T2.ORD_DT >= TO_DATE('20170101','YYYYMMDD')
7　AND　　T2.ORD_DT < TO_DATE('20170201','YYYYMMDD');

위 SQL은 고객(M_CUS)과 주문(T_ORD) 테이블을 이너-조인한다. 이때 고객등급은 'A'이면서 주문일시가 '2017년 1월'인 주문만 처리한다. WHERE 절의 조건을 아래와 같이 '조인 조건'과 '필터 조건'으로 구분할 수 있다.

- 조인 조건(4번 라인): T1.CUS_ID = T2.CUS_ID
- T1(M_CUS)의 필터 조건(5번 라인): CUS_GD = A
- T2(T_ORD)의 필터 조건(6, 7번 라인): ORD_DT의 범위

조인 조건인 'T1.CUS_ID = T2.CUS_ID'는 두 테이블 간에 CUS_ID 값이 같은 데이터를 연결하겠다는 뜻이다. [그림 3.1.1-2]를 보면 위 SQL이 처리되는 과정을 알 수 있다.

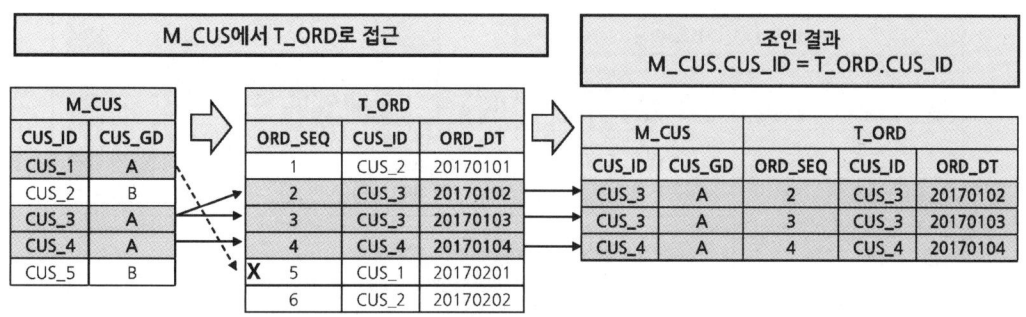

[그림 3.1.1-2]

[그림 3.1.1-2]의 과정을 설명하면 아래와 같다.

1. M_CUS에서 CUS_GD가 A인 데이터만 찾아낸다. (필터 조건 처리)
2. M_CUS의 첫 번째 로우인 CUS_1과 같은 CUS_ID가 T_ORD에 있는지 검색한다.
   : T_ORD에 CUS_1이 존재하지만 ORD_DT가 2017년 2월이므로 조인에 실패한다.
   (T_ORD의 필터 조건이 2017년 1월의 주문만 처리하기 때문이다.)
3. M_CUS의 세 번째 로우인 CUS_3과 같은 CUS_ID가 T_ORD에 있는지 검색한다.
   : T_ORD에는 CUS_3이 두 건 존재한다. ORD_DT도 2017년 1월이므로 조인에 성공한다.
   (M_CUS의 CUS_3 한 건은 T_ORD의 두 건과 조인이 이루어진다.)
4. M_CUS의 네 번째 로우인 CUS_4와 같은 CUS_ID가 T_ORD에 있는지 검색한다.
   : T_ORD에 CUS_4는 한 건 존재한다. ORD_DT도 2017년 1월이므로 조인에 성공한다.

필터 조건을 만족한 데이터만 조인에 참여한다. 그리고 조인 조건을 만족한 데이터만 결과에 나올 수 있다.
여기서 주의 깊게 봐야 할 것은, M_CUS의 'CUS_3'은 조인이 되면 두 건이 된다는 점이다. T_ORD에 'CUS_3'이 두 건이기 때문이다. 1:1로 조인이 이루어지면 한 건의 결과가 나오고 1:M으로 조인이 이루어지면 결과는 M 건이 나온다.

(3) INNER-JOIN의 처리 과정 – 뒤 바뀐 접근 순서

두 데이터 집합 간에 조인이 이루어질 때, 테이블의 접근 순서나 조인의 처리 순서는 조인 결과에 전혀 영향을 주지 않는다. 위에서는 M_CUS부터 접근해서 T_ORD와 조인을 수행했다. 반대로 T_ORD부터 접근해서 M_CUS와 조인을 처리해도 조인 결과는 같다. 성능에는 영향이 있을 수 있지만, 조인 결과에는 절대 영향이 없다. [그림 3.1.1-3]은 T_ORD부터 접근해서 M_CUS와 조인을 처리하는 과정이다.

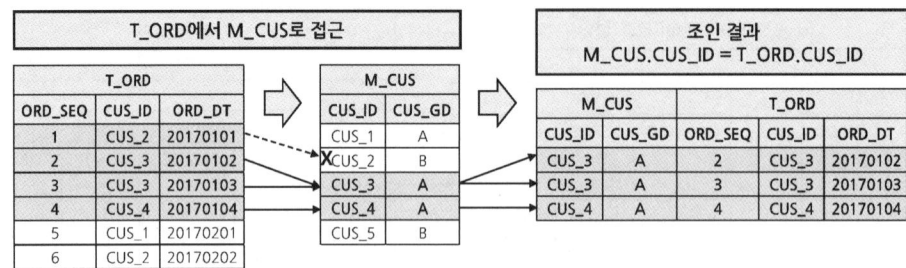

[그림 3.1.1-3]

[그림 3.1.1-2]와 [그림 3.1.1-3]의 결과는 완전히 같다. (정렬 순서는 차이가 있을 수 있지만, 같은 결과다.)

조인 조건에 대해 한 가지 짚고 넘어가자. 보통 조인 조건은 'T1.COL = T2.COL'처럼 '같다(=)' 조건을 사용한다. 이 때문에 같은 값끼리만 조인할 수 있다고 착각을 한다. 하지만 'T1.COL != T2.COL'처럼 '같지않다(!=)' 조건으로 조인 할 수도 있다.
같은 값을 가진 데이터끼리가 아니라, 조인 조건을 만족하는 데이터 간에 조인이 이루어지는 것이다.

3.1.2 여러 테이블의 조인

시스템을 개발하다 보면 하나의 SQL에서 여러 테이블이 조인되는 경우가 수두룩하다. 여러 테이블을 조인한다고 겁먹을 필요 없다. 두 개의 테이블이 조인되는 과정과 개념만 정확히 이해하면 열 개를 조인하든 백 개를 조인하든 문제없다. 아무리 많은 테이블이 조인되어도 결국은 두 테이블의 조인을 계속하는 것에 불과하다.

여러 테이블의 조인을 잘하기 위해서는 조인을 테이블과 테이블 간의 연결이 아니라, '데이터 집합'과 '데이터 집합' 간의 연결이라고 생각을 바꿔야 한다. 아래와 같이 데이터 집합을 정의할 수 있다.

- 테이블 자체를 데이터 집합으로 볼 수 있다.
- WHERE 절의 필터 조건을 거친 결과를 데이터 집합이라 할 수 있다.
- 두 개의 데이터 집합이 조인된 결과는 새로운 하나의 데이터 집합이다.

조인은 데이터 집합과 데이터 집합 간의 연결이다.

A, B, C 3개의 테이블을 조인한다고 생각해 보자. 이 경우 A와 B가 먼저 조인이 수행되어 새로운 데이터 집합 AB가 만들어진다. AB가 C와 조인이 수행되면 최종 결과인 ABC가 만들어진다. A, B, C가 조인되는 과정은 [그림 3.1.2-1]과 같다.

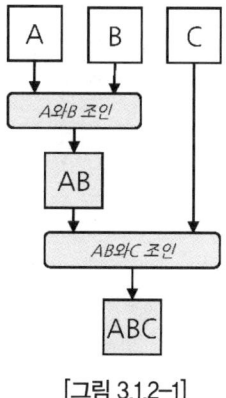

[그림 3.1.2-1]

A와 B가 조인된 AB는 물리적인 테이블이 아닌 두 개 테이블이 연결된 새로운 데이터 집합이다. 즉 C 테이블은 AB 데이터 집합과 조인한다. 좀 더 유연하게 테이블 자체도 데이터 집합으로 생각할 수 있다. C 테이블이 아닌 C 데이터 집합과 AB 데이터 집합이 조인한다고 이해하면 된다.

A, B, C, D 4개의 테이블을 조인하는 과정을 생각해 보자. 4개의 테이블이 조인되는 과정은 [그림 3.1.2-2]와 같이 두 가지 방법이 있을 수 있다.

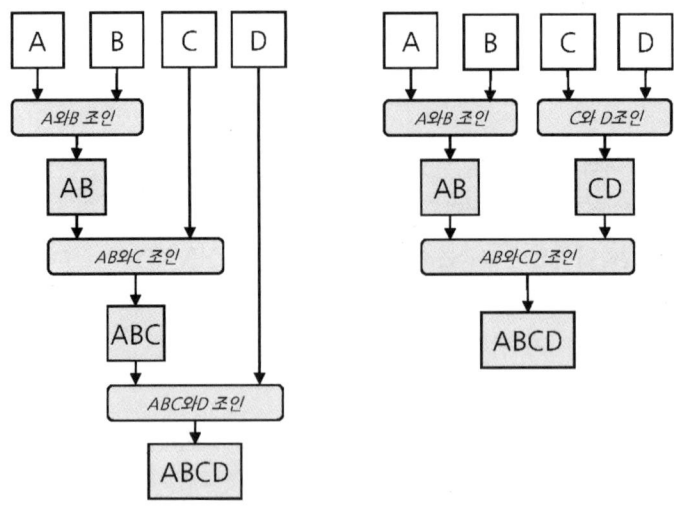

[그림 3.1.2-2]

그림에서 왼쪽은 A와 B를 먼저 조인한 후 C를 조인해 ABC를 만들고, 마지막으로 ABC를 D와 조인해 최종 결과인 ABCD를 만들고 있다. 오른쪽은 A와 B를 조인해 데이터 집합 AB를 만들고, C와 D를 조인해 데이터 집합 CD를 만든 후 AB와 CD를 조인해 최종 결과인 ABCD를 만드는 방법이다.

여기에 설명하지 않았지만, C와 D를 먼저 조인한 후에 A를 조인할 수도 있다. 조인의 순서가 변경된다고 해서 결과가 달라지지는 않는다.

그림과 같이 아무리 많은 테이블을 조인해도 한 번의 조인에는 두 개의 데이터 집합만 사용된다는 생각을 가지면 훨씬 쉽게 조인을 구현할 수 있다.

테이블 간의 관계를 파악하는 것도 조인에 큰 도움이 된다. 테이블 간의 관계를 파악하기 위해서는 ERD(Entity Relationship Diagram)가 필요하다. 자신이 개발하는 부분의 ERD는 수시로 볼 수 있게 준비해 놓는 것이 좋다. 모든 ERD에 관계가 그려져 있는 것은 아니다. ERD에 관계가 없다 해도 업무적으로 관계는 존재한다. 업무적인 관계를 이해하고 조인을 작성하기 바란다.

여러 테이블을 조인할 때는 아래 내용을 기억하기 바란다.

- 한순간에는 두 개의 데이터 집합에 대해서만 조인이 발생한다.
- 조인이 이루어진 두 개의 데이터 집합은 새로운 하나의 데이터 집합이다.
- 테이블 간의 관계를 이해하고 조인을 작성하자.

3.1.3 잘 못 작성한 조인(M:1:M 조인)

복잡하고 긴 SQL을 검토하다 보면 조인을 잘못 작성한 경우가 간혹 있다. 이때 전형적으로 등장하는 것이 바로 뜬금없는 DISTINCT이다. 몇 개의 테이블을 조인하다 보니, 중복된 데이터가 나와 DISTINCT를 사용해 강제로 중복을 제거한 경우다.
이처럼 잘 못 작성된 SQL이 나오게 되는 예를 살펴보자. 정확한 조인을 구사하는 데 도움이 될 것이다.

먼저 1:1, 1:M과 같은 관계 차수에 따른 조인 결과 건수를 알아보자.

- 1:1 관계 조인 = 1건의 결과 발생
- 1:M 관계 조인 = M건의 결과 발생
- M:M 관계 조인 = M*M건의 결과 발생

위에서 M:M 관계는 다대다(Many to Many) 관계를 뜻한다. M:M 관계의 조인은 OLTP 환경에서는 발생할 일이 거의 없다. 정확하게는 OLTP에서 M:M 관계가 있어서는 안 된다. M:M 조인이 발생한다면 테이블 설계에 문제가 있거나 조인을 수행해서는 안 되는 대상임을 의심해야 한다.

1:1이나 1:M의 관계에서는 조인을 실수할 일이 별로 없다. 조인 실수는 보통 세 개의 테이블이 M:1:M의 관계일 때 발생한다. M:1:M에서 1은 중심 테이블이고 M인 테이블들은 각각 1의 키 값을 참조하는 실적 테이블인 경우다. [그림 3.1.3-1]이 M:1:M의 테이블 구조다.

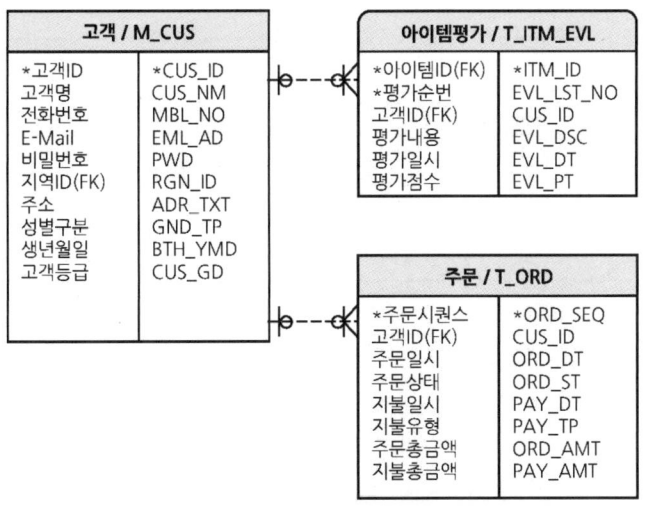

[그림 3.1.3-1]

고객(M_CUS)과 아이템평가(T_ITM_EVAL)는 1:M 관계다. 고객과 주문(T_ORD)도 1:M 관계로 이루어졌다. 그러므로 위 세 개의 테이블은 고객이 1인 M:1:M 관계다. 아래는 [그림 3.1.3-1]의 3개 테이블을 조인하는 SQL이다.

특정 고객의 17년 3월의 아이템평가(T_ITM_EVL)기록과 3월 주문(T_ORD)에 대해,
고객ID, 고객명별 아이템평가 건수, 주문건수를 출력

```
1   SELECT    T1.CUS_ID ,T1.CUS_NM
2             ,COUNT(DISTINCT T2.ITM_ID||'-'||TO_CHAR(T2.EVL_LST_NO)) EVAL_CNT
3             ,COUNT(DISTINCT T3.ORD_SEQ) ORD_CNT
4   FROM      M_CUS T1
5             ,T_ITM_EVL T2
6             ,T_ORD T3
7   WHERE     T1.CUS_ID = T2.CUS_ID
8   AND       T1.CUS_ID = T3.CUS_ID
9   AND       T1.CUS_ID = 'CUS_0023'
10  AND       T2.EVL_DT >= TO_DATE('20170301','YYYYMMDD')
11  AND       T2.EVL_DT <  TO_DATE('20170401','YYYYMMDD')
12  AND       T3.ORD_DT >= TO_DATE('20170301','YYYYMMDD')
13  AND       T3.ORD_DT <  TO_DATE('20170401','YYYYMMDD')
14  GROUP BY T1.CUS_ID ,T1.CUS_NM;
```

위 SQL은 조인을 잘못 작성한 예다. 여기서 조인을 잘못 작성했다는 뜻은 문법을 잘못 사용했다는 의미가 아니다. SQL은 문법상으로 전혀 문제가 없다. 'COUNT(DISTINCT)'를 사용해 최종 결과를 강제로 맞힌 SQL이기 때문에 조인을 잘 못 사용했다고 한 것이다.
[그림 3.1.3-2]를 통해 어느 부분에서 조인이 잘 못 사용되었는지 알아보자.

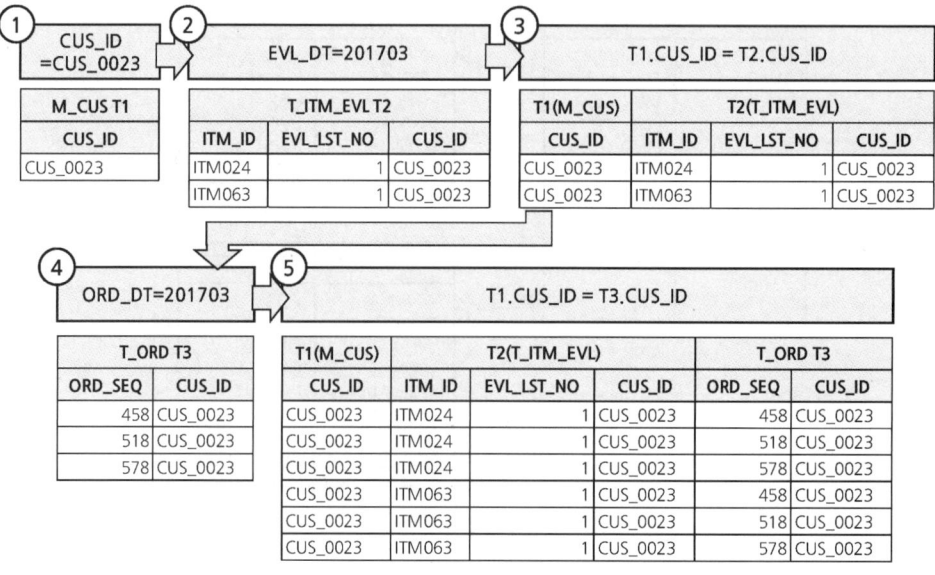

[그림 3.1.3-2]

[그림 3.1.3-2]의 과정을 정리하면 아래와 같다.

1. M_CUS에서 CUS_ID가 CUS_0023인 데이터를 추출, 한 건이 나온다.
2. T_ITM_EVL에서 EVL_DT가 3월인 데이터를 추출한다.
   : 이 중에 CUS_ID가 CUS_0023인 데이터는 2건이다.
3. 1번과 2번의 결과를 CUS_ID 값이 같은 데이터끼리 조인한다.
   : 1번과 2번이 1:2이므로 조인된 결과는 2건이다.
4. T_ORD에서 ORD_DT가 3월인 데이터를 추출한다.
   : 이 중에 CUS_ID가 CUS_0023인 데이터는 3건이다.
5. 3번과 4번의 결과를 CUS_ID 값이 같은 데이터끼리 조인한다.
   : 3번의 결과는 2건이고, 4번의 결과는 3건이다.
   : 2:3(=M:M) 조인이 발생하므로 최종 결과 건수는 2*3인 6건이 된다.

고객(M_CUS)을 중심으로 각각 조인을 했기 때문에 문제가 없을 것 같지만, CUS_ID 별로 카운트해 보면 'CUS_0023'의 아이템평가 횟수와 주문 횟수가 모두 6건이다. 전혀 맞지 않는 수치다. 'CUS_0023'의 아이템평가 횟수는 2번이고, 주문 횟수는 3건이 나와야 한다. 결과를 강제로 맞추기 위해 'COUNT(DISTINCT)'를 사용했다. 좋지 않은 방법이다.

M:1:M의 관계는 조인이 아닌 'UNION ALL'을 사용하거나, M:1을 먼저 1로 만든 후 나머지 조인을 해야 한다. 또는 모두 1로 만든 후 1:1:1 조인이 되도록 해야 한다.

(1) M:1:M의 조인 해결 – UNION ALL을 사용#1

아래는 'UNION ALL'로 M:1:M의 관계를 해결한 예다.

```
M:1:M의 관계를 UNION ALL로 해결
1   SELECT  T1.CUS_ID ,MAX(T1.CUS_NM) CUS_NM ,SUM(T1.EVL_CNT) EVL_CNT ,SUM(T1.ORD_CNT) ORD_CNT
2   FROM    (
3           SELECT  T1.CUS_ID ,MAX(T1.CUS_NM) CUS_NM ,COUNT(*) EVL_CNT ,NULL ORD_CNT
4           FROM    M_CUS T1
5                   ,T_ITM_EVL T2
6           WHERE   T1.CUS_ID = T2.CUS_ID
7           AND     T2.CUS_ID = 'CUS_0023'
8           AND     T2.EVL_DT >= TO_DATE('20170301','YYYYMMDD')
9           AND     T2.EVL_DT <  TO_DATE('20170401','YYYYMMDD')
10          GROUP BY T1.CUS_ID ,T1.CUS_NM
11          UNION ALL
```

```
12          SELECT  T1.CUS_ID ,MAX(T1.CUS_NM) CUS_NM ,NULL EVL_CNT ,COUNT(*) ORD_CNT
13          FROM    M_CUS T1
14                  ,T_ORD T3
15          WHERE   T1.CUS_ID = T3.CUS_ID
16          AND     T3.CUS_ID = 'CUS_0023'
17          AND     T3.ORD_DT >= TO_DATE('20170301','YYYYMMDD')
18          AND     T3.ORD_DT <  TO_DATE('20170401','YYYYMMDD')
19          GROUP BY T1.CUS_ID ,T1.CUS_NM
20          ) T1
21   GROUP BY T1.CUS_ID;
```

'고객과 평가', '고객과 주문'을 각각 조인한 후에 CUS_ID 별로 'GROUP BY'를 수행하고, 'GROUP BY' 된 결과를 'UNION ALL'로 묶는 방법이다. 이 방법은 'UNION ALL'을 수행할 대상이 많고 SELECT 절에 사용하는 컬럼이 많으면 SQL 작성이 번거로워지지만 이해가 쉽다.

(2) M:1:M의 조인 해결 - UNION ALL을 사용#2

성능을 고려해 M_CUS에 대한 조인을 인라인-뷰 바깥으로 옮길 수도 있다. 아래와 같다.

M:1:M의 관계를 UNION ALL로 해결 - 성능을 고려, M_CUS를 인라인-뷰 바깥에서 한 번만 사용

```
1    SELECT  T1.CUS_ID ,MAX(T1.CUS_NM) CUS_NM ,SUM(T4.EVL_CNT) EVL_CNT ,SUM(T4.ORD_CNT) ORD_CNT
2    FROM    M_CUS T1
3            ,(
4            SELECT  T2.CUS_ID ,COUNT(*) EVL_CNT ,NULL ORD_CNT
5            FROM    T_ITM_EVL T2
6            WHERE   T2.CUS_ID = 'CUS_0023'
7            AND     T2.EVL_DT >= TO_DATE('20170301','YYYYMMDD')
8            AND     T2.EVL_DT <  TO_DATE('20170401','YYYYMMDD')
9            GROUP BY T2.CUS_ID
10           UNION ALL
11           SELECT  T3.CUS_ID ,NULL EVL_CNT ,COUNT(*) ORD_CNT
12           FROM    T_ORD T3
13           WHERE   T3.CUS_ID = 'CUS_0023'
14           AND     T3.ORD_DT >= TO_DATE('20170301','YYYYMMDD')
15           AND     T3.ORD_DT <  TO_DATE('20170401','YYYYMMDD')
16           GROUP BY T3.CUS_ID
17           ) T4
18   WHERE   T1.CUS_ID = T4.CUS_ID
19   GROUP BY T1.CUS_ID;
```

M_CUS에 대한 반복 사용을 제거했으므로 성능에 이득이 있을 수 있다.

(3) M:1:M의 조인 해결 – 1:1:1로 조인

M:1:M을 조인하는 또 다른 방법은 1인 테이블은 그대로 두고, 나머지 M인 테이블들을 'GROUP BY'를 이용해 1로 만든 후 1:1:1로 조인을 수행하는 방법이다. 아래 SQL과 같다.

M:1:M의 관계에서 M 집합들을 1집합으로 만들어서 처리

```
1   SELECT  T1.CUS_ID
2          ,T1.CUS_NM
3          ,T2.EVL_CNT
4          ,T3.ORD_CNT
5   FROM    M_CUS T1
6          ,(
7           SELECT  T2.CUS_ID
8                  ,COUNT(*) EVL_CNT
9           FROM    T_ITM_EVL T2
10          WHERE   T2.CUS_ID = 'CUS_0023'
11          AND     T2.EVL_DT >= TO_DATE('20170301','YYYYMMDD')
12          AND     T2.EVL_DT <  TO_DATE('20170401','YYYYMMDD')
13          GROUP BY T2.CUS_ID
14          ) T2
15         ,(
16          SELECT  T3.CUS_ID
17                 ,COUNT(*) ORD_CNT
18          FROM    T_ORD T3
19          WHERE   T3.CUS_ID = 'CUS_0023'
20          AND     T3.ORD_DT >= TO_DATE('20170301','YYYYMMDD')
21          AND     T3.ORD_DT <  TO_DATE('20170401','YYYYMMDD')
22          GROUP BY T3.CUS_ID
23          ) T3
24  WHERE   T1.CUS_ID = T2.CUS_ID
25  AND     T1.CUS_ID = T3.CUS_ID
26  AND     T1.CUS_ID = 'CUS_0023';
```

지금까지 살펴본 SQL은 문제없이 결과가 나온다. 하지만 주의할 점이 있다. 조건으로 사용한 'CUS_0023' 고객의 데이터는 M_CUS, T_ORD, T_ITM_EVL 테이블에 모두 존재한다. 그러므로 이너-조인을 하면 조인이 성공적으로 이루어져 결과가 나온다. 만약에 M_CUS에는 존재하지만 T_ORD나 T_ITM_EVL 에는 없는 고객이면 조인 결과가 나오지 않는다. 무조건 조인 결과가 나오게 하려면 아우터-조인을 해야 한다.

주요 마스터 하나에 다른 실적 두 개가 조인될 때는 항상 주의가 필요하다. 무조건 조인 조건을 적을 것이 아니라, 조인하면 데이터 건수가 어떻게 변하게 될지 상상해보고 조인을 작성해야 한다.

3.1.4 RANGE-JOIN

대부분의 조인은 '같다(=)' 조건을 이용한다. 하지만 반드시 '같다(=)' 조건으로만 조인을 할 수 있는 것은 아니다. '범위(LIKE, >, <>)' 조건을 줄 수도 있으며, 때에 따라서는 '같지않다(!=)'를 사용할 수도 있다.

범위 조건을 이용해 조인하는 것을 '범위-조인(RANGE-JOIN)'이라고 부르자. 이러한 범위-조인이 발생하는 예제를 살펴보자. 'GROUP BY'를 설명하면서 아래 SQL을 살펴보았다. 'GROUP BY' 절에 CASE를 이용해 가격대에 따라 주문금액유형을 분류하는 SQL이다.

CASE를 이용해 가격유형(ORD_AMT_TP)별로 주문 건수를 카운트
```
1   SELECT   T1.ORD_ST
2           ,CASE WHEN T1.ORD_AMT >= 5000 THEN 'High Order'
3                 WHEN T1.ORD_AMT >= 3000 THEN 'Middle Order'
4                 ELSE 'Low Order'
5            END ORD_AMT_TP
6           ,COUNT(*) ORD_CNT
7   FROM     T_ORD T1
8   GROUP BY T1.ORD_ST
9           ,CASE WHEN T1.ORD_AMT >= 5000 THEN 'High Order'
10                WHEN T1.ORD_AMT >= 3000 THEN 'Middle Order'
11                ELSE 'Low Order'
12           END
13  ORDER BY 1, 2;
```

위와 같은 SQL이 일회성이 아니라, 실제 시스템 화면에서 사용하고 있다면 [그림 3.1.4-1]과 같이 '주문금액유형' 테이블을 만들어 조인으로 해결하는 것이 좋다.

```
        주문금액유형
       / M_ORD_AMT_TP
  *주문금액유형   *ORD_AMT_TP
  시작금액         FR_AMT
  종료금액         TO_AMT
```

[그림 3.1.4-1]

주문금액유형 테이블은 주문금액유형별로 시작금액과 종료금액을 관리한다. 아래 스크립트로 테이블과 테스트 데이터를 생성할 수 있다.

3.1 INNER-JOIN

주문금액유형 테이블 생성

```
1   CREATE TABLE M_ORD_AMT_TP
2   (
3           ORD_AMT_TP VARCHAR2(40) NOT NULL,
4           FR_AMT NUMBER(18,3) NULL,
5           TO_AMT NUMBER(18,3) NULL
6   );
7
8   CREATE UNIQUE INDEX PK_M_ORD_AMT_TP ON M_ORD_AMT_TP(ORD_AMT_TP);
9
10  ALTER TABLE M_ORD_AMT_TP
11          ADD CONSTRAINT PK_M_ORD_AMT_TP PRIMARY KEY(ORD_AMT_TP) USING INDEX;
12
13  -- 테스트 데이터 생성.
14  INSERT INTO M_ORD_AMT_TP(ORD_AMT_TP ,FR_AMT ,TO_AMT)
15  SELECT 'Low Order'    ,0    ,3000 FROM DUAL UNION ALL
16  SELECT 'Middle Order' ,3000 ,5000 FROM DUAL UNION ALL
17  SELECT 'High Order'   ,5000 ,999999999999 FROM DUAL;
18  COMMIT;
```

아래는 'GROUP BY~CASE'를 주문금액유형(M_ORD_AMT_TP) 테이블과의 조인으로 해결한 SQL이다. 4, 5번 라인을 보면 범위 조건으로 조인을 처리하고 있다.

RANGE-JOIN을 이용해 가격유형(ORD_AMT_TP)별로 주문 건수를 카운트

```
1   SELECT   T1.ORD_ST ,T2.ORD_AMT_TP ,COUNT(*) ORD_CNT
2   FROM     T_ORD T1
3           ,M_ORD_AMT_TP T2
4   WHERE    NVL(T1.ORD_AMT,0) >= T2.FR_AMT
5   AND      NVL(T1.ORD_AMT,0) <  T2.TO_AMT
6   GROUP BY T1.ORD_ST ,T2.ORD_AMT_TP
7   ORDER BY 1, 2;
```

'같다(=)' 조건만으로 조인할 수 있다는 고정관념이 있었다면 빠져나오길 바란다.

3.2 OUTER-JOIN

3.2.1 OUTER-JOIN 이해하기

이너-조인은 조인 조건에 만족한 데이터만 결과에 나올 수 있다. 반면에 아우터-조인(OUTER-JOIN)은 조인 조건에 만족하지 않은 데이터도 결과에 나온다.

아우터-조인을 설명하기 위해 '기준 데이터 집합'과 '참조 데이터 집합'이란 용어를 정의하도록 하겠다.

- 기준 데이터 집합: 아우터-조인의 기준이 되는 집합('아우터-집합'이라고도 한다.)
- 참조 데이터 집합: 아우터-조인의 참조가 되는 집합

'기준 데이터 집합'은 조인 조건을 만족하지 않아도 모두 결과에 포함된다. 단, 필터 조건은 만족해야 한다.

아우터-조인을 사용하려면, 조인 조건 컬럼 한쪽에 '(+)' 표시를 추가하면 된다. 조인 조건에 '(+)'가 있으면 아우터-조인, 없으면 이너-조인이다.

'기준 데이터 집합'과 '참조 데이터 집합'은 '(+)' 표시로 구분한다. 조인 조건에 '(+)' 표시가 붙은 쪽은 '참조 데이터 집합', '(+)' 표시가 없는 쪽은 '기준 데이터 집합'이다.

이너-조인과 아우터-조인을 비교해보자.

이너-조인과 아우터-조인의 비교

1	SELECT	T1.CUS_ID		SELECT	T1.CUS_ID
2		,T1.CUS_NM			,T1.CUS_NM
3		,T2.CUS_ID			,T2.CUS_ID
4		,T2.ITM_ID			,T2.ITM_ID
5		,T2.EVL_LST_NO			,T2.EVL_LST_NO
6	FROM	M_CUS T1		FROM	M_CUS T1
7		,T_ITM_EVL T2			,T_ITM_EVL T2
8	WHERE	T1.CUS_ID = 'CUS_0002'		WHERE	T1.CUS_ID = 'CUS_0002'
9	AND	T1.CUS_ID = T2.CUS_ID;		AND	T1.CUS_ID = T2.CUS_ID(+);

위 두 SQL은 고객(M_CUS)과 아이템평가(T_ITM_EVL)를 조인하고 있다. 왼쪽은 이너-조인, 오

른쪽은 아우터-조인이다.

고객(M_CUS)에는 'CUS_0002'의 데이터가 있지만 아이템평가(T_ITM_EVL)에는 'CUS_0002'의 데이터가 없다. 이 상황에서, 왼쪽과 같이 이너-조인을 하면 아무 결과도 조회되지 않는다. 오른쪽과 같이 아우터-조인을 해야만 'CUS_0002' 고객의 정보가 조회된다.

오른쪽 SQL의 조인 조건은 'T1.CUS_ID = T2.CUS_ID(+)'이다. 아래와 같이 정리할 수 있다.
- 조인 조건에 '(+)' 표시가 있으니 아우터-조인이다.
- '(+)' 표시가 붙은 T2(=T_ITM_EVL)는 아우터-조인의 '참조 데이터 집합'이다.
- '(+)' 표시가 없는 T1(=M_CUS)은 아우터-조인의 '기준 데이터 집합'이다.
   : 기준 데이터 집합은 조인에 성공 못 해도 결괏값이 나온다.
   (이때, 기준 데이터 집합의 참조쪽 결과는 NULL로 값이 채워진다.)

오른쪽 SQL의 결과는 [그림 3.2.1-1]과 같다. 참조 데이터 집합은 NULL로 채워져서 결과가 나왔다.

M_CUS		T_ITM_EVL		
CUS_ID	CUS_NM	CUS_ID	ITM_ID	EVL_LST_NO
CUS_0002	NAME_0002	(null)	(null)	(null)

[그림 3.2.1-1]

이번에는 두 명의 고객을 아이템평가와 아우터-조인해보자. 이때 한 고객은 평가 데이터가 있고 또 다른 한 고객은 평가 데이터가 없다.

아우터-조인, 한 명은 평가가 있음, 한 명은 평가가 없음
1 SELECT   T1.CUS_ID ,T1.CUS_NM
2   ,T2.CUS_ID ,T2.ITM_ID ,T2.EVL_LST_NO
3 FROM   M_CUS T1
4   ,T_ITM_EVL T2
5 WHERE   T1.CUS_ID IN ('CUS_0002','CUS_0011')
6 AND   T1.CUS_ID = T2.CUS_ID(+)
7 ORDER BY T1.CUS_ID;

위 SQL이 처리되는 과정과 결과는 [그림 3.2.1-2]와 같다.

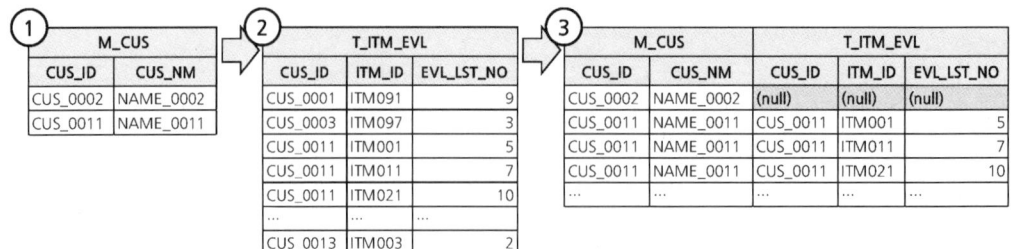

[그림 3.2.1-2]

[그림 3.2.1-2]를 설명하면 아래와 같다.

- 1번은 M_CUS(T1)에서 두 건의 고객만 필터 된 데이터 집합이다.
- 2번은 T_ITM_EVL(T2)의 데이터 집합이다.
- 3번은 T1.CUS_ID=T2.CUS_ID(+) 조건으로 아우터-조인을 수행한 최종 결과다.
  : 조인 조건에 (+)가 붙지 않은 1번은 기준 데이터 집합이다.
  : 조인 조건에 (+)가 붙은 2번은 참조 데이터 집합이다.
  : 참조 데이터 집합에 CUS_0002는 존재하지 않음으로 NULL 값으로 채워진다.
  : 참조 데이터 집합에 CUS_0011은 존재하므로 정상적으로 조인이 된다.

아우터-조인의 기본 특징을 정리하면 아래와 같다.

- 기준 데이터 집합은 조인 조건에 (+)가 없는 쪽이다.
- 참조 데이터 집합은 조인 조건에 (+)가 표시된 쪽이다.
- 기준 데이터 집합은 조인 성공 여부와 상관없이 모두 나온다. (단, 필터 조건은 만족해야 한다.)

필자는 '(+)'표시를 달라붙는 쪽이라고 생각한다. '(+)'표시가 있는 쪽은 표시가 없는 쪽에 '철썩' 달라붙는다. 달라붙을 값이 없으면 NULL로 붙는다고 생각하면 좀 더 이해가 쉬울 수 있다.

3.2.2 OUTER-JOIN의 필터 조건

아우터-조인에서는 '참조 데이터 집합'의 필터 조건에도 '(+)' 표시를 추가해야 한다. 아래 두 개 SQL을 살펴보자.

필터 조건에 (+)표시 유무에 따른 결과 비교

1	SELECT	T1.CUS_ID ,T1.CUS_NM	SELECT		T1.CUS_ID ,T1.CUS_NM
2		,T2.CUS_ID ,T2.ITM_ID			,T2.CUS_ID ,T2.ITM_ID
3		,T2.EVL_LST_NO ,T2.EVL_DT			,T2.EVL_LST_NO ,T2.EVL_DT
4	FROM	M_CUS T1	FROM		M_CUS T1
5		,T_ITM_EVL T2			,T_ITM_EVL T2
6	WHERE	T1.CUS_ID IN ('CUS_0073')	WHERE		T1.CUS_ID IN ('CUS_0073')
7	AND	T1.CUS_ID = T2.CUS_ID(+)	AND		T1.CUS_ID = T2.CUS_ID(+)
8	AND	T2.EVL_DT >= TO_DATE('20170201','YYYYMMDD')	AND		T2.EVL_DT(+) >= TO_DATE('20170201','YYYYMMDD')
9	AND	T2.EVL_DT < TO_DATE('20170301','YYYYMMDD');	AND		T2.EVL_DT(+) < TO_DATE('20170301','YYYYMMDD');

두 SQL 모두 아우터-조인을 하고 있다. 7번 라인을 보면 둘 다 T2쪽 컬럼에 '(+)'를 사용했다. T2에 해당하는 T_ITM_EVL이 참조 데이터 집합이다. 참조 데이터 집합의 필터 조건인 8, 9번 라인을 보면 오른쪽의 SQL만 '(+)'표시가 있다.

왼쪽의 SQL은 조회되는 결과가 없다. 오른쪽만 결과가 나온다. 오른쪽 SQL만 아우터-조인이 제대로 수행되었다고 할 수 있다. 이는 참조 데이터 집합 쪽 필터 조건에 '(+)' 표시 때문이다.

- 참조 쪽 필터 조건에 (+) 사용: 아우터-조인 전에 필터 조건이 사용된다.
- 참조 쪽 필터 조건에 (+) 미사용: 아우터-조인 후, 조인 결과에 필터 조건이 사용된다.

왼쪽 SQL은 8, 9번 라인의 참조 쪽 필터 조건에 '(+)' 표시가 없다. 그러므로 아우터-조인이 먼저 처리된 후에 필터 조건이 적용된다. 아우터-조인이 이루어지면 참조 데이터 집합의 EVL_DT는 NULL 값이 된다. NULL 값에 대해 8, 9번 라인의 필터 조건을 적용하면 만족하는 데이터가 없다. 결국, 조회되는 데이터가 없다. 결과적으로 이너-조인과 같다.

아우터-조인을 사용할 때는 참조 데이터 집합의 필터 조건에 '(+)' 표시를 해주는 것이 일반적이다. 참조 데이터 집합의 필터 조건에 '(+)' 표시를 제외해야 원하는 결과가 나온다면 이너-조인을 사용하면 된다. 애써 아우터-조인을 할 이유가 없다.

3.2.3 실행이 불가능한 OUTER-JOIN

아우터-조인에서 '(+)' 표시가 된 참조 데이터 집합은 두 개 이상의 기준 데이터 집합을 동시에 가질 수 없다. (11g 기준으로는 불가능하지만 상위 버전에서는 가능할 수도 있다.)

아래와 같은 아우터-조인 SQL은 실행이 불가능하다.

불가능한 아우터-조인
1　SELECT　T1.CUS_ID ,T2.ITM_ID ,T1.ORD_DT ,T3.ITM_ID ,T3.EVL_PT 2　FROM　　T_ORD T1 3　　　　　,T_ORD_DET T2 4　　　　　,T_ITM_EVL T3 5　WHERE　T1.ORD_SEQ = T2.ORD_SEQ 6　AND　　T1.CUS_ID = 'CUS_0002' 7　AND　　T1.ORD_DT >= TO_DATE('20170122','YYYYMMDD') 8　AND　　T1.ORD_DT < TO_DATE('20170123','YYYYMMDD') 9　AND　　T3.CUS_ID(+) = T1.CUS_ID 10　AND　　T3.ITM_ID(+) = T2.ITM_ID; 11 12　-- ORA-01417: a table may be outer joined to at most one other table

위 SQL은 불가능한 아우터-조인을 보여주기 위한 예다. 실제 업무상으로는 발생하지 않을 SQL이다.

9번과 10번 라인을 보면 T3(아이템평가)가 T1(주문), T2(주문상세)와 동시에 아우터-조인을 하고 있다. 이와 같은 SQL은 에러가 발생한다. 아우터-조인에서 참조 데이터 집합(T3)은 기준 데이터 집합을 동시에 두 개 이상 가질 수 없다.

이를 해결하려면 인라인-뷰를 사용해야 한다. 아래와 같이 T1과 T2의 조인 결과를 인라인-뷰로 처리하면 인라인-뷰를 하나의 데이터 집합으로 받아들이므로 T3와 아우터-조인을 할 수 있다.

인라인-뷰를 사용한 아우터-조인
1　SELECT　T0.CUS_ID ,T0.ITM_ID ,T0.ORD_DT 2　　　　　,T3.ITM_ID ,T3.EVL_PT 3　FROM　　(4　　　　　SELECT　T1.CUS_ID ,T2.ITM_ID ,T1.ORD_DT 5　　　　　FROM　　T_ORD T1 6　　　　　　　　,T_ORD_DET T2 7　　　　　WHERE　T1.ORD_SEQ = T2.ORD_SEQ

```
8           AND     T1.CUS_ID = 'CUS_0002'
9           AND     T1.ORD_DT >= TO_DATE('20170122','YYYYMMDD')
10          AND     T1.ORD_DT <  TO_DATE('20170123','YYYYMMDD')
11          ) T0
12          ,T_ITM_EVL T3
13   WHERE  T3.CUS_ID(+) = T0.CUS_ID
14   AND    T3.ITM_ID(+) = T0.ITM_ID
15   ORDER BY T0.CUS_ID;
```

아래와 같이 ANSI 표준 SQL을 사용하는 방법도 있다.

ANSI 구문을 사용해 불가능한 아우터-조인 해결

```
1    SELECT  T1.CUS_ID ,T2.ITM_ID ,T1.ORD_DT
2            ,T3.ITM_ID ,T3.EVL_PT
3    FROM    T_ORD T1
4            INNER JOIN T_ORD_DET T2
5               ON (T1.ORD_SEQ = T2.ORD_SEQ
6                   AND T1.CUS_ID = 'CUS_0002'
7                   AND T1.ORD_DT >= TO_DATE('20170122','YYYYMMDD')
8                   AND T1.ORD_DT <  TO_DATE('20170123','YYYYMMDD'))
9            LEFT OUTER JOIN T_ITM_EVL T3
10              ON (T3.CUS_ID = T1.CUS_ID
11                  AND T3.ITM_ID = T2.ITM_ID);
```

대부분의 DBMS가 ANSI 표준을 지원하기 때문에, 향후 다른 DBMS로 이관을 고려하면 ANSI 표준으로 SQL을 개발하는 것도 괜찮은 방법이다. 하지만 오라클에서 ANSI 구문을 사용하면 성능을 위한 힌트가 잘 안 먹는 경우가 가끔 있다는 것도 참고하기 바란다.

3.2.4 OUTER-JOIN이 포함된 여러 테이블의 조인

하나의 SQL에서 아우터-조인과 이너-조인을 동시에 사용할 때 주의할 점이 있다.

예제 SQL을 통해 알아보자.

아우터-조인과 이너-조인을 동시에 사용하는 SQL

```
1    SELECT  T1.CUS_ID ,T2.ORD_SEQ ,T2.ORD_DT ,T3.ORD_SEQ ,T3.ITM_ID
2    FROM    M_CUS T1
3            ,T_ORD T2
```

```
4            ,T_ORD_DET T3
5   WHERE   T1.CUS_ID = 'CUS_0073'
6   AND     T1.CUS_ID = T2.CUS_ID(+)
7   AND     T2.ORD_DT(+) >= TO_DATE('20170122','YYYYMMDD')
8   AND     T2.ORD_DT(+) < TO_DATE('20170123','YYYYMMDD')
9   AND     T3.ORD_SEQ = T2.ORD_SEQ;
```

위 SQL의 조인 조건을 살펴보자. 6번 라인을 보면 T1(고객)과 T2(주문)가 아우터-조인을 하고 있다. 반면에 9번 라인에서는 T2(주문)와 T3(주문상세)을 이너-조인으로 처리하고 있다. 위 SQL을 실행하면 아우터-조인이 있음에도 불구하고 조회되는 데이터가 한 건도 없다. [그림 3.2.4-1]을 보면 원인을 알 수 있다.

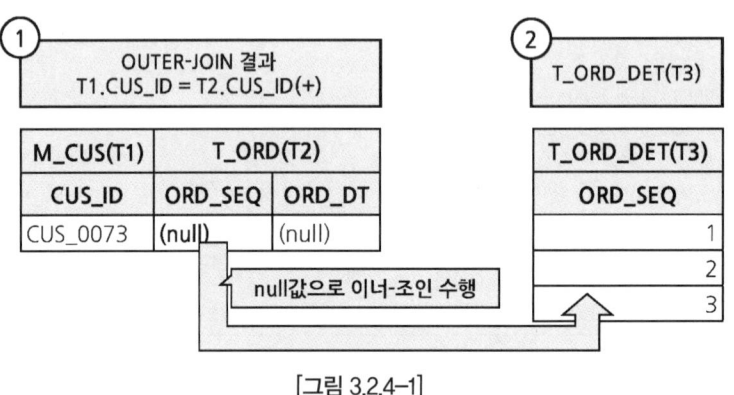

[그림 3.2.4-1]

[그림 3.2.4-1]에서 왼쪽의 1번 결과는 T1(고객)과 T2(주문)가 아우터-조인으로 처리된 결과다. T2(주문)의 데이터들이 NULL 값으로 채워져 있다. 그림에서 오른쪽의 2번은 T3(주문상세) 데이터다. 그림의 1번과 2번은 ORD_SEQ 컬럼을 이용해 이너-조인을 수행한다. 1번 데이터 집합의 ORD_SEQ는 NULL이다. NULL 값은 비교할 수 없다. 그러므로 1번과 2번 데이터 집합을 ORD_SEQ 로 이너-조인 하면 조인에 성공하는 데이터가 없다.

조인 결과가 나오게 하려면 SQL의 9번 라인을 'T3.ORD_SEQ(+) = T2.ORD_SEQ'와 같이 아우터-조인으로 변경해야 한다.

정리하면, 여러 테이블이 조인될 때, 아우터-조인이 수행된 참조 데이터 집합은 기준 집합이 되어서 다른 테이블과 아우터-조인해야 한다.

3.2.5 OUTER-JOIN의 응용

아우터-조인은 조인에 성공하지 못해도 기준 데이터 집합은 무조건 조회되는 특징이 있다. 이와 같은 특징은 분석 리포트에서 실적이 없는 마스터도 결과에 포함시킬 때 유용한다.

고객별 1월의 주문 건수를 구하는 SQL을 만들어 보자. 이때 주문이 없는 고객은 주문 건수가 0으로 조회되어야 한다. 아래와 같이 아우터-조인을 활용할 수 있다.

```
고객ID별 주문건수, 주문이 없는 고객도 나오도록 처리
1   SELECT  T1.CUS_ID
2          ,COUNT(*) ORD_CNT_1
3          ,COUNT(T2.ORD_SEQ) ORD_CNT_2
4   FROM    M_CUS T1
5          ,T_ORD T2
6   WHERE   T1.CUS_ID = T2.CUS_ID(+)
7   AND     T2.ORD_DT(+) >= TO_DATE('20170101','YYYYMMDD')
8   AND     T2.ORD_DT(+) <  TO_DATE('20170201','YYYYMMDD')
9   GROUP BY T1.CUS_ID
10  ORDER BY COUNT(*) ,T1.CUS_ID;
```

고객 테이블을 기준 집합으로 아우터-조인 했기 때문에, 주문이 없는 고객도 모두 조회가 가능하다.

주문 건수를 구하기 위해 COUNT 집계함수를 사용하는데, 2번 라인은 'COUNT(*)'를 수행했고, 3번 라인은 'COUNT(T2.ORD_SEQ)'를 사용했다. 'CUS_0001' 고객의 경우, 'COUNT(*)'의 결과는 1이고 'COUNT(T2.ORD_SEQ)'의 결과는 0이다. 이 중에 필요한 결과는 'COUNT(T2.ORD_SEQ)'를 사용한 경우다. 'CUS_0001' 고객은 1월에 주문이 하나도 없는 고객이기 때문이다.

아우터-조인과 COUNT 집계함수를 동시에 사용할 때는 항상 주의가 필요하다. COUNT 대상에 따라 결과가 다르기 때문이다. COUNT 대상이 실적의 건수라면 'COUNT(T2.ORD_SEQ)'와 같이 참조 테이블의 컬럼을 사용하고, COUNT 대상이 NULL 값을 포함한 조인 결과 자체의 건수라면 'COUNT(*)'를 사용해야 한다.

이번에는 아우터-조인을 활용해서, 아이템별 특정 월의 주문 건수를 구하는 SQL을 만들어 보자.

아이템ID별 주문수량
'PC, ELEC' 아이템 유형의 아이템별 주문수량 조회 (주문이 없어도 0으로 나와야 한다.)

```
1   SELECT   T1.ITM_ID ,T1.ITM_NM ,NVL(T2.ORD_QTY,0)
2   FROM     M_ITM T1
3            ,( SELECT  B.ITM_ID ,SUM(B.ORD_QTY) ORD_QTY
4               FROM    T_ORD A
5                      ,T_ORD_DET B
6               WHERE   A.ORD_SEQ = B.ORD_SEQ
7               AND     A.ORD_ST = 'COMP'  --주문상태=완료
8               AND     A.ORD_DT >= TO_DATE('20170101','YYYYMMDD')
9               AND     A.ORD_DT <  TO_DATE('20170201','YYYYMMDD')
10              GROUP BY B.ITM_ID ) T2
11  WHERE    T1.ITM_ID = T2.ITM_ID(+)
12  AND      T1.ITM_TP IN ('PC','ELEC')
13  ORDER BY T1.ITM_TP ,T1.ITM_ID;
```

인라인-뷰(3~10번 라인)를 사용해 실적 데이터를 M_ITM 테이블의 PK(Primary Key) 단위인 ITM_ID로 'GROUP BY' 한 후에 조인하고 있다. 이처럼 SQL을 작성하면 가독성이 좀 더 좋다. 가독성이 좋은 SQL은 향후 유지 보수에 도움이 된다.

아우터-조인의 개념부터 간단한 응용까지 살펴보았다. 마지막으로 아우터-조인의 특징을 아래와 같이 정리하도록 하겠다.

- 아우터-조인은 기준 데이터 집합과 참조 데이터 집합으로서 조인이 이루어진다.
- 참조 데이터 집합은 조인 조건에 (+)가 표시된 쪽이며 반대쪽은 기준 데이터 집합이 된다.
- 기준 데이터 집합은 조인 조건을 만족하지 않아도 필터 조건만 만족하면 결과가 나온다.
  (이 때, 참조 데이터 집합의 결과는 NULL 값으로 채워진다.)
- 참조 데이터 집합의 필터 조건에 (+)를 표시하면 아우터-조인 전에 필터가 된다.
- 참조 데이터 집합의 필터 조건에 (+)를 표시하지 않으면 아우터-조인 후 필터가 된다.
- 일반적으로 참조 데이터 집합의 필터 조건에는 (+)를 표시한다.
- 참조 데이터 집합이 다른 집합과 조인될 때는 기준 집합으로서 아우터-조인해야 한다.

아우터-조인의 특징을 정확히 이해하고 사용할 수 있기를 바란다. 이너-조인으로 해결될 곳에 아우터-조인을 사용하거나 아우터-조인을 사용할 곳에 이너-조인을 사용하는 실수가 없어야 한다.

3.3 CARTESIAN-JOIN

3.3.1 CARTESIAN-JOIN 이해하기

'묻지만 조인'이라고 들어봤는가? 조인 조건이 없는 조인을 뜻한다. 조인 조건이 없으니 '묻지도, 따지지도' 않고 두 데이터 집합을 조인 처리한다. 바로 카테시안-조인(CARTESIAN-JOIN)을 뜻한다.

FROM 절에 테이블 A와 B가 있다고 생각해보자. A에는 2건, B에는 4건의 데이터가 있다. 이때 A와 B에 대한 조인 조건을 주지 않으면 카테시안-조인이 된다. A의 첫 번째 데이터는 B의 모든 데이터와 조인을 하게 된다. 두 번째 데이터도 마찬가지다. 그러므로 결과 건수는 'A 테이블의 건수 * B 테이블의 건수 = 2 * 4'가 된다. 즉, 8건의 결과가 만들어진다.

아래 SQL은 카테시안-조인을 사용한 예다. '고객등급'과 '아이템유형'의 조합 가능한 데이터 집합을 만들어 내고 있다.

	고객등급(M_CUS.CUS_GD)과 아이템유형(M_ITM.ITM_TP)의 조합 가능한 모든 데이터
1	SELECT T1.CUS_GD ,T2.ITM_TP
2	FROM (SELECT DISTINCT A.CUS_GD FROM M_CUS A) T1
3	,(SELECT DISTINCT A.ITM_TP FROM M_ITM A) T2
4	ORDER BY T1.CUS_GD ,T2.ITM_TP;

위 SQL이 수행되는 과정을 그려보면 [그림 3.3.1-1]과 같다.

[그림 3.3.1-1]을 설명하면 아래와 같다.

    1. CUS_GD의 종류를 가져온 데이터 집합
    2. ITM_TP의 종류를 가져온 데이터 집합
    3. 1번과 2번의 조인 조건이 없다. 카테시안-조인을 수행한다.
       - 1번 집합의 CUS_GD A는 2번 집합의 4건과 조인되어 4건이 만들어진다.
       - 1번 집합의 CUS_GD B도 2번 집합의 4건과 조인되어 4건이 만들어진다.
       - 최종 8건의 결과 건수가 만들어진다.

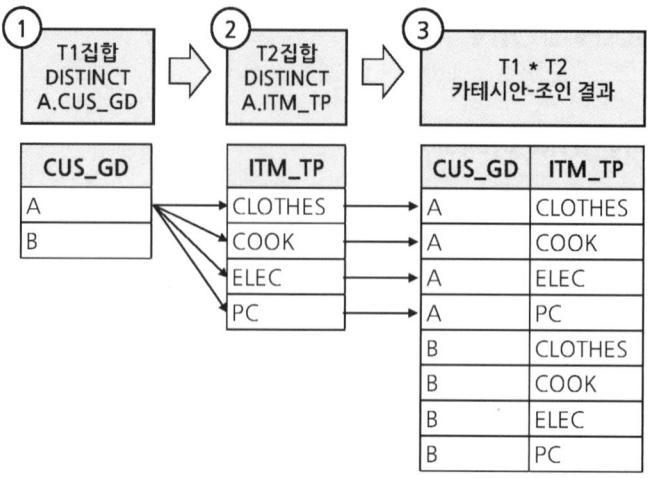

[그림 3.3.1-1]

카테시안-조인이 사용되는 경우는 매우 드물다. 특히나 OLTP 환경에서는 사용될 가능성이 더더욱 희박하다. 카테시안-조인은 주로 BI 환경에서 분석 차원(Dimension) 집합을 만들거나 시스템 오픈 전에 대량의 테스트 데이터를 만들기 위해 일회성으로 사용될 수 있다.

3.3.2 CARTESIAN-JOIN의 위험성

카테시안-조인은 매우 위험한 조인이다. 실수로 카테시안-조인이 발생하면 시스템 장애가 일어날 수도 있다.

아래는 실수로 조인 조건을 주지 않은 예다.

조인 조건의 누락
1 SELECT   COUNT(*) 2 FROM   T_ORD T1 3   ,T_ORD_DET T2;

T_ORD에는 3,047건, T_ORD_DET에는 3,224건의 데이터가 있다. 두 테이블 간에 조인 조건이 없다. 카테시안-조인이 수행된다. 결과 건수는 두 데이터 집합의 건수를 곱한 만큼이다. 그러므로 '3,047 * 3,224 = 9,823,528건'(약 9백8십만 건)의 조인 결과가 나온다.

9백8십만 건에 달하는 데이터를 사용자 화면에 출력하다 보면 WAS에 장애가 발생하거나 사용자 컴퓨터가 멈추는 일이 발생할 것이다. 또는 INSERT 문에서 위와 같은 실수를 한다면 데이터베이스에는 엄청난 부하가 발생하게 된다.

아래 SQL과 같이 조인 조건에서 테이블 별칭을 잘못 지정하는 경우도 있다. 실제 개발 프로젝트에서도 가끔 발생하는 실수다.

조인 조건의 별칭 실수

```
1  SELECT COUNT(*)
2  FROM   T_ORD T1
3        ,T_ORD_DET T2
4  WHERE  T1.ORD_SEQ = T1.ORD_SEQ;
```

4번 라인의 조인 조건을 보면, T1 테이블의 ORD_SEQ만 사용되고 있다. 원래 한 쪽은 T2.ORD_SEQ가 되어야 한다. 실수한 것이다. 위와 같이 T1에만 조건을 준 것은 조인 조건이 아니라 T_ORD의 모든 데이터를 나오게 하는 필터 조건이다. 결국, 양쪽 테이블을 연결하는 조인 조건이 없는 카테시안-조인이다.

간단한 SQL에서 이 같은 실수는 잘 발생하지 않는다. 조인할 대상이 많아지고 SQL이 복잡해질수록 실수할 확률이 높아진다. 자신이 만든 SQL을 실행하기 전에 조인 조건을 한 번 더 확인하는 습관을 갖는 것이 좋다.

3.3.3 분석마스터 만들기

카테시안-조인은 분석 마스터를 만들 때 유용하다.

특정 고객 두 명의 2월, 3월, 4월의 실적을 조회하는 SQL을 구현해 보자.

특정 고객 두 명의 2월, 3월, 4월의 월별 주문 건수

```
1  SELECT  T1.CUS_ID ,T1.CUS_NM ,T2.ORD_YM ,T2.ORD_CNT
2  FROM    M_CUS T1
3         ,( SELECT   A.CUS_ID
4                    ,TO_CHAR(A.ORD_DT,'YYYYMM') ORD_YM
5                    ,COUNT(*) ORD_CNT
6            FROM     T_ORD A
```

```
7               WHERE   A.CUS_ID IN ('CUS_0003','CUS_0004')
8                 AND   A.ORD_DT >= TO_DATE('20170201','YYYYMMDD')
9                 AND   A.ORD_DT <  TO_DATE('20170501','YYYYMMDD')
10              GROUP BY A.CUS_ID
11                     ,TO_CHAR(A.ORD_DT,'YYYYMM')
12          ) T2
13  WHERE   T1.CUS_ID IN ('CUS_0003','CUS_0004')
14    AND   T1.CUS_ID = T2.CUS_ID(+)
15  ORDER BY T1.CUS_ID ,T2.ORD_YM;
```

위 SQL을 실행하면 [그림 3.3.3-1]과 같이 고객별로 주문이 존재하는 월만 조회된다. 'CUS_0003' 고객은 2월 주문이 없고, 'CUS_0004' 고객은 4월 주문이 없다.

CUS_ID	CUS_NM	ORD_YM	ORD_CNT
CUS_0003	NAME_0003	201703	3
CUS_0003	NAME_0003	201704	3
CUS_0004	NAME_0004	201702	3
CUS_0004	NAME_0004	201703	3

[그림 3.3.3-1]

고객별로 주문이 없는 월도 주문 건수를 0으로 보여주려면 어떻게 해야 할까? 'CUS_0003' 고객은 2월 주문을, 'CUS_0004' 고객은 4월 주문을 0건으로 보여주고 싶다. 이때 아래와 같이 카테시안-조인을 사용할 수 있다.

특정 고객 두 명의 2월, 3월, 4월의 월별 주문 건수 - 주문이 없는 월도 0으로 나오게 처리

```
1   SELECT  T0.CUS_ID ,T0.CUS_NM ,T0.BASE_YM ,NVL(T2.ORD_CNT,0) ORD_CNT
2   FROM    (   SELECT  T1.CUS_ID
3                      ,T1.CUS_NM
4                      ,T4.BASE_YM
5               FROM    M_CUS T1
6                      ,(
7                       SELECT TO_CHAR(ADD_MONTHS(TO_DATE('20170201','YYYYMMDD'),ROWNUM-1),'YYYYMM') BASE_YM
8                       FROM   DUAL
9                       CONNECT BY ROWNUM <= 3
10                      ) T4
11              WHERE   T1.CUS_ID IN ('CUS_0003','CUS_0004')) T0
12          ,(  SELECT  A.CUS_ID
13                     ,TO_CHAR(A.ORD_DT,'YYYYMM') ORD_YM
14                     ,COUNT(*) ORD_CNT
15              FROM    T_ORD A
16              WHERE   A.CUS_ID IN ('CUS_0003','CUS_0004')
```

```
17              AND     A.ORD_DT >= TO_DATE('20170201','YYYYMMDD')
18              AND     A.ORD_DT <  TO_DATE('20170501','YYYYMMDD')
19              GROUP BY A.CUS_ID
20                      ,TO_CHAR(A.ORD_DT,'YYYYMM')) T2
21      WHERE   T0.CUS_ID = T2.CUS_ID(+)
22      AND     T0.BASE_YM = T2.ORD_YM(+)
23      ORDER BY T0.CUS_ID ,T0.BASE_YM;
```

위 SQL과 같이 실행하면 고객별 주문이 없는 월도 0건으로 조회할 수 있다. 위 SQL이 처리되는 과정은 [그림 3.3.3-2]와 같다.

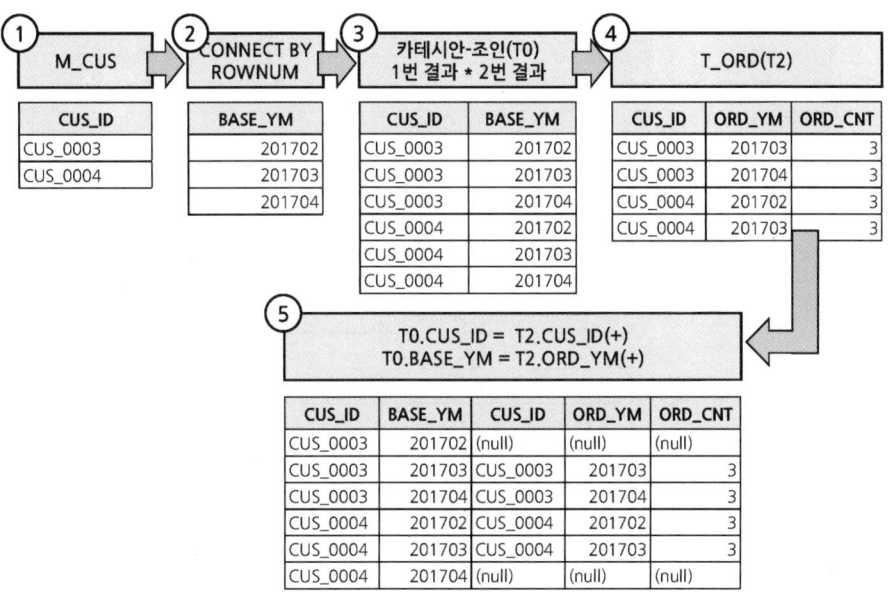

[그림 3.3.3-2]

[그림 3.3.3-2]를 설명하면 아래와 같다.

1. M_CUS에서 두 명의 고객만 선택(SQL의 11번 라인)
2. CONNECT BY ROWNUM을 이용 3개월 치의 데이터를 생성(SQL의 7~9번 라인)
3. 1번과 2번을 카테시안-조인 처리, 고객별로 3개월씩 총 6건의 마스터가 만들어진다. (SQL의 2~11번 라인)
4. T_ORD에서 특정 고객들의 3개월간의 주문에 대해, 고객 + 주문년월별로 건수를 집계 (SQL의 12~20번 라인)
5. 3번을 기준 데이터 집합으로 4번과 아우터-조인 수행(SQL의 21, 22번 라인)

카테시안-조인을 활용할 수 있는 SQL을 하나 더 살펴보자.

```
   고객등급, 아이템유형별 주문수량
1  SELECT   A.CUS_GD ,D.ITM_TP
2           ,SUM(C.ORD_QTY) ORD_QTY
3  FROM     M_CUS A
4           ,T_ORD B
5           ,T_ORD_DET C
6           ,M_ITM D
7  WHERE    A.CUS_ID = B.CUS_ID
8  AND      C.ORD_SEQ = B.ORD_SEQ
9  AND      D.ITM_ID = C.ITM_ID
10 AND      B.ORD_ST = 'COMP'
11 GROUP BY A.CUS_GD ,D.ITM_TP
12 ORDER BY A.CUS_GD ,D.ITM_TP;
```

위 SQL을 실행하면, 고객등급별, 아이템유형별 주문 수량이 [그림 3.3.3-3]과 같이 나온다.

CUS_GD	ITM_TP	ORD_QTY
A	CLOTHES	1003
A	COOK	744
A	ELEC	243
B	CLOTHES	360
B	COOK	279
B	ELEC	98

[그림 3.3.3-3]

아이템유형(ITM_TP)에는 'CLOTHES, COOK, ELEC, PC' 네 가지 종류가 있지만, 결과에는 PC 주문 수량이 없다. PC에 대한 주문이 수행된 적이 없기 때문이다.

PC를 결과에 포함하기 위해 아래와 같이 SQL을 작성할 수 있다.

```
   고객등급, 아이템유형별 주문수량 - 주문이 없는 아이템유형도 나오도록 처리
1  SELECT  T0.CUS_GD ,T0.ITM_TP ,NVL(T3.ORD_QTY,0) ORD_QTY
2  FROM    (       SELECT  T1.CUS_GD ,T2.ITM_TP
3                  FROM    (SELECT A.BAS_CD CUS_GD FROM C_BAS_CD A WHERE A.BAS_CD_DV = 'CUS_GD') T1
4                          ,(SELECT A.BAS_CD ITM_TP FROM C_BAS_CD A WHERE A.BAS_CD_DV = 'ITM_TP') T2
5           ) T0
6           ,(     SELECT  A.CUS_GD ,D.ITM_TP
```

```
7                            ,SUM(C.ORD_QTY) ORD_QTY
8                   FROM     M_CUS A
9                           ,T_ORD B
10                          ,T_ORD_DET C
11                          ,M_ITM D
12                  WHERE    A.CUS_ID = B.CUS_ID
13                  AND      C.ORD_SEQ = B.ORD_SEQ
14                  AND      D.ITM_ID = C.ITM_ID
15                  AND      B.ORD_ST = 'COMP'
16                  GROUP BY A.CUS_GD ,D.ITM_TP
17              ) T3
18      WHERE   T0.CUS_GD = T3.CUS_GD(+)
19      AND     T0.ITM_TP = T3.ITM_TP(+)
20      ORDER BY T0.CUS_GD ,T0.ITM_TP;
```

2~4번 라인을 보면 카테시안-조인을 이용해 고객등급과 아이템유형의 조합 가능한 모든 데이터를 만들고 있다. '기준코드(C_BAS_CD)' 테이블에 입력된 고객등급과 아이템유형을 사용했다.

카테시안-조인을 활용해 분석 마스터를 만드는 기술을 살펴봤다. 데이터를 분석할 때 유용하게 사용할 수 있다.

3.3.4 테스트 데이터 만들기

대량의 테스트 데이터를 만들기 위해 카테시안-조인을 활용할 수 있다. 이 책의 시작 부분에서도 테스트 데이터를 만들기 위해 카테시안-조인을 주로 활용했다.

아래는 주문 테스트 데이터를 만들 때 사용할 수 있는 SQL이다.

테스트 주문데이터를 만들기 위한 SQL

```
1    SELECT  ROWNUM ORD_NO ,T1.CUS_ID ,T2.ORD_ST ,T3.PAY_TP ,T4.ORD_DT
2    FROM    M_CUS T1
3           ,( SELECT 'WAIT' ORD_ST FROM DUAL UNION ALL
4              SELECT 'COMP' ORD_ST FROM DUAL ) T2
5           ,( SELECT 'CARD' PAY_TP FROM DUAL UNION ALL
6              SELECT 'BANK' PAY_TP FROM DUAL UNION ALL
7              SELECT  NULL  PAY_TP FROM DUAL ) T3
8           ,(
9              SELECT  TO_DATE('20170101','YYYYMMDD') + (ROWNUM-1) ORD_DT
```

10	FROM DUAL
11	CONNECT BY ROWNUM <= 365) T4;

고객 테이블과 3, 4번 라인의 주문상태 집합을 카테시안-조인하면 고객별로 모든 주문상태가 만들어진다. 여기에 5~7번 라인의 지불유형 집합까지 카테시안-조인을 하면, 고객-주문상태-지불유형별로 조합 가능한 모든 데이터가 만들어진다. 마지막으로 9~11번 라인의 1년 치의 일자 데이터를 카테시안-조인하면 1년에 달하는 테스트 데이터를 만들 수 있다.

부하 테스트나 성능 테스트를 위해 더 많은 데이터가 필요하다면, 아래처럼 의미 없는 숫자 집합을 인라인-뷰로 만들어서 카테시안-조인을 추가하면 된다. 아래 SQL은 1부터 10까지의 숫자 결과를 만든다. 즉 열 배의 테스트 데이터를 만들어 낼 수 있다. 'CONNECT BY ROWNUM'의 숫자 조건 값만 조정하면 더 많은 데이터를 만들 수 있다.

의미 없는 숫자 집합
1	SELECT ROWNUM RNO FROM DUAL A CONNECT BY ROWNUM <= 10;

테스트 데이터를 만들 때, 데이터별로 분포도를 조정해야 할 때가 있다. 예를 들어 주문상태가 'WAIT'인 것은 전체 주문 중 2/5를 차지하고, 주문상태가 'COMP'인 것은 전체 주문 중 3/5을 차지하도록 테스트 데이터를 구성하는 것이다. 아래 SQL을 사용하면 된다.

데이터 값별로 분포도 조정
1	SELECT 'WAIT' ORD_ST FROM DUAL CONNECT BY ROWNUM <= 2 UNION ALL
2	SELECT 'COMP' ORD_ST FROM DUAL CONNECT BY ROWNUM <= 3

카테시안-조인은 적재적소에 활용하면 정말 유용하다. 하지만 잘 못 사용하면 시스템 장애를 가져올 만큼 치명적이기도 하다. 주의를 기울여 사용하기 바란다.

Chapter. 4

유용한 SQL 문법

맛집의 기준은 무엇일까? 필자는 메인 요리 두, 세 가지를 똑소리 나게 잘해야 맛집이라 생각한다. 여기에 어우러진 반찬까지 훌륭하면, 모든 사람에게 인정받는 맛집이 될 수 있다. SQL도 똑같다. 앞에서 설명한 'GROUP BY'와 조인은 맛집의 메인 요리와 같다. 그리고 여기서 설명할 '유용한 SQL 문법' 몇 가지는 반찬에 해당한다.

메인 요리도 제대로 못 하면서, 반찬만 많이 해서는 절대 맛집이 될 수 없다. 마찬가지다. 'GROUP BY'와 조인을 제대로 못 하면서, 몇 가지 기능과 문법만 알아서는 절대 '좋은 개발자'가 될 수 없다. 'GROUP BY'와 조인을 제대로 사용할 줄 알고, 거기에 '유용한 SQL 문법' 몇 가지를 익혀야 '좋은 개발자'가 될 수 있다.

오라클 버전이 올라가면서 점점 다양한 SQL 기능과 문법을 지원하고 있다. 그 내용이 너무나 방대해 정리도 쉽지 않다. 오라클 SQL의 모든 문법과 기능이 궁금하다면 정희락님의 '불친절한 SQL 프로그래밍' 책을 참고할 것을 적극 추천한다. 필자도 필요할 때마다 열어서 참고하는 책이다. 오라클의 기초부터 고급 기능까지 꼼꼼하게 정리된 정말 좋은 책이다.

여기서는 개발에 유용한 SQL 문법 세 가지만 정리했다. 바로 서브쿼리와 MERGE, WITH 절이다. 앞에서 설명한 'GROUP BY'와 JOIN에 적절하게 섞어서 사용할 수 있는 문법들이다.

4.1 서브쿼리

4.1.1 서브쿼리의 종류

서브쿼리는 조인과 유사하면서도 조인보다 이해가 쉬운 장점이 있다.

서브쿼리를 익히기 전에, 서브쿼리는 성능이 좋지 못할 수 있다는 것을 알기 바란다. SQL의 실행계획이 특정된 방법으로 제약될 가능성이 있기 때문이다. 그렇다고 서브쿼리가 무조건 성능이 나쁜 것은 아니다. 때에 따라서 서브쿼리가 더 좋은 성능을 내는 예도 있다.

> **MEMO 실행계획**
>
> SQL을 실행하면 오라클은 '실행계획'을 만든다. 예를 들어 A 테이블과 B 테이블 중에 어떤 테이블에 먼저 접근할지, 또는 어떤 방법으로 접근할지 등을 계획한다. 그리고 만들어진 계획대로 SQL을 처리한다. '실행계획'에 따라 SQL의 성능이 달라진다. 실행계획은 Part. II에서 자세하게 설명한다.

서브쿼리를 익힌 후에 가장 조심할 부분은 무분별한 서브쿼리 남발이다. 모든 조인을 서브쿼리로 해결하려 해서는 절대 안 된다. 성능에 영향을 주지 않는 범위에서 적절하게 사용해야 한다.

서브쿼리는 사용 위치와 방법에 따라 다음 네 가지로 분류할 수 있다.

- SELECT 절의 단독 서브쿼리
- SELECT 절의 상관 서브쿼리
- WHERE 절의 단독 서브쿼리
- WHERE 절의 상관 서브쿼리

위 목록에는 없지만 인라인-뷰 역시 서브쿼리의 한 종류로 볼 수 있다. 인라인-뷰는 앞에서부터 조금씩 살펴봤기 때문에 여기서 별도로 다루지는 않는다.

서브쿼리는 사용되는 위치에 따라 SELECT 절 서브쿼리와 WHERE 절 서브쿼리로 나눈다. 그리고 메인 SQL과 상관없이 실행 할 수 있으면 단독 서브쿼리라 하고, 메인 SQL에서 값을 받아서 처리해야 하면 상관 서브쿼리라고 한다. 여기서 메인 SQL은 서브쿼리를 제외한 나머지 SQL이라고 생각하면 된다.

보통은 SELECT 절에서 사용되는 서브쿼리는 '스칼라(Scalar) 서브쿼리'라고 부른다. 이 책에서는 설명의 편의를 위해 '스칼라 서브쿼리'라는 용어는 사용하지 않는다. 서브쿼리의 사용 위치와 방법에 따라서 위의 네 가지로 분류해 설명을 할 것이다.

여기서는 서브쿼리의 사용법에 초점을 두고 설명을 진행하면서, 사용하면 안 되는 서브쿼리 패턴도 몇 가지 소개할 것이다.

4.1.2 SELECT 절의 단독 서브쿼리

SELECT 절의 서브쿼리는 어려운 SQL을 해결하기에 가장 손쉬운 방법이다.

SELECT 절의 단독 서브쿼리는 SQL의 SELECT 절에 사용이 되며 메인 SQL과 상관없이 단독으로 실행 가능한 서브쿼리를 뜻한다. 아래 SQL을 살펴보자.

17년8월 총 주문금액 구하기 - SELECT절 단독 서브쿼리

```
1   SELECT   TO_CHAR(T1.ORD_DT, 'YYYYMMDD') ORD_YMD
2            ,SUM(T1.ORD_AMT) ORD_AMT
3            ,(
4              SELECT   SUM(A.ORD_AMT)
5              FROM     T_ORD A
6              WHERE    A.ORD_DT >= TO_DATE('20170801','YYYYMMDD')
7              AND      A.ORD_DT <  TO_DATE('20170901','YYYYMMDD')
8            ) TOTAL_ORD_AMT
9   FROM     T_ORD T1
10  WHERE    T1.ORD_DT >= TO_DATE('20170801','YYYYMMDD')
11  AND      T1.ORD_DT <  TO_DATE('20170901','YYYYMMDD')
12  GROUP BY TO_CHAR(T1.ORD_DT, 'YYYYMMDD');
```

위 SQL은 '17년 8월'의 총 주문금액을 보여주기 위해 SELECT 절의 단독 서브쿼리를 사용한 예제다. 4~7번 라인이 서브쿼리다. SELECT 절에 사용되었고 해당 부분만 단독 실행이 가능해 SELECT 절의 단독 서브쿼리라 한다.

위 SQL에 결과 컬럼을 하나 더 추가해 보자. 추가할 컬럼은 주문일자의 주문금액 비율이다. 주문금액 비율의 공식은 다음과 같다.

주문금액 비율 = 주문일자의 주문금액 합계 / 17년 8월의 총 주문금액 * 100

주문금액 비율은 아래와 같이 서브쿼리를 추가해 구현할 수 있다. (절대 아래와 같은 패턴으로 SQL을 작성하면 안 된다. T_ORD 테이블을 불필요하게 반복 접근하기 때문이다.)

17년8월 총 주문금액, 주문일자의 주문금액비율 구하기 - SELECT절 단독 서브쿼리
주문금액 비율 = 주문일자별 주문금액(ORD_AMT) / 17년8월 주문 총 금액(TOTAL_ORD_AMT) * 100.00

```
1   SELECT  TO_CHAR(T1.ORD_DT, 'YYYYMMDD') ORD_YMD
2           ,SUM(T1.ORD_AMT) ORD_AMT
3           ,(
4             SELECT  SUM(A.ORD_AMT)
5             FROM    T_ORD A
6             WHERE   A.ORD_DT >= TO_DATE('20170801','YYYYMMDD')
7             AND     A.ORD_DT <  TO_DATE('20170901','YYYYMMDD')
8           ) TOTAL_ORD_AMT
9           ,ROUND(
10            SUM(T1.ORD_AMT) / (
11              SELECT  SUM(A.ORD_AMT)
12              FROM    T_ORD A
13              WHERE   A.ORD_DT >= TO_DATE('20170801','YYYYMMDD')
14              AND     A.ORD_DT <  TO_DATE('20170901','YYYYMMDD')
15            ) * 100,2) ORD_AMT_RT
16  FROM    T_ORD T1
17  WHERE   T1.ORD_DT >= TO_DATE('20170801','YYYYMMDD')
18  AND     T1.ORD_DT <  TO_DATE('20170901','YYYYMMDD')
19  GROUP BY TO_CHAR(T1.ORD_DT, 'YYYYMMDD');
```

4~7번 라인과 11~14번 라인은 완전히 같은 서브쿼리다. '17년 8월'의 '총 주문금액'과 '주문금액 비율'을 구하기 위해 같은 서브쿼리를 반복했다.

같은 서브쿼리가 두 번이나 사용된 SQL은 성능에 문제도 있지만, SQL을 변경할 때 손이 많이 가는 번거로움도 있다. 위 SQL에서 총 주문금액의 기준이 바뀌면, 두 서브쿼리를 모두 변경해야 한다.

위 SQL은 아래와 같이 서브쿼리를 하나만 남기고 인라인-뷰로 변경하는 것이 좋다. SQL이 훨씬 간단해졌다. 각자마다 다르겠지만, 필자는 훨씬 깔끔해졌다고 생각한다. 같은 서브쿼리를 반복해서 사용해야 한다면 인라인-뷰를 고민해 보기 바란다.

인라인-뷰를 사용해 반복 서브쿼리를 제거하는 방법

```
1   SELECT  T1.ORD_YMD
2           ,T1.ORD_AMT
3           ,T1.TOTAL_ORD_AMT
4           ,ROUND(T1.ORD_AMT / T1.TOTAL_ORD_AMT * 100,2) ORD_AMT_RT
```

```
5    FROM    (
6            SELECT  TO_CHAR(T1.ORD_DT, 'YYYYMMDD') ORD_YMD
7                   ,SUM(T1.ORD_AMT) ORD_AMT
8                   ,(SELECT  SUM(A.ORD_AMT)
9                      FROM    T_ORD A
10                     WHERE   A.ORD_DT >= TO_DATE('20170801','YYYYMMDD')
11                     AND     A.ORD_DT <  TO_DATE('20170901','YYYYMMDD')
12                    ) TOTAL_ORD_AMT
13           FROM    T_ORD T1
14           WHERE   T1.ORD_DT >= TO_DATE('20170801','YYYYMMDD')
15           AND     T1.ORD_DT <  TO_DATE('20170901','YYYYMMDD')
16           GROUP BY TO_CHAR(T1.ORD_DT, 'YYYYMMDD')
17          ) T1;
```

방금 살펴본 SQL은 아래와 같이 카테시안-조인으로 해결할 수도 있다.

카테시안-조인을 사용해 반복 서브쿼리를 제거하는 방법

```
1    SELECT  TO_CHAR(T1.ORD_DT, 'YYYYMMDD') ORD_YMD
2           ,SUM(T1.ORD_AMT) ORD_AMT
3           ,MAX(T2.TOTAL_ORD_AMT) TOTAL_ORD_AMT
4           ,ROUND(SUM(T1.ORD_AMT) / MAX(T2.TOTAL_ORD_AMT) * 100, 2) ORD_AMT_RT
5    FROM    T_ORD T1
6           ,( SELECT  SUM(A.ORD_AMT) TOTAL_ORD_AMT
7              FROM    T_ORD A
8              WHERE   A.ORD_DT >= TO_DATE('20170801','YYYYMMDD')
9              AND     A.ORD_DT <  TO_DATE('20170901','YYYYMMDD')
10           ) T2
11   WHERE   T1.ORD_DT >= TO_DATE('20170801','YYYYMMDD')
12   AND     T1.ORD_DT <  TO_DATE('20170901','YYYYMMDD')
13   GROUP BY TO_CHAR(T1.ORD_DT, 'YYYYMMDD');
```

이전의 서브쿼리를 6~10번 라인의 인라인-뷰(T2)로 변경했다. T2 집합과 T1 집합을 카테시안-조인하므로 T2의 결과는 T1의 모든 데이터와 조인된다. SQL의 3번, 4번 라인을 보면 T2의 값을 이용해 '총 주문금액'과 '주문금액 비율'을 처리하고 있다.

3번, 4번 라인에서 T2의 주문금액 합계(TOTAL_ORD_AMT)를 SUM이 아닌 MAX로 처리한 것에 주목해야 한다. 만약에 SUM을 사용하면 비정상적으로 높은 금액이 나오게 된다.

SELECT 절의 단독 서브쿼리를 살펴보았다. 이와 함께 인라인-뷰와 카테시안-조인으로 서브쿼리를 대신하는 방법도 알아 보았다. 반복 서브쿼리를 제거하면 SQL 성능이 좋아질 수 있기 때문에 같이 설명했다.

필자가 수행한 프로젝트 중에, 비슷하면서 약간씩 다른 서브쿼리를 매우 많이 사용하는 SQL이 있었다. 이러한 SQL은 인덱스(INDEX)나 힌트로는 성능 개선에 한계가 있다. SQL 전체를 뜯어고쳐서 반복되는 서브쿼리를 제거해야 한다.

4.1.3 SELECT 절의 상관 서브쿼리

SELECT 절의 상관 서브쿼리는 메인 SQL에서 조건 값을 받아 처리한다.

SELECT 절의 상관 서브쿼리는 코드성 데이터의 명칭을 가져오기 위해 사용할 수 있다. 또는 조인으로 가져오기 어려운 값을 처리하기 위해 사용할 수 있다.
SELECT 절의 상관 서브쿼리를 이용하면 대부분의 조인을 해결 할 수 있다. 하지만 모든 조인을 서브쿼리로 처리해서는 곤란하다.

반복해서 서브쿼리 남발에 대한 주의사항을 언급하는 이유는 서브쿼리로 고통받는 SQL을 너무도 많이 봐왔기 때문이다. (서브쿼리를 무조건 사용하면 안 된다는 뜻이 아니다. 적절하게 사용해야 한다는 뜻이다.)

아래는 아이템 테이블을 조회하면서 아이템유형의 코드명을 가져오는 SQL이다.

	코드값을 가져오는 SELECT 절 상관 서브쿼리
1	SELECT T1.ITM_TP
2	,(SELECT A.BAS_CD_NM
3	FROM C_BAS_CD A
4	WHERE A.BAS_CD_DV = 'ITM_TP' AND A.BAS_CD = T1.ITM_TP AND A.LNG_CD = 'KO') ITM_TP_NM
5	,T1.ITM_ID ,T1.ITM_NM
6	FROM M_ITM T1;

서브쿼리에서 사용된 C_BAS_CD 테이블은 기준코드 테이블이다. 4번 라인을 보면 메인 SQL의 T1.ITM_TP 값을 서브쿼리에서 조건 값으로 사용하고 있다. 이처럼 SELECT 절의 서브쿼리에서 메인 SQL의 값을 가져와 사용하는 경우를 'SELECT 절의 상관 서브쿼리'라고 한다.
위 예제는 서브쿼리가 아닌 조인으로도 해결할 수 있다. 하지만 코드 명칭을 가져오는 경우는

매우 자주 발생하며, 이를 모두 조인으로 구현하면 SQL이 지저분해진다. 코드명 처리는 조인보다는 SELECT 절의 상관 서브쿼리를 사용하는 것이 일반적이다. 코드처럼 값의 종류가 많지 않은 경우는 서브쿼리를 사용하면 캐싱 효과로 성능이 더 좋아질 수도 있다.

> **MEMO** **서브쿼리 캐싱 효과**
>
> 서브쿼리의 입력값과 결괏값을 캐시에 저장해 놓고 재사용하는 것을 뜻한다. 입력된 값이 캐시에 존재하면 서브쿼리의 실행 없이 캐시의 값을 그대로 사용해 빠른 응답 속도를 제공한다. 서브쿼리를 위해 사용할 수 있는 캐시는 무제한이 아니다. 코드와 같이 값의 종류가 작을 때만 캐싱 효과를 극대화 할 수 있다.

SELECT 절의 상관 서브쿼리를 사용할 때 주의할 패턴을 살펴보자.

(1) 반복되는 상관 서브쿼리

아래 SQL은 조인으로 해결하는 것이 좋다.

고객정보를 가져오는 SELECT 절 상관 서브쿼리

```
1  SELECT  T1.CUS_ID
2          ,TO_CHAR(T1.ORD_DT,'YYYYMMDD') ORD_YMD
3          ,(SELECT A.CUS_NM FROM M_CUS A WHERE A.CUS_ID = T1.CUS_ID) CUS_NM
4          ,(SELECT A.CUS_GD FROM M_CUS A WHERE A.CUS_ID = T1.CUS_ID) CUS_GD
5          ,T1.ORD_AMT
6  FROM    T_ORD T1
7  WHERE   T1.ORD_DT >= TO_DATE('20170801','YYYYMMDD')
8  AND     T1.ORD_DT <  TO_DATE('20170901','YYYYMMDD');
```

위 SQL을 보면, 서브쿼리가 두 군데 사용되었다. 하나는 고객 이름을 가져오고 다른 하나는 고객등급을 가져온다. 두 서브쿼리 모두 고객(M_CUS) 테이블을 사용하고 있으며 메인 SQL에서 T1.CUS_ID를 입력값으로 받아 처리하고 있다. 이 같은 경우는 조인으로 변경해야 한다. 불필요하게 M_CUS를 두 번이나 접근할 필요가 없다. 성능에서 손해 볼 가능성이 크다.

(2) 인라인-뷰가 포함된 SQL

SELECT 절의 상관 서브쿼리는 가능하면 인라인-뷰 바깥에서 사용해야 한다. 아래 SQL을 살펴보자.

인라인-뷰 안에서 SELECT 절 서브쿼리를 사용한 예

```
1  SELECT  T1.CUS_ID ,SUBSTR(T1.ORD_YMD,1,6) ORD_YM
```

```
 2              ,MAX(T1.CUS_NM) ,MAX(T1.CUS_GD)
 3              ,T1.ORD_ST_NM ,T1.PAY_TP_NM
 4              ,SUM(T1.ORD_AMT) ORD_AMT
 5       FROM   (
 6              SELECT  T1.CUS_ID ,TO_CHAR(T1.ORD_DT,'YYYYMMDD') ORD_YMD ,T2.CUS_NM ,T2.CUS_GD
 7                     ,(SELECT  A.BAS_CD_NM
 8                        FROM   C_BAS_CD A
 9                        WHERE  A.BAS_CD_DV = 'ORD_ST' AND A.BAS_CD = T1.ORD_ST AND A.LNG_CD = 'KO') ORD_ST_NM
10                     ,(SELECT  A.BAS_CD_NM
11                        FROM   C_BAS_CD A
12                        WHERE  A.BAS_CD_DV = 'PAY_TP' AND A.BAS_CD = T1.PAY_TP AND A.LNG_CD = 'KO') PAY_TP_NM
13                     ,T1.ORD_AMT
14               FROM   T_ORD T1
15                     ,M_CUS T2
16               WHERE  T1.ORD_DT >= TO_DATE('20170801','YYYYMMDD')
17                 AND  T1.ORD_DT <  TO_DATE('20170901','YYYYMMDD')
18                 AND  T1.CUS_ID = T2.CUS_ID
19              ) T1
20       GROUP BY T1.CUS_ID ,SUBSTR(T1.ORD_YMD,1,6) ,T1.ORD_ST_NM ,T1.PAY_TP_NM;
```

SQL을 보면 코드명을 가져오는 SELECT 절 상관 서브쿼리가 인라인-뷰 안에서 사용되고 있다. 가져온 코드명은 인라인-뷰 바깥에서 'GROUP BY' 처리된다.

인라인-뷰 안의 결과 건수는 1,000건이고, 인라인-뷰 바깥에서 'GROUP BY'까지 수행된 최종 결과 건수는 100건이라고 가정해보자. 이런 경우, 인라인-뷰 안에서 상관 서브쿼리를 사용하면 서브쿼리는 1,000번이 실행되며, 인라인-뷰 바깥에서 상관 서브쿼리를 사용하면 서브쿼리는 100번만 실행된다.

똑똑한 오라클은 인라인-뷰 안쪽의 서브쿼리를 자동으로 인라인-뷰 바깥으로 옮겨서 처리할 수도 있다. 하지만 실전에서 SQL은 이보다 훨씬 복잡하다. 오라클이 SQL을 효율적으로 변경하지 못할 수도 있다. 그러므로 SELECT 절의 서브쿼리는 가장 바깥의 SELECT 절에만 사용하도록 노력해야 한다.

(3) 서브쿼리 안에서의 조인

SELECT 절의 상관 서브쿼리 안에서는 조인도 가능하다. (단독 서브쿼리도 가능하다.) 아래 SQL을 살펴보자.

서브쿼리 안에서 조인을 사용한 예
1   SELECT T1.ORD_DT ,T2.ORD_QTY ,T2.ITM_ID ,T3.ITM_NM

```
2              ,(     SELECT   SUM(B.EVL_PT) / COUNT(*)
3                     FROM     M_ITM A
4                             ,T_ITM_EVL B
5                     WHERE    A.ITM_TP = T3.ITM_TP
6                     AND      B.ITM_ID = A.ITM_ID
7                     AND      B.EVL_DT < T1.ORD_DT
8              ) ITM_TP_EVL_PT_AVG
9     FROM     T_ORD T1
10             ,T_ORD_DET T2
11             ,M_ITM T3
12    WHERE    T1.ORD_DT >= TO_DATE('20170801','YYYYMMDD')
13    AND      T1.ORD_DT <  TO_DATE('20170901','YYYYMMDD')
14    AND      T3.ITM_ID = T2.ITM_ID
15    AND      T1.ORD_SEQ = T2.ORD_SEQ
16    ORDER BY T1.ORD_DT ,T2.ITM_ID;
```

2~7번 라인을 보면 서브쿼리 안에서 M_ITM과 T_ITM_EVL을 조인 처리하고 있다.

서브쿼리 안에서 조인을 할 수 있다는 것은 매우 강력한 기능이다. 조인으로 값을 가져오기 복잡할 때 상관 서브쿼리를 활용하면 쉽게 해결할 수 있다. 하지만 상관 서브쿼리는 성능에 대한 단점이 있다. 기본적으로 상관 서브쿼리는 메인 SQL의 결과 건수만큼 '반복' 수행된다. 그러므로 상관 서브쿼리를 사용하는 것이 성능에 큰 손해를 보는 것은 아닌지 판단 후 사용해야 한다.

상관 서브쿼리를 사용하는 가이드를 정하자면 아래와 같다.

- 상관 서브쿼리에서 사용되는 WHERE 절의 컬럼은 적절한 인덱스(INDEX)가 필수다.
    : 상관 서브쿼리의 WHERE 절 컬럼에 인덱스가 있어야만 성능을 보장할 수 있다.
    : 인덱스가 있어도 성능이 필요한 만큼 나오지 않으면 SQL 자체를 변경해야 한다.
     (상관 서브쿼리를 제거해야 한다.)
- 메인 SQL에서 조회하는 결과 건수가 작을 때만 상관 서브쿼리를 사용한다.
    : 메인 SQL의 결과가 많을수록 성능이 나빠질 가능성이 크다.
- 코드처럼 값의 종류가 작을 때는 상관 서브쿼리를 사용하면 성능이 좋아질 수도 있다.
- 가능하면 상관 서브쿼리를 사용하지 않는 습관을 들이자.
    : 상관 서브쿼리보다 조인을 사용하는 것이 SQL 실력에 도움이 된다.

> **MEMO** **INDEX**
>
> 인덱스(INDEX)는 Part. II에서 심도 있게 살펴볼 계획이다. 지금은 테이블의 데이터를 빠르게 찾기 위한 객체 정도로 개념을 잡고 있으면 된다.

상관 서브쿼리를 사용하면 어려운 SQL을 손쉽게 해결할 수 있는 큰 장점이 있다. 하지만 필요한 곳에 성능까지 고려해서 제대로 사용을 해야 한다. '과유불급'이라는 말을 전하고 싶다.

4.1.4 SELECT 절 서브쿼리 – 단일 값

SELECT 절의 서브쿼리는 단일 값을 내보내야 한다. 여기서 단일 값이란, 하나의 로우 그리고 하나의 컬럼으로 구성된 단 하나의 값을 뜻한다. 바꿔 말하면 SELECT 절의 서브쿼리가 두 건 이상의 결과를 내보내거나 두 개 컬럼 이상의 결과를 내보내면 안 된다.

아래와 같은 SQL은 실행이 불가능하다.

	실행이 불가능한 SELECT 절의 서브쿼리
1	--SELECT 절의 서브쿼리에서 두 컬럼을 지정.
2	SELECT T1.ORD_DT ,T1.CUS_ID
3	,(SELECT A.CUS_NM ,A.CUS_GD FROM M_CUS A WHERE A.CUS_ID = T1.CUS_ID) CUS_NM_GD
4	FROM T_ORD T1
5	WHERE T1.ORD_DT >= TO_DATE('20170401','YYYYMMDD')
6	AND T1.ORD_DT < TO_DATE('20170501','YYYYMMDD');
7	
8	--SELECT 절의 서브쿼리에서 두 건 이상의 데이터가 나오는 경우.
9	SELECT T1.ORD_DT ,T1.CUS_ID
10	,(SELECT A.ITM_ID FROM T_ORD_DET A WHERE A.ORD_SEQ = T1.ORD_SEQ) ITM_LIST
11	FROM T_ORD T1
12	WHERE T1.ORD_DT >= TO_DATE('20170401','YYYYMMDD')
13	AND T1.ORD_DT < TO_DATE('20170501','YYYYMMDD');

위 두 개의 SQL은 모두 실행할 수 없다. 첫 번째 SQL은 서브쿼리에서 두 개의 컬럼을 사용했으므로 실행할 수 없으며, 두 번째 SQL은 서브쿼리에서 두 건 이상의 결과가 나오므로 에러가 발생한다.

아래와 같은 SELECT 절 서브쿼리는 실행할 수 있다.

	고객 이름과 등급을 합쳐서 하나의 컬럼으로 처리 단가(UNT_PRC)와 주문수량(ORD_QTY)를 곱해서 주문금액으로 처리
1	SELECT　T1.ORD_DT ,T1.CUS_ID
2	,(SELECT A.CUS_NM‖'('‖CUS_GD‖')' FROM M_CUS A WHERE A.CUS_ID = T1.CUS_ID) CUS_NM_GD
3	,(SELECT SUM(A.UNT_PRC * A.ORD_QTY) FROM T_ORD_DET A WHERE A.ORD_SEQ = T1.ORD_SEQ) ORD_AMT
4	FROM　　T_ORD T1
5	WHERE　 T1.ORD_DT >= TO_DATE('20170401','YYYYMMDD')
6	AND　　 T1.ORD_DT < TO_DATE('20170501','YYYYMMDD');

위와 같이 SELECT 절의 서브쿼리 안에서 여러 개의 컬럼을 결합하거나 계산을 수행하는 것은 얼마든지 가능하다. 이 방법을 응용해 고객별로 마지막 주문의 주문금액을 가져오는 SQL을 서브쿼리로 만들어 보자. 아래와 같다.

	고객별 마지막 ORD_SEQ의 주문금액
1	SELECT　T1.CUS_ID
2	,T1.CUS_NM
3	,(SELECT　TO_NUMBER(
4	SUBSTR(
5	MAX(
6	LPAD(TO_CHAR(A.ORD_SEQ),8,'0')
7	‖TO_CHAR(A.ORD_AMT)
8	),9))
9	FROM　　T_ORD A WHERE A.CUS_ID = T1.CUS_ID) LAST_ORD_AMT
10	FROM　　M_CUS T1
11	ORDER BY T1.CUS_ID;

3~9번 라인을 보면 'TO_NUMBER, SUBSTR, MAX, LPAD, TO_CHAR'의 함수가 복잡하게 사용되고 있다. 마지막 주문을 가져오려면 ORD_SEQ와 ORD_AMT를 문자로 변경해 결합한 다음에 가장 큰 값을 가져와야 한다. 그러므로 다양한 함수를 복잡하게 사용해야만 한다. 위 SQL은 서브쿼리에서 고객의 모든 주문을 읽어야 하므로 성능도 좋지 못할 수 있다.

위 SQL은 아래와 같이 중첩된 서브쿼리로 간단하게 구현할 수 있다.

	고객별 마지막 ORD_SEQ의 주문금액 - 중첩된 서브쿼리
1	SELECT　T1.CUS_ID
2	,T1.CUS_NM
3	,(
4	SELECT　B.ORD_AMT

```
5            FROM    T_ORD B
6            WHERE   B.ORD_SEQ =
7                      (SELECT MAX(A.ORD_SEQ) FROM T_ORD A WHERE A.CUS_ID = T1.CUS_ID)
8                   ) LAST_ORD_AMT
9     FROM    M_CUS T1
10    ORDER BY T1.CUS_ID;
```

7번 라인을 보면 서브쿼리의 WHERE 절에서 서브쿼리를 추가로 사용하고 있다. SELECT 절의 서브쿼리는 조회되는 데이터 건수만큼 반복 실행된다고 인식해야 한다. 그러므로 조회되는 결과 건수가 작을 때만 이와 같은 방법을 사용해야 한다. 조회되는 결과 건수가 많은 상황에서 서브쿼리를 중첩해서 사용하면 성능이 좋지 못할 수 있다.

이번에는 잠재적인 오류가 존재하는 SELECT 절의 서브쿼리를 살펴보자.

잠재적인 오류가 존재하는 서브쿼리 - 정상 실행

```
1    SELECT   T1.ORD_DT
2             ,T1.CUS_ID
3             ,(SELECT A.ORD_QTY FROM T_ORD_DET A WHERE A.ORD_SEQ = T1.ORD_SEQ) ORD_QTY
4    FROM     T_ORD T1
5    WHERE    T1.ORD_SEQ = 2297;
```

위 SQL은 정상적으로 실행된다. 서브쿼리에서 사용된 T_ORD_DET에 ORD_SEQ가 2297인 데이터는 한 건만 있기 때문이다. 하지만 아래와 같이 WHERE 절의 조건 값을 변경하면 오류가 발생한다.

잠재적인 오류가 존재하는 서브쿼리 - 오류 발생

```
1    --1. 오류가 발생하는 서브쿼리(ORD_SEQ = 2291)
2    SELECT   T1.ORD_DT
3             ,T1.CUS_ID
4             ,(SELECT A.ORD_QTY FROM T_ORD_DET A WHERE A.ORD_SEQ = T1.ORD_SEQ) ORD_QTY
5    FROM     T_ORD T1
6    WHERE    T1.ORD_SEQ = 2291;
7
8    --2. T_ORD_DET에 ORD_SEQ가 2291인 데이터는 두 건이 존재한다.
9    SELECT   T1.*
10   FROM     T_ORD_DET T1
11   WHERE    T1.ORD_SEQ = 2291;
```

T_ORD_DET 테이블에 ORD_SEQ가 2291인 데이터는 두 건이 있다. 그러므로 4번 라인의 서브쿼리는 에러가 발생한다.

4.1.5 WHERE 절 단독 서브쿼리

서브쿼리는 WHERE 절에서도 단독으로 사용할 수 있다.

(1) 마지막 한 건 조회하기

아래는 WHERE 절 단독 서브쿼리의 간단한 예제다. 마지막 주문 데이터 한 건을 조회하는 SQL이다.

마지막 주문 한 건을 조회하는 SQL, ORD_SEQ가 가장 큰 데이터가 마지막 주문이다.

```
1  SELECT  *
2  FROM    T_ORD T1
3  WHERE   T1.ORD_SEQ = (SELECT MAX(A.ORD_SEQ) FROM T_ORD A);
```

위 SQL은 T_ORD 테이블을 두 번 사용하고 있다. SQL의 성능을 위해서는 테이블의 반복 출현을 줄여야 한다. 그러므로 위 SQL은 아래와 같이 사용하는 것이 성능 면에서 좀 더 유리 할 수 있다.

마지막 주문 한 건을 조회하는 SQL, ORDER BY와 ROWNUM을 사용

```
1  SELECT  *
2  FROM    (
3          SELECT  *
4          FROM    T_ORD T1
5          ORDER BY T1.ORD_SEQ DESC
6          ) A
7  WHERE   ROWNUM <= 1;
```

'ORDER BY'와 ROWNUM을 사용한 방법이다. 이와 같은 방법에서 성능에 이득을 얻으려면 ORD_SEQ에 대한 인덱스가 필수다. T_ORD 테이블은 ORD_SEQ가 PK(Primary Key)이므로 이미 인덱스가 존재한다. (PK에는 기본적으로 Unique 인덱스가 생성된다.) 여기서는 이러한 방법이 WHERE 절의 서브쿼리를 사용한 방법보다 성능 면에서 유리할 수 있다는 점만 기억하자.

(2) 마지막 일자 주문 조회하기

마지막 주문 일자의 주문을 조회하는 SQL을 살펴보자. 아래와 같다.

마지막 주문 일자의 데이터를 가져오는 SQL

```
1  SELECT  *
2  FROM    T_ORD T1
3  WHERE   T1.ORD_DT = (SELECT MAX(A.ORD_DT) FROM T_ORD A);
```

위 SQL은 성능을 위해 ORD_DT 컬럼에 인덱스가 필요할 수 있다.

(3) IN 조건으로 사용하기

서브쿼리 결과를 IN 조건으로 받아서 사용할 수도 있다. 아래 SQL을 살펴보자.

3월 주문 건수가 4건 이상인 고객의 3월달 주문 리스트
```
1    SELECT   *
2    FROM     T_ORD T1
3    WHERE    T1.ORD_DT >= TO_DATE('20170301','YYYYMMDD')
4    AND      T1.ORD_DT <  TO_DATE('20170401','YYYYMMDD')
5    AND      T1.CUS_ID IN (
6                 SELECT   A.CUS_ID
7                 FROM     T_ORD A
8                 WHERE    A.ORD_DT >= TO_DATE('20170301','YYYYMMDD')
9                 AND      A.ORD_DT <  TO_DATE('20170401','YYYYMMDD')
10                GROUP BY A.CUS_ID
11                HAVING COUNT(*)=4
12              );
```

위 SQL에서 6~11번 라인은 3월 주문이 4건 이상인 고객을 찾아내는 서브쿼리다. 서브쿼리 결과를 메인 SQL의 WHERE 절에서 IN 조건으로 사용하고 있다. 다시 말해 위 SQL은 3월 주문이 4건 이상인 고객들의 '주문 리스트'를 조회한다.

위 SQL은 인라인-뷰를 이용한 조인으로도 처리할 수 있다. 아래와 같다.

3월 주문 건수가 4건 이상인 고객의 3월달 주문 리스트 - 조인으로 처리
```
1    SELECT   T1.*
2    FROM     T_ORD T1
3            ,(
4                 SELECT   A.CUS_ID
5                 FROM     T_ORD A
6                 WHERE    A.ORD_DT >= TO_DATE('20170301','YYYYMMDD')
7                 AND      A.ORD_DT <  TO_DATE('20170401','YYYYMMDD')
8                 GROUP BY A.CUS_ID
9                 HAVING COUNT(*)>=4
10             ) T2
11   WHERE    T1.ORD_DT >= TO_DATE('20170301','YYYYMMDD')
12   AND      T1.ORD_DT <  TO_DATE('20170401','YYYYMMDD')
13   AND      T1.CUS_ID = T2.CUS_ID;
```

위 SQL은 중복된 데이터를 찾아낼 때도 사용할 수 있는 패턴이다. 인라인-뷰에서 'GROUP BY'와 HAVING이 사용된 부분을 조금만 응용하면 된다.

4.1.6 WHERE 절 상관 서브쿼리

WHERE 절의 상관 서브쿼리는 데이터의 존재 여부를 파악할 때 자주 사용한다. 예를 들어, 특정 일자나 특정 월에 주문이 존재하는 고객 리스트를 뽑을 때 아주 유용하다.

아래 SQL을 살펴보자.

3월에 주문이 존재하는 고객들을 조회
1 SELECT *
2 FROM   M_CUS T1
3 WHERE   EXISTS(
4   SELECT *
5   FROM   T_ORD A
6   WHERE A.CUS_ID = T1.CUS_ID
7   AND   A.ORD_DT >= TO_DATE('20170301','YYYYMMDD')
8   AND   A.ORD_DT < TO_DATE('20170401','YYYYMMDD')
9   );

위 SQL은 3월에 주문이 한 건이라도 존재하는 고객을 조회한다. 반대로 3월에 주문이 한 건도 없는 고객을 조회해야 한다면 NOT EXISTS를 사용하면 된다. 이처럼 WHERE 절의 상관 서브쿼리는 다른 테이블에 데이터 존재 여부를 파악할 때 유용하다.

WHERE 절의 서브쿼리 안에서도 조인을 사용할 수 있다. 3월에 '아이템유형'이 'ELEC' 인 주문이 한 건이라도 존재하는 고객 정보를 조회해보자. 아래와 같다.

3월에 ELEC 아이템유형의 주문이 존재하는 고객들을 조회
1 SELECT *
2 FROM   M_CUS T1
3 WHERE   EXISTS(
4   SELECT *
5   FROM   T_ORD A
6   ,T_ORD_DET B
7   ,M_ITM C
8   WHERE A.CUS_ID = T1.CUS_ID
9   AND   A.ORD_DT >= TO_DATE('20170301','YYYYMMDD')
10   AND   A.ORD_DT < TO_DATE('20170401','YYYYMMDD')
11   AND   A.ORD_SEQ = B.ORD_SEQ
12   AND   B.ITM_ID = C.ITM_ID
13   AND   C.ITM_TP = 'ELEC');

참고로 EXISTS는 SELECT 절의 서브쿼리에도 사용이 가능하다. 예를 들어, 고객 리스트를 조회하면서 고객의 3월 주문 존재 여부를 'YN'으로 보여주어야 한다면 아래와 같이 SQL을 사용할 수 있다.

전체 고객을 조회, 3월에 주문이 존재하는지 여부를 같이 보여줌

```
1   SELECT   T1.CUS_ID ,T1.CUS_NM
2            ,(CASE  WHEN
3                       EXISTS(
4                           SELECT  *
5                           FROM    T_ORD A
6                           WHERE   A.CUS_ID = T1.CUS_ID
7                           AND     A.ORD_DT >= TO_DATE('20170301','YYYYMMDD')
8                           AND     A.ORD_DT <  TO_DATE('20170401','YYYYMMDD')
9                       )
10                  THEN 'Y'
11                  ELSE 'N' END) ORD_YN_03
12  FROM     M_CUS T1;
```

2~11번 라인을 보면 CASE 문과 EXISTS 절을 사용해 3월에 주문이 존재하면 'Y'를 주문이 없으면 'N'이 조회되도록 처리하고 있다.

위 SQL은 인라인-뷰와 아우터-조인을 사용해 해결할 수도 있다. 어떤 방법을 사용하는지에 따라 성능에 차이가 존재할 수 있다. 정확히는 SQL 작성 방법과 함께, 조회될 고객과 주문의 건수 그리고 인덱스에 따라 성능 차이가 발생한다.

4.2 MERGE

4.2.1 MERGE

데이터 존재 여부에 따라 데이터를 INSERT 하거나 UPDATE 하는 경우가 많다. 이때 유용하게 사용할 수 있는 것이 바로 MERGE다.

MERGE는 한 문장으로 INSERT와 UPDATE를 동시에 처리할 수 있다. 한 건의 데이터가 동시에 INSERT와 UPDATE 되는 것은 아니다. 한 건의 데이터는 INSERT와 UPDATE 중 하나만이 수행된다. MERGE 대상이 이미 존재하면 UPDATE를, 대상이 존재하지 않으면 INSERT를 수행하는 방식이다.

MERGE 문 테스트를 위해 아래와 같이 테스트용 테이블을 생성하자.

	MERGE 문을 위한 테스트 테이블 생성
1	CREATE TABLE M_CUS_CUD_TEST AS
2	SELECT *
3	FROM M_CUS T1;
4	
5	ALTER TABLE M_CUS_CUD_TEST
6	ADD CONSTRAINT PK_M_CUS_CUD_TEST PRIMARY KEY(CUS_ID) USING INDEX;

'CREATE TABLE ~ AS'(줄여서 CTAS라고도 한다.)로 고객(M_CUS) 테이블과 같은 구조와 데이터를 가진 'M_CUS_CUD_TEST'라는 테이블을 생성했다. CTAS로는 테이블의 PK(Primary Key)까지는 생성되지 않는다. 별도의 ALTER TABLE로 PK를 생성해야 한다.

M_CUS_CUD_TEST에 고객을 입력하거나 변경하는 프로세스가 있다고 가정하자. '고객 ID(CUS_ID)'와 '고객 정보(고객이름, 고객등급 등)'를 외부에서 입력 변수로 받는다. 이때 같은 고객 ID가 이미 있으면 고객 정보를 업데이트하고, 같은 고객ID가 없으면 신규 고객으로 등록을 한다.

이와 같은 로직을 처리하기 위해 아래와 같이 PL/SQL을 사용해 보자. (PL/SQL은 오라클이 제공하는 절차형 언어 형식의 SQL 블록이라고 생각하면 된다.) PL/SQL로 처리하기 위해서는 SQL 문장들을 BEGIN과 END 블록으로 감싸서 처리하면 된다.

	CUS_0090 고객을 입력하거나 변경하는 PL/SQL
1	DECLARE v_EXISTS_YN varchar2(1);
2	BEGIN
3	SELECT NVL(MAX('Y'),'N')
4	INTO v_EXISTS_YN
5	FROM DUAL A
6	WHERE EXISTS(
7	SELECT *
8	FROM M_CUS_CUD_TEST T1
9	WHERE T1.CUS_ID = 'CUS_0090'
10	);
11	
12	IF v_EXISTS_YN = 'N' THEN
13	INSERT INTO M_CUS_CUD_TEST (CUS_ID ,CUS_NM ,CUS_GD)
14	VALUES ('CUS_0090' ,'NAME_0090' ,'A');
15	
16	DBMS_OUTPUT.PUT_LINE('INSERT NEW CUST');
17	ELSE
18	UPDATE M_CUS_CUD_TEST T1
19	SET T1.CUS_NM = 'NAME_0090'
20	,T1.CUS_GD = 'A'
21	WHERE CUS_ID = 'CUS_0090'
22	;
23	
24	DBMS_OUTPUT.PUT_LINE('UPDATE OLD CUST');
25	END IF;
26	
27	COMMIT;
28	END;

3~10번 라인은 같은 고객ID가 M_CUS_CUD_TEST에 이미 있는지 확인하는 SQL이다. M_CUS_CUD_TEST에 'CUS_0090' 고객이 없으면 v_EXISTS_YN에 'N'을, 있으면 'Y'를 저장한다. 이후 IF 문을 통해 같은 고객ID가 없으면 INSERT를, 같은 고객ID가 있으면 UPDATE 한다.

'EXISTS, INSERT 또는 UPDATE', 이 3개의 SQL은 하나의 MERGE 문장으로 처리할 수 있다. 아래와 같다.

	고객을 입력하거나 변경하는 SQL - MERGE 문으로 처리
1	MERGE INTO M_CUS_CUD_TEST T1
2	USING (
3	SELECT 'CUS_0090' CUS_ID
4	,'NAME_0090' CUS_NM

```
 5                      ,'A' CUS_GD
 6            FROM    DUAL
 7            ) T2
 8         ON (T1.CUS_ID = T2.CUS_ID)
 9  WHEN MATCHED THEN UPDATE SET T1.CUS_NM = T2.CUS_NM
10                               ,T1.CUS_GD = T2.CUS_GD
11  WHEN NOT MATCHED THEN INSERT (T1.CUS_ID ,T1.CUS_NM ,T1.CUS_GD)
12                        VALUES(T2.CUS_ID ,T2.CUS_NM ,T2.CUS_GD)
13                       ;
14  COMMIT;
```

MERGE 문에는 'MERGE 대상'과 '비교 대상'이 있다. 각각을 설명하면 아래와 같다.

- MERGE 대상: UPDATE 되거나, INSERT 될 테이블
  : MERGE INTO 절 뒤에 정의한다.
  : 위 SQL에서는 M_CUS_CUD_TEST가 MERGE 대상이다. T1로 별칭을 정의했다.
- 비교 대상: MERGE 대상의 처리 방법을 결정할 비교 데이터 집합
  : USING 절 뒤에 정의한다.
  : 위 SQL에서는 2~7번 라인의 인라인-뷰가 비교 대상이다. T2로 별칭을 정의했다.
  : 위 SQL은 DUAL과 인라인-뷰를 사용했지만, 실제 테이블도 사용할 수 있다.
  : 여러 건을 비교 대상으로 정의 할 수 있다.

MERGE 대상과 비교 대상은 ON 절을 이용해 '비교 조건'을 정의한다. 위 SQL에서 8번 라인에 해당한다. 비교 조건의 결과에 따라 UPDATE나 INSERT를 처리할 수 있다. '비교 조건' 결과에 따라 아래와 같이 처리한다.

- WHEN MATCHED THEN: 비교 대상의 데이터가 MERGE 대상에 이미 있음
  : MERGE 대상을 UPDATE 처리하면 된다.
- WHEN NOT MATCHED THEN: 비교 대상의 데이터가 MERGE 대상에 없음
  : MERGE 대상에 새로운 데이터를 입력하면 된다.

MERGE 사용법을 살펴보았다. 3개의 SQL을 하나의 MERGE로 처리할 수 있어, 성능에 이득이 될 수 있다. 하지만 무조건 MERGE를 사용하는 것을 추천하지는 않는다. INSERT와 UPDATE 를 나누어 개발하는 것이 명확한 경우가 더 많다. 예를 들어, 화면 자체에서 신규와 변경의 액션이 나누어져 있다면 INSERT와 UPDATE 문장을 별도로 구현하는 것이 더 깔끔할 수 있다.

> **MEMO**
>
> 요즘 많이 사용하는 My-SQL에는 MERGE와 유사한 'INSERT~ON DUPLICATE KEY'라는 문장이 있다. 오라클에 관련된 이야기는 아니지만, 주의가 필요하므로 간단히 설명하고 넘어가도록 하겠다.
> 'INSERT~ON DUPLICATE KEY' 역시 기존에 데이터가 없으면 INSERT를 수행하고, 기존에 데이터가 존재하면 UPDATE를 한다. 하지만 이 문장은 MERGE와 처리 방법이 다르다. 'INSERT~ON DUPLICATE'는 우선 INSERT를 시도하고, INSERT 중에 키 중복 에러가 나면 UPDATE를 처리하는 방식이다. 이때 키 중복은 PK뿐만 아니라 Unique Key도 포함되어 있다. 그러므로 테이블에 PK 외에 Unique Key도 있으면 의도와 다르게 데이터가 처리될 수 있다. 사용에 주의가 필요하다.

4.2.2 MERGE를 사용한 UPDATE

MERGE 문장에서는 WHEN MATCHED THEN 절을 이용해 UPDATE를 처리하고, WHEN NOT MATCHED THEN 절을 이용해 INSERT를 한다. MERGE 문장에서 WHEN MATCHED THEN 절만 사용하면, 해당 MERGE 문은 UPDATE만 처리한다.

[그림 4.2.2-1]은 '월별고객주문'이라는 집계 테이블이다. '월+고객+아이템유형'별로 주문수량과 주문금액을 집계해서 관리한다.

월별고객주문 / S_CUS_YM	
*기준월 *고객ID *아이템유형 주문수량 주문금액	*BAS_YM *CUS_ID *ITM_TP ORD_QTY ORD_AMT

[그림 4.2.2-1]

월별고객주문(S_CUS_YM) 테이블을 생성하고 기초 데이터를 입력하자. 아래 스크립트를 차례대로 실행하면 된다.

월별고객주문 테이블 생성 및 기초 데이터 입력
1   CREATE TABLE S_CUS_YM
2   (

```
3              BAS_YM   VARCHAR2(6) NOT NULL,
4              CUS_ID   VARCHAR2(40) NOT NULL,
5              ITM_TP   VARCHAR2(40) NOT NULL,
6              ORD_QTY NUMBER(18,3) NULL,
7              ORD_AMT NUMBER(18,3) NULL
8     );
9
10    CREATE UNIQUE INDEX PK_S_CUS_YM ON S_CUS_YM(BAS_YM, CUS_ID, ITM_TP);
11
12    ALTER TABLE S_CUS_YM
13            ADD CONSTRAINT PK_S_CUM_YM PRIMARY KEY (BAS_YM, CUS_ID, ITM_TP);
14
15    INSERT INTO S_CUS_YM (BAS_YM ,CUS_ID ,ITM_TP ,ORD_QTY ,ORD_AMT)
16    SELECT   '201702' BAS_YM ,T1.CUS_ID ,T2.BAS_CD ITM_TP ,NULL ORD_QTY ,NULL ORD_AMT
17    FROM     M_CUS T1
18             ,C_BAS_CD T2
19    WHERE    T2.BAS_CD_DV = 'ITM_TP'
20    AND      T2.LNG_CD = 'KO';
21
22    COMMIT;
```

위 스크립트를 실행하면 S_CUS_YM 테이블에는 '17년 2월'의 고객ID, 아이템유형별 데이터가 입력된다. ORD_QTY와 ORD_AMT는 모두 NULL 값으로 입력되어 있다. ORD_QTY와 ORD_AMT를 UPDATE하려면 T_ORD_DET(주문상세)를 이용해야 한다. 아래와 같이 ORD_QTY와 ORD_AMT를 UPDATE 할 수 있다.

월별고객주문의 주문수량, 주문금액 업데이트

```
1     UPDATE   S_CUS_YM T1
2     SET      T1.ORD_QTY = (
3                   SELECT   SUM(B.ORD_QTY)
4                   FROM     T_ORD A
5                            ,T_ORD_DET B
6                            ,M_ITM C
7                   WHERE    A.ORD_SEQ = B.ORD_SEQ
8                   AND      C.ITM_ID = B.ITM_ID
9                   AND      C.ITM_TP = T1.ITM_TP
10                  AND      A.CUS_ID = T1.CUS_ID
11                  AND      A.ORD_DT >= TO_DATE(T1.BAS_YM||'01','YYYYMMDD')
12                  AND      A.ORD_DT < ADD_MONTHS(TO_DATE(T1.BAS_YM||'01','YYYYMMDD'), 1)
13                  )
14             ,T1.ORD_AMT = (
15                  SELECT   SUM(B.UNT_PRC * B.ORD_QTY)
16                  FROM     T_ORD A
```

```
17                      ,T_ORD_DET B
18                      ,M_ITM C
19              WHERE   A.ORD_SEQ = B.ORD_SEQ
20              AND     C.ITM_ID = B.ITM_ID
21              AND     C.ITM_TP = T1.ITM_TP
22              AND     A.CUS_ID = T1.CUS_ID
23              AND     A.ORD_DT >= TO_DATE(T1.BAS_YM||'01','YYYYMMDD')
24              AND     A.ORD_DT < ADD_MONTHS(TO_DATE(T1.BAS_YM||'01','YYYYMMDD'), 1)
25              )
26      WHERE   T1.BAS_YM = '201702';
27
28      COMMIT;
```

ORD_QTY와 ORD_AMT를 UPDATE 하기 위해 서브쿼리를 두 번 사용했다. 성능에 좋지 못한 방법이다. 위 SQL은 아래와 같이 MERGE 문장으로 변경할 수 있다.

월별고객주문의 주문금액, 주문수량 업데이트 - 머지 사용

```
1       MERGE INTO S_CUS_YM T1
2       USING (
3               SELECT  A.CUS_ID
4                       ,C.ITM_TP
5                       ,SUM(B.ORD_QTY) ORD_QTY
6                       ,SUM(B.UNT_PRC * B.ORD_QTY) ORD_AMT
7               FROM    T_ORD A
8                       ,T_ORD_DET B
9                       ,M_ITM C
10              WHERE   A.ORD_SEQ = B.ORD_SEQ
11              AND     C.ITM_ID = B.ITM_ID
12              AND     A.ORD_DT >= TO_DATE('201702'||'01','YYYYMMDD')
13              AND     A.ORD_DT < ADD_MONTHS(TO_DATE('201702'||'01','YYYYMMDD'), 1)
14              GROUP BY A.CUS_ID
15                      ,C.ITM_TP
16              ) T2
17              ON (T1.BAS_YM = '201702'
18                  AND T1.CUS_ID = T2.CUS_ID
19                  AND T1.ITM_TP = T2.ITM_TP
20                  )
21      WHEN MATCHED THEN UPDATE SET T1.ORD_QTY = T2.ORD_QTY
22                                  ,T1.ORD_AMT = T2.ORD_AMT
23                                  ;
24      COMMIT;
```

서브쿼리로 사용하던 문장을 USING 절의 비교 대상으로 처리했다. 반복 실행되던 서브쿼리를

하나로 처리했으므로 성능 개선을 기대할 수 있다.

엄밀히 이야기하면, 위의 서브쿼리 UPDATE 문과 MERGE 문은 다르다. 문법이 아니라 변경되는 대상이 다르다. UPDATE에서는 S_CUS_YM의 '201702' 데이터를 모두 UPDATE한다. 대상 건수는 360건이다. MERGE의 경우는 주문 실적이(T_ORD와 T_ORD_DET) 발생한 데이터만 변경한다. 대상 건수가 149건이다. 하지만 결과는 UPDATE문과 같다. 만약에 주문 실적이 없는 데이터는 NULL이 아니라 0으로 처리해야 한다면, MERGE 문을 변경할 필요가 있다. 이 점을 알고 개발에 사용할 수 있기 바란다.

서브쿼리를 반복 사용했던 UPDATE 문은 아래와 같은 방법으로도 처리가 가능하다. 참고하기 바란다.

월별고객주문의 주문금액, 주문수량 업데이트 - 반복 서브쿼리 제거

```
1   UPDATE  S_CUS_YM T1
2   SET     (T1.ORD_QTY ,T1.ORD_AMT) =
3           (
4              SELECT  SUM(B.ORD_QTY) ORD_QTY
5                     ,SUM(B.UNT_PRC * B.ORD_QTY) ORD_AMT
6              FROM    T_ORD A
7                     ,T_ORD_DET B
8                     ,M_ITM C
9              WHERE   A.ORD_SEQ = B.ORD_SEQ
10             AND     C.ITM_ID = B.ITM_ID
11             AND     A.ORD_DT >= TO_DATE('201702'||'01','YYYYMMDD')
12             AND     A.ORD_DT <  ADD_MONTHS(TO_DATE('201702'||'01','YYYYMMDD'), 1)
13             AND     C.ITM_TP = T1.ITM_TP
14             AND     A.CUS_ID = T1.CUS_ID
15             GROUP BY A.CUS_ID
16                     ,C.ITM_TP
17          )
18  WHERE   T1.BAS_YM = '201702';
19
20  COMMIT;
```

4.3 WITH

4.3.1 WITH

WITH 절은 간단히 생각하면 인라인-뷰와 비슷하다. 단, WITH는 SQL의 가장 윗부분에서 사용한다. WITH 절에서 정의된 SQL 블록들은 같은 SQL 내에서 테이블처럼 사용할 수 있다.

인라인-뷰를 이용한 SQL을 하나 살펴보자.

고객, 아이템유형별 주문금액 구하기 - 인라인-뷰 이용

```
1   SELECT  T0.CUS_ID ,T1.CUS_NM ,T0.ITM_TP
2           ,(SELECT A.BAS_CD_NM FROM C_BAS_CD A
3             WHERE A.LNG_CD = 'KO' AND A.BAS_CD_DV = 'ITM_TP' AND A.BAS_CD = T0.ITM_TP) ITM_TP_NM
4           ,T0.ORD_AMT
5   FROM    (
6           SELECT  A.CUS_ID ,C.ITM_TP ,SUM(B.ORD_QTY * B.UNT_PRC) ORD_AMT
7           FROM    T_ORD A
8                   ,T_ORD_DET B
9                   ,M_ITM C
10          WHERE   A.ORD_SEQ = B.ORD_SEQ
11          AND     B.ITM_ID = C.ITM_ID
12          AND     A.ORD_DT >= TO_DATE('20170201','YYYYMMDD')
13          AND     A.ORD_DT <  TO_DATE('20170301','YYYYMMDD')
14          GROUP BY A.CUS_ID ,C.ITM_TP
15          ) T0
16          ,M_CUS T1
17  WHERE   T1.CUS_ID = T0.CUS_ID
18  ORDER BY T0.CUS_ID ,T0.ITM_TP;
```

위 SQL은 인라인-뷰로 고객ID, 아이템유형별 주문금액을 구한 후에 M_CUS와 조인하고 있다. 6~14번 라인이 인라인-뷰다. 인라인-뷰는 T0로 별칭(Alias)을 주었다. T0에 해당하는 인라인-뷰는 아래와 같이 WITH 절로 변경할 수 있다.

고객, 아이템유형별 주문금액 구하기 - WITH 이용

```
1   WITH T_CUS_ITM_AMT AS (
2       SELECT  A.CUS_ID ,C.ITM_TP ,SUM(B.ORD_QTY * B.UNT_PRC) ORD_AMT
3       FROM    T_ORD A
4               ,T_ORD_DET B
5               ,M_ITM C
6       WHERE   A.ORD_SEQ = B.ORD_SEQ
```

```
7              AND     B.ITM_ID = C.ITM_ID
8              AND     A.ORD_DT >= TO_DATE('20170201','YYYYMMDD')
9              AND     A.ORD_DT <  TO_DATE('20170301','YYYYMMDD')
10            GROUP BY A.CUS_ID ,C.ITM_TP
11        )
12   SELECT   T0.CUS_ID ,T1.CUS_NM ,T0.ITM_TP
13           ,(SELECT A.BAS_CD_NM FROM C_BAS_CD A
14               WHERE A.LNG_CD = 'KO' AND A.BAS_CD_DV = 'ITM_TP' AND A.BAS_CD = T0.ITM_TP) ITM_TP_NM
15           ,T0.ORD_AMT
16   FROM     T_CUS_ITM_AMT T0
17           ,M_CUS T1
18   WHERE    T1.CUS_ID = T0.CUS_ID
19   ORDER BY T0.CUS_ID ,T0.ITM_TP;
```

1번 라인을 보면 'WITH T_CUS_ITM_AMT AS'가 사용되었다. AS 절 바로 뒤에 괄호로 묶인 2~10번 라인을 'T_CUS_ITM_AMT'로 정의한 것이다. 16번 라인을 보면 WITH 절의 'T_CUS_ITM_AMT'를 FROM 절에서 사용하고 있다. WITH 절의 기본적인 사용법을 살펴보았다.

위 SQL만 본다면, WITH 절을 굳이 사용할 필요가 없어 보인다. 인라인-뷰를 사용해도 충분하기 때문이다. 하지만 WITH 절은 반복되는 인라인-뷰를 제거해 성능을 개선하거나, SQL의 가독성을 좋게 할 수 있다. (WITH 절을 사용한다고 무조건 성능이 개선되는 것은 아니다. 반복되는 인라인-뷰가 제거되어 성능이 향상될 수도 있지만, 정확하게는 실행계획을 확인해야 알 수 있다. WITH 절을 무분별하게 사용해 성능이 나쁜 경우도 많다.)

아래 SQL은 WITH 절에 두 개의 데이터 집합을 정의해서 사용하는 예다.

고객, 아이템유형별 주문금액 구하기, 전체주문 대비 주문금액비율 추가 - WITH 이용

```
1    WITH T_CUS_ITM_AMT AS (
2            SELECT  A.CUS_ID ,C.ITM_TP ,SUM(B.ORD_QTY * B.UNT_PRC) ORD_AMT
3            FROM    T_ORD A
4                   ,T_ORD_DET B
5                   ,M_ITM C
6            WHERE   A.ORD_SEQ = B.ORD_SEQ
7              AND   B.ITM_ID = C.ITM_ID
8              AND   A.ORD_DT >= TO_DATE('20170201','YYYYMMDD')
9              AND   A.ORD_DT <  TO_DATE('20170301','YYYYMMDD')
10           GROUP BY A.CUS_ID ,C.ITM_TP
11        )
12   ,T_TTL_AMT AS(
13           SELECT  SUM(A.ORD_AMT) ORD_AMT
```

```
14              FROM    T_CUS_ITM_AMT A
15            )
16  SELECT  T0.CUS_ID ,T1.CUS_NM ,T0.ITM_TP
17         ,(SELECT A.BAS_CD_NM FROM C_BAS_CD A
18             WHERE A.LNG_CD = 'KO' AND A.BAS_CD_DV = 'ITM_TP' AND A.BAS_CD = T0.ITM_TP) ITM_TP_NM
19         ,T0.ORD_AMT
20         ,TO_CHAR(ROUND(T0.ORD_AMT / T2.ORD_AMT * 100,2)) || '%' ORD_AMT_RT
21    FROM   T_CUS_ITM_AMT T0
22          ,M_CUS T1
23          ,T_TTL_AMT T2
24   WHERE   T1.CUS_ID = T0.CUS_ID
25   ORDER BY ROUND(T0.ORD_AMT / T2.ORD_AMT * 100,2) DESC;
```

WITH 절에 'T_CUS_ITM_AMT'와 'T_TTL_AMT' 두 개의 집합을 정의했다. 'T_TTL_AMT'를 정의할 때는 바로 위에서 정의한 'T_CUS_ITM_AMT'를 사용할 수 있다.

16번 라인부터 시작하는 메인 SQL에서는 'T_CUS_ITM_AMT'와 'T_TTL_AMT'를 동시에 사용하고 있다.

이처럼 WITH 절에 여러 개의 데이터 집합을 정의할 수 있다. 메인 SQL에서는 정의된 집합을 동시에 사용할 수 있다. 그뿐만 아니라, 위에서 선언한 WITH 절의 데이터 집합은 아래쪽의 다른 WITH 집합 안에서도 사용할 수 있다. 덕분에 복잡한 SQL을 단계적으로 나누어 작성할 수 있다.

같은 테이블을 WITH 절마다 반복 사용하는 것은 주의해야 한다. 예를 들어, 한 SQL에 WITH 블록이 세 개 존재하는데 WITH 블록 각각에서 T_ORD 테이블을 사용하는 경우다. 이처럼 사용하면 성능이 좋지 못할 수 있다. 같은 테이블이 반복해서 사용되었기 때문이다.

4.3.2 WITH 절을 사용한 INSERT

INSERT 작업에도 WITH 절을 사용할 수 있다. 간단히 소개하도록 하겠다.

MERGE 문 테스트를 위해 생성했던 S_CUS_YM 테이블에 'ORD_AMT_RT(주문금액비율)' 컬럼을 추가해 해당 값까지 INSERT하는 SQL을 만들어 보자. 아래 SQL로 ORD_AMT_RT 컬럼을 먼저 추가하자.

4.3 WITH

주문금액 비율 컬럼 추가

| 1 | ALTER TABLE S_CUS_YM ADD ORD_AMT_RT NUMBER(18,3); |

WITH 절을 사용한 INSERT 문장은 아래와 같다.

WITH 절을 사용한 INSERT문

```
1   INSERT INTO S_CUS_YM (BAS_YM ,CUS_ID ,ITM_TP ,ORD_QTY ,ORD_AMT ,ORD_AMT_RT)
2   WITH T_CUS_ITM_AMT AS (
3          SELECT   TO_CHAR(A.ORD_DT,'YYYYMM') BAS_YM ,A.CUS_ID ,C.ITM_TP
4                   ,SUM(B.ORD_QTY) ORD_QTY ,SUM(B.ORD_QTY * B.UNT_PRC) ORD_AMT
5          FROM     T_ORD A
6                   ,T_ORD_DET B
7                   ,M_ITM C
8          WHERE    A.ORD_SEQ = B.ORD_SEQ
9          AND      B.ITM_ID = C.ITM_ID
10         AND      A.ORD_DT >= TO_DATE('20170401','YYYYMMDD')
11         AND      A.ORD_DT <  TO_DATE('20170501','YYYYMMDD')
12         GROUP BY TO_CHAR(A.ORD_DT,'YYYYMM') ,A.CUS_ID ,C.ITM_TP
13         )
14  ,T_TTL_AMT AS(
15         SELECT   SUM(A.ORD_AMT) ORD_AMT
16         FROM     T_CUS_ITM_AMT A
17         )
18  SELECT   T0.BAS_YM ,T0.CUS_ID ,T0.ITM_TP ,T0.ORD_QTY ,T0.ORD_AMT
19           ,ROUND(T0.ORD_AMT / T2.ORD_AMT * 100,2) ORD_AMT_RT
20  FROM     T_CUS_ITM_AMT T0
21           ,M_CUS T1
22           ,T_TTL_AMT T2
23  WHERE    T1.CUS_ID = T0.CUS_ID;
```

WITH 절이 사용된 위치를 주의 깊게 보기 바란다. INSERT 할 컬럼을 정의한 후 바로 WITH 절을 사용하면 된다. 여기서 WITH 의 SELECT 컬럼이 INSERT 되는 것은 아니다. INSERT가 되는 데이터는 18~19번 라인의 SELECT 절 결과다.

간혹 WITH 절을 사용해서 INSERT 작업은 불가능하다고 생각하는 경우가 있어서 간단히 소개 했다.

PART II

성능 테스트,
성능 개선을 위한 SQL 기술

Chapter. 5   성능 개선을 위한 기본 지식
Chapter. 6   INDEX
Chapter. 7   JOIN과 성능

프로젝트에는 성능 테스트와 부하 테스트라는 단계가 있다. 이 단계에 SQL 튜너가 있다면 매우 좋다. 하지만 여러 이유로 튜너를 찾기는 쉽지 않다. 어렵게 찾았지만, 실력이 충분하지 못하거나 성능 문제를 해결 못 해주는 경우도 있다. (데이터베이스 설계 자체에 문제가 있거나, 프로세스 처리 로직이 잘못된 경우는 쉽게 성능 문제를 해결할 수 없다.)

이번 기회에, 스스로가 프로젝트의 튜너가 되어보자. 어려울 수 있다. 하지만 노력하면 누구나 할 수 있다.
이 책의 내용은 개발 3~4년 차도 따라 할 수 있게 되어 있다. 할 수 있다는 자신감을 가져주기 바란다. 한 번에 이해가 안 될 수도 있다. 그것 역시 정상이다. 다시 한번 책을 읽어보기 바란다. 이 책의 내용이 자신에게 맞지 않는다면, 다른 책들과 인터넷을 찾아보는 것도 좋다.
필자도 한 권의 책으로 튜닝을 익히지는 못했다. 자신감과 끈기를 갖고 도전해보기 바란다.

Chapter. 5

성능 개선을 위한 기본 지식

개발자가 SQL 성능 개선 방법을 알아야 할까? 이 질문에 정답은 없다고 생각한다. 하지만, 개발자가 SQL 성능 개선 방법을 알면 다음 두 가지는 확실히 좋다.

첫째, 프로젝트에서 인정받고, 인기 있는 개발자가 될 수 있다. 개발 프로젝트에서 락-스타 같은 존재가 될 수 있다.
둘째, SQL을 더 잘 만들 수 있다. 성능 관련해서 공부하다 보면, 자신의 SQL에 욕심이 생긴다. 성능에 전혀 문제없도록 SQL을 만들고 싶어진다. 이러한 노력이 SQL을 더 잘 만들 수 있게 해준다.

개발자에게 SQL 성능 개선이 꼭 필요하지는 않다. 요구사항에 맞게 SQL만 잘 개발해도 충분하다. 하지만 '금상첨화'란 말이 있지 않은가? '비단 위에 꽃을 놓으니 그 아름다움이 이루 말할 수 없다.' SQL 성능도 다룰 줄 알다니, 너무나 멋지다.

데이터베이스 성능 문제는 SQL과 밀접한 연관이 있다. 적절하지 않은 SQL은 데이터베이스에 많은 작업을 시키게 되고 이로 인해 전체 성능 저하가 발생한다.
SQL 성능 개선을 위해서는 실행계획, 옵티마이져, IO와 같은 기본 지식을 알아야 한다. 만약에 성능 개선을 뛰어넘어 성능 최적화를 하고 싶다면, 오라클의 내부적인 구조와 동작 방식까지 꼼꼼하게 알고 있어야 한다.

여기서는 오라클 내부적인 구조와 동작 방식까지 다루지는 않는다. 어디까지나 개발자들이 오라클에 흥미를 갖고 스스로 성능 개선을 할 수 있을 만큼의 기본 지식만 이야기한다. 설명에서도 어려운 용어를 최대한 자제했다. 약간 어려운 용어가 나올 수 있지만, 참을성을 가져주기 바란다.

오라클 성능 개선에 관심이 많고, 개선을 뛰어넘어 최적화의 수준까지 오르고 싶다면, 조시형님의 '오라클 성능 고도화 원리와 해법' 1, 2권과 '친절한 SQL 튜닝' 책을 접해보기 바란다. 오라클 성능 최적화의 모든 것을 집대성한 책이라 할 수 있다. 두 번 봐도 아깝지 않은 책이다.

5.1 실행계획

5.1.1 당부의 글

책을 보다 보면 '이렇게 해서는 안 된다.' 또는 '이렇게 해야 한다.'라는 글을 볼 수 있다. SQL의 성능을 위해서 어떻게 해야 하는지에 대한 가이드다. 절대 이러한 결론만 외워서 사용하는 일은 없기 바란다. 원리를 모른 채 결론만 외우면 잘못된 방법으로 성능을 개선할 가능성이 있다. 그뿐만 아니라 무조건 외우기만 해서는 실제 성능 개선을 수행하기 쉽지 않다. 시스템에는 매우 다양한 상황의 SQL이 있다. 책의 결론만 외워서 성능 개선을 할 수 있는 대상은 많지 않다.

SQL 성능 관련해서 '좌변은 절대 가공하지 말라'라는 말이 있다. WHERE 절을 작성할 때 'WHERE T1.ORD_YMD LIKE '201701%'' 와 같이 왼쪽(좌변)에 테이블의 컬럼을 사용하는 것이 일반적이다. 좌변을 가공하지 말라는 원래 뜻은, 테이블의 컬럼을 가공하면 인덱스를 사용하지 못하니 WHERE 절에서 컬럼을 가공하지 말라는 뜻이다. 이러한 원리는 잊히고 '좌변은 가공하면 안 된다'라는 결론만 전해지다 보니, WHERE 절의 좌변 자체가 성능의 핵심으로 생각하는 사람들이 생겨났다. 그로 인해 'WHERE '201701' = SUBSTR(T1.ORD_YMD,1,6)'와 같이 테이블의 원래 컬럼을 우변으로 옮겨서 가공하면 성능에 영향이 없다고 착각하기도 한다. 또는 조인할 때, 'T1.CUS_ID = T2.CUS_ID'와 'T2.CUS_ID = T1.CUS_ID'는 왼쪽에 사용된 컬럼이 다르므로 성능이 다르다고 생각하기도 한다.

또 다른 예로, 이 책에서는 'NL 조인에서 크기가 작은 집합(테이블)을 선행 집합으로 처리해야 성능이 좋다.'라고 설명한다. 하지만 페이징 SQL은 꼭 그렇지 않다. 페이징의 기준이 크기가 큰 테이블 쪽에 있다면 선행 집합으로 큰 테이블을 선택하는 것이 NL 조인 성능에 더 좋을 수 있다.

절대 결론만 외우지 말고, 왜 그런지 원리를 파헤치고 고민해 보기 바란다. 항상 실행계획을 보는 습관을 갖고 실행계획을 통해 문제점이 무엇인지 찾아보기 바란다. 그래야만 다양한 환경에서 성능 개선을 수행할 수 있고 응용할 수 있다. 이 책에 실행계획을 많이 담은 이유는 책을 두껍게 만들기 위함이 아니다. 실행계획을 보는 습관이 무엇보다 중요하기 때문이다.

성능 개선에 있어서 한 가지 결론이나 지식을 외우는 것보다 스스로 문제를 찾아 해결하려는 노력이 무엇보다 중요하다.

5.1.2 실행계획

오라클(관계형 데이터베이스)에서 데이터를 조회하거나 변경하려면 SQL을 사용해야 한다. SELECT SQL을 실행하면 오라클은 요청한 데이터를 찾아서 보여주고, UPDATE SQL을 실행하면 오라클은 데이터를 변경 처리한다. 보기에는 단순한 과정이지만 오라클은 내부적으로 복잡하고 많은 일을 한다. 그중에 중요한 작업 하나가 바로 실행계획을 만드는 일이다.

실행계획은 SQL을 처리하기 위해 오라클이 내부적으로 만드는 '작업계획' 또는 '작업절차서'다. 오라클뿐만 아니라 MS-SQL, My-SQL 등도 실행계획을 만들어 SQL을 처리한다. SQL을 실행하면 오라클은 가장 먼저 SQL 구문을 분석한다. 구문상 문제가 없으면 실행계획을 만들고, 만들어진 실행계획대로 SQL을 처리한다.

어떤 일을 시작하기 전에 계획보다 중요한 것은 없다. 완벽한 계획을 세우기는 쉽지 않지만, 계획이 완벽에 가까울수록 진행하는 일 처리가 수월하다. 그만큼 실행계획을 만드는 일은 중요하다. 계획이 왜 중요한지 예를 들어 보겠다. 중국에서 한국으로 국제이사를 하는 경우를 생각해 보자. 국제이사인 만큼 항공이나 선박을 검토해야 한다. 이삿짐이 적다면 항공편을 이용하겠지만, 이삿짐이 많다면 비용이 상대적으로 낮은 선박을 선택해야 한다. 이사를 이른 시일 내에 완료하는 것이 매우 중요하다면 고비용을 무릅쓰고 항공 이사를 선택할 수도 있다. 때에 따라서는 항공과 선박을 동시에 이용할 수도 있다. 한국에서 급하게 필요한 물건은 비행기로 보내고, 천천히 사용해도 되는 물건은 배로 보낸다. 여기에 이삿짐은 언제 누가 포장할 것인지도 결정해야 하며, 어느 이사 업체를 이용할지도 결정해야 한다. 마지막에는 전체 이사 비용(시간과 금액)을 산정해서 문제없는 비용인지도 확정해야 한다.
이러한 부분을 고려해서 실제 이사 전에 계획을 결정해야 한다. 만들어진 계획이 꼭 어떤 문서일 필요는 없다. 간단한 메모일지라도 계획을 먼저 만들어서 결정해 놓는 것이 중요하다. 그렇지 않으면 정해진 시간과 비용을 초과하고 우왕좌왕하는 이사가 될 것이다.

계획의 중요성에 대한 예는 얼마든지 있다. 개발 프로젝트 역시 마찬가지다. 개발을 시작하기 전에, 개발 일정을 만들고 리소스(설계자, 개발자, 장비 등)를 배정해야 한다. 개발 일정이 있다고 모든 프로젝트가 성공하는 것은 아니지만, 일정이 없거나, 일정이 뒤죽박죽인 프로젝트보다는 성공할 가능성이 훨씬 크다.
오라클이 SQL을 실행하는 과정도 마찬가지다. 실행 전에 데이터를 어떤 방법과 순서로 처리할지 실행계획을 먼저 만든다. 실행계획에 따라 성능이 달라진다. 그러므로 SQL 성능을 개선하려면 실행계획에 대한 이해가 필요하다.

5.1.3 실행계획 확인하기

실행계획을 확인하는 방법은 여러 가지가 있다. 가장 쉬운 방법은 SQL 툴에서 제공하는 기능을 사용하는 것이다. 필자가 사용하는 SQL Developer에서는 SQL을 작성한 후 F10 키를 누르면 실행계획을 확인할 수 있다. Toad를 사용하는 사용자라면 'Ctrl+E' 키를 사용하면 된다.

각자 사용하는 툴이 다르므로 여기서는 오라클이 기본적으로 제공하는 EXPLAIN PLAN FOR 명령어로 설명한다. 쉬운 방법이 있는데 굳이 복잡한 방법을 사용할 필요는 없다. 설명을 다 읽고 나서는 각자 사용하는 툴의 기능을 사용하길 추천한다.

아래와 같이 SQL 윗부분에 'EXPLAIN PLAN FOR'를 적은 후 SQL을 실행해 보자.

실행계획 만들기

```
1  EXPLAIN PLAN FOR
2  SELECT * FROM T_ORD WHERE ORD_SEQ = 4;
```

'EXPLAIN PLAN FOR'를 포함해 SQL을 실행하면 결과 데이터가 나오는 것이 아니라 'Plan FOR를 성공했습니다.' 또는 '해석되었습니다.'와 같은 메시지가 나온다. 'EXPLAIN PLAN FOR'는 작성한 SQL의 예상 실행계획을 만들어서 PLAN 테이블에 저장하기만 한다. PLAN 테이블에 저장된 실행계획은 DBMS_XPLAN.DISPLAY를 사용해 확인할 수 있다. 'EXPLAIN PLAN FOR'가 포함된 SQL을 실행한 다음에 바로 이어서 아래 SQL을 실행하면 된다.

실행계획 확인하기

```
1  SELECT * FROM TABLE(DBMS_XPLAN.DISPLAY());
```

DBMS_XPLAN.DISPLAY로 얻은 실행계획은 아래와 같다.

실행계획

```
 1  ---------------------------------------------------------------------------------
 2  | Id | Operation                    | Name    | Rows | Bytes | Cost (%CPU)| Time     |
 3  ---------------------------------------------------------------------------------
 4  |  0 | SELECT STATEMENT             |         |    1 |    43 |    2   (0)| 00:00:01 |
 5  |  1 |  TABLE ACCESS BY INDEX ROWID | T_ORD   |    1 |    43 |    2   (0)| 00:00:01 |
 6  |* 2 |   INDEX UNIQUE SCAN          | PK_T_ORD|    1 |       |    1   (0)| 00:00:01 |
 7  ---------------------------------------------------------------------------------
 8
 9  Predicate Information (identified by operation id):
10  ---------------------------------------------------
11     2 - access("ORD_SEQ"=4)
```

필자의 노트북에서는 위와 같은 실행계획이 나왔다. 각자 테스트 환경(오라클의 버전 및 설정, 서버 용량 등)에 따라 다른 실행계획이 나올 수 있다. 오라클은 환경에 따라 다른 실행계획을 만든다. 위 결과에서 1부터 7번 라인까지가 실행계획이다. 실행계획에는 Id 항목이 있는데, 실행계획의 단계를 구분하는 식별자(Identifier)다. 실행계획이 실행되는 순서가 아니다.

실행계획을 살펴보면, 1번 단계의 오퍼레이션(TABLE ACCESS BY INDEX ROWID)이 0번 단계의 오퍼레이션(SELECT STATEMENT)보다 들여쓰기 되어있다. 이는 1번 오퍼레이션이 0번 오퍼레이션의 자식(Child) 단계임을 나타낸다. 그리고 2번 오퍼레이션(INDEX UNIQUE SCAN)은 1번 오퍼레이션보다 들여쓰기가 되어 있다. 2번 오퍼레이션은 1번의 자식 단계라는 뜻이다. 실행계획은 가장 낮은 자식 단계부터 처리된다. 그러므로 위 실행계획은 Id 기준으로 2->1->0 순서로 실행된다고 정의할 수 있다.

사실 실행계획 처리 순서를 정확히 정의하기는 어렵다. 뒤에서 배우게 될 해시 조인이나 머지 조인이 실행계획에 포함되거나 실행계획의 단계들이 많아지면 2->1->0과 같이 단순하게 순서를 정의할 수 없다. 우선은 자식 단계가 먼저 처리되는 개념이라는 것만 정확히 이해하고 있기 바란다.

실행계획에는 'Predicate Information'도 있다. 'Predicate Information'은 실행계획의 각 단계에서 사용한 조건이나 연산 정보를 보여준다. 11번 라인을 보면 실행계획의 2번 오퍼레이션(INDEX UNIQUE SCAN)이 'access(ORD_SEQ=4)' 조건으로 사용되었음을 알 수 있다. SQL 성능 개선을 잘하려면 'Predicate Information'도 반드시 살펴봐야 한다. 해당 단계를 어떤 조건으로 처리했는지에 따라 성능 차이가 발생한다.

실행계획에 표시되는 각 항목의 의미를 알아보자.
- Id: 실행계획의 오퍼레이션(Operation) ID
- Operation: 해당 단계에 수행한 작업 내용
- Name: 해당 단계에 작업을 수행한 대상 오브젝트(테이블 또는 인덱스)
- Rows: 해당 단계 수행 시 조회될 예상 데이터 건수
- Bytes: 해당 단계까지 사용될 예상 데이터양(누적)
- Cost: 해당 단계까지 사용될 예상 비용(누적)
- Time: 해당 단계까지 사용될 예상 시간(누적)

각 항목의 의미를 이용해 앞에서 살펴본 실행계획을 단계별로 정리해 보자.
2번 단계의 오퍼레이션은 'INDEX UNIQUE SCAN'이고, 대상(Name)은 'PK_T_ORD' 인덱스다. 이와 함께 'Predicate Information'이 표시된 11번 라인을 보면 2번 오퍼레이션이 'access(ORD_SEQ=4)' 조건을 사용했음을 알 수 있다. 간단히 정리하면 'PK_T_ORD' 인덱스를 'INDEX UNIQUE SCAN' 방식으로 ORD_SEQ가 4인 데이터를 찾고 있다.
1번 오퍼레이션은 T_ORD 테이블에 'TABLE ACCESS BY INEDX ROWID' 작업을 하고 있다. 'TABLE ACCESS BY INDEX ROWID'는 인덱스에 저장된 데이터의 주소(ROWID)를 이용해 실제 데이터를 찾는 과정이다. 1번 오퍼레이션은 2번 오퍼레이션 다음에 실행된다.
마지막으로 0번 오퍼레이션은 SELECT 문장 자체를 나타내는 것으로 의미를 둘 필요가 없다.

DBMS_XPLAN.DISPLAY를 사용해 실행계획을 확인하는 방법을 살펴보았다. 필자가 사용하는 SQL Developer에서는 F10 키를 누르면 아래와 같이 보기 좋게 실행계획이 나온다. 각자 사용하는 툴에서도 확인해보기 바란다.

OPERATION	OBJECT_NAME	CARDINALITY	COST
SELECT STATEMENT		1	0
TABLE ACCESS (BY INDEX ROWID)	T_ORD	1	0
INDEX (UNIQUE SCAN)	PK_T_ORD	1	0
Access Predicates			
ORD_SEQ=4			

[그림 5.1.3-1]

여기서 살펴본 실행계획은 SQL을 실행하기 전의 '예상' 실행계획이다. 그러므로 여기에 나오는 항목별 수치는 '실제'가 아니라 '예상'이다. 예상 실행계획만으로도 얼마든지 SQL 성능 개선을 할 수 있다. 하지만, 좀 더 자세한 성능 저하의 원인을 찾고자 한다면 '실제' 실행계획을 사용하는 것이 좋다. 실제 실행계획을 확인하는 방법은 뒤에서 설명한다.

5.1.4 실행계획의 순서

실행계획에서 오퍼레이션 실행 순서는 SQL 성능을 좌우하는 요소 중 하나다. 예를 들어 조인 전에 'GROUP BY'가 수행되면 조인 대상이 줄어들어 성능이 개선되기도 한다. 이와 같은 성능 개선을 하려면 실행계획을 보고 오퍼레이션의 순서를 파악할 수 있어야 한다. 아래 SQL을 차례대로 실행해 실행계획을 확인해 보자.

	실행계획 생성 및 조회
1	EXPLAIN PLAN FOR
2	SELECT *
3	FROM T_ORD T1
4	,M_CUS T2
5	WHERE T1.CUS_ID = T2.CUS_ID
6	AND T1.ORD_DT >= TO_DATE('20170101','YYYYMMDD')
7	AND T1.ORD_DT < TO_DATE('20170201','YYYYMMDD')
8	AND T2.CUS_GD = 'A';
9	
10	SELECT *
11	FROM TABLE(DBMS_XPLAN.DISPLAY());

위 SQL을 실행하면 필자의 환경에서는 아래와 같은 실행계획이 나온다. (이미 설명했듯이 자신이 테스트하는 환경에 따라 다른 실행계획이 나올 수도 있다.)

	실행계획
1	--
2	| Id | Operation | Name | Rows | Bytes | Cost (%CPU)| Time |
3	--
4	| 0 | SELECT STATEMENT | | 126 | 15120 | 15 (7)| 00:00:01 |
5	|* 1 | HASH JOIN | | 126 | 15120 | 15 (7)| 00:00:01 |
6	|* 2 | TABLE ACCESS FULL| M_CUS | 45 | 3465 | 3 (0)| 00:00:01 |
7	|* 3 | TABLE ACCESS FULL| T_ORD | 252 | 10836 | 11 (0)| 00:00:01 |
8	--

여기서는 실행계획의 각 단계를 이해하는 것보다 실행계획의 전체적인 순서를 이해하는 것이 중요하다. 실행계획은 트리 구조로 표현된다. 트리 구조에는 부모, 자식, 형제 개념이 있다. 위 실행계획을 사용해 부모, 자식, 형제 관계를 정의하면 아래와 같다.

- 부모는 여러 자식을 가질 수 있다. 자식은 부모보다 들여쓰기 되어 있다.
  : 위 실행계획에서 오퍼레이션1은 오퍼레이션2와 3의 부모다.
- 형제는 같은 들여쓰기 수준을 하고 있다.
  : 위 실행계획에서 오퍼레이션2와 3은 형제 관계다.
- 형제 중에는 위쪽의 오퍼레이션이 형이다.
  : 위 실행계획에서 2와 3중에 2가 형이다.

실행계획의 오퍼레이션이 실행되는 기본적인 순서를 정의해보면 아래와 같다.

- 자식이 부모보다 먼저 수행된다.
    : 오퍼레이션 2와 3은 1의 자식이다. 2와 3이 1보다 먼저 수행된다.
    : 오퍼레이션 1은 오퍼레이션 0의 자식이다. 1이 0보다 먼저 수행된다.
- 형제간에는 형이 먼저 수행된다.
    : 오퍼레이션 2와 3은 형제다. 2가 형이다. 그러므로 2가 3보다 먼저 수행된다.

위 실행계획의 순서를 정의해보면 2->3->1->0 순서라고 할 수 있다. 하지만 실행계획을 이처럼 순서로 정의할 필요는 없다. 순서를 정의하기보다는 2번 오퍼레이션과 3번 오퍼레이션에 대해 해시 조인이 수행되고 있고, 3보다 위에 있는 2번을 먼저 접근했다 정도로 해석하면 충분하다.

정확한 순서보다는 실행계획 트리를 통해 흐름을 파악하는 것이 중요하다. 더욱이 실행계획의 단계가 많아지고 복잡해지면 2->3->1->0과 같이 순서를 정하는 것은 불가능하다.

아래 SQL을 이용해 좀 더 복잡한 실행계획을 살펴보자.

좀 더 복잡한 실행계획 생성 및 조회

```
1   EXPLAIN PLAN FOR
2   SELECT   T3.ITM_ID ,SUM(T2.ORD_QTY) ORD_QTY
3   FROM     T_ORD T1
4            ,T_ORD_DET T2
5            ,M_ITM T3
6   WHERE    T1.ORD_SEQ = T2.ORD_SEQ
7   AND      T1.ORD_DT >= TO_DATE('20170101','YYYYMMDD')
8   AND      T1.ORD_DT <  TO_DATE('20170201','YYYYMMDD')
9   AND      T2.ITM_ID = T3.ITM_ID
10  AND      T3.ITM_TP = 'ELEC'
11  GROUP BY T3.ITM_ID;
12
13  SELECT   * FROM TABLE(DBMS_XPLAN.DISPLAY());
```

위 SQL은 아래와 같은 실행계획이 나온다.

실행계획

```
----------------------------------------------------------------------------------
| Id  | Operation                      | Name      | Rows | Bytes | Cost (%CPU)| Time     |
----------------------------------------------------------------------------------
|   0 | SELECT STATEMENT               |           |    1 |    33 |   23  (14)| 00:00:01 |
|   1 |  SORT GROUP BY NOSORT          |           |    1 |    33 |   23  (14)| 00:00:01 |
|   2 |   MERGE JOIN                   |           |   20 |   660 |   23  (14)| 00:00:01 |
|*  3 |    TABLE ACCESS BY INDEX ROWID | M_ITM     |   25 |   325 |    2   (0)| 00:00:01 |
|   4 |     INDEX FULL SCAN            | PK_M_ITM  |  100 |       |    1   (0)| 00:00:01 |
|*  5 |    SORT JOIN                   |           |   80 |  1600 |   21  (15)| 00:00:01 |
|   6 |     VIEW                       | VW_GBC_9  |   80 |  1600 |   20  (10)| 00:00:01 |
|   7 |      HASH GROUP BY             |           |   80 |  2080 |   20  (10)| 00:00:01 |
|*  8 |       HASH JOIN                |           |  313 |  8138 |   19   (6)| 00:00:01 |
|*  9 |        TABLE ACCESS FULL       | T_ORD     |  252 |  3024 |   11   (0)| 00:00:01 |
|  10 |        TABLE ACCESS FULL       | T_ORD_DET | 3224 | 45136 |    7   (0)| 00:00:01 |
----------------------------------------------------------------------------------
```

실행계획의 기본적인 순서는 '부모보다 자식이 먼저, 형제간에는 형이 먼저'다. 이 개념만 정확히 기억하고 전체적인 흐름을 정의하면 된다.

5번 단계를 보면 소트 조인을 하고 있다. 소트 조인 전에는 9번과 10번 단계의 테이블들을 해시 조인했다. 5번 단계는 다시 2번의 머지 조인에 사용되었다. 2번의 머지 조인 대상은 3번과 5번 단계이고 3번 단계를 먼저 접근해 처리했다. 3번 단계는 4번의 'INDEX FULL SCAN' 단계를 포함하고 있다. 이 정도로 실행계획 순서를 해석할 수 있으면 된다.

실행계획을 보고 전체 순서를 완벽하게 파악할 필요는 없다. 실제로 성능 개선을 오래 하다 보면 어느 오퍼레이션이 어느 오퍼레이션보다 먼저 수행되는지 정도만 파악해도 성능 개선을 할 수 있다.

5.1.5 실제 실행계획 확인하기

지금까지는 '예상' 실행계획을 살펴봤다. 예상 실행계획만으로는 성능 개선이 어려울 때가 있다. 이런 경우 '실제' 실행계획을 보는 것이 좋다. 실제 실행계획에는 오퍼레이션별로 실제 소모한 시간과 실제 수행한 IO 횟수 등이 나온다. 문제점을 더 쉽고 정확하게 찾을 수 있다. 그뿐만 아니라, 성능 개선 전과 후를 정확히 비교하려면 실제 실행계획을 이용해야 한다.

실제 실행계획을 확인하려면 SQL에 'GATHER_PLAN_STATISTICS' 힌트를 사용하면 된다. 이 방법 외에도 세션에 트레이스(Trace)를 거는 방법이 있지만, GATHER_PLAN_STATISTICS 힌트를 사용하는 것이 훨씬 편하다. (모두에게 이 방법이 편한 것은 아니다. 적어도 필자는 이 방법이 편하다.)

GATHER_PLAN_STATISTICS 힌트를 추가해 SQL을 실행하면, 자세한 실행 정보가 오라클 내에 모두 저장된다. 힌트가 포함된 SQL이 실행 완료된 후에는 DBMS_XPLAN.DISPLAY_CURSOR를 이용해 실행계획을 확인할 수 있다.

DBMS_XPLAN.DISPLAY_CURSOR를 이용하려면 아래와 같은 뷰에 SELECT 권한이 필요하다. (SYS 계정을 이용해 SELECT 권한을 주어야 한다. '1.1.2 연습용 사용자 만들기' 절에서 이미 권한을 부여했다.)

- V_$SQL
- V_$SQL_PLAN_STATISTICS_ALL
- V_$SQL_PLAN
- V_$SESSION

위의 뷰들에 SELECT 권한을 설정했다면 아래와 같이 GATHER_PLAN_STATISTICS 힌트를 추가해 SQL을 실행해 보자. (힌트를 사용하기 위해서는 주석의 시작을 나타내는 '/*' 바로 뒤에 '+' 표시를 추가해야 한다.)

실제 실행계획 만들기

```
1  SELECT  /*+ GATHER_PLAN_STATISTICS */
2          *
3  FROM    T_ORD T1
4         ,M_CUS T2
5  WHERE   T1.CUS_ID = T2.CUS_ID
6  AND     T1.ORD_DT >= TO_DATE('20170101','YYYYMMDD')
7  AND     T1.ORD_DT <  TO_DATE('20170201','YYYYMMDD')
8  AND     T2.CUS_GD = 'A';
```

실제 실행계획을 확인하려면 GATHER_PLAN_STATISTICS 힌트를 사용한 SQL의 SQL_ID와 CHILD_NUMBER가 필요하다. 위 SQL이 실행 완료되면, 아래 SQL로 필요한 값을 얻을 수 있다.

	실제 실행계획을 만든 SQL의 SQL_ID찾아내기
1	SELECT T1.SQL_ID ,T1.CHILD_NUMBER ,T1.SQL_TEXT
2	FROM V$SQL T1
3	WHERE T1.SQL_TEXT LIKE '%GATHER_PLAN_STATISTICS%'
4	ORDER BY T1.LAST_ACTIVE_TIME DESC;

필자의 환경에서 SQL_ID는 'bmjjk7adpg82g'이고 CHILD_NUMBER는 '0'이다. 각자 연습하는 환경마다 다른 값이 나올 수 있다. 각자 찾아낸 SQL_ID와 CHILD_NUMBER를 이용해 아래 SQL을 실행해보자.

	실제 실행계획 조회하기(각자의 SQL_ID를 사용할 것)
1	SELECT *
2	FROM TABLE(DBMS_XPLAN.DISPLAY_CURSOR('bmjjk7adpg82g',0,'ALLSTATS LAST'));

위 SQL을 실행하면 아래와 같은 실제 실행계획을 얻을 수 있다. 실제 실행계획 역시 예상 실행계획처럼 각자 환경에 따라 다르게 나올 수 있다.

	실제 실행계획
1	---
2	| Id | Operation | Name | Starts | E-Rows | A-Rows | A-Time | Buffers | Reads | OMem | 1Mem | Used-Mem |
3	---
4	| 0 | SELECT STA| | 1 | | 165 | 00:00.01| 46 | 15 | | | |
5	|*1 | HASH JOI| | 1 | 126 | 165 | 00:00.01| 46 | 15 | 780K | 780K | 1255K(0) |
6	|*2 | TBL-AF| M_CUS| 1 | 45 | 60 | 00:00.01| 6 | 0 | | | |
7	|*3 | TBL-AF| T_ORD| 1 | 252 | 243 | 00:00.01| 40 | 15 | | | |
8	---
9	
10	Predicate Information (identified by operation id):
11	---
12	1 - access("T1"."CUS_ID"="T2"."CUS_ID")
13	2 - filter("T2"."CUS_GD"='A')
14	3 - filter(("T1"."ORD_DT"<TO_DATE(' 2017-02-01 00:00:00', 'syyyy-mm-dd hh24:mi:ss') AND
15	"T1"."ORD_DT">=TO_DATE(' 2017-01-01 00:00:00', 'syyyy-mm-dd hh24:mi:ss')))

예상 실행계획보다 많은 항목들이 나타나 있다. 항목들을 하나씩 살펴보자.

- Id: 실행계획의 오퍼레이션(Operation)ID

- Operation: 해당 단계에 수행한 작업 내용

- Name: 해당 단계에 작업을 수행한 대상 오브젝트(테이블 또는 인덱스)

- Starts: 해당 단계를 수행한 횟수
- E-Rows: 해당 단계의 예상 데이터 건수
- A-Rows: 해당 단계의 실제 데이터 건수
- A-Time: 해당 단계까지 수행된 실제 시간(누적)
  (A-Time은 복잡한 실행계획이나 병렬 쿼리에서는 부정확하게 나오는 경우도 있다)
- Buffers: 해당 단계까지 메모리 버퍼에서 읽은 블록 수(논리적 IO 횟수, 누적)
- Reads: 해당 단계까지 디스크에서 읽은 블록 수(물리적 IO 횟수, 누적)
- 0Mem, 1Mem, Used-Mem: SQL처리를 위해 사용한 메모리 수치

성능 개선을 위해 주의 깊게 볼 항목은 'A-Rows, A-Time, Buffers'다. 이 항목들이 눈에 띄게 수치가 높아진 단계가 있다면 해당 부분의 원인을 찾아 성능 개선을 하면 된다.

운영에서 서비스될 SQL에는 GATHER_PLAN_STATISTICS 힌트가 포함되지 않게 주의가 필요하다. 불필요한 수치 수집으로 성능상의 손해를 볼 수 있다.

실행계획을 책에 담을 때, 지면상의 이유로 E-Rows와 같이 설명에 불필요한 항목은 생략하고 있으니 참고 바란다.

5.2 성능 개선을 위한 최소한의 지식

5.2.1 옵티마이져(Optimizer)

옵티마이져를 한글로 표현하면 '성능 최적화기'라고 할 수 있다. 옵티마이져는 SQL을 실행하기 전에 실행계획을 만드는 역할을 한다.

옵티마이져에는 두 가지 방식이 있다. 바로 비용 기반 옵티마이져(CBO, Cost Based Optimizer)와 규칙 기반 옵티마이져(RBO, Rule Based Optimizer)다. 비용 기반 옵티마이져는 SQL을 처리하는 비용에 기반해 최소의 비용을 목표로 실행계획을 만든다. 반면에 규칙 기반 옵티마이져는 일정한 규칙에 따라 실행계획을 만든다.
현재 대부분의 RDBMS(Relational-Database Management System)는 비용 기반 옵티마이져를 사용한다. 앞으로 규칙 기반 옵티마이져를 사용할 경우는 거의 없다고 생각한다. 여기서는 비용 기반 옵티마이져만 설명하도록 하겠다.

비용 기반 옵티마이져에서 비용은 IO의 횟수, CPU Time, 메모리 사용량을 의미한다. 이와 같은 비용을 산출할 때 가장 중요한 것은 테이블의 통계 정보다. 비용 기반 옵티마이져가 제대로 동작하려면 테이블의 통계정보가 꼭 필요하다.
통계정보가 제대로 수집되지 않으면 비용 기반 옵티마이져는 엉뚱한 실행계획을 만들 가능성이 크다. 물론 통계가 제대로 구성되었다고 100% 완벽한 실행계획이 나오지는 않는다. 새로 수집된 통계로 잘 실행되던 SQL이 갑자기 느려지는 예도 있다. 이런 경우에는 실행계획으로 문제점을 찾아내고 '힌트'를 사용해 실행계획의 경로를 고정해 주는 것도 고려해볼 수 있다. '성능 최적화기'라고 불리지만 항상 최적화된 실행계획을 만드는 것은 아니다.

> **MEMO**
>
> 이 책에서는 설명을 위해 '힌트'를 많이 사용한다. 이 책을 보고 과도하게 힌트를 사용할까 걱정이 앞선다. 실제 현장에서는 되도록 '힌트'를 사용하지 않는 것이 좋다. 힌트가 없어도 옵티마이져가 실행계획을 잘 만들 수 있게 SQL을 잘 작성하고, 인덱스를 적절하게 만들어 주는 것이 좋다. 그래도 안 되면 그때, 힌트 사용을 고려하기 바란다. 성능 개선을 위해 힌트가 최후의 수단은 아니지만, 남발하는 것은 좋지 않다.

오라클은 비용 기반 옵티마이져를 사용한다는 사실과 이것이 제대로 동작하려면 통계정보 수집이 필수라는 정도만 기억하고 넘어가자.

5.2.2 소프트 파싱, 하드 파싱

SQL을 실행하면 오라클은 가장 먼저 구문 분석을 한다. 구문 분석 단계에서는 SQL이 문법에 맞는지, SQL에 사용한 오브젝트(테이블과 컬럼, 뷰 등)가 사용 가능한지 검사한다.

구문 분석을 통과하면 실행한 SQL의 실행계획이 메모리에 있는지 검색한다. 만들어 놓은 실행계획이 있으면 실행계획을 재사용한다. 이처럼 구문 분석만 하고 실행계획은 재사용하는 것을 소프트 파싱이라고 한다.
구분 분석을 통과하고 재사용 가능한 실행계획이 메모리에 없으면 옵티마이져가 실행계획을 새로 만든다. 이처럼 구분 분석과 함께 실행계획까지 만드는 과정을 하드 파싱이라고 한다.

실행계획을 만드는 과정은 제법 큰 비용이 소모된다. 최적의 실행계획을 만들려면 통계정보와 인덱스 구성 등을 검토해야 하며, 조인이 포함된 SQL은 조인 순서와 방법까지 고려해야 한다. 결론적으로 실행계획 생성이 포함된 하드 파싱은 제법 큰 비용이 소모된다. 데이터베이스 서버의 안정적인 성능을 위해서는 소프트 파싱이 가능하도록 SQL을 작성해야 한다.

아래 두 개의 SQL을 살펴보자.

	각각 하드 파싱이 수행되는 SQL
1	SELECT * FROM T_ORD T1 WHERE T1.CUS_ID = 'CUS_0001';
2	
3	SELECT * FROM T_ORD T1 WHERE T1.CUS_ID = 'CUS_9999';

위 두 SQL은 CUS_ID에 대한 조건 값 외에는 같은 SQL이다. 하지만 오라클은 위 두 SQL을 다른 SQL로 판단한다. 다른 SQL이므로 SQL마다 실행 계획 생성이 포함된 하드파싱을 한다. 하드 파싱을 막으려면 아래와 같이 바인드 변수를 사용해 SQL을 작성해야 한다.

	바인드 변수로 처리된 SQL
1	SELECT * FROM T_ORD T1 WHERE T1.CUS_ID = :v_CUS_ID;

CUS_ID에 대한 변숫값을 바인드 변수로 처리하면, 처음 SQL을 실행할 때만 하드파싱이 되고 이후에는 소프트 파싱으로 처리된다. 다행히도 요즘 대부분의 개발 프레임웍은 바인드 변수를 기본적으로 사용한다.

바인드 변숫값에 따라 SQL 성능 저하가 발생하기도 한다. 바인드 변수를 사용하면 처음 실행한

SQL만 하드 파싱이 된다. 이후 실행한 SQL은 변숫값에 상관없이 하드 파싱 때 만들어 놓은 실행계획을 재사용한다. 아래는 바인드 변수로 A 고객과 B 고객의 주문을 차례대로 조회하는 경우다.

- 주문 테이블에는 총 백만 건이 있다. A 고객은 한 건, B 고객은 십만 건의 주문이 있다.
- A고객의 주문 검색은 '고객ID 인덱스'를 사용하는 것이 성능에 유리하다.
- B 고객의 주문 검색은 '고객ID 인덱스'를 사용하면 성능에 좋지 않다.
  (찾으려는 데이터가 많으면, 인덱스를 이용한 검색은 비효율적일 수 있다.)
- A 고객 주문을 먼저 조회한다. '고객ID 인덱스'를 사용하는 실행계획이 만들어진다.
  (A 고객의 결과는 빠르게 처리된다.)
- B 고객의 주문을 조회한다. 방금 만든 '고객ID 인덱스' 실행계획을 재사용한다.
  (B 고객의 결과는 오래 걸릴 수 있다.)

A 고객에 최적화된 실행계획을 B 고객에 그대로 사용해 성능이 나빠진 예다.

이와 같은 문제에도 불구하고 OLTP 시스템은 소프트 파싱으로 개발해야 한다. 하드 파싱은 생각보다 많은 CPU 자원을 사용하기 때문이다.

5.2.3 IO(Input, Output)

SQL의 성능 개선 핵심은 IO다. 조금 과하게 이야기하면 '첫째도 IO, 둘째도 IO, 셋째도 IO'다. IO 최적화가 바로 성능 최적화다.

IO는 데이터베이스에서 가장 기본적이면서도 핵심적인 역할을 한다. IO를 거치지 않고 데이터를 저장하거나 읽을 방법은 없다. 그러므로 IO는 데이터베이스에서 가장 많이 발생하는 작업이다. 결국, 성능 문제도 IO에서 발생할 확률이 높다.

SQL 성능 개선을 위해서는 불필요한 IO가 발생하지 않는지 살펴봐야 한다. IO가 과도하게 발생하면 IO 처리에 지연이 발생해 데이터베이스 전체적으로 느려질 수 있다.

IO를 개선하려면 가장 먼저 SQL에서 불필요한 테이블을 사용하고 있는지 살펴봐야 한다. 그리고 불필요한 데이터를 조회하지는 않는지도 살펴봐야 한다. 불필요한 부분은 제거해야 한다. 그 다음에, 인덱스를 고민해야 한다.

필요한 데이터를 찾을 때, 최소의 IO로 처리하려면 인덱스가 필수다. 적절하게 인덱스를 생성하면 IO를 개선할 수 있고 이를 통해 데이터베이스의 성능을 높일 수 있다. 하지만 찾으려는 데이터가 너무 많으면 인덱스는 오히려 독이 될 수도 있다.
우선은 IO를 줄이면 대부분의 성능 문제를 개선할 수 있다는 점을 명심하자.

5.2.4 블록(BLOCK)

블록은 오라클에서 IO를 처리하는 최소 단위다. MS-SQL이나 My-SQL에서는 페이지(Page)라는 용어를 사용한다.

데이터 한 건을 조회하거나 저장하기 위해서는 하나의 블록을 읽거나 써야 한다. 오라클에서 블록의 크기는 다양하게 설정할 수 있다. 대부분의 OLTP 시스템은 8KB(=8,192 Byte) 크기의 블록을 사용한다. 대량의 데이터를 분석하는 것이 목적인 시스템이라면 더 큰 크기의 블록을 고민해볼 수 있다.

한 블록에는 여러 건의 데이터가 들어갈 수도 있으며, 한 건의 데이터가 모두 들어가지 못할 수도 있다. 예를 들어, 아이템ID와 아이템명으로 구성된 테이블이 있고 각 컬럼이 40 Byte를 차지할 경우, 데이터 한 건에는 최대 80 Byte가 필요하다. 블록 크기가 8KB라면 한 블록에는 약 100건 정도를 저장할 수 있다. 한 블록을 읽을 때마다 100건의 데이터를 읽는 셈이다.

데이터 한 건을 읽기 위해 100건의 데이터를 가져오므로 비효율적이라고 생각하겠지만, 100건의 데이터가 필요할 때 하나의 블록만 읽으면 되는 장점도 있다. 그리고 블록에서 한 건의 로우만 찾아내는 속도는 상상할 수 없을 만큼 빠르므로 전혀 걱정할 필요 없다.

최소 크기로 데이터가 저장되도록 테이블을 설계해야 한다. 불필요하게 큰 데이터가 저장되면 블록 하나에 저장할 수 있는 데이터 건수가 작아진다. 이로 인해 IO 횟수가 늘어나게 된다. IO 최적화를 하려면 하나의 블록에 많은 데이터가 들어가도록 테이블을 설계할 필요가 있다.
SQL의 실제 실행계획을 보면 블록 IO 수치를 알 수 있다. 아래 SQL을 차례대로 실행해 실제 실행계획을 확인해보자. 필자의 컴퓨터에서는 SQL_ID가 '4hzn86zsr8t2k'가 나왔다. 각자 환경에서 나온 SQL_ID와 CHILD_NUMBER를 이용해 마지막 SQL을 실행해야 한다.

IO 블록 확인하기

```
 1   SELECT   /*+ GATHER_PLAN_STATISTICS */
 2            COUNT(*)
 3   FROM     T_ORD T1
 4   WHERE    T1.ORD_DT >= TO_DATE('20170101','YYYYMMDD')
 5   AND      T1.ORD_DT <  TO_DATE('20170201','YYYYMMDD');
 6
 7   SELECT   T1.SQL_ID ,T1.CHILD_NUMBER ,T1.SQL_TEXT
 8   FROM     V$SQL T1
 9   WHERE    T1.SQL_TEXT LIKE '%GATHER_PLAN_STATISTICS%'
10   ORDER BY T1.LAST_ACTIVE_TIME DESC;
11
12   SELECT   *
13   FROM     TABLE(DBMS_XPLAN.DISPLAY_CURSOR('4hzn86zsr8t2k',0,'ALLSTATS LAST'));
```

이후부터는 V$SQL과 DBMS_XPLAN.DISPLAY_CURSOR를 사용하는 예제는 담지 않는다. 위 SQL을 어딘가에 저장해 놓고 필요할 때마다 꺼내서 사용하기 바란다.

DBMS_XPLAN.DISPLAY_CURSOR를 사용해 아래와 같은 실행계획을 얻을 수 있다.

Buffers와 Reads를 확인

```
-----------------------------------------------------------------------------------
| Id | Operation           | Name  | Starts | A-Rows |   A-Time    | Buffers | Reads |
-----------------------------------------------------------------------------------
|  0 | SELECT STATEMENT    |       |    1   |    1   | 00:00:00.01 |    37   |   15  |
|  1 |  SORT AGGREGATE     |       |    1   |    1   | 00:00:00.01 |    37   |   15  |
|* 2 |   TABLE ACCESS FULL | T_ORD |    1   |  243   | 00:00:00.01 |    37   |   15  |
-----------------------------------------------------------------------------------
```

실행계획을 보면 Buffers와 Reads 항목이 있다. Buffers는 논리적 IO고 Reads는 물리적 IO다. 논리적 IO는 오라클의 메모리 영역인 버퍼캐시에서 데이터를 읽었음을 뜻하고, 물리적 IO는 물리적인 디스크에서 데이터를 읽었음을 뜻한다.

실행계획의 Buffers와 Reads는 누적된 값이다. 그러므로 위 실행계획에서 전체 논리적 IO는 37번이고 전체 물리적 IO는 15번이 발생했음을 알 수 있다. 블록으로 바꿔서 표현하면 버퍼캐시에서 총 37번 블록을 읽었고, 디스크에서 총 15번 블록을 읽었다.

5.2.5 논리적 IO와 물리적 IO

실행계획에서 논리적 IO는 Buffers로 표시되고, 물리적 IO는 Reads로 표시된다. 논리적 IO는 오라클의 메모리 영역에서 데이터를 읽고 쓰는 작업이고, 물리적 IO는 디스크에 데이터를 읽고 쓰는 작업이다. 메모리가 디스크보다 빠르다는 것은 굳이 설명할 필요가 없다.

오라클에는 '버퍼캐시(Buffer cache)'라는 메모리 영역이 있다. 버퍼캐시에서 필요한 데이터를 가져오는 과정을 논리적 IO라고 한다. 오라클은 SQL을 처리할 때 필요한 데이터가 버퍼캐시에 있는지 먼저 확인한다. 필요한 데이터가 버퍼캐시에 모두 있다면, 논리적 IO만으로 SQL을 처리할 수 있다.

버퍼캐시에 원하는 데이터가 없으면, 디스크까지 가서 데이터 블록을 가져와야 한다. 이것이 바로 물리적 IO다. 물리적 IO를 수행할 때, 한 번 사용한 블록은 다시 사용할 가능성이 크므로 버퍼캐시에도 저장해 놓는다. 이를 통해 같은 데이터가 필요해지면 물리적 IO가 아닌 논리적 IO로 처리할 수 있게 된다.
처음 SQL을 실행하면 느리지만, 같은 SQL을 두 번째 실행하면 빠르게 결과가 나오는 것을 경험해 봤을 것이다. 처음 실행했을 때는 물리적 IO가 포함되어있고, 두 번째 실행부터는 버퍼캐시를 이용하는 논리적 IO로만 처리되었기 때문이다.

메모리(버퍼캐시)는 디스크보다 제한적인 자원이다. 버퍼캐시가 꽉 차 있는 상태에서 새로운 데이터가 버퍼캐시로 들어가야 한다면, 버퍼캐시에서 가장 오래전에 사용된 데이터를 제거한다. 데이터가 메모리에서 제거되어도 디스크에 원본 데이터가 있음으로 데이터 소실을 걱정할 필요는 없다.

데이터베이스 성능을 높이기 위해 메모리를 추가하는 것을 고려해 볼 수 있다. 성능 향상을 위해 충분한 메모리가 필요한 것은 사실이다. 하지만 메모리를 늘려 버퍼캐시를 크게 설정한다고 해도 데이터베이스 성능이 선형적으로 좋아지는 것은 아니다. 최소한의 IO로 SQL이 처리될 수 있도록 적절한 인덱스 전략과 함께 적절한 SQL이 선행되어야만 한다.

실행계획에서 Buffers(논리적 IO) 항목을 항상 주의 깊게 살펴보기 바란다. 성능이 나빠진 증거를 찾을 수 있다.

5.2.6 부분 범위 처리

부분 범위 처리는 SQL을 실행하면 조건에 맞는 데이터를 필요한 만큼만 찾아서 먼저 내보내는 처리 방식이다. SQL 결과 집합의 총 건수가 500건이고 화면에 우선 보여줄 건수가 50건이라고 가정했을 때, 데이터를 필요한 50건만 우선 전송하는 것이 바로 부분 범위 처리다. 사용자가 다음 데이터를 요청해야만 다음 50건을 전송한다.

부분 범위 처리는 사용자에게 빠른 응답시간을 보장해 준다. 예를 들어, 500건을 모두 조회하려면 1초가 걸리고 50건만 부분 범위로 조회시 0.1초가 걸린다고 가정하면, 사용자는 0.1초 만에 결과 일부를 받아 볼 수가 있다.

SQL 툴에서 아래 SQL을 실행하고, 실행하자마자 실제 실행계획을 확인해보자. (V$SQL과 DBMS_XPLAN.DISPLAY_CURSOR를 사용한다.)

부분 범위 처리 확인 SQL

```
1  SELECT  /*+ GATHER_PLAN_STATISTICS */
2          T1.*
3  FROM    T_ORD T1
4  WHERE   T1.ORD_DT >= TO_DATE('20170301','YYYYMMDD');
```

실행계획은 아래와 같다.

부분 범위 처리 확인 SQL - 실행계획

```
---------------------------------------------------------------------
| Id | Operation          | Name  | Starts | A-Rows |   A-Time    | Buffers |
---------------------------------------------------------------------
|  0 | SELECT STATEMENT   |       |    1   |   50   | 00:00:00.01 |   23    |
|* 1 | TABLE ACCESS FULL  | T_ORD |    1   |   50   | 00:00:00.01 |   23    |
---------------------------------------------------------------------
```

필자의 환경에서 A-Rows는 50이 나왔다. 필자 환경에서 우선 요청한 건수가 50이기 때문이다. 만약에 사용하는 툴의 요청 건수 단위가 200으로 설정되어 있다면 A-Rows는 200이 나올 것이다.

이번에는 같은 SQL을 재실행한 후에, 모든 결과가 나오도록 결과 스크롤 바를 끝까지 내려보자. [그림 5.2.6-1]은 SQL Developer에서 실행한 후 스크롤 바를 끝까지 내린 예다.

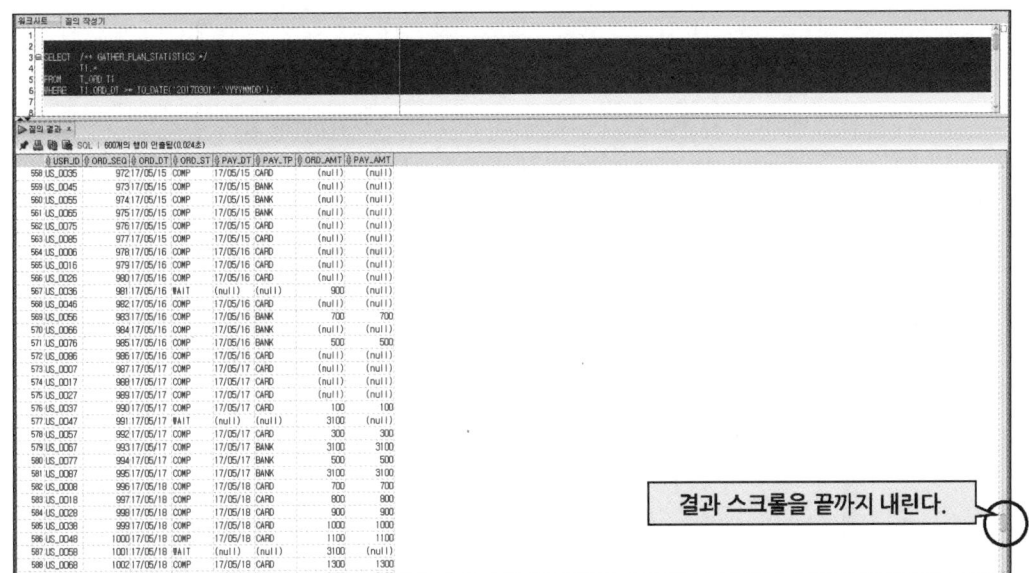

[그림 5.2.6-1]

모든 결과가 나올 때까지 스크롤 한 후, 실행계획을 확인해 보자.

부분 범위 처리 확인 SQL - 실행계획

```
1  ---------------------------------------------------------------
2  | Id | Operation         | Name  | Starts | A-Rows | A-Time      | Buffers |
3  ---------------------------------------------------------------
4  |  0 | SELECT STATEMENT  |       |     1  |  2606  |00:00:00.01 |    89   |
5  |* 1 | TABLE ACCESS FULL | T_ORD |     1  |  2606  |00:00:00.01 |    89   |
6  ---------------------------------------------------------------
```

실행계획에 A-Rows가 2,606이 나왔다. 스크롤 바를 이용해 다음 데이터를 요청해야 추가 데이터를 전송한다는 사실을 알 수 있다.

부분 범위 처리 과정을 그려보면 [그림 5.2.6-2]와 같다.

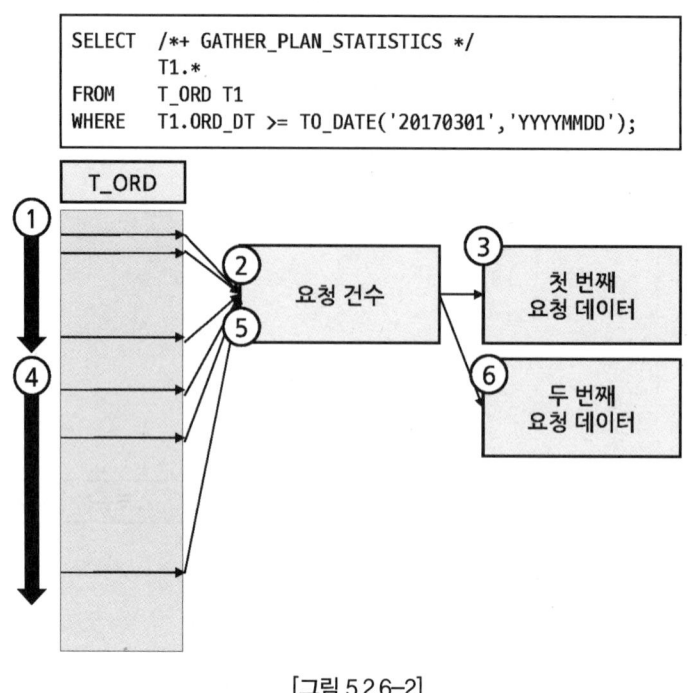

[그림 5.2.6-2]

[그림 5.2.6-2]의 과정을 정리하면 아래와 같다.

    1. SQL 조건에 맞는 데이터를 요청 건수만큼 찾을 때까지 읽는다.
    2. 요청 건수만큼 데이터를 찾으면 결과를 사용자에게 보낸다.
    3. 첫 번째 결과를 보낸 상태에서 사용자가 다음 데이터를 요청할 때까지 기다린다.
    4~6. 사용자가 다음 데이터를 요청하면, 1단계에서 읽다가 멈춘 지점부터 읽으면서 조건에 맞는 데이터를 요청 건수만큼씩 채워서 사용자에게 전송한다.

사용자가 다음 데이터를 요청할 때마다 1에서 3번 과정을 반복한다. 내보낼 수 있는 만큼만 읽어서 먼저 내보내는 것이 바로 부분 범위 처리다. 이를 통해 사용자에게 빠른 응답을 보장해준다.

성능이 최적화된 부분 범위 처리는 결과를 내보내는 과정뿐 아니라 데이터를 읽는 과정도 부분 범위 처리되어야 한다. 하지만 모든 SQL을 그렇게 할 수 있는 것은 아니다. 'GROUP BY'나 'SUM, AVG'와 같은 집계함수가 사용된 SQL은 데이터를 찾는 과정을 부분 범위 처리하기 쉽지 않다. 분석함수도 마찬가지다. 데이터 일부분만 읽어서는 집계함수나 분석함수 처리를 할 수 없다.

'GROUP BY'가 포함된 아래 SQL을 실행하고, 실행계획을 확인해보자.

GROUP BY가 포함된 SQL

```
1  SELECT  /*+ GATHER_PLAN_STATISTICS */
2          TO_CHAR(T1.ORD_DT,'YYYYMMDD') ORD_YMD
3          ,T1.CUS_ID
4          ,SUM(T1.ORD_AMT) ORD_AMT
5  FROM    T_ORD T1
6  WHERE   T1.ORD_DT >= TO_DATE('20170301','YYYYMMDD')
7  GROUP BY TO_CHAR(T1.ORD_DT,'YYYYMMDD')
8          ,T1.CUS_ID;
```

실행계획은 아래와 같다.

GROUP BY가 포함된 SQL - 실행계획

```
-----------------------------------------------------------------------
| Id | Operation         | Name  | Starts | A-Rows |   A-Time   | Buffers |
-----------------------------------------------------------------------
|  0 | SELECT STATEMENT  |       |      1 |     50 |00:00:00.01 |      37 |
|  1 |  HASH GROUP BY    |       |      1 |     50 |00:00:00.01 |      37 |
|* 2 |   TABLE ACCESS FULL| T_ORD |      1 |   2606 |00:00:00.01 |      37 |
-----------------------------------------------------------------------
```

실행계획 각 단계의 A-Rows를 살펴보자. 'TABLE ACCESS FULL' 단계의 A-Rows는 2,606이다. 다음 단계인 'HASH GROUP BY'의 A-Rows는 50이다. 2,606건의 데이터를 찾아내 'GROUP BY' 처리하고 클라이언트에서 우선 요청한 건수(50건)만큼만 결과로 내보내고 있다. 최종 결과를 내보낼 때 우선 필요한 건수만큼만 처리했으므로 부분 범위 처리라고 할 수 있다. 하지만 'TABLE ACCESS FULL' 단계에서 결과에 필요한 2,606건의 데이터를 모두 읽은 상태다. 데이터를 찾는 과정에서는 부분 범위 처리가 이루어지지 못했다.

'ORDER BY'가 포함된 SQL도 마찬가지다. 정렬된 결과 집합을 얻으려면 전체 데이터를 읽어야만 한다. 다만 'ORDER BY'는 SQL과 인덱스에 따라 데이터 찾는 과정을 손쉽게 부분 범위 처리할 수도 있다.

Chapter. 6

INDEX

인덱스(INDEX)는 SQL 성능 개선을 위한 가장 기본적이면서 치명적인 무기다.

SQL 성능을 최대로 끌어올리기 위해서는 최적의 인덱스가 필요하다. 최적의 인덱스를 만들려면 다음의 능력이 필요하다.

- 인덱스의 물리적인 구조를 이해하는 능력
- 복잡한 SQL을 분해해서 이해할 수 있는 능력
- 만들어진 인덱스가 어떻게 사용될지 예측할 수 있는 능력
- 테이블 내의 데이터 속성을 파악할 수 있는 능력
- JOIN의 내부적인 처리 방법(NESTED LOOPS, MERGE, HASH)의 이해

위의 능력 외에도 실전에서 인덱스를 만들고 적용해 본 경험이 필요하다. 하지만 담당 업무가 데이터베이스 분야가 아니면 실전 경험을 쌓기 쉽지 않다. 그렇다고 포기할 필요는 없다. 개인 PC나 개발 환경에서 꾸준히 연습하면 된다. 연습이 쌓이면 언젠가는 운영 환경에서도 인덱스를 적용해 볼 수 있는 기회가 반드시 찾아온다. 필자 역시 그러했다.

필자는 처음 인덱스를 공부할 때 데이터베이스 성능 관련 서적을 두루두루 많이 읽었다. 더불어 스스로 많은 테스트를 시도했다. 다양하게 테스트하면서 연구하고 고민했다. 독자 여러분도 인덱스를 마스터하고 싶다면 이처럼 해보기 바란다.

6.1 INDEX의 기본 개념

6.1.1 인덱스(INDEX)란?

인덱스(INDEX)는 색인이라는 단어로 번역된다. 색인의 사전적 의미를 찾아보면 '책 속의 내용 중에서 중요한 내용이나 단어를 찾아볼 수 있도록 별도로 배열하여 놓은 목록'이다. 데이터베이스의 인덱스 역시 '테이블 내의 데이터를 찾을 수 있게 일부 데이터를 모아서 구성한 데이터 구조'다.

두꺼운 전문 서적은 모두 목차(인덱스)를 가지고 있다. 목차를 이용하면 두꺼운 책 속에서 원하는 내용을 빠르게 찾아낼 수 있다. 데이터베이스의 인덱스 역시 같은 기능을 한다. 인덱스를 이용하면 테이블 내의 데이터를 빠르게 찾아낼 수 있다.

인덱스가 실제 성능에 도움이 되는지 실습으로 알아보자. '백 마디 설명보다 한 번의 실행이 효과적이다.'라는 IT 격언이 있다. 의미 있게 테스트하려면 테이블이 필요하다. 아래 SQL을 수행해 T_ORD_BIG이라는 테이블을 생성하자.

테스트를 위한 테이블 만들기

```
1   CREATE TABLE T_ORD_BIG AS
2   SELECT  T1.* ,T2.RNO ,TO_CHAR(T1.ORD_DT,'YYYYMMDD') ORD_YMD
3   FROM    T_ORD T1
4           ,(SELECT ROWNUM RNO
5             FROM DUAL CONNECT BY ROWNUM <= 10000) T2
6   ;
7
8   -- 아래는 T_ORD_BIG 테이블의 통계를 생성하는 명령어다.
9   -- 첫 번째 파라미터에는 테이블 OWNER를, 두 번째 파라미터에는 테이블 명을 입력한다.
10  EXEC DBMS_STATS.GATHER_TABLE_STATS('ORA_SQL_TEST','T_ORD_BIG');
```

위 SQL을 실행하면 T_ORD_BIG 테이블에 3천만 건 정도의 데이터가 입력된다. 성능 테스트에 충분한 양이다. 효율적인 성능 테스트와 인덱스 설명을 위해 'ORD_YMD'와 'RNO' 컬럼도 추가했다. 'ORD_YMD'는 DATE 자료형의 'ORD_DT'를 'YYYYMMDD' 형태의 문자로 변경한 컬럼이다. 'RNO'는 인덱스 테스트만을 위한 숫자 값이다.

Chapter. 6

> **MEMO**
>
> 여기서 ORD_YMD는 성능 테스트를 편하게 하려고 만든 문자열 자료형이다. 이처럼 문자열 형태로 날짜를 관리하는 방법은 장단점이 있다. 필요한지 꼭 따져보고 사용해야 한다. 자료형 선택의 문제는 이 책의 주제를 벗어나 데이터베이스 설계와 정책에 관련이 크다. 자세한 설명은 하지 않음을 이해 바란다.

위 SQL에서 10번 라인을 보면 DBMS_STATS로 T_ORD_BIG 테이블의 통계정보도 생성하고 있다. 올바른 성능 테스트를 위해서는 통계정보를 반드시 만들어 주어야 한다. 통계를 생성하려면 DBMS_STATS의 실행 권한이 필요하다. 실행 권한이 빠져있다면 설정해주기 바란다.

통계정보 생성까지 완료했다면, 아래와 같이 ORD_SEQ가 343인 데이터를 카운트해보자.

인덱스가 없는 BIG테이블 조회

```
1   SELECT  /*+ GATHER_PLAN_STATISTICS */
2           COUNT(*)
3   FROM    T_ORD_BIG T1
4   WHERE   T1.ORD_SEQ = 343;
```

필자 환경에서 실행계획을 확인해 보니 4초가 걸렸다. 전체 Buffers(논리적 IO)는 258K가 나왔다. 실행계획은 아래와 같다. (실행계획의 수치는 각자 환경에 따라 다르다.)

인덱스가 없는 BIG테이블 조회 시 실행계획

```
1   ---------------------------------------------------------------------------
2   | Id | Operation          | Name      | Starts | A-Rows |   A-Time    | Buffers | Reads |
3   ---------------------------------------------------------------------------
4   |  0 | SELECT STATEMENT   |           |    1   |    1   |00:00:04.00  |  258K   | 258K  |
5   |  1 |  SORT AGGREGATE    |           |    1   |    1   |00:00:04.00  |  258K   | 258K  |
6   |* 2 |   TABLE ACCESS FULL| T_ORD_BIG |    1   | 10000  |00:00:04.02  |  258K   | 258K  |
7   ---------------------------------------------------------------------------
```

T_ORD_BIG 테이블에 'TABLE ACCES FULL' 작업을 한 다음에 'SORT AGGREGATE' 처리를 하고 있다. 테이블 전체를 읽어서 ORD_SEQ가 343인 데이터를 찾아내서 카운트 처리를 한 것이다.

WHERE 조건절에 사용된 ORD_SEQ 컬럼에 인덱스를 만들어 보자. 아래 SQL을 이용한다.

ORD_SEQ 컬럼에 인덱스 구성

```
1   CREATE INDEX X_T_ORD_BIG_TEST ON T_ORD_BIG(ORD_SEQ);
```

데이터가 많아 인덱스 생성에 약간의 시간이 걸린다. 인덱스 생성이 완료되면 방금 실행했던 카운트 SQL을 다시 실행해보자. 필자 환경에서는 0.01초만에 SQL이 처리되었다. 전체 Buffers 수치를 보면, 258K에서 24로 좋아졌다. 실행계획은 다음과 같다.

인덱스가 존재하는 BIG테이블 조회 시 실행계획

```
---------------------------------------------------------------------------------
| Id | Operation           | Name           | Starts | A-Rows |   A-Time    | Buffers | Reads |
---------------------------------------------------------------------------------
|  0 | SELECT STATEMENT    |                |      1 |      1 | 00:00:00.01 |      24 |    35 |
|  1 |  SORT AGGREGATE     |                |      1 |      1 | 00:00:00.01 |      24 |    35 |
|* 2 |   INDEX RANGE SCAN  | X_T_ORD_BIG_TEST |    1 |  10000 | 00:00:00.01 |      24 |    35 |
---------------------------------------------------------------------------------
```

'X_T_ORD_BIG_TEST' 인덱스를 'INDEX RANGE SCAN'하고 있다. ORD_SEQ가 343인 데이터를 찾기 위해 인덱스를 이용한 것이다.

위 SQL이 시스템에서 가장 많이 사용되는 SQL이라고 생각해보자. 4초를 0.01초로 개선하는 순간, 시스템 전체 성능은 놀랍게 개선될 수밖에 없다.

인덱스를 만드는 것만으로 성능이 향상될 수 있음을 살펴보았다. 인덱스의 존재를 몰랐던 독자라면 마법 같다고 생각할 수도 있다. 인덱스의 구조와 개념을 이해하고 약간의 경험만 쌓으면 누구라도 이러한 성능 향상 마법을 부릴 수 있다.

6.1.2 인덱스의 종류

인덱스의 종류를 알아보자. 인덱스는 기준에 따라 다양하게 구분할 수 있다.

인덱스를 구성하는 컬럼 수에 따라 구분하면 아래와 같다.

- 단일 인덱스(Single column index): 인덱스에 하나의 컬럼만 사용
- 복합 인덱스(Composite index): 인덱스에 두 개 이상의 컬럼을 사용

단일 인덱스는 하나의 컬럼만으로 구성한다. 주로 고객ID, 주문번호와 같이 PK(Primary key) 속성이 단일 컬럼일 때 주로 사용하게 된다. (PK 속성은 단일 컬럼이 될 수도 있고 여러 컬럼으로 구성될

수도 있다.) 물론 PK가 아니어도 필요한 컬럼에 얼마든지 단일 인덱스를 구성할 수 있다.

반면에 복합 인덱스는 여러 개의 컬럼으로 구성한다. 잘 만들어진 하나의 복합 인덱스는 여러 개의 인덱스를 대신할 수 있으며, 여러 SQL의 성능을 커버할 수 있다. 복합 인덱스는 다양한 용어로 불린다. 멀티 컬럼 인덱스 또는 결합 인덱스라고도 한다. 이 책에서는 복합 인덱스로 통일한다.

가능하면 하나의 복합 인덱스로 여러 SQL을 커버하는 것이 좋다. SQL별로 필요한 인덱스를 모두 만들다 보면 인덱스가 너무 많아진다.

인덱스를 분류하는 또 다른 방법은 인덱스를 구성하는 컬럼 값들의 중복 허용 여부다. 아래와 같이 구분할 수 있다.

- 유니크 인덱스(Unique index): 인덱스 구성 컬럼들 값에 중복을 허용하지 않는다.
- 비유니크 인덱스(Non-unique index): 인덱스 구성 컬럼들 값에 중복을 허용한다.

유니크 인덱스로 지정된 컬럼들에는 중복된 값을 저장하지 못한다. PK 제약 조건에는 무조건 유니크 인덱스가 구성된다. 데이터베이스 설계 시점부터 업무적으로 유니크한 속성들을 파악해서 유니크 인덱스를 만들어 주는 것이 좋다. 이러한 노력은 궁극적으로 데이터 품질을 높인다.

인덱스의 물리적인 구조에 따라서는 아래와 같이 구분한다.

- B*트리 인덱스(B*Tree index)
- 비트맵 인덱스(Bitmap index)

이외에도 IOT(Index Organized Table)가 있다. IOT는 테이블 자체를 특정 컬럼 기준으로 인덱스화 하는 개념이다. MS-SQL과 My-SQL의 클러스터드(CLUSTERED) 인덱스와 같은 개념이다. MS-SQL과 My-SQL에서 클러스터드 인덱스의 개념은 매우 중요하다. 특히 My-SQL은 PK를 무조건 클러스터드 인덱스로 구성한다. 그러므로 My-SQL의 성능을 높이려면 PK 선정이 무엇보다 중요하다. 하지만 오라클 사용자는 상대적으로 IOT를 잘 사용하지 않는다. 그러므로 이 책에서는 설명을 생략한다. IOT도 B*트리 구조로 만들어진다는 것만 기억하자.

B*트리 인덱스는 트리 형태의 자료 구조를 사용한다. OLTP 시스템은 대부분 B*트리 구조 인덱스를 사용한다. 우리가 중점적으로 공부할 부분도 바로 B*트리다.

비트맵 인덱스는 값의 종류가 많지 않은 컬럼에 사용한다. 예를 들어, 주문유형에 대한 값이 '주문대기, 주문완료' 두 종류 값만 있다면 비트맵 인덱스를 고려할 수 있다.
보통은 DW 또는 BI 환경에서 비트맵 인덱스를 활용한다. 하지만 이 역시도 파티션과 B*트리 인덱스를 사용하는 것이 성능 면에서 유리할 때가 더 많다. 필자의 경우 분석 시스템을 위해 비트맵 인덱스를 적극적으로 사용해 봤지만, 결론적으로 좋은 효과를 얻지 못했다. 오히려 적절한 파티션이 더 큰 도움이 되었다. 물론 이는 필자의 개인적인 경험이다.

대용량 테이블에는 파티션을 구성하는 것이 좋다. 대용량 테이블을 파티션 없이 인덱스만 만들어 사용하기에는 성능에 한계가 있다. 그뿐만 아니라 오래된 데이터는 별도 저장소로 백업한 후 주기적으로 지우는 것이 데이터베이스 관리 비용과 성능에 도움이 된다. 이때, 파티션이 매우 유용하다.
파티션 테이블에는 파티션 된 인덱스를 만들 수 있다. 파티션 된 인덱스는 아래와 같이 크게 두 가지로 구분할 수 있다.

- 글로벌 인덱스(Global index)
- 로컬 인덱스(Local index)

파티션 키 컬럼이 인덱스 구성 컬럼 중 어디에 위치하느냐에 따라 추가적인 구분이 존재하지만, DBA나 DA(Data Architecture)가 아니라면 굳이 알 필요가 없다. 이 책에서는 더 깊이 다루지 않겠다.

파티션에 대한 인덱스는 누가 혼자 결정할 수 있는 부분은 아니다. 개발자와 함께 DA나 DBA가 같이 협의해야 한다. 파티션 테이블을 만들려면 파티션에 대한 깊은 이해와 많은 고민이 필요하다. 테이블에 어떤 유형의 SQL이 실행되는지도 파악해야 한다. 개발자가 혼자 파티션 인덱스까지 생각하며 개발을 진행하기는 쉽지 않다.

기준에 따른 인덱스 분류를 살펴보았다. 이러한 분류를 혼합해서 인덱스를 생성할 수 있다. 예를 들어, 복합 인덱스이면서 유니크인 B*트리 인덱스를 만들거나, 단일 인덱스이면서 비트맵 형태로 인덱스를 만들 수 있다.

6.1.3 B*트리 구조와 탐색 방법

인덱스를 생성할 때 별다른 옵션을 정의하지 않으면 B*트리 구조의 인덱스가 만들어진다. 트리(Tree)는 원하는 데이터를 빠르게 찾기 위해 사용되는 대표적인 자료구조다.

평소에 자료구조나, 알고리즘에 관심이 없다면 B*트리 구조는 생소하고 어려울 수도 있다. 지금부터 설명하는 내용이 잘 이해되지 않더라도 한 번은 살펴보고 넘어가기 바란다.

B*트리의 B는 균형이 잡혀 있다(Balanced)는 의미다. 균형이 잡혀 있다는 것은 리프 노드들이 같은 수준(깊이)에 자리해 있다는 뜻이다. B*트리의 *(Star)는 근접한 리프 노드가 연결(Link)된 구조를 뜻한다. 정리해보면 B*트리는 균형이 잡혀 있고 근접한 리프 노드가 연결된 구조다.

B*트리 구조를 간략하게 그려보면 [그림 6.1.3-1]과 같다. B*트리는 그림과 같이 루트(Root, 뿌리), 브랜치(Branch, 가지), 리프(Leaf, 잎사귀) 세 가지 유형의 블록으로 구성되어 있다. 뿌리, 가지, 잎사귀 모두 나무가 가지고 있는 요소다. 실제 나무라면 뿌리가 가장 아래에 있고, 잎사귀가 위에 있다. 하지만 자료구조에서 트리를 설명할 때는 그림과 같이 뿌리를 위에, 잎사귀를 아래에 그린다.

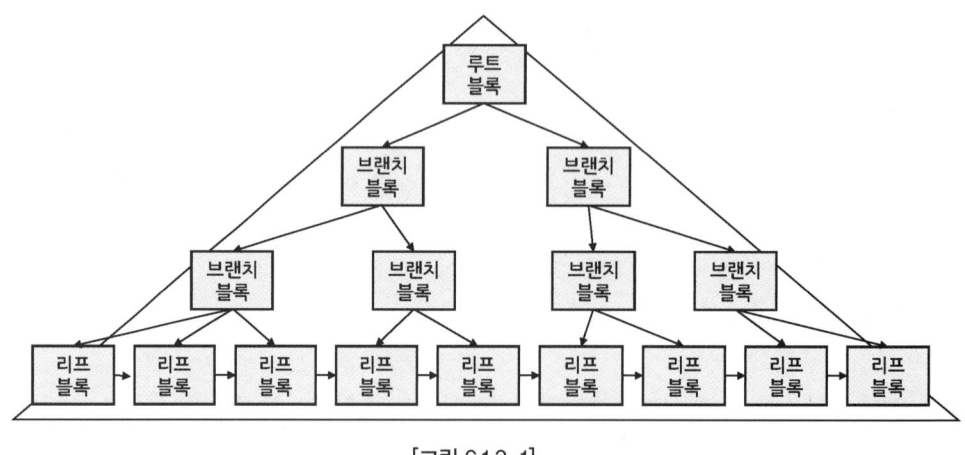

[그림 6.1.3-1]

나무에서 뿌리는 하나지만, 가지는 매우 많고, 잎사귀는 더 많다. 그러므로 B*트리는 전체적으로 삼각형 모양이 된다. 다른 데이터베이스 관련 서적들도 인덱스를 삼각형으로 표현한다. 이 책도 삼각형으로 인덱스를 표현할 것이다.

인덱스를 구성하는 블록은 인덱스 블록이라고 한다. 인덱스 블록은 서로 연결되어 있다. 루트 블록은 자신의 하위 브랜치 블록과 연결되어 있다. 브랜치 블록은 다시 자신의 하위 브랜치 블록과 연결되어 있거나, 리프 블록과 연결되어 있다. [그림 6.1.3-1]에서 브랜치 블록은 두 단계만 그려져 있지만, 실제 브랜치 블록은 여러 단계일 수 있다. 리프 블록 밑으로는 다른 인덱스 블록은 없다.

각각의 인덱스 블록이 존재하는 위치와 담고 있는 정보를 정리하면 아래와 같다.
- 루트 블록
  : 최상위에 단 하나만 존재
  : 하위 브랜치 블록의 인덱스 키 값과 주소를 가지고 있다.
- 브랜치 블록
  : 루트와 리프의 중간에 위치, 브랜치는 여러 층이 있을 수 있다.
  : 하위 브랜치의 인덱스 키 값과 주소 또는 하위 리프의 키 값과 주소를 가지고 있다.
- 리프 블록
  : 최하위에만 위치
  : 인덱스 키 값과 테이터의 로우 위치(ROWID)를 가지고 있다.
  : 리프 블록은 인덱스 키 값 순으로 정렬되어 있다.

ORD_YMD 컬럼에 대한 B*트리 구조의 인덱스를 자세하게 그려보면 [그림 6.1.3-2]와 같다.

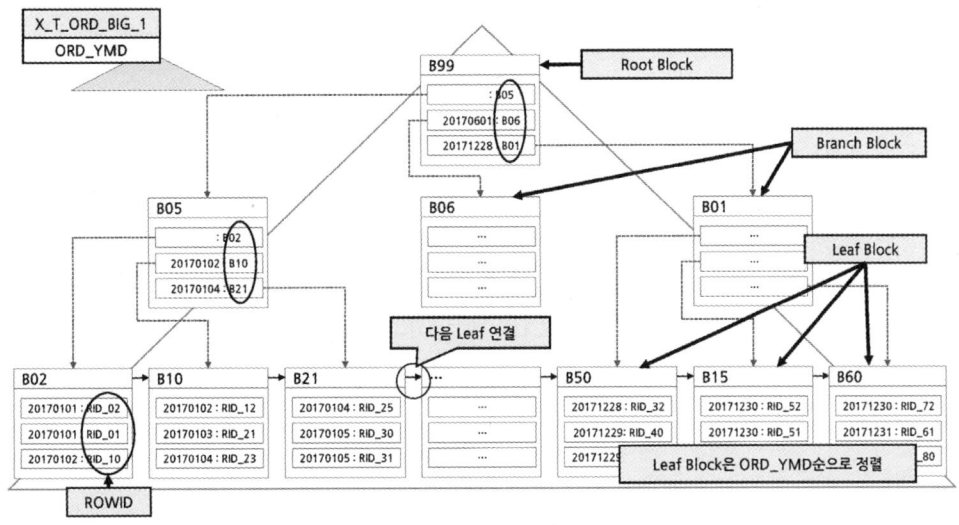

[그림 6.1.3-2]

그림에서 인덱스 블록의 주소 값은 이해를 위해 'B01, B02'와 같이 간단하게 표현했다. 각 블록이 가지고 있는 내용을 자세히 살펴보기 바란다. ORD_YMD 컬럼으로 구성된 인덱스이므로 모든 인덱스 블록이 ORD_YMD 값을 가지고 있다. 이처럼 인덱스를 구성하는 컬럼을 인덱스 키 값이라고 한다.

루트 블록과 브랜치 블록은 각자 자신의 하위 인덱스 블록을 찾아갈 수 있는 인덱스 키 값과 주소를 가지고 있다. 리프 블록은 인덱스 키 값과 실제 데이터가 저장된 로우 주소(ROWID)를 가지고 있다. 그리고 리프 블록은 인덱스 키 값 순으로 정렬되어 있다.

B*트리 구조를 이용해 데이터를 찾아가는 과정을 단계적으로 살펴보자. ORD_YMD로 구성된 인덱스를 이용해 'ORD_YMD = 20170104'인 데이터를 찾아내야 한다.

(1) 루트 블록

[그림 6.1.3-3]은 ORD_YMD로 구성된 인덱스의 루트 블록이다. 그림에서 루트 블록은 세 개의 브랜치 블록(B05, B06, B01)을 찾아갈 수 있다. 찾으려는 '20170104'는 빈값보다 크고 '20170601'보다는 작다. 그러므로 브랜치 블록 중에 B05 블록으로 이동해야 한다.

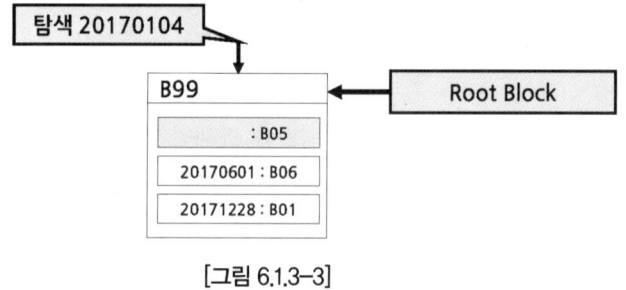

[그림 6.1.3-3]

(2) 브랜치 블록

[그림 6.1.3-4]는 루트 블록에서 이동한 B05 브랜치 블록이다.

그림에서 B05 블록은 하위에 세 개의 리프 블록(B02, B10, B21)을 가지고 있다. 찾으려는 '20170104'는 B10의 '20170102'보다 크고 B21의 '20170104'보다 작거나 같다. 그러므로 B10으로 이동해야 한다. 여기서 B21로 이동해야 한다고 착각 할 수 있는데 B10의 뒷부분에도 '20170104'가 일부 있을 수 있다.

6.1 INDEX의 기본 개념

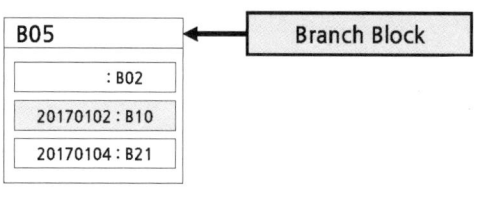

[그림 6.1.3-4]

(3) 리프 블록 스캔

[그림 6.1.3-5]를 보면 B10 블록의 마지막 부분에 '20170104'가 있다. 만약에 브랜치 블록에서 B21로 이동했다면 B10의 마지막에 저장된 '20170104'는 찾지 못한다. B10과 B21 블록은 리프 블록이다. 리프 블록은 인덱스에서 최하위 블록이므로 더는 하위 블록이 없다.

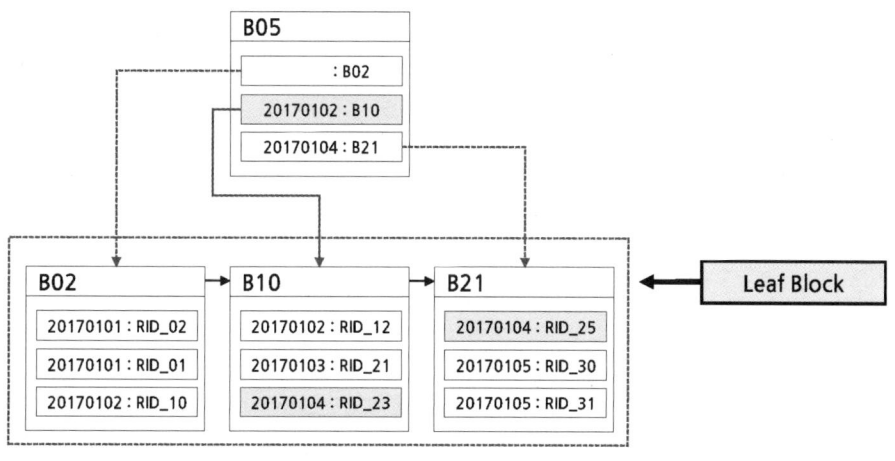

[그림 6.1.3-5]

인덱스를 검색해서 리프 블록에 도달하면 이제는 리프 블록을 차례대로 스캔해야 한다. 스캔 작업은 찾으려는 값보다 큰 값을 발견하기 전까지 수행한다. 여기서는 B10 블록의 첫 번째 데이터에서 시작해 B21 블록의 '20170105'를 만날 때까지 스캔이 진행된다.

이때 리프 블록을 스캔하면서 ROWID를 참고해 실제 테이블에 접근하는 작업을 수행한다. (ROWID는 데이터가 실제 저장된 주소 값이다.) ROWID를 이용해 데이터를 찾아내는 과정은 실행계획에 'TABLE ACCESS BY INDEX ROWID'라는 오퍼레이션으로 나타난다.

B*트리를 이용해 데이터를 찾는 과정을 살펴보았다. 지금까지 설명한 과정을 전체적으로 그려

보면 [그림 6.1.3-6]과 같다. 그림을 보면서 다시 한번 정리해보기 바란다.

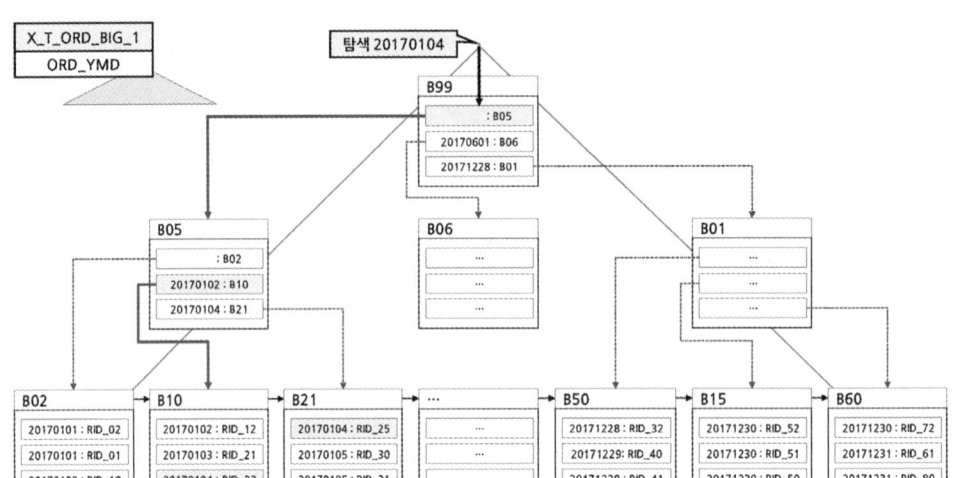

[그림 6.1.3-6]

6.1.4 데이터를 찾는 방법

오라클에서 데이터를 찾는 방법은 아래와 같이 세 가지가 있다.

- 테이블 전체 읽기(TABLE ACCESS FULL)
- 인덱스를 이용한 찾기(INDEX RANGE SCAN & TABLE ACCESS BY INDEX ROWID)
- ROWID를 이용한 직접 찾기(TABLE ACCESS BY INDEX ROWID)

'테이블 전체 읽기'는 테이블의 데이터 블록을 차례대로 모두 읽으면서 필요한 데이터를 찾는 방법이다.

'인덱스를 이용한 찾기'는 인덱스를 이용해 필요한 데이터만 찾는 방법이다. 이 방법은 필요에 따라 'TABLE ACCESS BY INDEX ROWID' 작업을 동반한다.

마지막으로 'ROWID를 이용한 직접 찾기'는 테이블의 레코드 주소인 ROWID를 조건 값으로 사용해 필요한 데이터를 직접 찾아가는 방법이다. '인덱스를 이용한 찾기'의 'TABLE ACCESS BY INDEX ROWID'와 같은 작업이다.

6.1.5 데이터를 찾는 방법 – 테이블 전체 읽기

테이블 전체 읽기는 실행계획에 'TABLE ACCESS FULL'로 표현된다. 편의상 '테이블 풀 스캔(TABLE FULL SCAN)'이나 그냥 '풀 스캔(FULL SCAN)'이란 용어를 사용하기도 한다. 이 책에서는 세 가지 용어를 혼용한다.

테이블 전체 읽기는 찾고자 하는 조건에 활용할 인덱스가 없거나 인덱스보다 테이블 전체를 읽는 것이 더 효율적이라고 판단될 때 사용하는 방법이다.

오라클에서 데이터가 테이블에 저장될 때는 특정 순서를 갖지 않는다. (여기서 설명하는 테이블은 IOT가 아닌 일반적인 Heap 구조다.) 예를 들어, ORD_YMD가 '20170110'인 데이터가 저장될 때 물리적으로 '20170109' 다음에 위치한다고 장담할 수 없다.

[그림 6.1.5-1]은 T_ORD_BIG 테이블에 저장된 데이터를 개념적으로 표현하고 있다. 그림처럼 테이블 내에 저장된 데이터는 어떤 기준으로도 정렬되어 있지 않다.

T_ORD_BIG

	ORD_YMD	ORD_SEQ	CUS_ID	...
BLOCK#1	20170110	1	CUS_0031	...
	20170101	10	CUS_0033	...
	20170120	3	CUS_0031	...
	20170109	9	CUS_0034	...

	ORD_YMD	ORD_SEQ	CUS_ID	...
BLOCK#2	20170110	4	CUS_0032	...
	20171231	5	CUS_0032	...
	20170110	7	CUS_0029	...
	20170120	2	CUS_0001	...

	ORD_YMD	ORD_SEQ	CUS_ID	...
BLOCK#3	...	...	...	...
	...	...	...	...
	...	...	...	...
	...	...	...	...

[그림 6.1.5-1]

[그림 6.1.5-1]에서 ORD_YMD가 '20170110'인 데이터를 찾는다고 생각해 보자. 오라클은 찾으려는 데이터가 어디에 있고 정확히 몇 건 있는지 알지 못한다. 그러므로 테이블의 첫 번째 데이터 블록부터 차례대로 읽어 가면서 검색을 수행한다. 첫 번째 블록(BLOCK#1)을 읽어 조건에 맞는(ORD_YMD=20170110) 데이터를 한 건 찾아낸다. 두 번째 블록(BLOCK#2)을 읽으면 조건에 맞는 데이터 두 건을 발견할 수 있다. 조건에 맞는 데이터가 세 번째 데이터 블록에 있을지 없을지는 알 수 없다. 그러므로 세 번째 데이터 블록도 당연히 읽어야 한다. 이런 방식으로 모든 테이블 블록을 읽어야만 조건에 맞는 데이터를 빠짐없이 찾아낼 수 있다.

WHERE 조건절에 사용된 컬럼에 적절한 인덱스가 없다면, '테이블 전체 읽기'(=TABLE ACCESS FULL)만이 원하는 데이터를 찾을 수 있는 유일한 방법이다. 아래 SQL을 실행해보자.

```
TABLE ACCESS FULL을 사용하는 SQL
1   SELECT   /*+ GATHER_PLAN_STATISTICS */
2            T1.CUS_ID ,COUNT(*) ORD_CNT
3   FROM     T_ORD_BIG T1
4   WHERE    T1.ORD_YMD = '20170316'
5   GROUP BY T1.CUS_ID
6   ORDER BY T1.CUS_ID;
```

실행계획은 아래와 같다.

```
TABLE ACCESS FULL을 사용하는 SQL  -  실행계획
1   ------------------------------------------------------------------------
2   | Id | Operation          | Name      | Starts | A-Rows |   A-Time    | Buffers | Reads |
3   ------------------------------------------------------------------------
4   |  0 | SELECT STATEMENT   |           |    1   |    5   | 00:00:03.88 |   253K  |  253K |
5   |  1 |  SORT GROUP BY     |           |    1   |    5   | 00:00:03.88 |   253K  |  253K |
6   |* 2 |   TABLE ACCESS FULL| T_ORD_BIG |    1   | 50000  | 00:00:03.35 |   253K  |  253K |
7   ------------------------------------------------------------------------
8
9   Predicate Information (identified by operation id):
10  ---------------------------------------------------
11     2 - filter("T1"."ORD_YMD"='20170316')
```

실행계획의 2번 오퍼레이션에 'TABLE ACCESS FULL'이 있는 것을 알 수 있다. 'TABLE ACCESS FULL'을 간략하게 표현하면 [그림 6.1.5-2]와 같다.

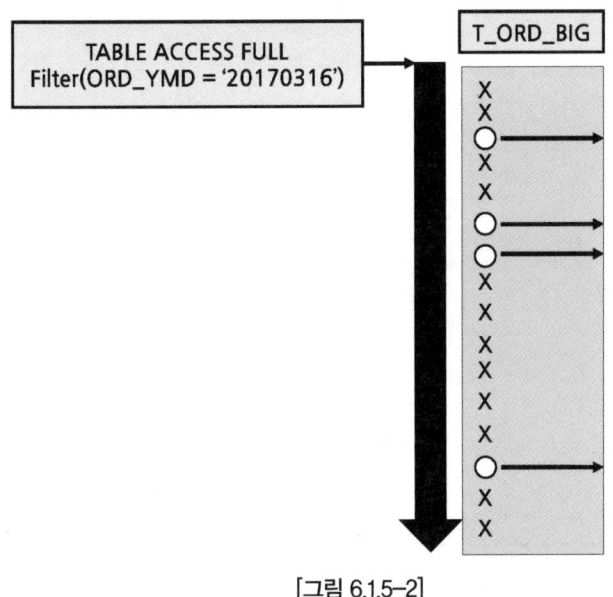

[그림 6.1.5-2]

'TABLE ACCESS FULL'(=FULL SCAN)은 테이블 블록 전체를 읽는다. 그러므로 테이블이 클수록 오래 걸린다. 만약에 천만 건의 데이터를 가진 테이블에서 찾고자 하는 데이터가 한 건이라면, 천만 건을 모두 읽어야 하는 엄청난 비효율이 발생한다. 이런 경우에는 인덱스를 사용해 데이터를 찾아내는 것이 효율적이다. 하지만 천만 건의 데이터를 가진 테이블에서 찾아야 하는 데이터가 백만 건 정도 된다면 인덱스를 사용하는 것보다 'TABLE ACCESS FULL'이 더 효율적일 수 있다.

'TABLE ACCESS FULL'은 무조건 성능이 나쁘다고 오해하지 않기 바란다.

6.1.6 데이터를 찾는 방법 - 인덱스를 이용한 찾기

인덱스를 이용하면 필요한 데이터만 정확히 찾아낼 수 있다.

인덱스로 데이터를 찾는 방법은 'INDEX RANGE SCAN', 'INDEX SKIP SCAN', 'INDEX FULL SCAN'과 같이 다양하다. 이 중 가장 기본은 'INDEX RANGE SCAN'이다. 'INDEX RANGE SCAN'을 이해하면 다른 방법들은 쉽게 이해하고 응용할 수 있다. 이 책에서는 'INDEX

RANGE SCAN'을 중점으로 설명한다.

인덱스는 [그림 6.1.6-1]과 같이 삼각형으로 간략하게 표현할 수 있다. 삼각형의 꼭짓점은 루트 블록이고 밑변은 리프 블록이다.

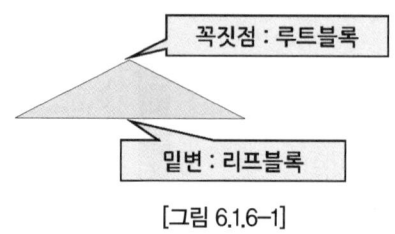

[그림 6.1.6-1]

인덱스를 이용해 데이터를 찾는 과정을 전체적으로 그려보면 [그림 6.1.6-2]와 같다.

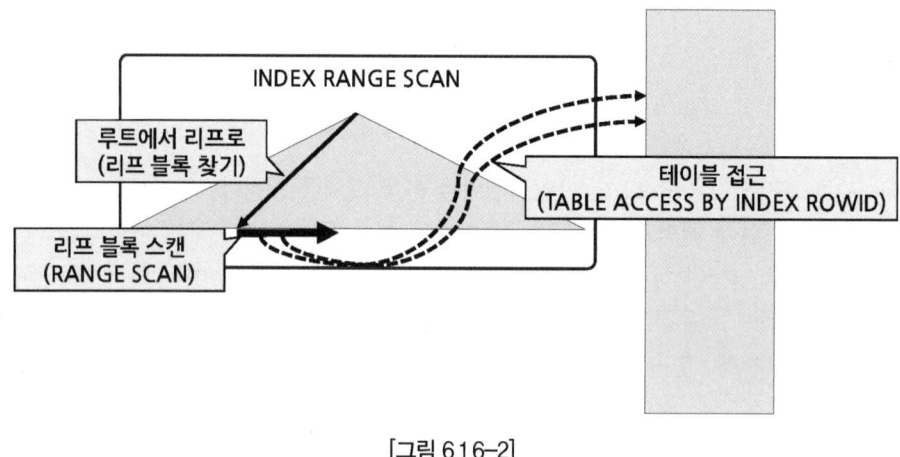

[그림 6.1.6-2]

[그림 6.1.6-2]를 차례대로 설명하면 아래와 같다.

    1. 루트에서 리프로: 검색 조건에 해당하는 첫 번째 리프 블록을 찾는 과정
    2. 리프 블록 스캔: 찾아낸 지점부터 리프 블록을 차례대로 읽어 가는 과정
    3. 테이블 접근: 리프 블록을 스캔하면서 필요에 따라 테이블에 접근하는 과정

위 설명에서 1번과 2번을 묶어서 'INDEX RANGE SCAN'이라고 한다. 'INDEX RANGE SCAN' 은 필요에 따라 테이블에 접근하는 'TABLE ACCESS BY INDEX ROWID' 작업을 동반한다.

인덱스를 이용해 데이터를 찾는 과정을 자세하게 알아보자.

(1) 루트에서 리프로(리프 블록 찾기)

루트 블록에서 주어진 조건이 저장된 리프 블록을 찾아가는 과정이다. 이 과정은 부하가 없다고 생각해도 될 정도로 매우 빠르게 이루어진다. '6.1.3 B*트리 구조와 탐색 방법' 절에서 이미 자세하게 살펴보았다.

(2) 리프 블록 스캔(RANGE SCAN)

'리프 블록 스캔(RANGE SCAN)'을 확대하면 [그림 6.1.6-3]과 같다. 그림은 'ORD_YMD'로 구성된 인덱스의 리프 블록이다. 리프 블록은 인덱스의 키 컬럼인 ORD_YMD 값의 순으로 정렬되어 있다. 그림은 ORD_YMD가 '20170103'인 데이터를 검색하고 있다.

'루트에서 리프로' 과정에서 '20170103'이 최초로 저장된 3번 리프 블록(BLOCK#3)을 찾아냈다고 가정하자. 3번 리프 블록을 찾아낸 후에는 리프 블록 내의 데이터를 차례대로 읽어 나간다. 차례대로 읽어 가는 과정은 ORD_YMD가 '20170103'보다 큰 데이터를 만날 때까지다. 이 과정이 '리프 블록 스캔'이다. 여기서는 두 개의 블록을 읽었다.

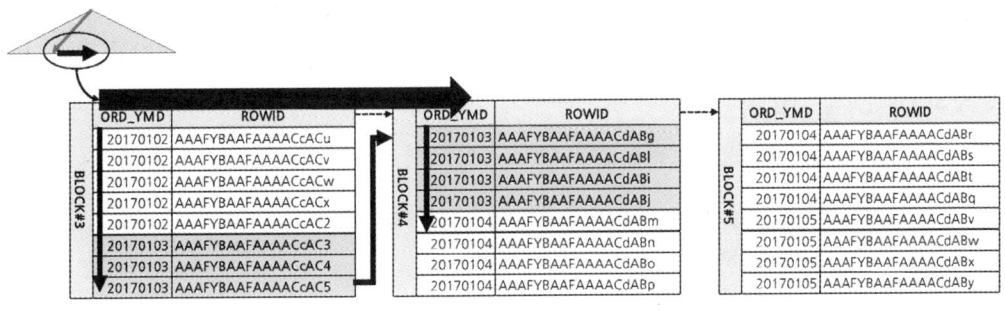

[그림 6.1.6-3]

(3) 테이블 접근(TABLE ACCESS BY INDEX ROWID)

'리프 블록 스캔' 과정에서는 필요에 따라 테이블 접근을 한다. [그림 6.1.6-4]와 같다. 인덱스 리프 블록의 ROWID 값을 참조해 테이블의 데이터를 찾아가는 과정이다.

이 과정은 테이블에서 필요한 값이 있을 때만 일어난다. 만약에 ORD_YMD 값만 사용해 SQL을 처리할 수 있다면 이 과정은 생략된다.

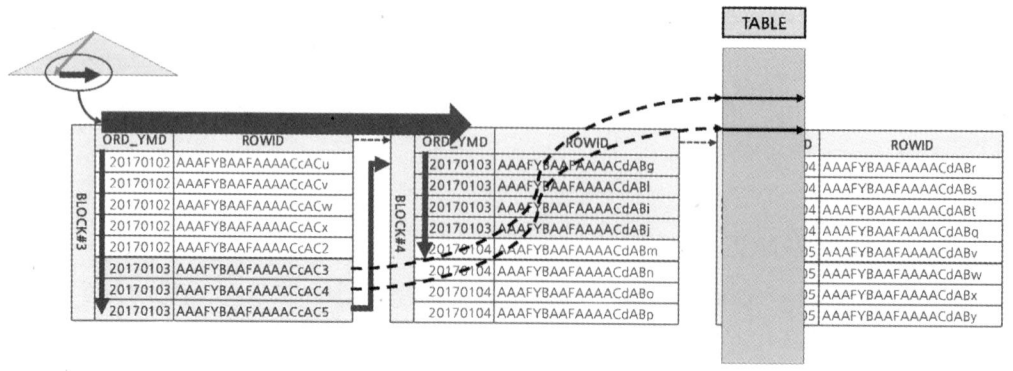

[그림 6.1.6-4]

인덱스를 이용해 데이터를 찾는 과정을 단계적으로 살펴보았다. 이제는 실제로 인덱스를 만들어 테스트해 보자.

ORD_YMD 컬럼에 인덱스를 구성한 후에, ORD_YMD가 '20170316'인 데이터를 카운트해보자. 앞에서 'TABLE ACCESS FULL'로 물리적IO(Reads)가 253K번 발생한 SQL이다.

```
INDEX RANGE SCAN을 사용하는 SQL
1   CREATE INDEX X_T_ORD_BIG_1 ON T_ORD_BIG(ORD_YMD);
2
3   SELECT  /*+ GATHER_PLAN_STATISTICS INDEX(T1 X_T_ORD_BIG_1) */
4           T1.CUS_ID ,COUNT(*) ORD_CNT
5   FROM    T_ORD_BIG T1
6   WHERE   T1.ORD_YMD = '20170316'
7   GROUP BY T1.CUS_ID
8   ORDER BY T1.CUS_ID;
```

SQL의 3번 라인을 보면, 'INDEX(T1 X_T_ORD_BIG_1)' 힌트를 사용해 인덱스를 사용하도록 강제하고 있다. 힌트는 SQL의 처리 방법(실행계획)만 변경할 뿐 실행 결과에는 절대 영향을 주지 않는다.

인덱스를 이용한 실행계획을 확인해 보면 물리적IO(Reads)와 논리적IO(Buffers)가 테이블 전체(TABLE ACCESS FULL)를 읽을 때보다 줄어들었다.

```
INDEX RANGE SCAN을 사용하는 SQL - 실행계획
1   -------------------------------------------------------------------------------------
2   | Id | Operation           | Name | Starts | A-Rows | A-Time | Buffers | Reads |
```

```
3   ---------------------------------------------------------------------------------
4   |   0 |  SELECT STATEMENT              |              |     1 |     5 |00:00:03.35 |  10270 | 15826 |
5   |   1 |   SORT GROUP BY                |              |     1 |     5 |00:00:03.35 |  10270 | 15826 |
6   |   2 |    TABLE ACCESS BY INDEX ROWID | T_ORD_BIG    |     1 | 50000 |00:00:03.43 |  10270 | 15826 |
7   |*  3 |     INDEX RANGE SCAN           | X_T_ORD_BIG_1|     1 | 50000 |00:00:00.02 |    142 |   143 |
8   ---------------------------------------------------------------------------------
```

실행계획에 'INDEX RANGE SCAN'과 'TABLE ACCESS BY INDEX ROWID' 작업이 있다. WHERE 조건에 맞는 데이터를 찾기 위해 'INDEX RANGE SCAN'을 사용했고, 인덱스에 없는 'CUS_ID' 값을 가져오기 위해 'TABLE ACCESS BY INDEX ROWID' 작업까지 수행한 것이다.

> **MEMO**
>
> X_T_ORD_BIG_1 인덱스를 이용한 SQL은 처음 실행에는 3.35초가 걸리지만, 두 번째 실행부터는 0.06초 정도로 매우 빠르게 실행된다. 두 번째 실행부터는 물리적IO 없이 논리적IO로만 SQL이 처리되기 때문이다.

위 실행계획에서 'INDEX RANGE SCAN'과 'TABLE ACCESS BY INDEX ROWID' 과정을 간략하게 표현하면 [그림 6.1.6-5]와 같다.

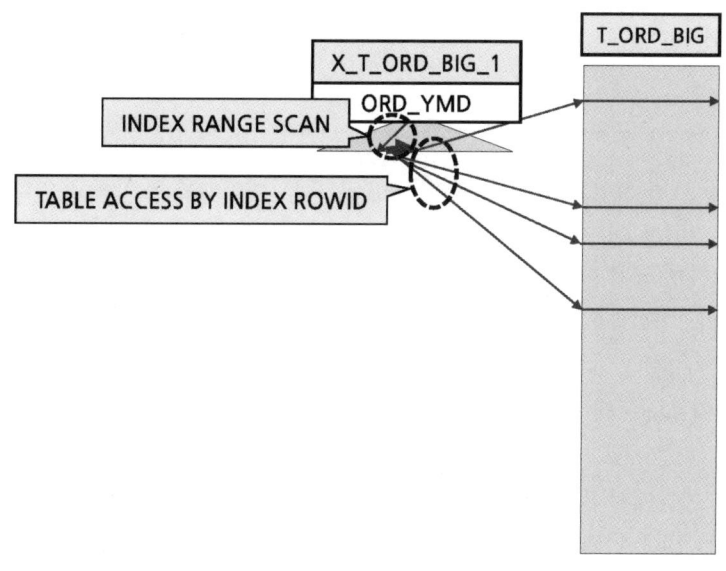

[그림 6.1.6-5]

인덱스를 이용해 데이터를 찾는 과정을 살펴보았다. 유사한 설명을 여러 차례 반복했다. 성능 개선에 그만큼 중요하기 때문이다.

6.1.7 INDEX RANGE SCAN VS. TABLE ACCESS FULL

데이터를 찾을 때, '인덱스를 이용한 찾기'와 '테이블 전체 읽기'의 성능을 비교해 보자.

비교에 앞서 랜덤 액세스란 용어에 대해 간단히 살펴보자.

> 랜덤 액세스(RANDOM ACCESS)
>
> 오라클 성능 관련된 자료를 찾다 보면 랜덤 액세스란 용어가 종종 나온다. 이는 IO 작업 한 번에 하나의 블록을 가져오는 접근 방법을 뜻한다. 인덱스의 리프 블록에서 ROWID를 이용해 테이블에 접근할 때 랜덤 액세스가 발생한다. 실행계획에는 'TABLE ACCESS BY INDEX ROWID'로 표시된다. 찾으려는 데이터가 많지 않으면, 랜덤 액세스가 나쁜 방법은 아니다. 하지만 찾으려는 데이터가 많으면 랜덤 액세스는 오히려 비효율적이다.

아래 SQL은 ORD_YMD 인덱스를 이용했을 때 성능이 더 좋은 SQL이다.

```
INDEX RANGE SCAN을 사용하는 SQL
1   SELECT  /*+ GATHER_PLAN_STATISTICS */
2           T1.CUS_ID ,COUNT(*) ORD_CNT
3   FROM    T_ORD_BIG T1
4   WHERE   T1.ORD_YMD = '20170316'
5   GROUP BY T1.CUS_ID
6   ORDER BY T1.CUS_ID;
```

SQL의 WHERE 조건절을 보면 ORD_YMD가 '20170316'인 주문 데이터를 조회하고 있다. T_ORD_BIG 테이블에는 총 3천만 건 정도의 데이터가 있다. 그중에 ORD_YMD가 '20170316'인 데이터는 5만 건이다. 3천만 건에서 5만 건 정도를 찾는 경우라면 'INDEX RANGE SCAN'이 효율적이라고 판단할 수 있다. (정확하게는 데이터 건수가 아닌 블록 수로 판단을 해야 한다. 쉽게 이해할 수 있게 데이터 건수라는 표현을 사용했다.) 여기서 5만 건이라는 수치가 모든 상황에서 절대적인 수치는 아니다. 서버와 스토리지 성능, 테이블 구조, 그리고 SQL에 따라 달라진다.

이번에는 T_ORD_BIG 테이블에서 3개월간의 주문을 조회해 보자. 약 7,650,000건에 달하는 대량 데이터다. 'X_T_ORD_BIG_1' 인덱스를 사용하도록 힌트를 주었다.

```
3개월간의 주문을 조회 - ORD_YMD컬럼 인덱스를 사용
1   SELECT  /*+ GATHER_PLAN_STATISTICS INDEX(T1 X_T_ORD_BIG_1) */
2           T1.ORD_ST ,SUM(T1.ORD_AMT)
3   FROM    T_ORD_BIG T1
```

| 4 | WHERE   T1.ORD_YMD BETWEEN '20170401' AND '20170630' |
| 5 | GROUP BY T1.ORD_ST; |

필자 환경에서 위 SQL은 30초가 걸린다. 전체 Buffers를 보면 980K다. 많은 논리적 IO가 발생했다. 실행계획은 아래와 같다.

3개월간의 주문을 조회 - ORD_YMD컬럼 인덱스를 사용 - 실행계획

```
1  ----------------------------------------------------------------------------
2  | Id | Operation                        | Name        | Starts | A-Rows |   A-Time     | Buffers |
3  ----------------------------------------------------------------------------
4  |  0 | SELECT STATEMENT                 |             |    1   |    50  | 00:00:30.24  |   980K  |
5  |  1 |  SORT GROUP BY                   |             |    1   |    50  | 00:00:30.24  |   980K  |
6  |  2 |   TABLE ACCESS BY INDEX ROWID    | T_ORD_BIG   |    1   |  7650K | 00:00:13.64  |   980K  |
7  |* 3 |    INDEX RANGE SCAN              | X_T_ORD_BIG_1|   1   |  7650K | 00:00:03.36  |  21312  |
8  ----------------------------------------------------------------------------
```

실행계획에서 'TABLE ACCESS BY INDEX ROWID'가 7,650K 번 실행되었다. 'TABLE ACCESS BY INDEX ROWID'는 바로 전 단계(INDEX RANGE SCAN)의 A-Rows만큼 실행된다. 매우 많은 랜덤 액세스가 발생했다.

같은 SQL을 'FULL' 힌트를 사용해 실행해보자. '테이블 전체 읽기' 방식으로 SQL이 처리된다.

3개월간의 주문을 조회 - FULL(T1) 힌트 사용

1	SELECT /*+ GATHER_PLAN_STATISTICS FULL(T1) */
2	T1.ORD_ST ,SUM(T1.ORD_AMT)
3	FROM T_ORD_BIG T1
4	WHERE T1.ORD_YMD BETWEEN '20170401' AND '20170630'
5	GROUP BY T1.ORD_ST;

'FULL(T1)' 힌트를 사용하자 인덱스로 처리할 때보다 속도가 빨라졌다. 실행계획은 아래와 같다.

3개월간의 주문을 조회 - FULL(T1) 힌트 사용 - 실행계획

```
1  ----------------------------------------------------------------------------
2  | Id | Operation            | Name      | Starts | A-Rows |   A-Time     | Buffers | Reads |
3  ----------------------------------------------------------------------------
4  |  0 | SELECT STATEMENT     |           |    1   |    50  | 00:00:04.77  |   253K  |  253K |
5  |  1 |  SORT GROUP BY       |           |    1   |    50  | 00:00:04.77  |   253K  |  253K |
6  |* 2 |   TABLE ACCESS FULL  | T_ORD_BIG |    1   |  7650K | 00:00:02.59  |   253K  |  253K |
7  ----------------------------------------------------------------------------
```

총 실행 시간이 4.77초로 단축되었다. Buffers 수치도 253K로 좋아졌다. 찾고자 하는 데이터가 '특정 수준' 이상으로 많으면 인덱스를 이용한 '랜덤 액세스' 보다 'FULL SCAN' 방식이 훨씬 효율적이다.

찾아야 하는 데이터가 절대적으로 많다면 'FULL SCAN'이 더 좋은 성능을 만들어 낸다고 결론 지을 수 있다. 하지만 테이블에 데이터가 계속 쌓이는 구조라면 'FULL SCAN' 방식은 시간이 지날수록 성능이 나빠진다. 이런 경우에는 오래된 데이터를 잘라내거나 파티션 전략을 수립할 필요가 있다. 또는 중간 집계 테이블 등을 활용하는 방안을 고려해야 한다.

지금까지 설명한 내용을 정리해보면 아래와 같다.

- 적은 양의 데이터를 읽는다면 'INDEX RANGE SCAN'이 유리하다.
- 많은 양의 데이터를 읽어야 한다면 'FULL SCAN'이 유리할 수 있다.
- 'FULL SCAN'은 데이터가 쌓일수록 성능이 점차 나빠진다. 테이블 관리 전략이 필요하다.

인덱스가 항상 빠르지 않다는 것을 살펴보았다. SQL 성능을 높이려는 목적으로 무조건 인덱스를 만들어서는 안 된다. 인덱스를 만들기 전에 새로운 인덱스가 과연 성능에 도움이 될지를 판단해야 한다.

6.2 단일 인덱스

6.2.1 단일 인덱스의 컬럼 정하기

지금까지 인덱스의 구조와 동작 원리를 살펴보았다. 이번 절에서는 단일 인덱스의 컬럼을 선정하는 방법을 살펴보자.

인덱스는 '조건'에 맞는 데이터를 빠르게 찾기 위한 객체다. WHERE 조건절에 사용된 컬럼에 인덱스를 구성하는 것이 기본 원리다.

아래 SQL은 필자 환경에서 4.43초가 걸린다. 적절한 인덱스가 없기 때문이다.

인덱스가 필요한 SQL
1 SELECT   /*+ GATHER_PLAN_STATISTICS */ 2   TO_CHAR(T1.ORD_DT,'YYYYMM') ,COUNT(*) 3 FROM   T_ORD_BIG T1 4 WHERE   T1.CUS_ID = 'CUS_0064' 5 AND   T1.PAY_TP = 'BANK' 6 AND   T1.RNO = 2 7 GROUP BY TO_CHAR(T1.ORD_DT,'YYYYMM');

성능 개선을 위해 단 하나의 단일 인덱스를 고려해 보자. 후보 컬럼은 WHERE 조건절에 사용된 'CUS_ID, PAY_TP, RNO' 컬럼들이다. 인덱스 컬럼 선정에 아래 SQL이 도움이 된다.

효율적인 단일 인덱스 찾기
1 SELECT 'CUS_ID' COL ,COUNT(*) CNT FROM T_ORD_BIG T1 WHERE T1.CUS_ID = 'CUS_0064' 2 UNION ALL 3 SELECT 'PAY_TP' COL ,COUNT(*) CNT FROM T_ORD_BIG T1 WHERE T1.PAY_TP = 'BANK' 4 UNION ALL 5 SELECT 'RNO' COL ,COUNT(*) CNT FROM T_ORD_BIG T1 WHERE T1.RNO = 2;

위 SQL 결과는 [그림 6.2.1-1]과 같다. CNT는 컬럼별 조건에 따른 결과 건수를 나타낸다.

COL	CNT
CUS_ID	340,000
PAY_TP	9,150,000
RNO	3,047

[그림 6.2.1-1]

인덱스 컬럼 선정의 규칙 중 하나는 선택성(Selectivity)이 좋은 컬럼을 사용하는 것이다. 주어진 조건에 해당하는 데이터가 적을수록 선택성이 좋고, 조건에 해당하는 데이터가 많을수록 선택성이 나쁘다.

[그림 6.2.1-1]을 보면, 'RNO = 2' 조건의 결과가 3,047건으로 가장 적다. RNO 조건이 선택성이 가장 좋고, 그다음은 CUS_ID가 좋다. 그러므로 위 SQL에 성능을 위한 단일 인덱스 하나를 만들어야 한다면 RNO 컬럼에 만드는 것이 좋다. 정말 그러한지 확인해 보자.

RNO에 대한 단일 인덱스 생성
1   CREATE INDEX X_T_ORD_BIG_2 ON T_ORD_BIG(RNO);

인덱스가 생성되면 아래와 같이 힌트를 적용해 SQL을 실행해 보자.

RNO에 대한 단일 인덱스 생성 후 SQL수행
1   SELECT   /*+ GATHER_PLAN_STATISTICS INDEX(T1 X_T_ORD_BIG_2) */
2   TO_CHAR(T1.ORD_DT,'YYYYMM') ,COUNT(*)
3   FROM   T_ORD_BIG T1
4   WHERE   T1.CUS_ID = 'CUS_0064'
5   AND   T1.PAY_TP = 'BANK'
6   AND   T1.RNO = 2
7   GROUP BY TO_CHAR(T1.ORD_DT,'YYYYMM');

위 SQL의 실행계획은 아래와 같다.

RNO에 대한 단일 인덱스 생성 후 SQL 수행 - 실행계획
1   --
2 | Id | Operation | Name | Starts | A-Rows | A-Time | Buffers |
3   --
4 | 0 | SELECT STATEMENT | | 1 | 2 |00:00:00.01 | 35 |
5 | 1 | HASH GROUP BY | | 1 | 2 |00:00:00.01 | 35 |
6 |* 2 | TABLE ACCESS BY INDEX ROWID| T_ORD_BIG | 1 | 2 |00:00:00.01 | 35 |
7 |* 3 | INDEX RANGE SCAN | X_T_ORD_BIG_2 | 1 | 3047 |00:00:00.01 | 9 |
8   --

실행계획을 전체적으로 해석해보자. 가장 먼저 'X_T_ORD_BIG_2' 인덱스를 이용해 조건에 맞는 데이터를 찾는다. 이때 찾은 데이터 건수는 3,047건이다. A-Rows 항목을 보면 알 수 있다. 찾아낸 3,047건에 대해 'TABLE ACCESS BY INDEX ROWID'를 수행한다. 'TABLE ACESS BY INDEX ROWID'를 거치면 2건의 데이터가 나온다. 마찬가지로 해당 단계의 A-Rows를 보

면 알 수 있다. 마지막으로 2건을 'GROUP BY' 해서 최종 결과로 내보낸다. 전체 0.01초가 걸렸고 전체 Buffers는 35다.

이번에는 RNO 조건보다 선택성이 좋지 않은 CUS_ID 컬럼에 인덱스를 만들어 테스트해 보자.

CUS_ID 에 대한 단일 인덱스 생성
1　CREATE INDEX X_T_ORD_BIG_3 ON T_ORD_BIG(CUS_ID);

CUS_ID 인덱스를 사용하도록 힌트를 사용해 SQL을 실행해보자.

CUS_ID에 대한 단일 인덱스 생성 후 SQL수행
1　SELECT　/*+ GATHER_PLAN_STATISTICS INDEX(T1 X_T_ORD_BIG_3) */
2　　　　　TO_CHAR(T1.ORD_DT,'YYYYMM') ,COUNT(*)
3　FROM　 T_ORD_BIG T1
4　WHERE　T1.CUS_ID = 'CUS_0064'
5　AND　　T1.PAY_TP = 'BANK'
6　AND　　T1.RNO = 2
7　GROUP BY TO_CHAR(T1.ORD_DT,'YYYYMM');

CUS_ID 인덱스를 사용하자 이전보다 오랜 시간이 걸린다. 실행계획은 아래와 같다.

CUS_ID에 대한 단일 인덱스 생성 후 SQL수행 - 실행계획
``

| Id | Operation | Name | Starts | A-Rows | A-Time | Buffers |

| 0 | SELECT STATEMENT | | 1 | 2 | 00:00:17.16 | 245K |
| 1 | HASH GROUP BY | | 1 | 2 | 00:00:17.16 | 245K |
|* 2 | TABLE ACCESS BY INDEX ROWID | T_ORD_BIG | 1 | 2 | 00:00:00.01 | 245K |
|* 3 | INDEX RANGE SCAN | X_T_ORD_BIG_3| 1 | 340K | 00:00:00.60 | 950 |

이전보다 오래 걸린 원인만 찾아보자. 'INDEX RANGE SCAN' 단계를 보면 A-Rows가 340K 다. 그러므로 'TABLE ACCESS BY INDEX ROWID'는 340K 번 수행된다. 이로 인해 최종 시간이 17.16초로 나빠지고 Buffers도 245K에 달한다. (여기서 실행 시간은 각자 환경에 따라 많은 차이가 날 수 있다.)

[그림 6.2.1-2]를 보면, RNO 인덱스와 CUS_ID 인덱스에 따라 성능 차이가 왜 발생하는지 쉽게 이해할 수 있다.

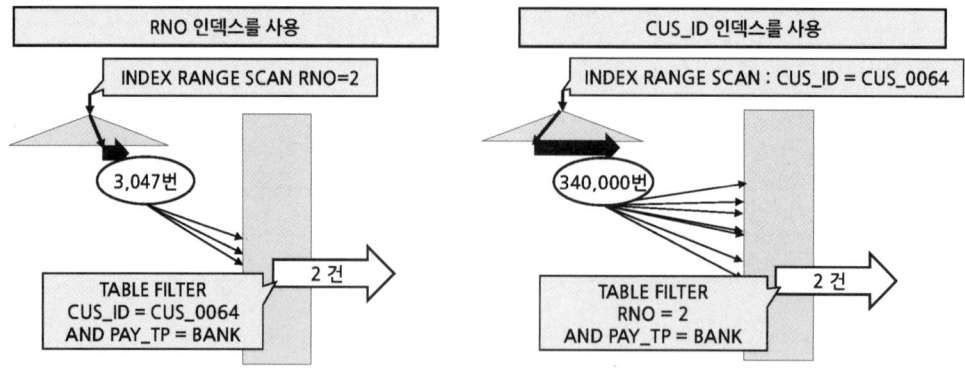

[그림 6.2.1-2]

RNO가 '2'인 데이터는 3,047건이다. RNO 인덱스로 데이터를 검색하면 3,047번의 'TABLE ACCESS BY INDEX ROWID'만 수행하면 된다. 반면에 CUS_ID가 'CUS_0064'인 데이터는 340,000건이다. CUS_ID 인덱스를 이용하면 340,000번의 'TABLE ACCESS BY INDEX ROWID' 작업을 해야 한다.

RNO 인덱스가 성능이 좋을 수밖에 없다. 위 SQL에 대해서는 RNO 컬럼에 단일 인덱스를 만드는 것이 가장 효율적이라고 결정지을 수 있다.

6.2.2 단일 인덱스 vs. 복합 인덱스

복합 인덱스는 두 개 이상의 컬럼으로 구성된 인덱스를 뜻한다. 복합 인덱스는 단일 인덱스를 능가하는 성능을 낼 수 있다. 하나의 복합 인덱스로 여러 개의 인덱스를 대신 할 수 있는 장점도 있다.

인덱스가 테이블의 조회 속도를 개선하는 것은 분명한 사실이지만, 인덱스가 많아질수록 입력, 수정, 삭제에서는 성능 감소가 발생한다. 데이터 변경이 발생할 때마다 인덱스 역시 변경을 해주어야 하기 때문이다. 이와 같은 이유로 복합 인덱스를 이용해 인덱스의 수를 줄이는 것이 매우 중요하다. 성능 개선을 위해 복합 인덱스는 반드시 넘어야 할 산이다.

단일 인덱스와 복합 인덱스의 성능을 비교해보자. 성능 비교에 앞서 이전 절에서 생성했던 'X_T_ORD_BIG_3' 인덱스를 제거하자.

6.2 단일 인덱스

	CUS_ID 에 대한 단일 인덱스 제거
1	DROP INDEX X_T_ORD_BIG_3;

아래 SQL을 실행해보자. WHERE 조건절에는 ORD_YMD와 CUS_ID 조건이 있다. ORD_YMD에는 'LIKE' 조건이 CUS_ID에는 '같다(=)' 조건이 사용되었다. ORD_YMD로 구성된 'X_T_ORD_BIG_1' 인덱스를 사용하도록 힌트도 포함되어 있다.

	2개의 조건이 사용된 SQL - ORD_YMD인덱스를 사용
1	SELECT /*+ GATHER_PLAN_STATISTICS INDEX(T1 X_T_ORD_BIG_1) */
2	T1.ORD_ST ,COUNT(*)
3	FROM T_ORD_BIG T1
4	WHERE T1.ORD_YMD LIKE '201703%'
5	AND T1.CUS_ID = 'CUS_0075'
6	GROUP BY T1.ORD_ST;

SQL의 실행계획을 살펴보면 아래와 같다.

2개의 조건이 사용된 SQL - ORD_YMD인덱스를 사용

```
---------------------------------------------------------------------------------------
| Id | Operation                     | Name        | Starts | A-Rows |   A-Time   | Buffers |
---------------------------------------------------------------------------------------
|  0 | SELECT STATEMENT              |             |      1 |      1 |00:00:06.61 |   338K  |
|  1 |  HASH GROUP BY                |             |      1 |      1 |00:00:06.61 |   338K  |
|* 2 |   TABLE ACCESS BY INDEX ROWID | T_ORD_BIG   |      1 |  30000 |00:00:04.41 |   338K  |
|* 3 |    INDEX RANGE SCAN           | X_T_ORD_BIG_1|     1 |  1850K |00:00:01.11 |   5156  |
---------------------------------------------------------------------------------------
```

실행계획을 보면 전체 실행 시간이 6.61초다. 전체 Buffers 수치는 338K다. 'INDEX RANGE SCAN' 단계의 A-Rows를 보면 1,850K다. 랜덤 액세스가 1,850K번 발생한 것이다.

이번에는 WHERE 조건절에 사용된 ORD_YMD와 CUS_ID 컬럼 두 개를 모두 포함하는 복합 인덱스를 만들어 SQL을 실행해보자. (복합 인덱스의 컬럼 순서는 성능과 매우 밀접한 관련이 있다. 아직은 복합 인덱스의 컬럼 순서를 고려하지 않는다.)

아래 SQL로 복합 인덱스를 만들자.

	ORD_YMD, CUS_ID순으로 복합 인덱스를 생성
1	CREATE INDEX X_T_ORD_BIG_3 ON T_ORD_BIG(ORD_YMD, CUS_ID);

인덱스가 생성되면, 새로 만든 인덱스를 사용하도록 힌트를 주어 SQL을 실행하자.

> **MEMO**
>
> 정확한 테스트를 위해서는 SQL 실행 전에, 'ALTER SYSTEM FLUSH BUFFER_CACHE;' 명령어로 버퍼캐시에 있는 블록들을 비워내야 한다. 버퍼캐시에 데이터가 이미 존재하고 있으면 실행 시간 측정이 정확히 이루어지지 않는다. 이 책에서 이 명령어의 사용을 보여주지 않는 이유는, 운영 환경에서 실행하면 절대 안 되는 '위험한 명령어'기 때문이다.

ORD_YMD, CUS_ID 복합 인덱스를 사용하도록 SQL을 수행

```
1  SELECT  /*+ GATHER_PLAN_STATISTICS INDEX(T1 X_T_ORD_BIG_3) */
2          T1.ORD_ST ,COUNT(*)
3  FROM    T_ORD_BIG T1
4  WHERE   T1.ORD_YMD LIKE '201703%'
5  AND     T1.CUS_ID = 'CUS_0075'
6  GROUP BY T1.ORD_ST;
```

실행계획을 확인해 보면 전체 실행 시간이 1.49초로 개선되었다.

ORD_YMD, CUS_ID 복합 인덱스를 사용한 SQL - 실행계획

```
-----------------------------------------------------------------------------------
| Id | Operation                     | Name        | Starts | A-Rows |   A-Time   | Buffers |
-----------------------------------------------------------------------------------
|  0 | SELECT STATEMENT              |             |      1 |      1 |00:00:01.49 |   37494 |
|  1 |  HASH GROUP BY                |             |      1 |      1 |00:00:01.49 |   37494 |
|  2 |   TABLE ACCESS BY INDEX ROWID | T_ORD_BIG   |      1 |  30000 |00:00:01.06 |   37494 |
|* 3 |    INDEX RANGE SCAN           | X_T_ORD_BIG_3|     1 |  30000 |00:00:00.19 |    7494 |
-----------------------------------------------------------------------------------
```

6.61초 걸리던 SQL이 복합 인덱스를 사용하자 1.49초로 성능이 좋아졌다.

어디서 성능 차이가 발생했는지는 실행계획을 보면 알 수 있다.
단일 인덱스를 사용한 경우 'INDEX RANGE SCAN'의 A-Rows가 1,850K(1,850,000) 건이다. 다시 말해 'ORD_YMD LIKE 201703%' 인 데이터가 1,850,000건이다. (단일 인덱스에는 ORD_YMD 정보밖에 없다.) CUS_ID 조건을 확인하려면 테이블에 접근해야 한다. 결국 1,850,000번의 'TABLE ACCESS BY INDEX ROWID'를 수행해야 한다. 무시무시한 횟수다.

반면에 복합 인덱스를 사용한 경우에는 'INDEX RANGE SCAN'의 A-Rows가 30,000에 불과하다. 인덱스에 ORD_YMD와 CUS_ID 정보가 모두 있다. 테이블에 접근하지 않아도 조건에 맞는 데이터를 찾아낼 수 있다. 다만 SQL의 SELECT 절에 사용된 ORD_ST 컬럼은 인덱스에 없다. 그러므로 30,000번의 테이블 접근(TABLE ACCESS BY INDEX ROWID)은 피할 수 없다.

정리하면 'TABLE ACCESS BY INDEX ROWID'가 1,850K번에서 30,000번으로 줄었기 때문에 성능 개선이 이루어졌다. 'TABLE ACCESS BY INDEX ROWID'는 대표적인 랜덤 액세스다. 랜덤 액세스가 백만 번 이상 발생한다면 좋은 성능을 기대하기는 어렵다.

[그림 6.2.2-1]을 보면, 지금까지 설명한 내용을 좀 더 쉽게 이해할 수 있다.
그림의 가운데 부분은 실제 데이터가 저장된 데이터 블록이다. 그림에는 표현되지 않았지만, 데이터 블록에는 ORD_ST나 ORD_SEQ와 같은 T_ORD_BIG 테이블의 모든 데이터가 들어가 있다. ROWID(RID)는 이해를 위해 A0001과 같이 단순하게 표현했다.

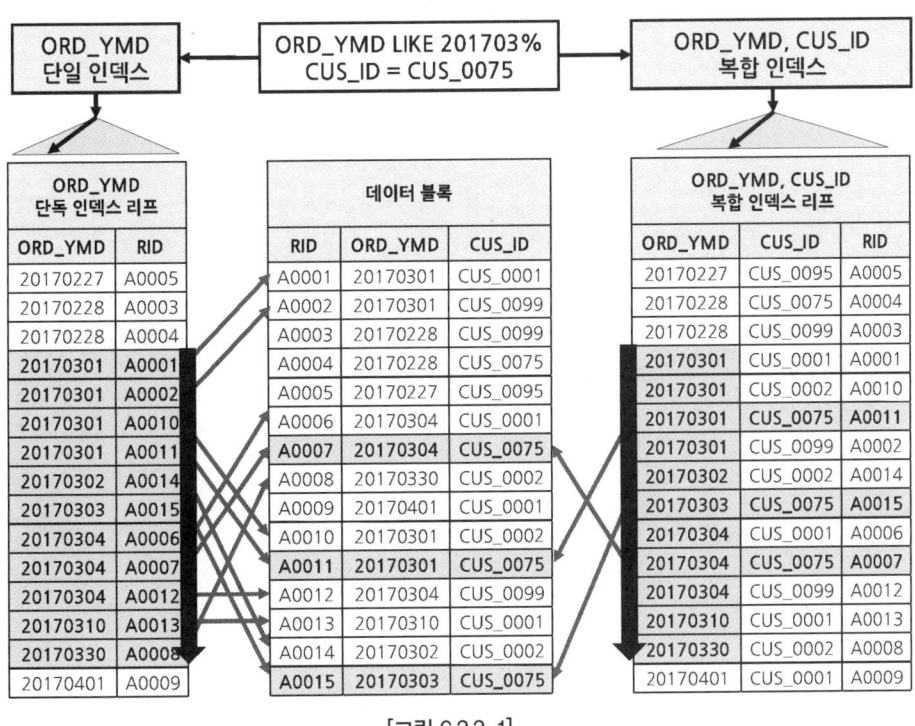

[그림 6.2.2-1]

그림에서 왼쪽은 ORD_YMD로 구성된 단일 인덱스의 리프 블록이다. 그림의 오른쪽은 ORD_YMD와 CUS_ID로 구성된 복합 인덱스의 리프 블록이다. SQL의 'ORDER BY' 결과처럼 ORD_YMD별로 데이터가 먼저 정렬되고 같은 ORD_YMD 에 대해서는 CUS_ID 순으로 데이터가 정렬되어 있다.

그림에서 단일 인덱스를 사용한 경우, ORD_YMD 조건은 인덱스를 이용해 해결했지만, CUS_ID 조건은 테이블에 방문해야만 해결할 수 있다. 반면에 복합 인덱스는 ORD_YMD와 CUS_ID 에 대한 조건을 모두 인덱스 안에서 해결했다.

인덱스를 설계할 때 중요하게 고려할 부분이 바로 '테이블 접근'(TABLE ACCESS BY INDEX ROWID)을 줄이는 것이다. WHERE 조건절의 모든 컬럼을 복합 인덱스로 구성하면 테이블 접근을 최소화할 수 있다. 하지만 복합 인덱스에 너무 많은 컬럼을 사용하면 데이터의 입력, 수정, 삭제에서 성능 저하가 나타난다. 그러므로 적절한 컬럼 수로 복합 인덱스를 구성해야 한다. 복합 인덱스를 처음 접하는 독자라면 이 책을 모두 읽어 본 후 적용해 보기 바란다.

6.3 복합 인덱스

6.3.1 복합 인덱스 - 컬럼 선정과 순서#1

'A, B, C' 컬럼 순서의 복합 인덱스와 'C, B, A' 컬럼 순서의 복합 인덱스는 완전히 다른 인덱스다.

복합 인덱스를 만들 때 가장 중요한 것은 인덱스를 구성하는 컬럼 순서다. 컬럼 순서에 따라 복합 인덱스가 강력한 성능을 발휘할 수도 있으며, 반대로 성능에 전혀 도움이 안 될 수도 있다. 최악의 경우 성능을 더 나쁘게 만들기도 한다.

아래 SQL은 바로 앞에서 살펴본 SQL이다. ORD_YMD와 CUS_ID 순서로 구성된 복합 인덱스를 사용해 1.49초 걸렸던 SQL이다.

2개의 조건이 사용된 SQL
1   SELECT   /*+ GATHER_PLAN_STATISTICS INDEX(T1 X_T_ORD_BIG_3) */ 2   T1.ORD_ST ,COUNT(*) 3   FROM   T_ORD_BIG T1 4   WHERE   T1.ORD_YMD LIKE '201703%' 5   AND   T1.CUS_ID = 'CUS_0075' 6   GROUP BY T1.ORD_ST;

복합 인덱스의 컬럼 순서를 정할 때 관심 있게 볼 것은 WHERE 절의 조건이다. '같다(=)' 조건이 사용된 컬럼을 복합 인덱스의 앞 부분에 두는 것이 기본 원칙이다. 위 SQL은 CUS_ID에 '같다(=)' 조건이, ORD_YMD에는 'LIKE' 조건이 사용되고 있다. 그러므로 'CUS_ID, ORD_YMD' 순서로 복합 인덱스를 만들면 성능에 유리하다. 과연 그러한지 테스트해보자. 아래 SQL로 인덱스를 생성하자.

CUS_ID, ORD_YMD로 구성된 인덱스
1   CREATE INDEX X_T_ORD_BIG_4 ON T_ORD_BIG(CUS_ID, ORD_YMD);

새로 만든 인덱스를 사용하도록 힌트를 주고 SQL을 실행해 보자. (정확한 테스트를 위해서는 버퍼캐시를 비워놓고 SQL을 실행해야 한다.)

> **MEMO 버퍼캐시 비우기**
>
> 'ALTER SYSTEM FLUSH BUFFER_CACHE;'를 실행해 버퍼캐시를 비울 수 있다. 앞의 메모에서 이미 설명했듯이 운영 환경에서 실행하면 절대 안 되는 '<u>위험한 명령어</u>'다.

```
CUS_ID, ORD_YMD인덱스를 사용하는 SQL
1   SELECT  /*+ GATHER_PLAN_STATISTICS INDEX(T1 X_T_ORD_BIG_4) */
2           T1.ORD_ST ,COUNT(*)
3   FROM    T_ORD_BIG T1
4   WHERE   T1.ORD_YMD LIKE '201703%'
5   AND     T1.CUS_ID = 'CUS_0075'
6   GROUP BY T1.ORD_ST;
```

실행계획은 아래와 같다.

```
CUS_ID, ORD_YMD 복합 인덱스를 사용한 SQL - 실행계획
-----------------------------------------------------------------------------------------
| Id | Operation                     | Name        | Starts | A-Rows |   A-Time    | Buffers |
-----------------------------------------------------------------------------------------
|  0 | SELECT STATEMENT              |             |      1 |      1 | 00:00:01.00 |   30125 |
|  1 |  HASH GROUP BY                |             |      1 |      1 | 00:00:01.00 |   30125 |
|  2 |   TABLE ACCESS BY INDEX ROWID | T_ORD_BIG   |      1 |  30000 | 00:00:01.34 |   30125 |
|* 3 |    INDEX RANGE SCAN           | X_T_ORD_BIG_4|     1 |  30000 | 00:00:00.04 |     125 |
-----------------------------------------------------------------------------------------
```

'CUS_ID, ORD_YMD' 순서의 인덱스를 이용하자 전체 실행 시간이 1.49 초에서 1초로 조금 단축되었다. 실행 시간의 차이는 크게 의미가 없다. 때에 따라서는 방금 실행한 SQL이 조금 더 느리게 측정될 수도 있다.

여기서 주의 깊게 볼 것은 'INDEX RANGE SCAN' 단계의 Buffers(논리적 IO) 항목이다. 앞 절에서 'ORD_YMD, CUS_ID' 순서 인덱스를 사용했을 때 'INDEX RANGE SCAN'의 Buffers는 7,494였다. 'CUS_ID, ORD_YMD' 순서의 인덱스를 사용하자 Buffers가 125로 개선되었다. 복합 인덱스의 컬럼 순서를 변경해 7,000블록 정도의 IO를 개선했다.

컬럼 순서에 따라, 'INDEX RANGE SCAN'에서 Buffers가 왜 차이 나는지 원리를 알아보자.
[그림 6.3.1-1]은 'ORD_YMD, CUS_ID' 순서의 복합 인덱스로 주어진 조건의 데이터를 찾는 과정이다.

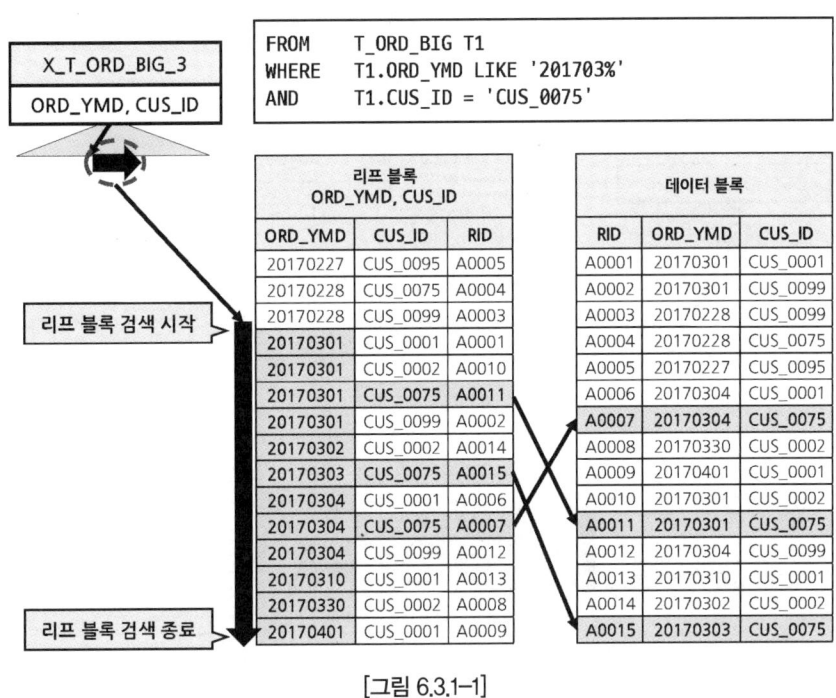

[그림 6.3.1-1]

그림 가운데에 인덱스의 리프 블록 데이터를 보면 ORD_YMD 순서로 먼저 정렬되어 있고, 같은 ORD_YMD는 CUS_ID 순서로 정렬되어 있다.

인덱스의 선두 컬럼인 ORD_YMD는 SQL에서 LIKE 조건으로 사용되었다. INDEX RANGE SCAN에서 가장 먼저 할 일은 루트에서 검색을 시작할 리프를 찾아가는 것이다. 그런데, 복합 인덱스의 선두 컬럼이 '범위(>, <, LIKE)' 조건으로 사용되면 인덱스의 두 번째 컬럼은 리프 검색의 시작 위치를 찾아내는 데 관여하지 못한다. 그림에서 리프 블록의 검색 시작 위치를 보라. ORD_YMD는 '20170301'이고 CUS_ID는 'CUS_0001'이다. SQL에서 'CUS_ID = CUS_0075' 조건이 리프 블록 검색 시작 위치를 찾는데 관여하지 못했다.

그뿐만 아니라, 찾고자 하는 CUS_ID가 ORD_YMD별로 흩어져 있다. 이로 인해 리프 블록을 스캔하는 과정에서 불필요한 CUS_ID도 읽는 비효율이 발생한다. 그림을 기준으로 리프 블록에서 12건을 스캔하게 되고 그중에 CUS_ID 조건에 맞는 3건의 데이터만 결과에 참여한다. 불필요하게 9건의 리프 데이터를 읽었다.

이번에는 같은 SQL을 'CUS_ID, ORD_YMD' 순서의 인덱스로 처리하는 과정을 살펴보자. [그림 6.3.1-2]와 같다.

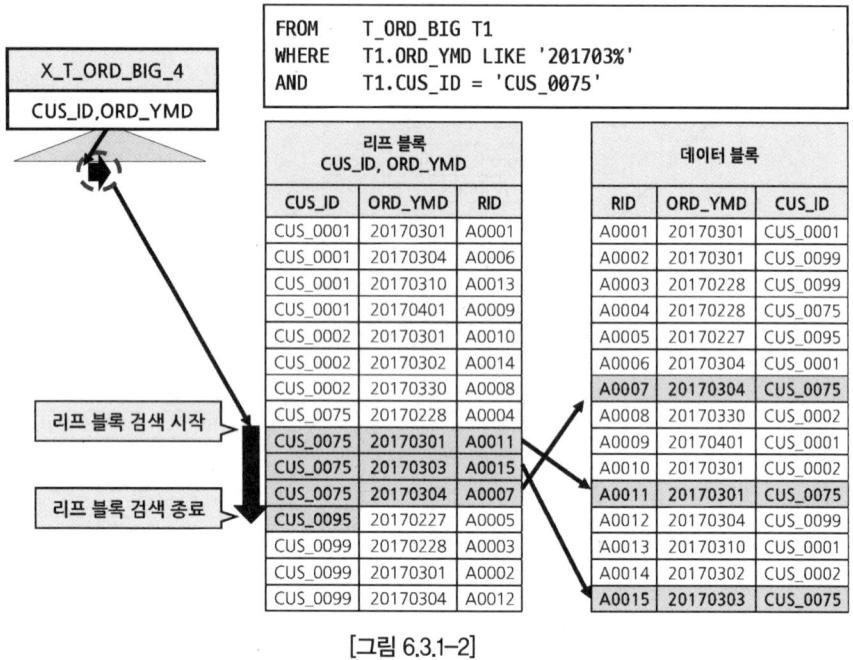

[그림 6.3.1-2]

그림 가운데 리프 블록을 보면 CUS_ID 순서로 먼저 정렬이 되고, 같은 CUS_ID는 ORD_YMD 순서로 정렬되어 있다.

복합 인덱스의 선두 컬럼이 '같다(=)' 조건으로 사용되어야만 두 번째 컬럼도 리프 블록의 검색 시작 위치를 찾는 데 관여할 수 있다. 두 번째 컬럼의 조건이 '범위' 조건이어도 상관없다. 그림 에서 리프 블록 검색 시작 위치를 보자. CUS_ID는 'CUS_0075'면서 ORD_YMD가 '20170301' 이다.
그림에서 리프 블록의 데이터를 보면 SQL에서 찾으려는 데이터가 잘 모여 있다. 그림 기준으로 4건의 리프 데이터만 접근하면 되고, 그중에 3건이 결과에 참여한다. 비효율이 거의 없다고 할 수 있다.

마지막으로 [그림 6.3.1-3]을 살펴보자. 지금까지 설명한 내용의 핵심을 하나의 그림으로 만들 었다.

리프 블록 ORD_YMD, CUS_ID				리프 블록 CUS_ID, ORD_YMD		
ORD_YMD	CUS_ID	RID		CUS_ID	ORD_YMD	RID
20170227	CUS_0095	A0005		CUS_0001	20170301	A0001
20170228	CUS_0075	A0004			20170304	A0006
	CUS_0099	A0003			20170310	A0013
20170301	CUS_0001	A0001			20170401	A0009
	CUS_0002	A0010		CUS_0002	20170301	A0010
	CUS_0075	A0011			20170302	A0014
	CUS_0099	A0002			20170330	A0008
20170302	CUS_0002	A0014		CUS_0075	20170228	A0004
20170303	CUS_0075	A0015			20170301	A0011
20170304	CUS_0001	A0006			20170303	A0015
	CUS_0075	A0007			20170304	A0007
	CUS_0099	A0012		CUS_0095	20170227	A0005
20170310	CUS_0001	A0013		CUS_0099	20170228	A0003
20170330	CUS_0002	A0008			20170301	A0002
20170401	CUS_0001	A0009			20170304	A0012

[그림 6.3.1-3]

그림의 왼쪽은 ORD_YMD가 선두인 복합 인덱스의 리프 데이터이고, 오른쪽은 CUS_ID가 선두인 복합 인덱스의 리프 데이터다. 우리가 찾고자 하는 데이터(ORD_YMD LIKE 201703% AND CUS_ID = CUS_0075)가 어느 쪽이 더 잘 모여 있는지 한눈에 알아볼 수 있다. 찾으려는 데이터가 잘 모여 있어야 읽어야 하는 블록이 줄어들어 SQL 성능이 좋아진다.

지금까지는 두 개의 컬럼으로 구성된 복합 인덱스를 살펴보았다. 세 개의 컬럼이라면 어떻게 해야 할까? 이 역시 마찬가지다. '같다(=)' 조건이 사용된 컬럼을 복합 인덱스의 선두에 놓기만 하면 된다. 만약에 'A = 1 AND B = 1 AND C 〉 10'과 같이 조건이 있다면, 복합 인덱스는 A, B, C 또는 B, A, C 순서로 구성하면 된다. '같다(=)' 조건이 사용된 컬럼들이 '범위' 조건이 사용된 컬럼보다 앞에만 있으면 된다.

방금 설명한 내용이 무조건 맞는 공식은 아니다. 때에 따라서는 '범위' 조건 컬럼을 인덱스의 선두로 놓는 것이 상책인 경우도 있다. 조인이 포함되면 조인 조건까지 생각해 인덱스의 컬럼 순서를 결정해야 한다. 단순히 위의 공식을 외우지 말고, 인덱스에 따라 IO가 어떻게 변경되는지 추적해보면서 최적의 인덱스를 찾는 연습을 해야 한다.

6.3.2 복합 인덱스 - 컬럼 선정과 순서#2

이번에는 ORD_YMD 에 '같다(=)' 조건이, CUS_ID에는 '범위' 조건이 사용된 SQL을 살펴보자.

Chapter. 6

	ORD_YMD에 '같다(=)'조건이 CUS_ID에 'LIKE조건'을 사용하는 SQL
1	SELECT T1.ORD_ST ,COUNT(*)
2	FROM T_ORD_BIG T1
3	WHERE T1.ORD_YMD = '20170301'
4	AND T1.CUS_ID LIKE 'CUS_001%'
5	GROUP BY T1.ORD_ST;

위 SQL과 같이 고객ID(CUS_ID) 컬럼에 '범위' 조건이 사용되는 건 정상적인 경우는 아니다. 성능 확인을 위한 예제일 뿐이다.

위 SQL에 힌트를 이용해서, 첫 번째 실행에는 ORD_YMD가 선두인 'X_T_ORD_BIG_3' 인덱스로 처리하고, 두 번째 실행에는 CUS_ID가 선두인 'X_T_ORD_BIG_4' 인덱스를 사용하도록 해보자. 지금까지 이 책의 내용을 잘 읽어왔다면 예제를 보여주지 않아도 가볍게 해낼 수 있을 것이다.

SQL을 실행해 보면, ORD_YMD가 선두인 'X_T_ORD_BIG_3' 인덱스는 빠르게 실행된다. 반면에 CUS_ID가 선두인 'X_T_ORD_BIG_4' 인덱스는 오래 걸린다. 직접 실행해보고 실행계획을 확인해보기 바란다.

앞의 절에서 CUS_ID가 '같다(=)' 조건이고 ORD_YMD가 '범위' 조건인 SQL은 'X_T_ORD_BIG_4'(CUS_ID, ORD_YMD) 인덱스가 더 효율적이었다.
[그림 6.3.2-1]을 보자. SQL 별로 궁합이 맞는 인덱스가 따로 있다.

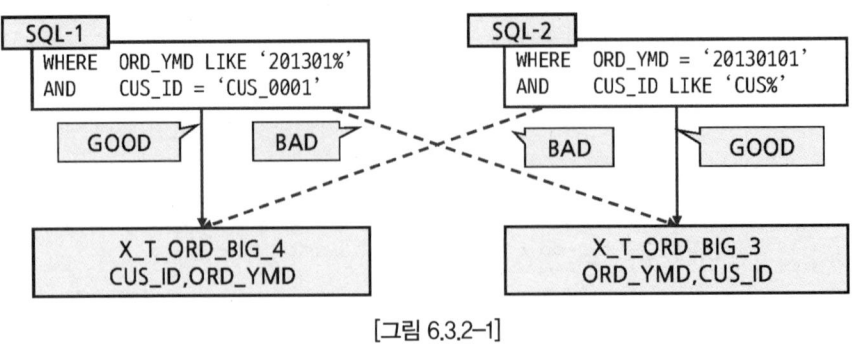

[그림 6.3.2-1]

하나의 복합 인덱스가 특정 SQL에는 매우 효율적일 수 있지만, 다른 SQL에는 매우 비효율적일 수 있다. 그러므로 SQL에 따라 적절한 인덱스를 사용해야 한다.

6.3.3 복합 인덱스 - 컬럼 선정과 순서#3

3개 조건이 사용된 SQL에 복합 인덱스를 고민해 보자.

세 개의 조건이 사용된 SQL

```
1  SELECT   T1.ORD_ST ,COUNT(*)
2  FROM     T_ORD_BIG T1
3  WHERE    T1.ORD_YMD LIKE '201704%'
4  AND      T1.CUS_ID = 'CUS_0042'
5  AND      T1.PAY_TP = 'BANK'
6  GROUP BY T1.ORD_ST;
```

WHERE 조건절에 사용된 컬럼이 인덱스 후보다. 위 SQL에서는 'ORD_YMD, CUS_ID, PAY_TP'가 후보 컬럼이다. 복합 인덱스는 '같다(=)' 조건이 사용된 컬럼을 선두로 사용하면 된다고 이미 설명했다. 그러므로 아래와 같은 두 가지 케이스의 복합 인덱스를 고민할 수 있다.

1. CUS_ID, PAY_TP, ORD_YMD
2. PAY_TP, CUS_ID, ORD_YMD

위 SQL의 성능만 해결하고자 한다면 1번과 2번 둘 중에 어느 순서로 복합 인덱스를 만들어도 크게 상관없다. 하지만 T_ORD_BIG 테이블에 아래와 같은 SQL도 있다고 생각해 보자.

특정 고객ID에 주문이 존재하는지 확인하는 SQL

```
1  SELECT   'X'
2  FROM     DUAL A
3  WHERE    EXISTS(
4              SELECT   *
5              FROM     T_ORD_BIG T1
6              WHERE    T1.CUS_ID = 'CUS_0042'
7          );
```

SQL을 보면 EXISTS 절에서 CUS_ID 컬럼을 '같다(=)' 조건으로 사용하고 있다. 시스템에 이와 같은 SQL도 있다면, 복합 인덱스를 1번 순서인 CUS_ID, PAY_TP, ORD_YMD 순서로 구성하는 것이 좋다. 이 인덱스를 이용하면 EXISTS SQL의 성능도 확보할 수 있다.

실제로 위 EXISTS SQL은 'PAY_TP, CUS_ID, ORD_YMD' 순서의 인덱스를 사용해도 성능이 크게 나쁘지는 않다. 오라클에는 'INDEX SKIP SCAN'이라는 기능이 있어서 복합 인덱스의 가운데 컬럼(CUS_ID)을 인덱스 검색에 어느 정도 활용할 수 있기 때문이다. 그래도 위 SQL은

'INDEX SKIP SCAN'보다는 'INDEX RANGE SCAN'이 조금 더 효율적이다. 그뿐만 아니라 업무적으로 CUS_ID가 '같다(=)' 조건으로 사용될 가능성은 매우 높다. 그러므로 CUS_ID 컬럼을 복합 인덱스의 선두에 놓는 것이 좋다고 판단된다.

SQL마다 최적의 인덱스를 만들면 데이터베이스에는 인덱스가 넘쳐나고, 이로 인해 오히려 전체 성능이 나빠진다. 한 개의 인덱스로 여러 SQL을 커버하는 것이 가장 중요하다.
여기서는 다음 테스트를 위해 추가로 인덱스를 만들지는 않는다.

6.3.4 복합 인덱스 - 컬럼 선정과 순서#4

실제 시스템을 개발해 보면, 아래 SQL처럼 하나의 테이블에 많은 조건이 사용된다.

많은 조건이 걸리는 SQL

```
1  SELECT   COUNT(*)
2  FROM     T_ORD_BIG T1
3  WHERE    T1.ORD_AMT = 2400
4  AND      T1.PAY_TP = 'CARD'
5  AND      T1.ORD_YMD = '20170406'
6  AND      T1.ORD_ST = 'COMP'
7  AND      T1.CUS_ID = 'CUS_0036';
```

위 SQL에는 다섯 개의 조건이 있다. 다섯 개 컬럼 모두를 복합 인덱스로 구성하면, 위 SQL은 매우 빠르게 처리될 수 있다. 하지만 인덱스를 구성하는 컬럼이 너무 많아진다. 성능 향상에 도움이 되는 조건 컬럼만 선별해서 인덱스를 만들 필요가 있다.

어떤 컬럼을 인덱스로 구성할지는 아래와 같이 조건별로 카운트해 보면 된다. 단일 인덱스 컬럼을 선정할 때 이미 사용했던 방법이다.

각 조건별로 카운트 해보기

```
1  SELECT 'ORD_AMT' COL ,COUNT(*) FROM T_ORD_BIG T1 WHERE T1.ORD_AMT = 2400
2  UNION ALL
3  SELECT 'PAY_TP' COL ,COUNT(*) FROM T_ORD_BIG T1 WHERE T1.PAY_TP = 'CARD'
4  UNION ALL
5  SELECT 'ORD_YMD' COL ,COUNT(*) FROM T_ORD_BIG T1 WHERE T1.ORD_YMD = '20170406'
6  UNION ALL
7  SELECT 'ORD_ST' COL ,COUNT(*) FROM T_ORD_BIG T1 WHERE T1.ORD_ST = 'COMP'
```

6.3 복합 인덱스

```
8    UNION ALL
9    SELECT   'CUS_ID' COL ,COUNT(*)   FROM T_ORD_BIG T1 WHERE T1.CUS_ID = 'CUS_0036';
```

위 SQL을 실행하면 [그림 6.3.4-1]과 같은 결과를 얻는다.

COL	COUNT(*)
ORD_AMT	630000
PAY_TP	18270000
ORD_YMD	90000
ORD_ST	27420000
CUS_ID	330000

[그림 6.3.4-1]

[그림 6.3.4-1]을 보면 어떤 조건이 성능에 도움 되는지 알 수 있다. ORD_YMD 조건은 90,000건의 데이터를 찾아내고, CUS_ID 조건은 330,000건의 데이터를 찾아낸다. 아마도 ORD_YMD와 CUS_ID로 복합 인덱스를 구성하면 충분히 성능이 나올 것이다. 다른 조건들은 성능에 큰 도움이 안 된다.

테이블에는 이미 'X_T_ORD_BIG_3(ORD_YMD, CUS_ID)' 인덱스와 'X_T_ORD_BIG_4(CUS_ID, ORD_YMD)' 인덱스가 있다. 그러므로 위 SQL을 위해 추가로 인덱스를 구성할 필요는 없어 보인다. 실제 위 SQL을 실행하면 'X_T_ORD_BIG_3' 인덱스를 사용한다. 아래는 위 SQL의 실행계획이다.

```
많은 조건이 걸리는 SQL의 실행계획
1    --------------------------------------------------------------------------------
2    | Id  | Operation                     | Name          | Starts | A-Rows |   A-Time    | Buffers |
3    --------------------------------------------------------------------------------
4    |   0 | SELECT STATEMENT              |               |      1 |      1 |00:00:00.02 |   10043 |
5    |   1 |  SORT AGGREGATE               |               |      1 |      1 |00:00:00.02 |   10043 |
6    |*  2 |   TABLE ACCESS BY INDEX ROWID | T_ORD_BIG     |      1 |  10000 |00:00:00.02 |   10043 |
7    |*  3 |    INDEX RANGE SCAN           | X_T_ORD_BIG_3 |      1 |  10000 |00:00:00.03 |      43 |
8    --------------------------------------------------------------------------------
9    
10   Predicate Information (identified by operation id):
11   ---------------------------------------------------
12      2 - filter(("T1"."ORD_AMT"=2400 AND "T1"."PAY_TP"='CARD' AND "T1"."ORD_ST"='COMP'))
13      3 - access("T1"."ORD_YMD"='20170406' AND "T1"."CUS_ID"='CUS_0036')
```

실행계획에서 각 단계의 A-Rows를 살펴보자. 'INDEX RANGE SCAN' 단계와 'TABLE ACCESS BY INDEX ROWID' 단계의 A-Rows가 모두 10,000이다. 'X_T_ORD_BIG_3' 인덱스에서 찾아낸 데이터 모두가 최종 결과에 포함되었다. 비효율이 전혀 없다. 그러므로 ORD_YMD, CUS_ID 외에 다른 컬럼들을 인덱스에 포함할 필요가 없다.

만약에 위 SQL이 시스템에서 사용량이 가장 많은 SQL이라면, 'TABLE ACCESS BY INDEX ROWID' 자체가 발생하지 않도록 조건절의 모든 컬럼을 인덱스로 구성하는 것을 고려해볼 수 있다. 하지만 인덱스를 구성하는 컬럼이 많아지는 것은 심사숙고해야 한다.

필자가 강조하고 싶은 것은 복합 인덱스를 구성할 때, 조회 성능에 도움이 되는 컬럼만 선별해서 사용해야 한다는 것이다. 성능 향상을 이유로 과도하게 많은 컬럼을 인덱스로 구성하지 않기 바란다.

복합 인덱스 관련해서 지금까지 설명한 내용을 정리해 보면 아래와 같다.

- 같다(=) 조건이 사용된 컬럼이 복합 인덱스의 앞부분에 위치해야 한다.
- 인덱스를 만들 때, 해당 테이블에 대한 SQL 전체를 검토하도록 한다.
  (모든 SQL을 검토할 수 없다면, 최대한 많은 SQL을 검토한다.)
- 조건에 사용된 모든 컬럼을 무조건 복합 인덱스에 추가해서는 안 된다.
  (성능에 도움 되는 조건 컬럼만 선별해서 복합 인덱스를 구현하도록 한다.)

Part. II를 시작하면서 절대 위와 같은 결론만 외워서 사용하지 않기를 당부했다. 이 당부는 여전히 유효하다. 원리를 깨우치고 위의 내용을 응용할 수 있어야 한다.
예를 들어, '같다(=)' 조건이 사용된 컬럼을 무조건 복합 인덱스의 선두에 놓는다고 해서 성능이 좋아지는 것은 아니다. 과연 성능 향상에 도움이 되는지 따져 볼 수 있어야 한다. 범위 조건을 사용한 컬럼이, '같다(=)' 조건보다 선택성이 더 좋다면 범위 조건을 사용한 컬럼을 인덱스의 선두로 고려할 수도 있다.
때에 따라서는 굳이 복합 인덱스를 만들 필요가 없을 수도 있다. 킬링 조건(Killing Condition, 선택성이 매우 좋은 조건을 이처럼 표현해봤다.)이 있다면, 해당 컬럼에 단독 인덱스를 구성하는 것이 데이터베이스 전체적으로 더 효율적일 수 있다.
마지막으로 SQL 하나를 위한 인덱스는 큰 의미가 없다. 시스템 전체를 위한 인덱스 전략을 세워야 한다.

6.4 인덱스의 활용

6.4.1 인덱스로 커버된 SQL

인덱스를 이용해 데이터를 검색할 때, '테이블 접근(=TABLE ACCESS BY INDEX ROWID)' 횟수를 줄이는 것이 매우 중요하다. 이 횟수를 얼마큼 줄이느냐에 따라 SQL의 성능이 좋아진다. 더 나아가 테이블 접근 자체가 생략된다면 성능에 가장 좋다.

아래는 앞에서 살펴봤던 SQL이다. 힌트로 'X_T_ORD_BIG_4' 인덱스를 사용하도록 하고 있다.

CUS_ID, ORD_YMD인덱스를 사용하는 SQL

```
1  SELECT  /*+ GATHER_PLAN_STATISTICS INDEX(T1 X_T_ORD_BIG_4) */
2          T1.ORD_ST ,COUNT(*)
3  FROM    T_ORD_BIG T1
4  WHERE   T1.ORD_YMD LIKE '201703%'
5  AND     T1.CUS_ID = 'CUS_0075'
6  GROUP BY T1.ORD_ST;
```

위 SQL의 실행계획은 아래와 같다.

CUS_ID, ORD_YMD 복합 인덱스를 사용한 SQL - 실행계획

```
-----------------------------------------------------------------------------------------
| Id | Operation                     | Name         | Starts | A-Rows |   A-Time    | Buffers |
-----------------------------------------------------------------------------------------
|  0 | SELECT STATEMENT              |              |      1 |      1 | 00:00:04.46 |   30125 |
|  1 |  HASH GROUP BY                |              |      1 |      1 | 00:00:04.46 |   30125 |
|  2 |   TABLE ACCESS BY INDEX ROWID | T_ORD_BIG    |      1 |  30000 | 00:00:04.32 |   30125 |
|* 3 |    INDEX RANGE SCAN           | X_T_ORD_BIG_4|      1 |  30000 | 00:00:00.09 |     125 |
-----------------------------------------------------------------------------------------
```

실행계획의 Buffers 수치를 살펴보면, 'TABLE ACESS BY INDEX ROWID' 단계에서 30,125로 급증했다. 그러므로 'TABLE ACESS BY INDEX ROWID'만 제거하면 SQL 성능을 더 끌어 올릴 수 있다.

'TABLE ACCESS BY INDEX ROWID'를 수행하는 이유는, SELECT 절에 포함된 ORD_ST 컬럼 때문이다. ORD_ST 컬럼은 인덱스에 없다. 테이블에 접근해서 가져와야 한다.
아래와 같이 'X_T_ORD_BIG_4' 인덱스를 제거하고, ORD_ST 컬럼을 포함해 다시 생성해보자.

X_T_ORD_BIG_4인덱스 재생성

```
1  DROP INDEX X_T_ORD_BIG_4;
2  CREATE INDEX X_T_ORD_BIG_4 ON T_ORD_BIG(CUS_ID, ORD_YMD, ORD_ST);
```

인덱스를 생성한 후에, 조회 SQL을 재실행하고 실행계획을 확인해보면 아래와 같다.

CUS_ID, ORD_YMD, ORD_ST 복합 인덱스를 사용한 SQL - 실행계획

```
1  ---------------------------------------------------------------------------
2  | Id | Operation         | Name          | Starts | A-Rows |   A-Time    | Buffers |
3  ---------------------------------------------------------------------------
4  |  0 | SELECT STATEMENT  |               |      1 |      1 | 00:00:00.03 |    146  |
5  |  1 |  HASH GROUP BY    |               |      1 |      1 | 00:00:00.03 |    146  |
6  |* 2 |   INDEX RANGE SCAN| X_T_ORD_BIG_4 |      1 |  30000 | 00:00:00.03 |    146  |
7  ---------------------------------------------------------------------------
```

실행계획을 보면, 전체 Buffers 수치가 146으로 탁월하게 줄어들었다. SQL에 필요한 모든 컬럼이 인덱스에 있음으로 'TABLE ACCESS BY INDEX ROWID' 작업이 생략되었기 때문이다.

이처럼 테이블 접근 없이 인덱스만으로 SQL이 처리되는 것을 '인덱스로 커버된 SQL'이라고 한다.

명심할 것은 모든 SQL에 이처럼 인덱스를 생성하면 안 된다. 데이터의 변경 성능이 나빠진다. 그뿐만 아니라 현업의 요구 사항은 수시로 변경된다. 만약에 위 SQL에 PAY_TP 컬럼이 추가되면, 'TABLE ACCESS BY INDEX ROWID' 작업은 다시 나타나게 될 것이다.
인덱스로 SQL을 완전히 커버하는 기술은 최후의 순간에만 사용하기 바란다.

6.4.2 Predicate Information - ACCESS

개발 현장에서 SQL 성능 관련해 '인덱스를 탔다'라는 말을 흔히 한다. 실행계획에서 SQL이 인덱스를 사용해 처리하고 있으면 이와 같은 표현을 한다.

성능 개선 기술이 능숙하지 않으면 인덱스를 탔는지만 확인한다. 인덱스를 탔는지보다는 '제대로' 탔는지가 중요하다.

아래 SQL을 실행해보자. ORD_YMD를 SUBSTR 처리해서 '2017년 3월' 주문만 조회하고 있다.

CUS_0075의 201703주문을 조회하는 SQL

```
1  SELECT  /*+ GATHER_PLAN_STATISTICS */
2          T1.ORD_ST ,COUNT(*)
3  FROM    T_ORD_BIG T1
4  WHERE   SUBSTR(T1.ORD_YMD,1,6) = '201703'
5  AND     T1.CUS_ID = 'CUS_0075'
6  GROUP BY T1.ORD_ST;
```

SQL의 실행계획은 아래와 같다.

CUS_0075의 201703주문을 조회하는 SQL - 실행계획

```
---------------------------------------------------------------------------------
| Id | Operation        | Name        | Starts | A-Rows |   A-Time   | Buffers | Reads |
---------------------------------------------------------------------------------
|  0 | SELECT STATEMENT |             |      1 |      1 |00:00:00.13 |    1616 |  1623 |
|  1 |  HASH GROUP BY   |             |      1 |      1 |00:00:00.13 |    1616 |  1623 |
|* 2 |   INDEX RANGE SCAN| X_T_ORD_BIG_4|     1 |  30000 |00:00:00.03 |    1616 |  1623 |
---------------------------------------------------------------------------------

Predicate Information (identified by operation id):
---------------------------------------------------
  2 - access("T1"."CUS_ID"='CUS_0075')
      filter(SUBSTR("T1"."ORD_YMD",1,6)='201703')
```

실행계획을 보면 'X_T_ORD_BIG_4' 인덱스를 'INDEX RANGE SCAN'하고 있다. '인덱스를 탔다'라고 할 수 있다. 하지만 인덱스를 '제대로' 탔는지는 11, 12번 라인의 Predicate Information을 살펴봐야 한다.

'Predicate Information'을 보면 'INDEX RANGE SCAN'에서 CUS_ID 조건을 access로 처리했고 SUBSTR(ORD_YMD) 조건은 filter로 처리했다. access는 인덱스 리프 블록의 스캔 시작 위치를 찾는 데 사용한 조건이고 filter는 리프 블록을 차례대로 스캔하면서 처리한 조건이다. 다시 말해 리프 블록의 검색 시작 위치를 찾을 때는 CUS_ID 조건만 사용되었다. 인덱스를 제대로 탔다면 ORD_YMD에 대한 조건도 access에 표시되어야 한다.

인덱스에는 SUBSTR 적용 이전의 원래 값만 저장되어 있다. 그러므로 인덱스로 구성한 컬럼을 변형해 조건절에서 사용하면 인덱스를 '제대로' 사용할 수 없다.

ORD_YMD 컬럼에 SUBSTR을 제거하고, LIKE 조건을 이용해 SQL을 실행해보자.

CUS_0075의 201703주문을 조회하는 SQL - LIKE로 처리

```
1   SELECT  /*+ GATHER_PLAN_STATISTICS */
2           T1.ORD_ST ,COUNT(*)
3   FROM    T_ORD_BIG T1
4   WHERE   T1.ORD_YMD LIKE '201703%'
5   AND     T1.CUS_ID = 'CUS_0075'
6   GROUP BY T1.ORD_ST;
```

위 SQL의 실행계획은 아래와 같다. 'Predicate Information'을 보면 CUS_ID와 ORD_YMD를 동시에 access 하고 있다.

CUS_0075의 201703주문을 조회하는 SQL - LIKE로 처리 - 실행계획

```
----------------------------------------------------------------------------------
| Id | Operation          | Name        | Starts | A-Rows |   A-Time    | Buffers | Reads |
----------------------------------------------------------------------------------
|  0 | SELECT STATEMENT   |             |      1 |      1 |00:00:00.01  |   146   |   1   |
|  1 |  HASH GROUP BY     |             |      1 |      1 |00:00:00.01  |   146   |   1   |
|* 2 |   INDEX RANGE SCAN | X_T_ORD_BIG_4|     1 |  30000 |00:00:00.01  |   146   |   1   |
----------------------------------------------------------------------------------

Predicate Information (identified by operation id):
---------------------------------------------------
   2 - access("T1"."CUS_ID"='CUS_0075' AND "T1"."ORD_YMD" LIKE '201703%')
       filter("T1"."ORD_YMD" LIKE '201703%')
```

이번에야말로 인덱스를 '제대로' 탔다. 실행계획의 12번 라인에서 ORD_YMD에 대한 filter가 한 번 더 나오지만 11번 라인에서 이미 access 했으므로 크게 중요하지 않다.

Buffers 수치를 보면 이전에는 1,616이었지만, 지금은 146으로 확실하게 개선되었다.

'Predicate Information'의 access 조건을 확인하는 것은 매우 중요하다. 같은 인덱스를 사용한다고 해도 어느 조건까지 access 했는지에 따라 성능 차이가 난다. 항상 'Predicate Information'을 살펴보기 바란다.

6.4.3 너무 많은 인덱스의 위험성

인덱스는 전반적으로 SQL 성능에 도움을 준다. 하지만 인덱스가 많아지거나 인덱스를 구성하는 컬럼이 너무 많아지는 것은 항상 경계해야 한다. 줄곧 강조해온 이야기다.

아래 SQL을 이용해 T_ORD_BIG 테이블의 테이블과 인덱스 크기를 알아보자.

테이블 및 인덱스 크기 확인
1   SELECT   T1.SEGMENT_NAME ,T1.SEGMENT_TYPE
2   ,T1.BYTES / 1024 / 1024 as SIZE_MB
3   ,T1.BYTES / T2.CNT BYTE_PER_ROW
4   FROM   DBA_SEGMENTS T1
5   ,(SELECT COUNT(*) CNT FROM ORA_SQL_TEST.T_ORD_BIG) T2
6   WHERE   T1.SEGMENT_NAME LIKE '%ORD_BIG%'
7   ORDER BY T1.SEGMENT_NAME;

위 SQL을 실행하면 필자의 환경에서는 [그림 6.4.3-1]과 같은 결과가 나온다.

SEGMENT_NAME	SEGMENT_TYPE	SIZE_MB	BYTE_PER_ROW
T_ORD_BIG	TABLE	2,048	70
X_T_ORD_BIG_1	INDEX	672	23
X_T_ORD_BIG_2	INDEX	504	17
X_T_ORD_BIG_3	INDEX	974	34
X_T_ORD_BIG_4	INDEX	1,152	40

[그림 6.4.3-1]

테이블이 2,048메가다. 1번 인덱스는 670메가, 3번, 4번 인덱스는 1,000메가에 달한다. 4번 인덱스는 테이블의 절반에 가까운 크기다. 인덱스들의 크기를 합치면 테이블보다 훨씬 크다. BYTE_PER_ROW는 데이터 한 건당 몇 바이트 정도인지를 대략 보여준다. (인덱스나 테이블 크기를 데이터 건수로 나눈 대략의 크기이다. 실제 데이터 한 건당 Byte는 이보다 더 작을 것이다.)

[그림 6.4.3-2]를 살펴보자. 테이블과 인덱스 크기가 어떤지 한눈에 알 수 있다.

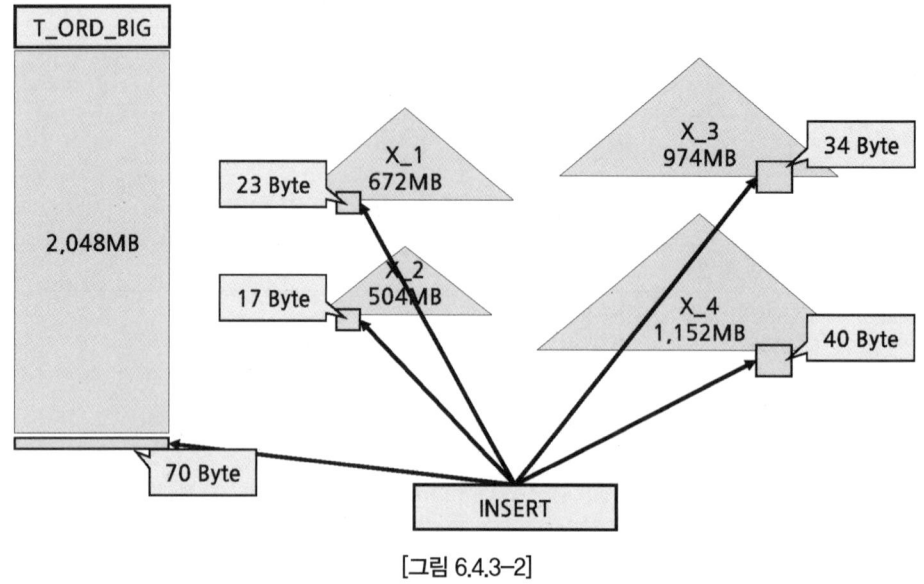

[그림 6.4.3-2]

인덱스들을 모두 합친 크기가 테이블보다 더 큰 것이 한눈에 보인다. 그림에는 데이터가 INSERT 되는 과정도 표현되어 있다. 데이터 한 건이 INSERT 될 때마다 테이블을 비롯해 모든 인덱스에 INSERT가 발생한다. 일반적으로 테이블에 대한 INSERT보다 인덱스에 대한 INSERT 부담이 더 크다. 인덱스는 리프 블록이 정렬되어야 하므로 꼭 정해진 위치에 데이터가 INSERT 되어야 하기 때문이다.

위와 같은 상황에서 인덱스를 하나 더 추가할 수 있겠는가? 또는 복합 인덱스에 많은 컬럼들을 사용할 수 있겠는가? 인덱스가 많으니 인덱스를 만들지 말라는 뜻은 아니다. 인덱스를 추가하기 전에 많이 고민해야 한다는 뜻이다.

6.4.4 인덱스 설계 과정

인덱스를 설계하는 일은 어렵지 않다. 정확히 이야기하면 SQL 하나를 위한 인덱스 설계는 어렵지 않다. (물론 인덱스를 사용해 성능이 나올 수 있는 만큼의 적절한 데이터양이어야 한다.)

인덱스를 만들 때, 테이블의 관련 SQL을 모두 검토하고 종합적으로 인덱스를 설계하는 것이 가장 중요하다. SQL 하나만 보고 인덱스를 생성해서는 안 된다.

하지만 안타깝게도 개발 현장에서 이처럼 진행되는 경우는 드물다. 종합적으로 인덱스를 설계할 시간 여유도 없을 뿐만 아니라, 이미 많은 인덱스가 존재해 종합적인 재설계가 불가능할 때도 있다. 그리고 개발 프레임웍에 따라 SQL들을 확인하기 어려울 수도 있다. 최악은 종합적으로 인덱스를 설계해 놓았지만, 오픈전에 SQL들이 마구 변경되는 경우다.

상황이 어떻든 간에 인덱스는 전체 SQL을 보고 설계하는 것이 정석이다. 전체 SQL을 볼 수 없다면 가능한 많은 SQL을 살펴보아야 한다.

[그림 6.4.4-1]은 인덱스를 종합적으로 설계하는 과정이다.

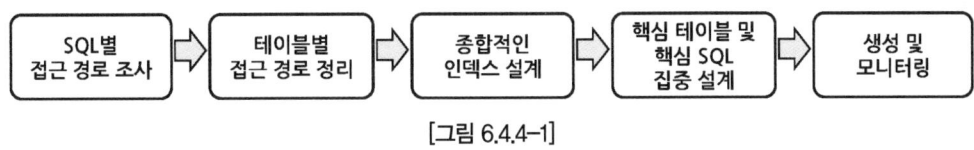

[그림 6.4.4-1]

필자는 실제 운영하던 시스템과 신규 오픈하는 시스템에 위와 같은 과정으로 인덱스를 설계해왔다. (이러한 과정이 무조건 맞는 방법은 아니다. 필자의 개인적인 경험과 방법이다.) 어떻게 진행하는지 차례대로 살펴보자.

(1) SQL별 접근 경로 조사

이 과정을 진행하기 위해서는 개발 완료된 모든 SQL을 살펴봐야 한다. SQL을 살펴보면서 사용된 접근 경로들을 엑셀에 정리해 놓는다. 필자는 엑셀을 이용해 [그림 6.4.4-2]와 같이 SQL별 접근 경로를 정리한다.

시스템	파일명	SQL ID	CRUD	테이블	접근경로	메모
Part. 2	….xml	SQL_0004	R	T_ORD	CUS_ID(J),ORD_DT(><)	날짜형 조건 잘못됨
Part. 2	….xml	SQL_0004	R	M_CUS	CUS_ID(J),CUS_GD(=)	
Part. 2	….xml	SQL_0005	R	T_ORD	CUS_ID(=)	
Part. 2	….xml	SQL_0006	R	T_ORD	CUS_ID(=)	
Part. 2	….xml	SQL_0007	R	T_ORD	ORD_DT(><)	업무 로직 검토 필요
Part. 2	….xml	SQL_0008	R	T_ORD_BIG	ORD_YMD(=)	
Part. 2	….xml	SQL_0009	R	T_ORD_BIG	ORD_YMD(=),CUS_ID(S)	
Part. 2	….xml	SQL_0010	R	T_ORD_BIG	ORD_YMD(><),ORD_ST(S),ORD_AMT(S)	
Part. 2	….xml	SQL_0011	R	T_ORD_BIG	CUS_ID(=),PAY_TP(=),RNO(=)	
Part. 2	….xml	SQL_0012	R	M_CUS	CUS_ID(J),CUS_ID(=)	
Part. 2	….xml	SQL_0012	R	T_ORD_JOIN	CUS_ID(J),ORD_YMD(=)	
Part. 2	….xml	SQL_0013	R	M_CUS	CUS_ID(J)	조인 변경 필요
Part. 2	….xml	SQL_0013	R	T_ORD_JOIN	CUS_ID(J<-),ORD_YMD(+=)	
Part. 2	….xml	SQL_0014	R	T_ORD_JOIN	ORD_YMD(><),CUS_ID(J),[ORD_YMD,ORD_SEQ(O)]	

[그림 6.4.4-2]

Chapter. 6

각 항목을 간단히 살펴보자. 파일명과 SQL ID를 관리해, 해당 SQL이 존재하는 위치를 관리한다. 그리고 SQL의 CRUD를 구분하고 테이블별로 접근 경로를 정리한다. 마지막으로 메모 칸에는 SQL이 잘못되었거나, 의심되는 부분이 있으면 정리해 놓는다. 메모는 SQL을 담당하는 개발자에게 공유하거나, 같이 검토할 부분이다.

CRUD 항목에 U(UPDATE)나 D(DELETE)로 표시한 부분은 최적화 1순위 SQL이다. 해당 SQL의 조건절에 적절한 인덱스를 설정하지 않으면 전체적으로 데이터베이스 동시성이 떨어진다.

이 표에서 가장 중요한 것은 접근 경로다. 접근 경로는 테이블의 컬럼명과 다양한 기호들을 사용해 정리한다. 필자가 사용하는 기호들의 의미는 아래와 같다.

- J : 조인
- J-> : 아우터 조인의 기준집합
- J<- : 아우터 조인의 참고집합
- = : 같다 조건
- =+ : 아우터 조인에서 참고 집합의 같다 조건
- >< : 범위조건, LIKE포함
- S : SELECT 절에서 사용(커버인덱스 고려)
- O : ORDER BY(페이징 고려시), 컬럼들을 [,]로 묶을것
- IN : IN조건
- !IN : Not IN조건
- ISN : ISNULL 조건
- MM : SELECT 절에서 MIN, MAX 집계 함수 사용됨

CUS_ID 컬럼으로 조인이 되고 있다면, CUS_ID(J)와 같이 표시한다. 만약에 CUS_ID로 조인이 되면서 ORD_DT에는 범위 조건이 사용되고 있다면 CUS_ID(J), ORD_DT()와 같이 표시한다. 이처럼 기호를 사용해 SQL별, 테이블별 접근 경로를 정리한다. 이 외에도 필요한 기호가 있으면 각자 상황에 맞게 추가해서 사용하면 된다. 위의 기호들도 각자 알아보기 쉬운 방식으로 변경해도 된다.

(2) 테이블별 접근 경로 정리

두 번째 단계는 '테이블별 접근 경로 정리'다. 앞에서 정리한 'SQL별 접근 경로'는 SQL을 기준으

로 접근 경로를 정리했기 때문에, 테이블별 인덱스를 설계할 수가 없다.

'SQL별 접근 경로'를 [그림 6.4.4-3]과 같이 테이블별 순서로 정렬을 해서 새로운 엑셀 표를 만든다. 이때 테이블별로 이미 존재하는 인덱스도 추가해 정리하도록 한다. 여기에 표시하지 않았지만, 테이블의 건수까지 정리해 놓는다면 인덱스 설계에 큰 도움이 될 것이다.

[그림 6.4.4-3]을 보면 테이블별 접근 경로가 보기 좋게 정리되어 있다.

시스템	파일명	SQL ID	CRUD	테이블	인덱스	신규구분	접근경로	예상인덱스	메모
Part. 2	...xm	SQL_0013	R	M_CUS			CUS_ID(J)	PK_M_CUS	주인 변경 필요
Part. 2	...xm	SQL_0004	R	M_CUS			CUS_ID(J),CUS_GD(=)	X_M_CUS_1	
Part. 2	...xm	SQL_0012	R	M_CUS			CUS_ID(J),CUS_ID(=)	PK_M_CUS	
				M_CUS	PK_M_CUS(CUS_ID)	존재			
				M_CUS	X_M_CUS_1(CUS_GD,CUS_ID)	신규			
Part. 2	...xm	SQL_0005	R	T_ORD			CUS_ID(=)	X_T_ORD_2	
Part. 2	...xm	SQL_0006	R	T_ORD			CUS_ID(=)	X_T_ORD_2	
Part. 2	...xm	SQL_0004	R	T_ORD			CUS_ID(J),ORD_DT(><)	X_T_ORD_2	날짜형 조건 잘못됨
Part. 2	...xm	SQL_0007	R	T_ORD			ORD_DT(><)	X_T_ORD_1	업무 로직 검토 필요
				T_ORD	PK_T_ORD(ORD_SEQ)	존재			
				T_ORD	X_T_ORD_1(ORD_DT, CUS_ID)	존재			
				T_ORD	X_T_ORD_2(CUS_ID, ORD_DT)	존재			
Part. 2	...xm	SQL_0012	R	T_ORD_JOIN			CUS_ID(J),ORD_YMD(=)	X_T_ORD_JOIN_2	
Part. 2	...xm	SQL_0013	R	T_ORD_JOIN			CUS_ID(J<-),ORD_YMD(+=)	X_T_ORD_JOIN_2	
Part. 2	...xm	SQL_0014	R	T_ORD_JOIN			ORD_YMD(><),CUS_ID(J),(ORD_YMD,ORD_	X_T_ORD_JOIN_5	
				T_ORD_JOIN	PK_T_ORD_JOIN(ORD_SEQ)	존재			
				T_ORD_JOIN	X_T_ORD_JOIN_1(CUS_ID)	존재			불필요, 제거 검토
				T_ORD_JOIN	X_T_ORD_JOIN_2(CUS_ID, ORD	존재			
				T_ORD_JOIN	X_T_ORD_JOIN_4(ITM_ID, CUS	존재			불필요, 제거 검토
				T_ORD_JOIN	X_T_ORD_JOIN_5(ORD_YMD,O	신규			

[그림 6.4.4-3]

(3) 종합적인 인덱스 설계

앞에서 정리한 '테이블별 접근 경로'를 살펴보면서, 접근 경로별로 '예상 인덱스' 항목에 사용 가능한 인덱스를 적어 넣는다. 현재 존재하는 인덱스 중에 사용 가능한 것이 없다면, 인덱스를 신규로 설계하고 예상 인덱스 부분에 신규 인덱스를 채워 넣도록 한다. 예상 인덱스를 정리할 때는 조건에 따른 선택성도 따져봐야 한다.

이 작업을 진행하면 새로운 인덱스가 설계되고 기존 인덱스 중에 불필요한 것도 선별해 낼 수 있다. 불필요한 인덱스를 제거하면 좋지만, 인덱스 제거는 매우 어려운 일이다. 제거된 인덱스로 인해 예상하지 못한 곳에서 성능 저하가 발생할 수 있기 때문이다. 인덱스 제거로 다른 곳에서 문제가 발생할 수 있음을, 담당자(현업 또는 담당 개발자)에게 충분히 공유한 후에 제거 작업을 해야 한다.

(4) 핵심 테이블 및 핵심 SQL 집중 설계

이미 종합적인 인덱스 설계는 완료했다. 하지만 핵심 테이블이나, 핵심 SQL들은 추가로 더 검토할 필요가 있다.

핵심 테이블은 시스템에 따라 다양하게 정의할 수 있다. 일반적으로 데이터가 많이 발생하는 실적 테이블을 핵심 테이블로 정의한다. 핵심 테이블은 많은 인덱스를 생성하기에 부담이 있다. 그러므로 관련 SQL들을 정밀하게 검토해서 최적의 인덱스를 구성하는 전략이 필요하다.

핵심 테이블들의 인덱스 설계를 할 때는 접근 경로만 보지 말고, SQL 문 전체를 살피는 것이 좋다. 인덱스 추가 없이, 프로세스나 SQL 자체를 변경해 개선 할 수도 있기 때문이다.

(5) 생성 및 모니터링

종합적인 설계로 인덱스를 생성했다고 해서 데이터베이스의 성능 문제가 무조건 해결되는 것은 아니다. 생각과 다르게 성능이 나빠지거나, 원하는 만큼 성능이 안 나올 수도 있다. 이런 경우에는 인덱스를 변경하거나 적절한 힌트를 사용해야 한다. 그러므로 인덱스들을 새로 만든 후에는 주의 깊게 데이터베이스를 모니터해야 한다.

인덱스를 종합적으로 설계하는 과정을 살펴보았다. 앞에서도 이야기했지만 이처럼 프로젝트를 진행하기는 쉽지 않다. 시간도 제법 걸리며, 접근 경로를 조사하는 중에도 SQL들이 변경 개발되기 때문이다. 완벽하게 할 수는 없겠지만, 그래도 가능하면 종합적인 인덱스 설계를 수행하는 것이 좋다.

Chapter. 7

JOIN과 성능

관계형 데이터베이스에서 조인은 수없이 사용된다. 많이 사용되는 만큼 성능에 특별히 신경을 써야 한다.

조인의 성능을 높이려면 적절한 인덱스가 기본적으로 필요하고, 여기에 SQL 성격과 조인할 데이터양에 따라 조인의 방법과 순서를 적절하게 조절할 수 있어야 한다.

여기서 사용한 예제는 책의 설명에 맞도록 SQL을 일부러 조정했다. 미안한 이야기지만, <u>책의 내용을 그대로 실전에 사용할 수 없다는 뜻이다. 항상 원리와 개념을 이해하고 문제점을 찾아 해결해가는 과정에 관심을 두기 바란다.</u> 계속 강조해온 이야기다.

Chapter. 7

7.1 조인의 내부적인 처리 방식

7.1.1 조인의 3가지 처리 방식

조인에는 이너-조인(INNER-JOIN), 아우터-조인(OUTER-JOIN), 카테시안-조인(CARTESIAN-JOIN)이 있다. 이와 같은 조인의 방법은 조인 결과에 영향을 준다. 이너-조인은 조인 조건이 참인 경우의 데이터만 결과에 참여시키고, 아우터-조인은 조인 조건에 만족하지 않아도 기준이 되는 쪽의 데이터는 무조건 결과에 참여하는 조인 방법이다. 여기서는 조인 결과에 영향을 주는 조인 방법이 아닌, 오라클 '내부적으로 조인이 처리되는 방식'을 설명하려 한다.

두 개의 데이터 집합을 연결하려면 조인 조건만 작성해주면 된다. SQL을 작성하는 입장에서는 매우 간단하다. 하지만 오라클 내부적으로는 다양한 방식으로 조인을 처리한다. 이와 같은 내부 처리 방식들을 이해하는 것은 성능 개선 작업에 큰 도움이 된다. 실제로 힌트를 사용해 조인 처리 방식만 변경해도 성능 개선이 이루어지는 경우가 많다. 최근에도 10분 넘게 조회가 안 되던 SQL을 조인 처리 방식만 변경해 1초로 성능 개선을 한 적이 있다. 조인의 처리 방식만 이해하고 있다면 전혀 어려운 일이 아니다.

조인의 내부적인 처리 방식에는 아래 3가지가 존재한다.

- NESTED LOOPS JOIN
- MERGE JOIN
- HASH JOIN

이너-조인을 NESTED LOOPS JOIN 방식으로 처리할 수도 있으며 MERGE JOIN이나 HASH JOIN 방식으로 처리할 수도 있다. 아우터-조인도 마찬가지다. (단 카테시안-조인은 HASH JOIN 방식이 불가능하다.) 어떤 조인 처리 방식을 사용하든지 조인 결과에는 영향을 주지 않는다.

각각의 내부적인 처리 방식을 차례대로 살펴본 후에 조인 성능을 개선하기 위한 전략을 살펴보자.

7.1.2 NESTED LOOPS JOIN

NESTEAD-LOOPS 조인은 간략하게 NL 조인이라고 부른다. 이 책에서도 NL 조인으로 통일해 부르도록 하겠다.

NL 조인은 중첩된-반복문 형태로 데이터를 연결하는 방식이다. 자바, C 등의 프로그램에서 수없이 반복문을 사용해 봤을 것이다. 중첩된-반복문은 반복문 안에 또 다른 반복문이 있는 것을 말한다. 아래의 예를 보면 바로 이해가 될 것이다.

중첩된 반복문
1   for(i=0;i<=10;i++)
2   for(j=0;j<=10;j++){
3   ...
4   }
5   }

이처럼 중첩된 반복문 형태로 데이터를 연결하는 방식이 바로 NL조인이다. NL 조인은 가장 오래된 방식의 조인 방식이다.

M_CUS 테이블과 T_ORD 테이블에서 CUS_ID가 같은 데이터끼리 NL 조인한다고 가정했을 때 처리 과정은 [그림 7.1.2-1]과 같다.

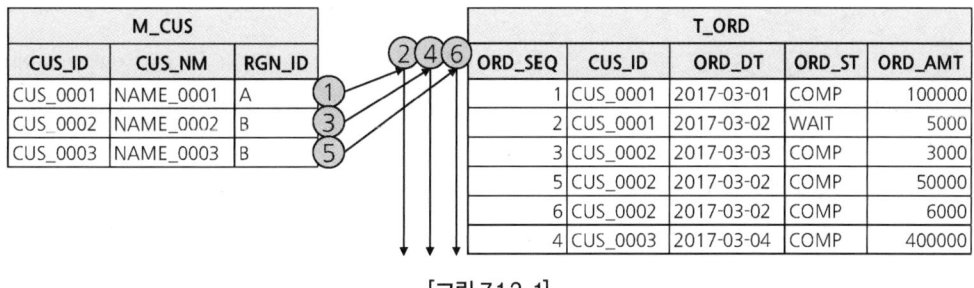

[그림 7.1.2-1]

[그림 7.1.2-1]의 과정을 설명하면 아래와 같다.

1. M_CUS의 첫 번째 로우를 읽는다.
2. 1번 단계의 CUS_ID와 같은 CUS_ID를 가진 데이터를 T_ORD에서 검색(T_ORD 전체 읽음)
3. M_CUS의 두 번째 로우를 읽는다.
4. 3번 단계의 CUS_ID와 같은 CUS_ID를 가진 데이터를 T_ORD에서 검색(T_ORD 전체 읽음)

5. M_CUS의 세 번째 로우를 읽는다.
6. 5번 단계의 CUS_ID와 같은 CUS_ID를 가진 데이터를 T_ORD에서 검색(T_ORD 전체 읽음)

위 과정에서 M_CUS 테이블을 읽는 것은 중첩된-반복문의 바깥쪽 루프(반복문)이고 T_ORD를 읽는 과정은 중첩된-반복문의 안쪽 루프다.

NL 조인에서는 선행 집합(=선행 테이블)과 후행 집합(=후행 테이블)의 정의가 매우 중요하다. 조인을 위해 먼저 접근하는 쪽을 선행 집합이라 하고 뒤에 접근하는 쪽을 후행 집합이라고 한다. 중첩된-반복문 기준으로 이야기하면 선행 집합은 바깥쪽 루프가 되고 후행 집합은 안쪽 루프가 된다. [그림 7.1.2-1]은 M_CUS가 선행이고 T_ORD가 후행이다.

실제 NL 조인이 수행되는 SQL을 살펴보자.

NL 조인 SQL

```
1   SELECT  /*+ GATHER_PLAN_STATISTICS LEADING(T1) USE_NL(T2) */
2           T1.RGN_ID ,T1.CUS_ID ,T1.CUS_NM
3          ,T2.ORD_DT ,T2.ORD_ST ,T2.ORD_AMT
4   FROM    M_CUS T1
5          ,T_ORD T2
6   WHERE   T1.CUS_ID = T2.CUS_ID;
```

위 SQL은 'LEADING(T1) USE_NL(T2)' 힌트가 사용되었다. 'LEADING' 힌트는 테이블에 접근하는 순서를 지정한다. 그러므로 'LEADING(T1)'은 T1로 지정한 M_CUS를 먼저 접근한다. 'USE_NL(T2)'는 T2로 지정된 T_ORD를 NL 조인하도록 하는 힌트다. 힌트를 종합하면 T1 테이블을 먼저 접근해서 T2 테이블과 NL 방식으로 조인을 처리하라는 것이다. 위 SQL의 실행계획을 살펴보면 아래와 같다.

NL 조인 SQL의 실행계획

```
---------------------------------------------------------------------------
| Id | Operation          | Name  | Starts | A-Rows |   A-Time   | Buffers | Reads |
---------------------------------------------------------------------------
|  0 | SELECT STATEMENT   |       |      1 |     50 |00:00:00.03 |      68 |    22 |
|  1 |  NESTED LOOPS      |       |      1 |     50 |00:00:00.03 |      68 |    22 |
|  2 |   TABLE ACCESS FULL| M_CUS |      1 |      2 |00:00:00.01 |       3 |     0 |
|* 3 |   TABLE ACCESS FULL| T_ORD |      2 |     50 |00:00:00.02 |      65 |    22 |
---------------------------------------------------------------------------
```

실행계획의 1번 단계를 보면 'NESTED LOOPS'가 있다. 1번 단계는 자신의 자식인 2번과 3번 단계를 NL 조인 처리하고 있다. 실행계획에서 같은 형제간(2번과 3번 단계)에는 위에 있는 단계를 먼저 처리한다. 다시 말해 위쪽에 있는 2번 단계가 선행 집합이 되고 아래쪽에 있는 3번 단계가 후행 집합이 된다. 후행 집합인 3번 단계를 보면 Starts가 2다. Starts 항목은 NL 조인에서 후행 집합에 접근한 횟수를 나타낸다.

NL 조인은 선행 집합의 건수만큼 후행 집합을 반복 접근한다. 선행 집합인 M_CUS에는 90명의 고객이 존재한다. 그러므로 후행 집합인 T_ORD에는 90번의 접근이 발생해야 한다. 그러나 실행계획에서 3번 단계의 Starts 항목을 보면 단지 두 번의 접근만 발생하고 있다. 이는 부분 범위 처리 때문이다. (요청 건수만큼만 NL 조인이 수행된 것이다.)

같은 SQL을 다시 실행해보고 결과 스크롤 바를 끝까지 내려보자. 그 후에 실행계획을 확인해보자. M_CUS의 전체 건수인 90만큼 T_ORD에 대한 접근이 발생했다.

```
NL 조인 SQL의 실행계획 - 모든 결과 조회 처리
----------------------------------------------------------------------------
| Id | Operation            | Name  | Starts | A-Rows |   A-Time     | Buffers | Reads |
----------------------------------------------------------------------------
|  0 | SELECT STATEMENT     |       |      1 |   3047 |00:00:00.10 |    3454 |    42 |
|  1 |  NESTED LOOPS        |       |      1 |   3047 |00:00:00.10 |    3454 |    42 |
|  2 |   TABLE ACCESS FULL  | M_CUS |      1 |     90 |00:00:00.01 |      65 |     6 |
|* 3 |   TABLE ACCESS FULL  | T_ORD |     90 |   3047 |00:00:00.07 |    3389 |    36 |
----------------------------------------------------------------------------
```

위 SQL은 성능에 문제가 있다. 실행계획의 3번 단계를 보면 T_ORD 테이블을 90번이나 'FULL SCAN' 하고 있다. T_ORD에 데이터가 많지 않아 성능 문제가 나타나지 않았을 뿐이다.

NL 조인은 관계형 데이터베이스에서 가장 많이 사용하는 내부적인 조인 처리 방식이다. NL 조인의 처리 과정을 정확히 이해하고, 필요한 부분에 인덱스를 정확히 만들어 준다면, 가장 적은 비용으로 빠르게 조인 결과를 얻을 수 있다. 다만 NL 조인 방식은 많은 양의 데이터를 조인하기에는 한계가 있다.

7.1.3 MERGE JOIN

머지 조인(MERGE-JOIN)은 두 데이터 집합을 연결 조건 값으로 정렬한 후 조인을 처리하는 방식이다. 정렬된 데이터를 차례대로 읽어가면서 조인을 수행한다.

연결 조건 기준으로 정렬되어 있어야만 조인이 가능하므로 소트 머지 조인(Sort Merge Join) 또는 소트 조인이라고 부르기도 한다.

아래는 'USE_MERGE' 힌트를 이용해 두 테이블을 머지 조인 방식으로 처리하는 SQL이다.

M_CUS과 T_ORD의 머지 조인

```
1  SELECT /*+ GATHER_PLAN_STATISTICS LEADING(T1) USE_MERGE(T2) */
2         T1.RGN_ID ,T1.CUS_ID ,T1.CUS_NM
3         ,T2.ORD_DT ,T2.ORD_ST ,T2.ORD_AMT
4  FROM   M_CUS T1
5         ,T_ORD T2
6  WHERE  T1.CUS_ID = T2.CUS_ID;
```

위 SQL의 실행계획을 살펴보면 아래와 같다.

M_CUS과 T_ORD의 머지 조인

```
 1  ---------------------------------------------------------------------------------
 2  | Id  | Operation                      | Name    | Starts | A-Rows |   A-Time   | Buffers |
 3  ---------------------------------------------------------------------------------
 4  |   0 | SELECT STATEMENT               |         |      1 |     50 |00:00:00.01 |      39 |
 5  |   1 |  MERGE JOIN                    |         |      1 |     50 |00:00:00.01 |      39 |
 6  |   2 |   TABLE ACCESS BY INDEX ROWID  | M_CUS   |      1 |      2 |00:00:00.01 |       2 |
 7  |   3 |    INDEX FULL SCAN             | PK_M_CUS|      1 |      2 |00:00:00.01 |       1 |
 8  |*  4 |   SORT JOIN                    |         |      2 |     50 |00:00:00.01 |      37 |
 9  |   5 |    TABLE ACCESS FULL           | T_ORD   |      1 |   3047 |00:00:00.01 |      37 |
10  ---------------------------------------------------------------------------------
```

실행계획의 1번 단계에는 'MERGE JOIN'이 있고, 'MERGE JOIN'의 자식 단계 중에 4번 단계에는 'SORT JOIN'이라는 오퍼레이션이 있다.

'SORT JOIN'은 자신의 자식 단계의 결과(TABLE ACCESS FULL-T_ORD)를 조인을 위해 정렬하는 작업이다. 조인 조건 컬럼인 CUS_ID 기준으로 정렬한다.

실행계획을 보면 M_CUS 테이블에 대한 소트 작업은 존재하지 않는다. 대신에 3번 단계에서

'PK_M_CUS' 인덱스를 'INDEX FULL SCAN' 하고 있다. 'INDEX FULL SCAN'은 인덱스 리프 블록을 처음부터 끝까지 차례대로 읽는 작업이다. 인덱스 리프 블록은 인덱스 키 값으로 정렬되어 있다. 그러므로 'PK_M_CUS'를 'INDEX FULL SCAN' 하면, CUS_ID를 정렬한 것과 같은 결과를 얻을 수 있다.

[그림 7.1.3-1]은 NL 조인과 머지 조인의 차이를 나타낸다. 여기서 조인하는 두 테이블에 인덱스는 없다고 가정한다.

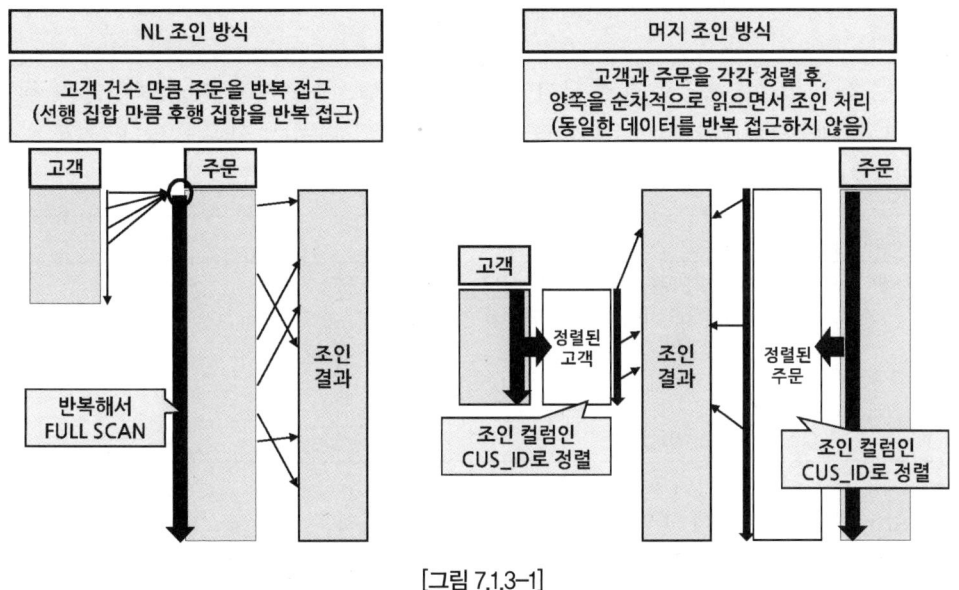

[그림 7.1.3-1]

그림에서 왼쪽은 NL 조인이고, 오른쪽은 머지 조인이다.
NL 조인은 고객 테이블의 데이터 건수만큼 주문 테이블을 반복 접근한다. 반면에 머지 조인은 주문 테이블을 반복해서 접근할 필요가 없다. 단, 머지 조인을 위해서는 조인할 데이터를 먼저 정렬해야 한다. 그러므로 머지 조인은 소트 작업을 얼마나 어떻게 줄이느냐가 성능 향상의 주요 포인트다.

7.1.4 HASH JOIN

해시 조인(HASH-JOIN)을 살펴볼 차례다. 개인적으로 해시 조인은 정말 대단하다고 말하고 싶다. 조인 성능 문제 대부분이 해시 조인으로 해결되는 경우가 많기 때문이다. 그렇다고 무조건 해시 조인으로 성능 문제를 해결해서는 안 된다. 해시 조인은 다른 방식보다 더 많은 CPU와 메모리 자원을 사용하기 때문이다.

만약에 NL 조인으로 충분히 처리할 수 있는 SQL을 모두 해시 조인으로 처리하면 시스템 전반적으로 성능 문제가 발생할 수 있다. NL, 머지, 해시 조인 별로 장단점을 정확히 이해하고 필요한 곳에 적절하게 사용해야 한다. 미리 이야기하자면 OLTP 시스템에서 자주 사용되는 핵심 SQL은 NL 조인으로 처리되도록 해야 한다.

해시 조인은 해시 함수를 이용한 처리 방식이다. 일반적으로 대용량 데이터를 조인할 때 적합하다. 하지만 꼭 대용량의 데이터가 아니더라도 해시 조인을 사용하는 경우도 많다. 실제 SQL에 해시 조인을 사용해보고 실행계획을 살펴보자.

M_CUS과 T_ORD의 해시 조인

```
1  SELECT /*+ GATHER_PLAN_STATISTICS LEADING(T1) USE_HASH(T2) */
2         T1.RGN_ID ,T1.CUS_ID ,T1.CUS_NM
3        ,T2.ORD_DT ,T2.ORD_ST ,T2.ORD_AMT
4  FROM   M_CUS T1
5        ,T_ORD T2
6  WHERE  T1.CUS_ID = T2.CUS_ID;
```

'USE_HASH' 힌트를 사용해 해시 조인을 유도했다. 실행계획은 아래와 같다.

M_CUS과 T_ORD의 해시 조인

```
-----------------------------------------------------------------------
| Id | Operation          | Name  | Starts | A-Rows |   A-Time    | Buffers |
-----------------------------------------------------------------------
|  0 | SELECT STATEMENT   |       |    1   |   50   |00:00:00.01  |   14    |
|* 1 |  HASH JOIN         |       |    1   |   50   |00:00:00.01  |   14    |
|  2 |   TABLE ACCESS FULL| M_CUS |    1   |   90   |00:00:00.01  |    6    |
|  3 |   TABLE ACCESS FULL| T_ORD |    1   |   50   |00:00:00.01  |    8    |
-----------------------------------------------------------------------
```

실행계획의 1번 단계를 보면 'HASH JOIN'이 나타났다. M_CUS 테이블을 'FULL SCAN '한 후, T_ORD 테이블을 'FULL SCAN' 하면서 해시 조인을 처리하고 있다.

해시 조인이 처리되는 과정을 간략하게 그려보면 [그림 7.1.4-1]과 같다.

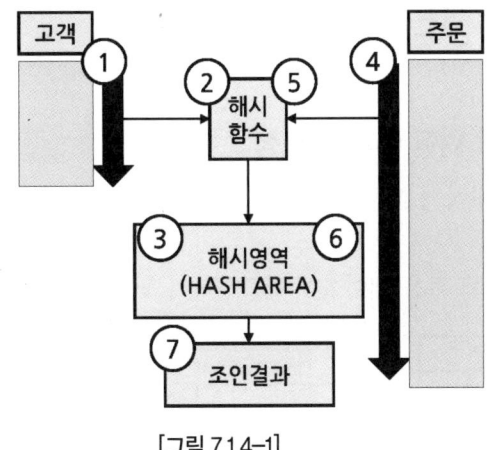

[그림 7.1.4-1]

[그림 7.1.4-1]의 과정을 설명하면 아래와 같다.

1. 조인하려는 두 개의 테이블 중 고객 테이블을 선택해 읽어 들인다.
2. 고객을 읽어 들이면서 조인 조건으로 사용된 컬럼(CUS_ID) 값에 해시 함수를 적용한다.
3. 해시 함수의 결괏값에 따라 데이터를 분류해 해시 영역(HASH AREA)에 올려놓는다.
4. 주문 테이블을 읽어 들인다.
5. 이때도 주문 테이블의 CUS_ID 값에 같은 해시 함수 처리를 한다.
6. 해시 함수의 결괏값에 따라 해시 영역에 있는 3번의 결과와 조인을 수행한다.
7. 4~6번 과정을 반복 수행하면서 조인 결과를 만들어 내보낸다.

[그림 7.1.4-1]은 개발자들이 해시 조인을 이해하고 사용할 수 있도록 간략하게 표현했다. 실제 내부적인 동작은 이보다 더 복잡하다. 위의 그림 정도로만 이해해도 해시 조인을 사용하는 데 크게 무리가 없다.

해시 조인은 NL 조인처럼 후행 집합을 반복해서 접근하는 비효율이 없다. 또한, 머지 조인처럼 정렬 작업을 수행하지도 않는다. 하지만 해시 조인은 고비용의 해시 함수와 메모리의 일부인 해시 영역(HASH AREA)을 사용하는 비용이 추가 투입된다. NL 조인과 머지 조인의 단점을 모두 커버하지만, 시스템 자원을 소모하는 단점이 있다.

계속 이야기했듯이, 필요한 부분에 적절한 조인 방법을 사용하는 것이 최선이다. 이어서 설명할 조인 처리 방식에 따른 성능 차이를 잘 익혀서 적절하게 사용하기 바란다.

7.2 NL 조인과 성능

7.2.1 성능 테스트를 위한 테이블 생성

조인의 내부적인 처리 방식에 따른 성능 이슈를 짚어 보면서 이를 해결하는 과정을 알아보자.

T_ORD_JOIN이라는 테스트용 테이블이 필요하다. [그림 7.2.1-1]의 ERD를 참고하기 바란다.

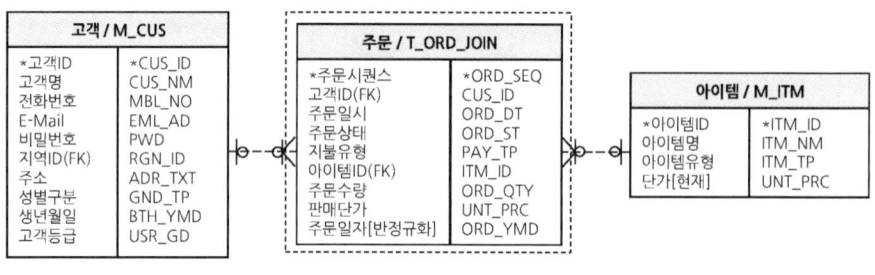

[그림 7.2.1-1]

T_ORD_JOIN 테이블을 만들기 위해 아래 SQL을 수행한다.

	T_ORD_JOIN 테이블을 만드는 SQL
1	CREATE TABLE T_ORD_JOIN AS
2	SELECT ROW_NUMBER() OVER(ORDER BY T1.ORD_SEQ, T2.ORD_DET_NO, T3.RNO) ORD_SEQ
3	,T1.CUS_ID ,T1.ORD_DT ,T1.ORD_ST ,T1.PAY_TP
4	,T2.ITM_ID ,T2.ORD_QTY ,T2.UNT_PRC ,TO_CHAR(T1.ORD_DT,'YYYYMMDD') ORD_YMD
5	FROM T_ORD T1
6	,T_ORD_DET T2
7	,(SELECT ROWNUM RNO
8	FROM DUAL CONNECT BY ROWNUM <= 1000
9	) T3
10	WHERE T1.ORD_SEQ = T2.ORD_SEQ;
11	
12	ALTER TABLE T_ORD_JOIN ADD CONSTRAINT PK_T_ORD_JOIN PRIMARY KEY(ORD_SEQ) USING INDEX;
13	
14	EXEC DBMS_STATS.GATHER_TABLE_STATS('ORA_SQL_TEST','T_ORD_JOIN');

T_ORD와 T_ORD_DET를 조인해 T_ORD_JOIN 테이블을 생성했다. ROWNUM을 이용해 천 건의 데이터를 만들고 이를 카테시안-조인으로 처리했다. 이를 통해 원래 T_ORD_DET의 천 배에 해당하는 주문 데이터를 만든다. 테이블을 만든 후 필요한 PK 제약을 만들고, 통계 생성까지 수행했다.

T_ORD_JOIN과 같은 테이블은 잘 못 설계되었다고 생각하는 사람도 있을 수 있다. 여기서는 조인의 성능을 테스트하는 데 초점이 맞추어져 있다는 것을 이해해주기 바란다.

7.2.2 후행 집합에 필요한 인덱스

NL 조인은 <u>후행 테이블 쪽의 조인 조건 컬럼에 인덱스가 필수다.</u> 아래 SQL을 실행해보자.

특정 고객의 특정 일자 주문

```
1  SELECT  /*+ GATHER_PLAN_STATISTICS */
2          T1.CUS_ID ,MAX(T1.CUS_NM) CUS_NM ,MAX(T1.CUS_GD) CUS_GD ,COUNT(*) ORD_CNT
3         ,SUM(T2.ORD_QTY * T2.UNT_PRC) ORD_AMT
4  FROM    M_CUS T1
5         ,T_ORD_JOIN T2
6  WHERE   T1.CUS_ID = T2.CUS_ID
7  AND     T1.CUS_ID = 'CUS_0009'
8  AND     T2.ORD_YMD = '20170218'
9  GROUP BY T1.CUS_ID;
```

위와 같이 특정 고객의 특정 일자 주문을 조회하는 패턴은 OLTP 시스템에서 흔하게 사용된다. 위 SQL의 실행계획을 살펴보면 아래와 같다.

특정 고객의 특정일자 주문 - 실행계획

```
---------------------------------------------------------------------------------------
| Id  | Operation                     | Name      | Starts | A-Rows |   A-Time   | Buffers |
---------------------------------------------------------------------------------------
|   0 | SELECT STATEMENT              |           |      1 |      1 |00:00:00.43 |   26023 |
|   1 |  SORT GROUP BY NOSORT         |           |      1 |      1 |00:00:00.43 |   26023 |
|   2 |   NESTED LOOPS                |           |      1 |   2000 |00:00:00.07 |   26023 |
|   3 |    TABLE ACCESS BY INDEX ROWID| M_CUS     |      1 |      1 |00:00:00.01 |       2 |
|*  4 |     INDEX UNIQUE SCAN         | PK_M_CUS  |      1 |      1 |00:00:00.01 |       1 |
|*  5 |    TABLE ACCESS FULL          | T_ORD_JOIN|      1 |   2000 |00:00:00.07 |   26021 |
---------------------------------------------------------------------------------------
```

실행계획을 보면 3번과 5번 단계를 NL 조인하고 있다. 위쪽에 있는 3번 단계가 선행 집합이고, 아래쪽의 5번 단계가 후행 집합이 된다. 다시 말해 M_CUS에 먼저 접근하고 T_ORD_JOIN을 나중에 접근해 NL 조인한다.

두 테이블의 연결 조건 컬럼은 CUS_ID다. 후행 집합인 T_ORD_JOIN에는 CUS_ID 컬럼에 대한 인덱스가 없다. 그러므로 실행계획의 5번 단계를 보면 T_ORD_JOIN을 'FULL SCAN' 방식으로 접근하고 있다.

위 실행계획에서 NL 조인 과정을 그려보면 [그림 7.2.2-1]과 같다.

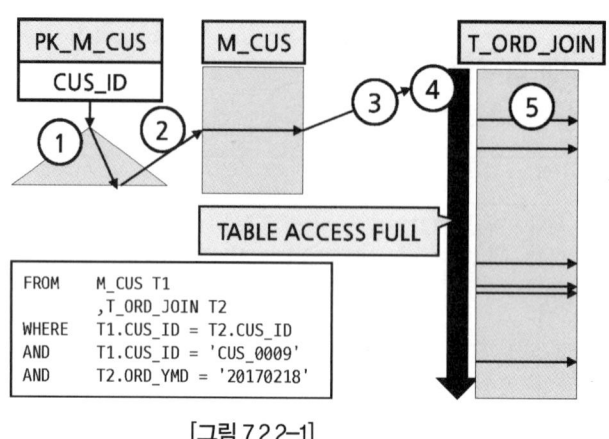

[그림 7.2.2-1]

[그림 7.2.2-1]의 과정을 설명하면 아래와 같다.

1. PK_M_CUS 인덱스를 이용해 CUS_ID=CUS_0009 조건에 맞는 데이터를 찾는다.
2. 인덱스 리프 블록의 ROWID를 이용해 M_CUS의 실제 데이터에 접근한다.
3. M_CUS의 CUS_ID 값을 이용해 NL 조인을 처리한다.
4. 3번에서 받은 CUS_ID와 같은 CUS_ID 값을 가진 데이터를 T_ORD_JOIN에서 찾는다.
   : 이때 T_ORD_JOIN에는 CUS_ID에 대한 인덱스가 없다. 그러므로 FULL SCAN으로 처리한다.
5. 3번에서 받은 CUS_ID와 같고, ORD_YMD 조건이 만족하면 결과로 내보낸다.

T_ORD_JOIN 전체를 스캔하는 것은 불합리해 보인다. 이는 실행계획을 통해서 알 수 있다. 실행계획에서 5번 단계의 A-Rows는 2,000이지만, Buffers는 26,021에 달한다. 2,000건을 찾기 위해 26,021번 블록 IO를 수행했다.

T_ORD_JOIN의 CUS_ID 컬럼에 인덱스를 만든 후, 아래와 같이 힌트를 적용해 SQL을 실행해보자.

특정 고객의 특정일자 주문 - T_ORD_JOIN(CUS_ID)인덱스 사용

```
1   CREATE INDEX X_T_ORD_JOIN_1 ON T_ORD_JOIN(CUS_ID);
2
3   SELECT  /*+ GATHER_PLAN_STATISTICS LEADING(T1) USE_NL(T2) INDEX(T2 X_T_ORD_JOIN_1) */
4           T1.CUS_ID ,MAX(T1.CUS_NM) CUS_NM ,MAX(T1.CUS_GD) CUS_GD ,COUNT(*) ORD_CNT
5          ,SUM(T2.ORD_QTY * T2.UNT_PRC) ORD_AMT
6     FROM  M_CUS T1
7          ,T_ORD_JOIN T2
8    WHERE  T1.CUS_ID = T2.CUS_ID
9      AND  T1.CUS_ID = 'CUS_0009'
10     AND  T2.ORD_YMD = '20170218'
11   GROUP BY T1.CUS_ID;
```

아래 실행계획을 확인해 보면 T_ORD_JOIN에 'INDEX RANGE SCAN'으로 접근 하고 있다. 전체 Buffers는 631로 좋아졌다.

특정 고객의 특정일자 주문 - T_ORD_JOIN(CUS_ID)인덱스 사용 - 실행계획

```
---------------------------------------------------------------------------------------
| Id | Operation                         | Name          | Starts | A-Rows |   A-Time   | Buffers |
---------------------------------------------------------------------------------------
|  0 | SELECT STATEMENT                  |               |      1 |      1 |00:00:00.07 |    631  |
|  1 |  SORT GROUP BY NOSORT             |               |      1 |      1 |00:00:00.07 |    631  |
|  2 |   NESTED LOOPS                    |               |      1 |   2000 |00:00:00.01 |    631  |
|  3 |    TABLE ACCESS BY INDEX RID      | M_CUS         |      1 |      1 |00:00:00.01 |      2  |
|* 4 |     INDEX UNIQUE SCAN             | PK_M_CUS      |      1 |      1 |00:00:00.01 |      1  |
|* 5 |    TABLE ACCESS BY INDEX RID      | T_ORD_JOIN    |      1 |   2000 |00:00:00.01 |    629  |
|* 6 |     INDEX RANGE SCAN              | X_T_ORD_JOIN_1|      1 |  55000 |00:00:00.04 |    148  |
---------------------------------------------------------------------------------------

Predicate Information (identified by operation id):
---------------------------------------------------
   4 - access("T1"."CUS_ID"='CUS_0009')
   5 - filter("T2"."ORD_YMD"='20170218')
   6 - access("T2"."CUS_ID"='CUS_0009')
```

위 실행계획에서 NL 조인 과정을 그려보면 [그림 7.2.2-2]와 같다.

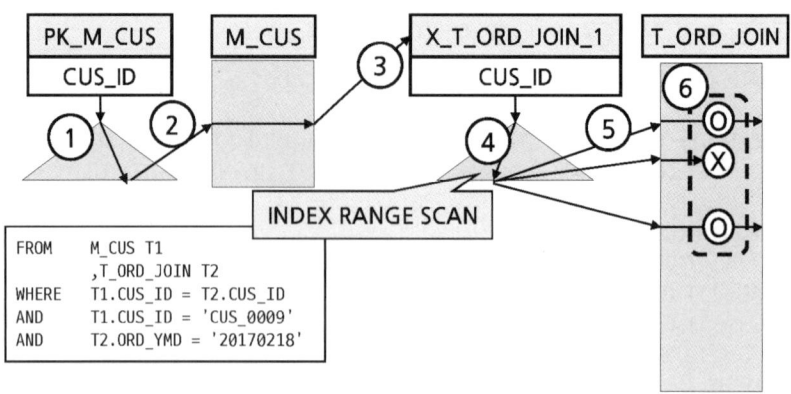

[그림 7.2.2-2]

[그림 7.2.2-2]의 과정을 설명하면 아래와 같다.

1. PK_M_CUS 인덱스를 이용해 CUS_ID=CUS_0009 조건에 맞는 데이터를 찾는다.
2. 인덱스 리프 블록의 ROWID를 이용해 M_CUS의 실제 데이터에 접근한다.
3. M_CUS의 CUS_ID 값을 이용해 NL 조인을 처리한다.
4. 3번에서 받은 CUS_ID와 같은 CUS_ID 값을 가진 데이터를 T_ORD_JOIN에서 찾는다.
   : 이때 X_T_ORD_JOIN_1을 이용해 INDEX RANGE SCAN으로 검색한다.
5. X_T_ORD_JOIN_1 리프 블록의 ROWID를 이용해 T_ORD_JOIN의 실제 데이터에 접근한다.
6. ROWID로 접근한 데이터 블록에서 ORD_YMD의 WHERE 조건을 확인한다.
   : 조건이 맞으면 결과에 내보내고, 조건에 맞지 않으면 결과에서 버려진다.

T_ORD_JOIN 테이블에 CUS_ID 인덱스를 추가해서 조인 성능을 개선했지만, 여전히 비효율이 있다. [그림 7.2.2-2]의 6번 단계를 보면 버려지는 데이터가 있다. SQL에서 T_ORD_JOIN에는 ORD_YMD 조건도 있다. ORD_YMD는 인덱스에 없다. 그러므로 테이블에서 확인해야 한다. 이로 인해, 테이블까지 접근한 후에 ORD_YMD가 조건에 맞지 않아 버려지는 비효율이 생긴다. 위의 실행계획에서 5번 단계와 6번 단계의 A-Rows 부분을 살펴보자. 6번 단계에서 55,000건을 찾았지만, 5번 단계에서는 최종 2,000건만 조인 결과로 사용되었다. 다시 말해 53,000건의 데이터가 버려졌다. 'Predicate Information'을 보면 실행계획의 5번 단계에서 ORD_YMD에 대한 filter 처리가 수행되고 있다. 이 과정을 거쳐 53,000건의 데이터가 버려진 것이다.

53,000건을 버리는 비효율을 제거하려면 CUS_ID와 ORD_YMD 컬럼으로 복합 인덱스를 만들

어야 한다. 복합 인덱스를 추가로 만든 후 SQL을 다시 실행해보자.

특정 고객의 특정일자 주문 - T_ORD_JOIN(CUS_ID,ORD_YMD)인덱스 사용

```
1   CREATE INDEX X_T_ORD_JOIN_2 ON T_ORD_JOIN(CUS_ID, ORD_YMD);
2
3   SELECT  /*+ GATHER_PLAN_STATISTICS LEADING(T1) USE_NL(T2) INDEX(T2 X_T_ORD_JOIN_2) */
4           T1.CUS_ID ,MAX(T1.CUS_NM) CUS_NM ,MAX(T1.CUS_GD) CUS_GD ,COUNT(*) ORD_CNT
5           ,SUM(T2.ORD_QTY * T2.UNT_PRC) ORD_AMT
6   FROM    M_CUS T1
7           ,T_ORD_JOIN T2
8   WHERE   T1.CUS_ID = T2.CUS_ID
9   AND     T1.CUS_ID = 'CUS_0009'
10  AND     T2.ORD_YMD = '20170218'
11  GROUP BY T1.CUS_ID;
```

새로 생성한 인덱스를 사용하도록 힌트를 변경했다. 실행계획을 확인해보자.

특정 고객의 특정일자 주문 - T_ORD_JOIN(CUS_ID,ORD_YMD)인덱스 사용 - 실행계획

```
---------------------------------------------------------------------------------------
| Id | Operation                        | Name          |Starts | A-Rows |   A-Time   | Buffers |
---------------------------------------------------------------------------------------
|  0 | SELECT STATEMENT                 |               |   1   |      1 |00:00:00.01 |      29 |
|  1 |  SORT GROUP BY NOSORT            |               |   1   |      1 |00:00:00.01 |      29 |
|  2 |   NESTED LOOPS                   |               |   1   |   2000 |00:00:00.01 |      29 |
|  3 |    TABLE ACCESS BY INDEX RID     | M_CUS         |   1   |      1 |00:00:00.01 |       2 |
|* 4 |     INDEX UNIQUE SCAN            | PK_M_CUS      |   1   |      1 |00:00:00.01 |       1 |
|  5 |    TABLE ACCESS BY INDEX RID     | T_ORD_JOIN    |   1   |   2000 |00:00:00.01 |      27 |
|* 6 |     INDEX RANGE SCAN             | X_T_ORD_JOIN_2|   1   |   2000 |00:00:00.01 |      11 |
---------------------------------------------------------------------------------------

Predicate Information (identified by operation id):
---------------------------------------------------
   4 - access("T1"."CUS_ID"='CUS_0009')
   6 - access("T2"."CUS_ID"='CUS_0009' AND "T2"."ORD_YMD"='20170218')
```

6번과 5번 단계의 A-Rows가 모두 2,000이다. 비효율이 제로에 가깝다고 할 수 있다. 전체 Buffers 수치를 확인해 보면, 631에서 29로 개선되었다. 'Predicate Information'을 보면 6번 단계에서 CUS_ID와 ORD_YMD를 'access'로 처리했다. NL 조인에서 후행 집합의 인덱스를 '제대로' 탔다.

지금까지 설명한 내용을 정리하면 NL 조인에서는 아래 내용을 고려해야 한다.

- 후행 집합의 조인 조건 컬럼에는 인덱스가 필수다.
- 후행 집합에 사용된 조인 조건과 WHERE 조건 컬럼에 복합 인덱스를 고려해야 한다.

7.2.3 선행 집합 변경에 따른 쿼리 변형

앞에서 살펴본 SQL은 M_CUS 테이블을 선행 집합으로 NL 조인 처리했다. 이번에는 T_ORD_JOIN을 선행 집합으로 NL 조인을 해보자. 바로 앞에서 실행했던 SQL을 아래와 같이 힌트만 변경하면 된다.

```
특정 고객의 특정일자 주문  -  T_ORD_JOIN을 선행 집합으로 사용
1   SELECT  /*+ GATHER_PLAN_STATISTICS LEADING(T2) USE_NL(T1) INDEX(T2 X_T_ORD_JOIN_2) */
2           T1.CUS_ID ,MAX(T1.CUS_NM) CUS_NM ,MAX(T1.CUS_GD) CUS_GD ,COUNT(*) ORD_CNT
3           ,SUM(T2.ORD_QTY * T2.UNT_PRC) ORD_AMT
4   FROM    M_CUS T1
5           ,T_ORD_JOIN T2
6   WHERE   T1.CUS_ID = T2.CUS_ID
7   AND     T1.CUS_ID = 'CUS_0009'
8   AND     T2.ORD_YMD = '20170218'
9   GROUP BY T1.CUS_ID;
```

실행계획은 아래와 같다.

```
특정 고객의 특정일자 주문  -  T_ORD_JOIN을 선행 집합으로 사용  -  실행계획
-------------------------------------------------------------------------------------
| Id  | Operation                     | Name          | Starts | A-Rows |   A-Time   | Buffers |
-------------------------------------------------------------------------------------
|   0 | SELECT STATEMENT              |               |      1 |      1 |00:00:00.02 |    2031 |
|   1 |  SORT GROUP BY NOSORT         |               |      1 |      1 |00:00:00.02 |    2031 |
|   2 |   NESTED LOOPS                |               |      1 |   2000 |00:00:00.01 |    2031 |
|   3 |    NESTED LOOPS               |               |      1 |   2000 |00:00:00.01 |      31 |
|   4 |     TABLE ACCESS BY IND RID   | T_ORD_JOIN    |      1 |   2000 |00:00:00.01 |      27 |
|*  5 |      INDEX RANGE SCAN         | X_T_ORD_JOIN_2|      1 |   2000 |00:00:00.01 |      11 |
|*  6 |     INDEX UNIQUE SCAN         | PK_M_CUS      |   2000 |   2000 |00:00:00.01 |       4 |
|   7 |    TABLE ACCESS BY IND RID    | M_CUS         |   2000 |   2000 |00:00:00.01 |    2000 |
-------------------------------------------------------------------------------------

Predicate Information (identified by operation id):
---------------------------------------------------
   5 - access("T2"."CUS_ID"='CUS_0009' AND "T2"."ORD_YMD"='20170218')
```

| 17 | 6 - access("T1"."CUS_ID"='CUS_0009') |

실행계획의 5번 단계를 보면 'X_T_ORD_JOIN_2' 인덱스를 'INDEX RANGE SCAN' 하고 있다. 이때, 5번 단계의 'Predicate Information'을 보면 재미난 점이 있다. access 조건으로 CUS_ID를 사용하고 있다는 점이다. 실행했던 SQL에서 T_ORD_JOIN에 CUS_ID 조건을 준 적이 없다.

'X_T_ORD_JOIN_2'는 'CUS_ID, ORD_YMD' 순서로 구성된 인덱스다. CUS_ID 조건이 '같다(=)' 조건으로 사용되어야만 ORD_YMD 조건도 효율적으로 사용할 수 있다. 그러므로 오라클의 옵티마이져가 CUS_ID 조건을 T_ORD_JOIN 쪽에도 자동으로 추가해 준 것이다. 옵티마이져는 원래의 SQL을 아래와 같이 자동 변형했다.

	특정 고객의 특정일자 주문 - T_ORD_JOIN을 선행 집합으로 사용 - SQL 자동 변형
1	FROM M_CUS T1
2	,T_ORD_JOIN T2
3	WHERE T1.CUS_ID = T2.CUS_ID
4	AND T1.CUS_ID = 'CUS_0009'
5	AND T2.CUS_ID = 'CUS_0009' --자동 추가된 조건.
6	AND T2.ORD_YMD = '20170218'
7	GROUP BY T1.CUS_ID;

SQL이 자동으로 변형된 이유는 다음과 같다.

- SQL의 변형이 실행 결과에 전혀 영향이 없다.
- T_ORD_JOIN을 선행 집합으로 처리할 경우, 이와 같은 변형이 성능에 더 좋다.

이처럼 옵티마이져가 자동으로 SQL을 변형하는 기능을 '쿼리 변형(Query Transformation)'이라고 한다.

쿼리 변형은 옵티마이져만의 영역은 아니다. 필요에 따라서 우리가 직접 쿼리 변형을 할 필요가 있다. SQL이 길고 복잡해지면 옵티마이져가 쿼리 변형을 제대로 수행 못 하거나 비효율적으로 쿼리 변형을 할 때도 있다. 그러므로 실행계획을 보고 우리가 직접 조건을 추가하거나 SQL 자체를 변경해 쿼리 변형과 같은 효과를 얻을 수 있게 해야 한다.

7.2.4 조인 횟수를 줄이자#1

NL 조인에서 후행 테이블의 조인 컬럼에 인덱스는 필수다. NL 조인에서 이와 함께 한 가지 더 고려할 것이 있다. 조인 횟수를 줄여야 한다는 점이다. NL 조인에서 조인 횟수를 줄인다는 것은 선행 집합의 결과 건수를 줄인다는 말과 같다.

NL 조인은 중첩된-반복문 방식의 조인이라고 설명했다. 중첩된-반복문에서 안쪽의 반복문은 바깥쪽 반복문의 반복 횟수만큼 수행된다. 그러므로 바깥쪽의 반복 횟수를 줄이면 안쪽의 반복문 횟수는 저절로 줄어들게 된다. 이와 같은 원리를 NL 조인에 대입하면, NL 조인의 선행 집합 건수를 줄이면 후행 집합의 접근 횟수가 저절로 줄어들어 성능이 좋아진다.

아래는 T_ORD_JOIN 테이블을 선행 집합으로 M_CUS 테이블과 NL 조인하는 SQL이다. '20170218' 주문에 대해 고객등급(CUS_GD)이 'A'인 고객들만 조회한다. (특정 고객 한 명을 조회하는 SQL이 아니다.)

CUS_GD가 A, ORD_YMD가 20170218인 주문 조회 - T_ORD_JOIN이 선행 집합

```
1  SELECT  /*+ GATHER_PLAN_STATISTICS LEADING(T2) USE_NL(T1) INDEX(T2 X_T_ORD_JOIN_2) */
2          T1.CUS_ID ,MAX(T1.CUS_NM) CUS_NM ,MAX(T1.CUS_GD) CUS_GD ,COUNT(*) ORD_CNT
3          ,SUM(T2.ORD_QTY * T2.UNT_PRC) ORD_AMT
4  FROM    M_CUS T1
5          ,T_ORD_JOIN T2
6  WHERE   T1.CUS_ID = T2.CUS_ID
7  AND     T2.ORD_YMD = '20170218'
8  AND     T1.CUS_GD = 'A'
9  GROUP BY T1.CUS_ID;
```

SQL 힌트를 보면, T_ORD_JOIN(T2)을 선행 집합으로 M_CUS(T1)를 NL 조인하도록 하고 있다. 그리고 T_ORD_JOIN은 'X_T_ORD_JOIN_2(CUS_ID, ORD_YMD)' 인덱스를 사용하도록 힌트를 주었다. 실행계획을 살펴보면 아래와 같다.

CUS_GD가 A, ORD_YMD가 20170218인 주문 - 실행계획

```
-------------------------------------------------------------------------------------
| Id | Operation                         | Name       | Starts | A-Rows |   A-Time   | Buffers |
-------------------------------------------------------------------------------------
|  0 | SELECT STATEMENT                  |            |      1 |      6 |00:00:00.05 |   12376 |
|  1 |  SORT GROUP BY NOSORT             |            |      1 |      6 |00:00:00.05 |   12376 |
|  2 |   NESTED LOOPS                    |            |      1 |   9000 |00:00:00.07 |   12376 |
|  3 |    NESTED LOOPS                   |            |      1 |  12000 |00:00:00.03 |     376 |
|  4 |     TABLE ACCESS BY INDEX RID     |T_ORD_JOIN  |      1 |  12000 |00:00:00.02 |     372 |
```

```
9   |*  5 |     INDEX SKIP SCAN          | X_T_ORD_JOIN_2|     1 | 12000 |00:00:00.02 |   275 |
10  |*  6 |     INDEX UNIQUE SCAN        | PK_M_CUS      | 12000 | 12000 |00:00:00.01 |     4 |
11  |*  7 |  TABLE ACCESS BY INDEX RID   | M_CUS         | 12000 |  9000 |00:00:00.01 | 12000 |
12  ----------------------------------------------------------------------------------------------
```

실행계획을 보면 NL 조인이 2번과 3번 단계에 총 두 번 나타났다. (일반적으로 두 개의 테이블을 조인하면 한 번의 조인 과정만 나온다.) 이처럼 NL 조인이 두 번 나타난 것은 오라클의 버전이 올라가면서 NL 조인 성능을 높이려는 방법 정도로 이해하면 된다.

실행계획의 5번 단계를 보면 'INDEX SKIP SCAN'이 있다. 'INDEX SKIP SCAN'은 인덱스를 이용해 데이터를 검색하는 방법 중의 하나다. 'X_T_ORD_JOIN_2'는 'CUS_ID, ORD_YMD '순서로 구성되어 있다. SQL에 CUS_ID에 대한 조건이 없고 ORD_YMD에 대한 조건만 존재하므로 'INDEX SKIP SCAN'을 활용하게 된 것이다. 특수한 경우가 아니면, 'INDEX SKIP SCAN' 보다는 'INDEX RANGE SCAN'이 효율적이다. 위 SQL도 ORD_YMD가 선두인 인덱스를 만들어 'INDEX RANGE SCAN'이 나오도록 하는 것이 좋지만, 여기서는 'SKIP SCAN'을 유지한 채 설명한다.(설명하고자 하는 내용의 핵심에 영향이 없기 때문이다.)

실행계획에서 주의 깊게 살펴볼 것은 후행 집합의 접근 횟수다. 6번 단계의 Starts 항목을 살펴보면 된다. 12,000번의 접근이 발생하고 있다.
T_ORD_JOIN에서 찾아낸 데이터 건수가 12,000건이다. 후행 집합인 M_CUS에는 12,000번의 접근이 발생한다. 그러므로 M_CUS에는 'INDEX RANGE SCAN'이 12,000번 발생했다. 'INDEX RANGE SCAN'이 12,000번 반복 실행된다면 좋은 성능을 기대하기는 어렵다.

위 SQL을 성능 개선하려면 후행 집합에 대한 12,000번의 접근을 줄일 필요가 있다. 가장 확실한 방법은 NL 조인의 선행 집합을 바꾸는 것이다.

선행 집합을 변경해보기 전에 아래와 같이 M_CUS와 T_ORD_JOIN을 각각의 조건으로 카운트 해보자.

조회 조건 각각의 데이터 건수
1 SELECT COUNT(*) FROM M_CUS T1 WHERE T1.CUS_GD = 'A'; -- 60건
2
3 SELECT COUNT(*) FROM T_ORD_JOIN T2 WHERE T2.ORD_YMD = '20170218'; -- 12,000건

M_CUS에서 CUS_GD가 'A'인 데이터는 60건이 나오고 T_ORD_JOIN에서 ORD_YMD가 '20170218'인 데이터는 12,000건이 나온다. 그러므로 M_CUS를 선행으로 NL 조인하면 T_ORD_JOIN에는 60번만 접근하면 된다. 반대로 T_ORD_JOIN을 선행 집합으로 NL 조인하면 M_CUS에는 12,000번 접근해야 한다.

누가 보아도 M_CUS를 선행 집합으로 NL 조인하는 것이 현명해 보인다. 이전의 SQL을 아래와 같이 힌트를 변경해 실행해보자.

CUS_GD가 A, ORD_YMD가 20170218인 주문 조회 - M_CUS를 선행 집합으로 처리

```
1   SELECT  /*+ GATHER_PLAN_STATISTICS LEADING(T1) USE_NL(T2) INDEX(T2 X_T_ORD_JOIN_2) */
2           T1.CUS_ID ,MAX(T1.CUS_NM) CUS_NM ,MAX(T1.CUS_GD) CUS_GD ,COUNT(*) ORD_CNT
3           ,SUM(T2.ORD_QTY * T2.UNT_PRC) ORD_AMT
4   FROM    M_CUS T1
5           ,T_ORD_JOIN T2
6   WHERE   T1.CUS_ID = T2.CUS_ID
7   AND     T2.ORD_YMD = '20170218'
8   AND     T1.CUS_GD = 'A'
9   GROUP BY T1.CUS_ID;
```

위 SQL을 실행하면 아래와 같은 실행계획이 나온다.

CUS_GD가 A, ORD_YMD가 20170218인 주문 조회 - M_CUS를 선행 집합으로 처리. - 실행계획

```
---------------------------------------------------------------------------------------
| Id | Operation                      | Name           | Starts | A-Rows |   A-Time    | Buffers |
---------------------------------------------------------------------------------------
|  0 | SELECT STATEMENT               |                |      1 |      6 | 00:00:00.01 |     237 |
|  1 |  SORT GROUP BY NOSORT          |                |      1 |      6 | 00:00:00.01 |     237 |
|  2 |   NESTED LOOPS                 |                |      1 |   9000 | 00:00:00.02 |     237 |
|  3 |    NESTED LOOPS                |                |      1 |   9000 | 00:00:00.01 |     163 |
|* 4 |     TABLE ACCESS BY INDEX RID  | M_CUS          |      1 |     60 | 00:00:00.01 |       3 |
|  5 |      INDEX FULL SCAN           | PK_M_CUS       |      1 |     90 | 00:00:00.01 |       1 |
|* 6 |     INDEX RANGE SCAN           | X_T_ORD_JOIN_2 |     60 |   9000 | 00:00:00.01 |     160 |
|  7 |    TABLE ACCESS BY INDEX RID   | T_ORD_JOIN     |   9000 |   9000 | 00:00:00.01 |      74 |
---------------------------------------------------------------------------------------
```

실행계획에서 6번 단계의 Starts가 60으로 줄어들었다. 총 Buffers가 237로 개선되었다. T_ORD_JOIN을 선행 집합으로 처리했을 때 총 Buffers는 12,376이었다.

NL 조인을 사용할 때는 어떤 순서로 처리하는 것이 후행 집합의 접근 횟수를 줄일 수 있는지 고민해야 한다. 그래야만 NL 조인의 성능을 향상할 수 있다.

7.2.5 조인 횟수를 줄이자#2

NL 조인의 횟수를 줄이는 연습을 한 번 더 해보자. NL 조인의 성능 개선에 있어서 그만큼 중요하고, 항상 써먹을 수 있을 만큼 유용하기 때문이다.

아래 SQL은 T_ORD_JOIN의 ORD_YMD 컬럼에만 LIKE 조건이 있다. ORD_YMD에 단독 인덱스를 생성하고, SQL을 실행해보자.

T_ORD_JOIN에 범위조건(LIKE) 사용

```
1   CREATE INDEX X_T_ORD_JOIN_3 ON T_ORD_JOIN(ORD_YMD);
2
3   SELECT  /*+ GATHER_PLAN_STATISTICS LEADING(T2) USE_NL(T1) INDEX(T2 X_T_ORD_JOIN_3) */
4           T1.CUS_ID ,MAX(T1.CUS_NM) CUS_NM ,MAX(T1.CUS_GD) CUS_GD ,COUNT(*) ORD_CNT
5          ,SUM(T2.ORD_QTY * T2.UNT_PRC) ORD_AMT
6   FROM    M_CUS T1
7          ,T_ORD_JOIN T2
8   WHERE   T1.CUS_ID = T2.CUS_ID
9   AND     T2.ORD_YMD LIKE '201702%'
10  GROUP BY T1.CUS_ID;
```

위 SQL의 힌트를 보면, T_ORD_JOIN을 선행으로 M_CUS와 NL 조인하도록 하고 있다. 실행계획을 살펴보면 아래와 같다.

T_ORD_JOIN에 범위조건(LIKE) 사용 - 실행계획

Id	Operation	Name	Starts	A-Rows	A-Time	Buffers
0	SELECT STATEMENT		1	50	00:00:00.80	211K
1	HASH GROUP BY		1	50	00:00:00.80	211K
2	NESTED LOOPS		1	209K	00:00:00.75	211K
3	NESTED LOOPS		1	209K	00:00:00.51	2273
4	TABLE ACCESS BY INDEX RID	T_ORD_JOIN	1	209K	00:00:00.29	2269
* 5	INDEX RANGE SCAN	X_T_ORD_JOIN_3	1	209K	00:00:00.19	585
* 6	INDEX UNIQUE SCAN	PK_M_CUS	209K	209K	00:00:00.15	4
7	TABLE ACCESS BY INDEX RID	M_CUS	209K	209K	00:00:00.18	209K

실행계획에서 6번 단계의 Starts 항목을 보면 209K(209,000)라는 수치를 확인할 수 있다. NL 조인을 위해 후행 집합을 209,000번 반복 접근하고 있다.

선행 집합을 M_CUS로 변경하는 전략을 고민해 보자. 무턱대고 M_CUS를 선행으로 변경하지 말고, 아래와 같이 조인에 참여하는 테이블들을 각각 카운트해보자.

각각의 테이블을 카운트
1 SELECT COUNT(*) FROM M_CUS; --90
2
3 SELECT COUNT(*) FROM T_ORD_JOIN WHERE ORD_YMD LIKE '201702%'; --209000

M_CUS는 90건이 나오고, T_ORD_JOIN은 209,000건의 데이터가 나온다. M_CUS를 선행 집합으로 NL 조인하는 것이 유리해 보인다. 힌트를 이용해 M_CUS가 선행이 되도록 SQL을 실행해보자.

T_ORD_JOIN에 범위조건(LIKE) 사용 - M_CUS를 선행 집합으로 사용
1 SELECT /*+ GATHER_PLAN_STATISTICS LEADING(T1) USE_NL(T2) INDEX(T2 X_T_ORD_JOIN_2) */
2   T1.CUS_ID ,MAX(T1.CUS_NM) CUS_NM ,MAX(T1.CUS_GD) CUS_GD ,COUNT(*) ORD_CNT
3   ,SUM(T2.ORD_QTY * T2.UNT_PRC) ORD_AMT
4 FROM   M_CUS T1
5   ,T_ORD_JOIN T2
6 WHERE   T1.CUS_ID = T2.CUS_ID
7 AND   T2.ORD_YMD LIKE '201702%'
8 GROUP BY T1.CUS_ID;

후행 집합의 연결 조건 컬럼에는 인덱스가 필수다. 다행히도 T_ORD_JOIN에는 'CUS_ID, ORD_YMD' 순서로 구성된 복합 인덱스가 이미 존재한다. 그러므로 해당 인덱스를 사용하도록 힌트를 지정했다. 아래 실행계획을 확인해보자.

T_ORD_JOIN에 범위조건(LIKE) 사용 - M_CUS를 선행 집합으로 사용 - 실행계획
``
Id	Operation	Name	Starts	A-Rows	A-Time	Buffers
----	---------------------------------	---------------	--------	--------	-------------	---------
0	SELECT STATEMENT		1	50	00:00:00.17	1939
1	SORT GROUP BY NOSORT		1	50	00:00:00.17	1939
2	NESTED LOOPS		1	142K	00:00:00.15	1939
3	NESTED LOOPS		1	142K	00:00:00.07	690
4	TABLE ACCESS BY INDEX RID	M_CUS	1	65	00:00:00.01	2
5	INDEX FULL SCAN	PK_M_CUS	1	65	00:00:00.01	1
*6	INDEX RANGE SCAN	X_T_ORD_JOIN_2	65	142K	00:00:00.06	688
7	TABLE ACCESS BY INDEX RID	T_ORD_JOIN	142K	142K	00:00:00.05	1249

총 Buffers 수치를 보면 1,939번으로 확실하게 개선되었다.

여기서 살펴본 예제는 NL 조인에 적합한 예제는 아니다. 모든 고객의 한 달간 데이터를 읽는다면 NL 조인은 좋은 선택사항이 아니다. 그런데도 선행 집합을 변경하면 성능 향상을 노려볼 수 있다.

NL 조인에서 후행 집합의 접근 횟수를 줄이려면 선행 집합의 건수가 작아야 한다. 조인에 참여하는 두 테이블을 각각 분리해서 카운트해 보고 적은 결과가 나오는 쪽을 선행 집합으로 한다. 각각을 카운트할 때는 WHERE 조건도 포함해서 카운트해야 한다는 것도 잊지 말기 바란다. 무엇보다 중요한 것은 선행 집합을 바꾸자 Buffers가 줄어들어 성능이 개선되었는지 실행계획을 확인하는 것이다.

7.2.6 여러 테이블의 조인

아래 SQL은 세 개의 테이블을 조인 처리한다. SQL을 실행하고 실행계획을 살펴보자.

3개 테이블의 조인

1	SELECT	/*+ GATHER_PLAN_STATISTICS */
2		T1.ITM_ID ,T1.ITM_NM ,T2.ORD_ST ,COUNT(*) ORD_QTY
3	FROM	M_ITM T1
4		,T_ORD_JOIN T2
5		,M_CUS T3
6	WHERE	T1.ITM_ID = T2.ITM_ID
7	AND	T3.CUS_ID = T2.CUS_ID
8	AND	T1.ITM_TP = 'ELEC'
9	AND	T3.CUS_GD = 'B'
10	AND	T2.ORD_YMD LIKE '201702%'
11	GROUP BY T1.ITM_ID ,T1.ITM_NM ,T2.ORD_ST;	

실행계획을 확인해 보면, 아래와 같이 총 Buffers가 964다. 충분히 괜찮은 성능이다. (각자 환경에 따라 다른 실행계획, 다른 성능이 나올 수 있다.)

3개 테이블의 조인

```
-------------------------------------------------------------------------------
| Id | Operation        | Name | Starts | A-Rows |   A-Time    | Buffers |
-------------------------------------------------------------------------------
|  0 | SELECT STATEMENT |      |      1 |      7 | 00:00:00.16 |     964 |
|  1 |  HASH GROUP BY   |      |      1 |      7 | 00:00:00.16 |     964 |
|* 2 |   HASH JOIN      |      |      1 |  10000 | 00:00:00.11 |     964 |
```

```
7  |*  3 |     TABLE ACCESS FULL      | M_ITM         |       |    10 |00:00:00.01 |    6 |
8  |   4 |     NESTED LOOPS           |               |     1 | 70000 |00:00:00.56 |  958 |
9  |   5 |      NESTED LOOPS          |               |     1 | 70000 |00:00:00.28 |  340 |
10 |*  6 |       TABLE ACCESS FULL    | M_CUS         |     1 |    30 |00:00:00.01 |    6 |
11 |*  7 |       INDEX RANGE SCAN     | X_T_ORD_JOIN_2|    30 | 70000 |00:00:00.27 |  334 |
12 |   8 |      TABLE ACCESS BY INDEX RID| T_ORD_JOIN | 70000 | 70000 |00:00:00.08 |  618 |
13 ------------------------------------------------------------------------------------
```

실행계획을 말로 해석해보자. 먼저 M_CUS를 선행 집합으로 T_ORD_JOIN과 NL 조인한다. 그 결과를 M_ITM과 해시 조인하고 있다. 어떤 테이블이 무슨 조인을 하는지 잘 기억하기 바란다.

위 SQL은 이미 괜찮은 성능이지만, 조금 더 성능 개선이 가능하다. 아래와 같이 M_CUS를 조회 조건을 포함해 카운트해보자. 30건이라는 결과가 나온다.

3개 테이블의 조인 - M_CUS부분만 카운트

```
1  SELECT COUNT(*) FROM M_CUS T3 WHERE T3.CUS_GD = 'B';
```

이번에는 M_ITM을 조회 조건을 포함해 카운트해보자. 10건이라는 결과가 나온다.

3개 테이블의 조인 - M_ITM부분만 카운트

```
1  SELECT COUNT(*) FROM M_ITM T1 WHERE T1.ITM_TP = 'ELEC';
```

이번에는 M_CUS와 T_ORD_JOIN만 조인 처리해 카운트해보고, M_ITM과 T_ORD_JOIN도 별도로 조인해 카운트해보자.

3개 테이블의 조인 - 각 조인 상황별로 카운트

```
1  -- 70,000건이 조회된다.
2  SELECT  COUNT(*) CNT
3  FROM    M_CUS T3
4          ,T_ORD_JOIN T2
5  WHERE   T3.CUS_ID = T2.CUS_ID
6  AND     T3.CUS_GD = 'B'
7  AND     T2.ORD_YMD LIKE '201702%';
8
9  -- 26,000건이 조회된다.
10 SELECT  COUNT(*) CNT
11 FROM    M_ITM T1
12         ,T_ORD_JOIN T2
13 WHERE   T1.ITM_ID = T2.ITM_ID
14 AND     T1.ITM_TP = 'ELEC'
15 AND     T2.ORD_YMD LIKE '201702%';
```

M_CUS와 T_ORD_JOIN이 조인되면 70,000건이 나오고, M_ITM과 T_ORD_JOIN이 조인하면 26,000건이 나온다.

카운트 SQL을 종합해보면, M_ITM과 T_ORD_JOIN을 먼저 NL 조인하는 것이 성능에 유리해 보인다. 이때, M_ITM이 선행 집합이 되어야 한다. M_ITM이 선행하려면 T_ORD_JOIN에는 연결 조건 컬럼인 ITM_ID에 인덱스가 있어야 한다. 아래와 같이 ITM_ID, ORD_YMD 순서의 복합 인덱스를 만든 후 SQL을 실행해 보자. M_ITM과 T_ORD_JOIN이 NL 조인하도록 힌트도 추가해야 한다.

3개 테이블의 조인 - M_ITM과 T_ORD_JOIN을 먼저 처리

```
1   CREATE INDEX X_T_ORD_JOIN_4 ON T_ORD_JOIN(ITM_ID,ORD_YMD);
2
3   SELECT  /*+ GATHER_PLAN_STATISTICS USE_NL(T2) INDEX(T2 X_T_ORD_JOIN_4) */
4           T1.ITM_ID ,T1.ITM_NM ,T2.ORD_ST ,COUNT(*) ORD_QTY
5   FROM    M_ITM T1
6           ,T_ORD_JOIN T2
7           ,M_CUS T3
8   WHERE   T1.ITM_ID = T2.ITM_ID
9   AND     T3.CUS_ID = T2.CUS_ID
10  AND     T1.ITM_TP = 'ELEC'
11  AND     T3.CUS_GD = 'B'
12  AND     T2.ORD_YMD LIKE '201702%'
13  GROUP BY T1.ITM_ID ,T1.ITM_NM ,T2.ORD_ST;
```

실행계획을 살펴보면 아래와 같다. Buffers가 964에서 364로 개선되었다.

3개 테이블의 조인. - M_ITM과 T_ORD_JOIN을 먼저 처리 - 실행계획

```
----------------------------------------------------------------------------------------
| Id | Operation                      | Name           |Starts | A-Rows |   A-Time    | Buffers |
----------------------------------------------------------------------------------------
|  0 | SELECT STATEMENT               |                |    1  |      7 |00:00:00.07  |   364 |
|  1 |  HASH GROUP BY                 |                |    1  |      7 |00:00:00.07  |   364 |
|* 2 |   HASH JOIN                    |                |    1  |  10000 |00:00:00.02  |   364 |
|* 3 |    TABLE ACCESS FULL           | M_CUS          |    1  |     30 |00:00:00.01  |     6 |
|  4 |    NESTED LOOPS                |                |    1  |  26000 |00:00:00.05  |   358 |
|  5 |     NESTED LOOPS               |                |    1  |  26000 |00:00:00.02  |   124 |
|* 6 |      TABLE ACCESS FULL         | M_ITM          |    1  |     10 |00:00:00.01  |     6 |
|* 7 |      INDEX RANGE SCAN          | X_T_ORD_JOIN_4 |   10  |  26000 |00:00:00.03  |   118 |
|  8 |     TABLE ACCESS BY INDEX RID  | T_ORD_JOIN     | 26000 |  26000 |00:00:00.03  |   234 |
----------------------------------------------------------------------------------------
```

지금까지 살펴본 내용을 그려보면 [그림 7.2.6-1]과 같다.

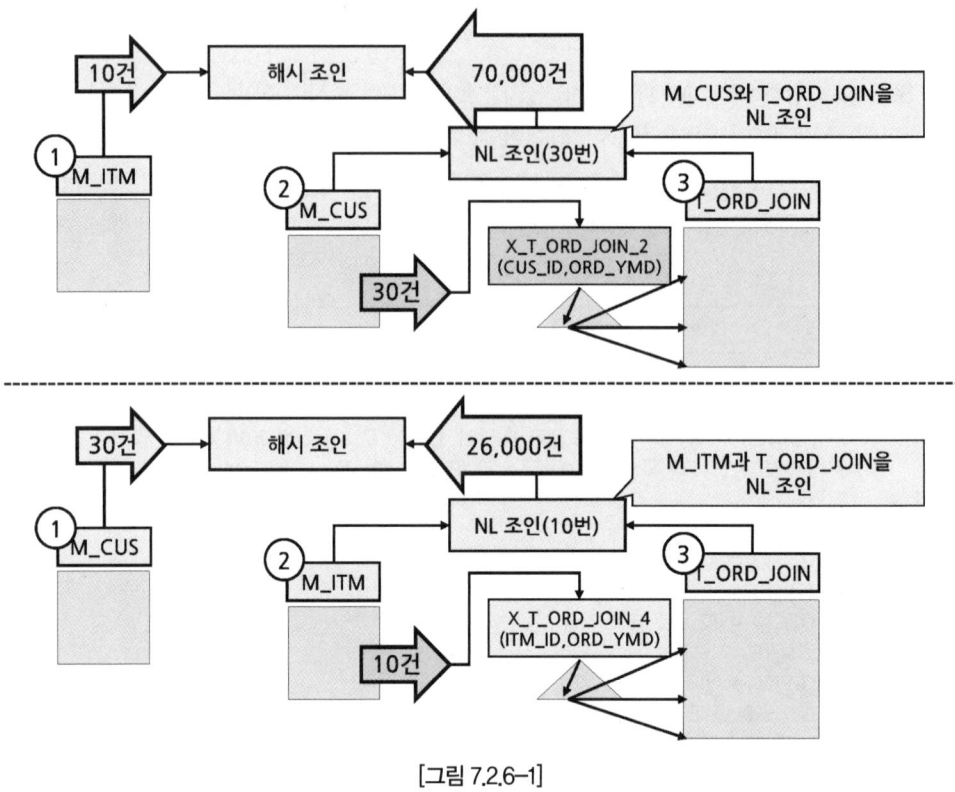

[그림 7.2.6-1]

그림의 위쪽은 M_CUS와 T_ORD_JOIN이 NL 조인된 경우고, 아래쪽은 M_ITM과 T_ORD_JOIN이 NL 조인된 경우다.

위쪽은 NL 조인 과정에서 T_ORD_JOIN을 30번 접근하고, 아래쪽은 10번만 접근한다. 당연히 아래쪽의 성능이 더 좋다. 마지막 해시 조인 처리 때도 마찬가지다. 위쪽은 70,000건을 해시 조인 처리해야 하지만 아래쪽은 26,000건만 처리하면 된다.

조인하기 전의 데이터 건수를 각각 카운트해보는 과정을 계속해서 보여주고 있다. 어떤 테이블을 NL 조인의 선행 집합으로 정해야 할지 판단이 서지 않을 때 유용하게 사용할 수 있는 방법이다.

7.2.7 과도한 성능 개선

방금 앞에서 살펴본 SQL의 최종 실행계획은 아래와 같다.

```
3개 테이블의 조인. - M_ITM과 T_ORD_JOIN을 먼저 처리 - 실행계획
---------------------------------------------------------------------------------
| Id | Operation                        | Name         | Starts | A-Rows |   A-Time    | Buffers |
---------------------------------------------------------------------------------
|  0 | SELECT STATEMENT                 |              |    1   |    7   | 00:00:00.07 |   364   |
|  1 |  HASH GROUP BY                   |              |    1   |    7   | 00:00:00.07 |   364   |
|* 2 |   HASH JOIN                      |              |    1   | 10000  | 00:00:00.02 |   364   |
|* 3 |    TABLE ACCESS FULL             | M_CUS        |    1   |   30   | 00:00:00.01 |     6   |
|  4 |    NESTED LOOPS                  |              |    1   | 26000  | 00:00:00.05 |   358   |
|  5 |     NESTED LOOPS                 |              |    1   | 26000  | 00:00:00.02 |   124   |
|* 6 |      TABLE ACCESS FULL           | M_ITM        |    1   |   10   | 00:00:00.01 |     6   |
|* 7 |      INDEX RANGE SCAN            | X_T_ORD_JOIN_4|  10   | 26000  | 00:00:00.03 |   118   |
|  8 |     TABLE ACCESS BY INDEX RID    | T_ORD_JOIN   | 26000  | 26000  | 00:00:00.03 |   234   |
---------------------------------------------------------------------------------
```

총 Buffers가 364다. 성능이 꽤 괜찮은 SQL이라고 생각된다. 하지만 이 실행계획에는 여전히 비효율이 존재하므로 더욱더 성능 개선을 할 수도 있다. (필자의 개인적인 생각은, 이 정도면 추가적인 개선은 필요 없다.)

실행계획을 보면 'TABLE ACCESS FULL(FULL SCAN)'이 두 곳에서 발생하고 있다. 바로 3번과 6번 단계다. 성능 개선을 할 때, 가장 단순한 접근은 'FULL SCAN'을 제거하는 것이다. 'FULL SCAN'을 제거하기 위해 아래와 같은 인덱스를 생성해보자.

- M_ITM: ITM_TP, ITM_ID, ITM_NM으로 구성된 복합 인덱스
  (TABLE ACCESS BY INDEX ROWID를 제거하기 위해, ITM_NM도 인덱스에 포함시킨다.)
- M_CUS: CUS_GD, CUS_ID으로 구성된 복합 인덱스

아래와 같이 인덱스를 생성하고 SQL을 실행해 보자. 새로 만든 인덱스를 사용하도록 힌트도 변경한다.

```
3개 테이블의 조인 - 필요한 인덱스를 모두 생성
1  CREATE INDEX X_M_ITM_1 ON M_ITM(ITM_TP,ITM_ID,ITM_NM);
2  CREATE INDEX X_M_CUS_1 ON M_CUS(CUS_GD, CUS_ID);
3
4  SELECT  /*+ GATHER_PLAN_STATISTICS INDEX(T1 X_M_ITM_1) INDEX(T3 X_M_CUS_1) INDEX(T2 X_T_ORD_JOIN_4) */
5          T1.ITM_ID ,T1.ITM_NM ,T2.ORD_ST ,COUNT(*) ORD_QTY
```

6	FROM M_ITM T1
7	,T_ORD_JOIN T2
8	,M_CUS T3
9	WHERE T1.ITM_ID = T2.ITM_ID
10	AND T3.CUS_ID = T2.CUS_ID
11	AND T1.ITM_TP = 'ELEC'
12	AND T3.CUS_GD = 'B'
13	AND T2.ORD_YMD LIKE '201702%'
14	GROUP BY T1.ITM_ID ,T1.ITM_NM ,T2.ORD_ST;

실행계획을 보면 'FULL SCAN'이 모두 제거되었다. 하지만, Buffers는 364에서 360으로밖에 좋아지지 않았다. 인덱스를 두 개나 추가했지만, IO를 고작 4밖에 줄이지 못했다.

3개 테이블의 조인. - 필요한 인덱스를 모두 생성. - 실행계획

```
| Id | Operation                           | Name          | Starts | A-Rows | A-Time      | Buffers |
---------------------------------------------------------------------------------------------------------
|  0 | SELECT STATEMENT                    |               |     1  |     7  | 00:00:00.04 |   360   |
|  1 |  HASH GROUP BY                      |               |     1  |     7  | 00:00:00.04 |   360   |
|  2 |   NESTED LOOPS                      |               |     1  | 10000  | 00:00:00.02 |   360   |
|  3 |    NESTED LOOPS                     |               |     1  | 26000  | 00:00:00.02 |   357   |
|* 4 |     INDEX RANGE SCAN                | X_M_ITM_1     |     1  |    10  | 00:00:00.01 |     1   |
|  5 |     TABLE ACCESS BY INDEX ROWID     | T_ORD_JOIN    |    10  | 26000  | 00:00:00.02 |   356   |
|* 6 |      INDEX RANGE SCAN               | X_T_ORD_JOIN_4|    10  | 26000  | 00:00:00.01 |   118   |
|* 7 |    INDEX RANGE SCAN                 | X_M_CUS_1     | 26000  | 10000  | 00:00:00.02 |     3   |
```

인덱스를 추가한 노력만큼 성능 개선이 되었다고 말하기는 어렵다.

'FULL SCAN'을 제거했으나 효과가 없다면, 실행계획 5번 단계의 'TABLE ACCESS BY INDEX ROWID'를 제거하는 방법을 고민해 볼 수 있다. 이를 위해서는 T_ORD_JOIN에 ITM_ID, ORD_YMD, CUS_ID, ORD_ST 컬럼이 모두 포함된 인덱스를 구성해야 한다.

아래와 같이 인덱스를 생성한 후 SQL을 실행해 보자. 잊지 말고 힌트도 변경해준다.

3개 테이블의 조인 - TABLE ACCESS BY INDEX ROWID를 제거

1	CREATE INDEX X_T_ORD_JOIN_5 ON T_ORD_JOIN(ITM_ID, ORD_YMD, CUS_ID, ORD_ST);
2	
3	SELECT /*+ GATHER_PLAN_STATISTICS INDEX(T1 X_M_ITM_1) INDEX(T3 X_M_CUS_1) INDEX(T2 X_T_ORD_JOIN_5) */
4	T1.ITM_ID ,T1.ITM_NM ,T2.ORD_ST ,COUNT(*) ORD_QTY

```
5    FROM    M_ITM T1
6           ,T_ORD_JOIN T2
7           ,M_CUS T3
8    WHERE   T1.ITM_ID = T2.ITM_ID
9    AND     T3.CUS_ID = T2.CUS_ID
10   AND     T1.ITM_TP = 'ELEC'
11   AND     T3.CUS_GD = 'B'
12   AND     T2.ORD_YMD LIKE '201702%'
13   GROUP BY T1.ITM_ID ,T1.ITM_NM ,T2.ORD_ST;
```

실행계획을 확인해 보자.

3개 테이블의 조인. - TABLE ACCESS BY INDEX ROWID를 제거 - 실행계획

```
-----------------------------------------------------------------------------------------
| Id | Operation            | Name           | Starts | A-Rows |   A-Time   | Buffers |
-----------------------------------------------------------------------------------------
|  0 | SELECT STATEMENT     |                |      1 |      7 |00:00:00.08 |     177 |
|  1 |  HASH GROUP BY       |                |      1 |      7 |00:00:00.08 |     177 |
|  2 |   NESTED LOOPS       |                |      1 |  10000 |00:00:00.03 |     177 |
|  3 |    NESTED LOOPS      |                |      1 |  26000 |00:00:00.02 |     174 |
|* 4 |     INDEX RANGE SCAN | X_M_ITM_1      |      1 |     10 |00:00:00.01 |       1 |
|* 5 |     INDEX RANGE SCAN | X_T_ORD_JOIN_5 |     10 |  26000 |00:00:00.02 |     173 |
|* 6 |    INDEX RANGE SCAN  | X_M_CUS_1      |  26000 |  10000 |00:00:00.03 |       3 |
-----------------------------------------------------------------------------------------
```

Buffers가 177로 이전보다 절반 가까이 줄었다. 과연 이렇게까지 튜닝을 해야 할까 고민이 필요하다. 노력보다 얻는 것이 크지 않다고 생각된다. 물론 자주 사용되는 핵심 SQL이라면 이 정도까지 튜닝하는 것이 필요할 수도 있다. 하지만 모든 SQL을 이와 같은 측면으로 접근하면 시스템에는 인덱스가 넘쳐나게 된다. 시스템 전반적으로 성능에 문제가 생길 수 있다.

얼마큼의 성능 개선 효과를 주는지 고민해 보고 적절한 선에서 성능 개선을 해야 한다.

다음 절로 넘어가기 전에 여기서 만들었던 불필요한 인덱스들은 제거하도록 하겠다.

불필요 인덱스 제거

```
1   DROP INDEX X_M_ITM_1;
2   DROP INDEX X_M_CUS_1;
3   DROP INDEX X_T_ORD_JOIN_5;
```

7.2.8 선행 집합은 항상 작은 쪽이어야 하는가?

NL 조인에서는, 조인 횟수를 줄이는 것이 주요 성능 개선 포인트다. 그러므로 건수가 작은 쪽을 선행 집합으로 선택해야 한다고 설명해왔다. 하지만, 항상 그런 것은 아니다.

아래 SQL은 M_CUS와 T_ORD_BIG의 한달 간의 데이터를 조인하고 있다. (설명을 위해 T_ORD_BIG 테이블을 사용한다.) 힌트를 사용해 NL 조인과 'X_T_ORD_BIG_4(CUS_ID, ORD_YMD, ORD_ST)' 인덱스를 사용하게 했다. 데이터가 작은 M_CUS를 선행 집합으로 NL 처리되도록 했다.

NL 조인 성능 테스트 - M_CUS를 선행으로 NL 조인

```
1   SELECT  /*+ GATHER_PLAN_STATISTICS LEADING(T1) USE_NL(T2) INDEX(T2 X_T_ORD_BIG_4) */
2           T1.CUS_ID, T1.CUS_NM, SUM(T2.ORD_AMT)
3   FROM    M_CUS T1
4           ,T_ORD_BIG T2
5   WHERE   T1.CUS_ID = T2.CUS_ID
6   AND     T2.ORD_YMD LIKE '201701%'
7   GROUP BY T1.CUS_ID, T1.CUS_NM
8   ORDER BY SUM(T2.ORD_AMT) DESC;
```

위 SQL을 실행하면, 오랜 시간이 걸린다. 필자의 환경에서는 26.83초가 걸렸다. 실행계획은 아래와 같다.

NL 조인 성능 테스트 - M_CUS를 선행으로 NL 조인 - 실행계획

Id	Operation	Name	Starts	A-Rows	A-Time	Buffers	Reads
0	SELECT STATEMENT		1	50	00:00:26.83	2441K	112K
1	SORT ORDER BY		1	50	00:00:26.83	2441K	112K
2	HASH GROUP BY		1	81	00:00:26.83	2441K	112K
3	NESTED LOOPS		1	2430K	00:00:27.19	2441K	112K
4	NESTED LOOPS		1	2430K	00:00:02.47	11794	11714
5	TABLE ACCESS FULL	M_CUS	1	90	00:00:00.01	6	7
* 6	INDEX RANGE SCAN	X_T_ORD_BIG_4	90	2430K	00:00:01.67	11788	11707
7	TABLE ACCESS BY INDEX ROWID	T_ORD_BIG	2430K	2430K	00:00:24.11	2430K	100K

M_CUS에는 90건의 데이터가 있고, T_ORD_BIG에서 ORD_YMD가 '201701%'인 데이터는 2,430,000건이 있다. 당연히 크기가 작은 M_CUS를 선행 집합으로 NL 조인하는 것이 합당해 보이지만 성능이 좋지 않다.

사실 위 SQL은 T_ORD_BIG에서 한 달간의 데이터를 인덱스로 읽기에는 무리가 있다. 인덱스로 읽어야 할 데이터가 너무 많기 때문이다. 'FULL SCAN'이 더 효율적일 수 있다. 하지만 T_ORD_BIG을 90번이나 'FULL SCAN' 하기에는 부담이 크다.

그렇다면, T_ORD_BIG을 NL 조인의 선행집합으로 하면서 'FULL SCAN' 처리 해보면 어떨까? 선행 집합은 한 번만 접근하면 되므로 T_ORD_BIG에 'FULL SCAN'을 한 번만 하면 된다. 아래와 같이 힌트를 변경해 SQL을 실행해보자.

```
NL 조인 성능 테스트 - T_ORD_BIG을 선행으로 NL 조인
1  SELECT   /*+ GATHER_PLAN_STATISTICS LEADING(T2) USE_NL(T1) FULL(T2) */
2           T1.CUS_ID, T1.CUS_NM, SUM(T2.ORD_AMT)
3  FROM     M_CUS T1
4          ,T_ORD_BIG T2
5  WHERE    T1.CUS_ID = T2.CUS_ID
6  AND      T2.ORD_YMD LIKE '201701%'
7  GROUP BY T1.CUS_ID, T1.CUS_NM
8  ORDER BY SUM(T2.ORD_AMT) DESC;
```

놀랍게도 실행 시간이 7.58초로 단축되었다. 정확한 테스트를 위해 버퍼캐시를 비워놓고 측정한 결과다. 실행계획은 아래와 같다.

```
NL 조인 성능 테스트 - T_ORD_BIG을 선행으로 NL 조인 - 실행계획
-----------------------------------------------------------------------------------------
| Id | Operation                     | Name      | Starts | A-Rows |   A-Time    | Buffers | Reads |
-----------------------------------------------------------------------------------------
|  0 | SELECT STATEMENT              |           |      1 |     50 |00:00:07.58  |   2688K |  258K |
|  1 |  SORT ORDER BY                |           |      1 |     50 |00:00:07.58  |   2688K |  258K |
|  2 |   HASH GROUP BY               |           |      1 |     81 |00:00:07.58  |   2688K |  258K |
|  3 |    NESTED LOOPS               |           |      1 |  2430K |00:00:07.52  |   2688K |  258K |
|  4 |     NESTED LOOPS              |           |      1 |  2430K |00:00:05.82  |    258K |  258K |
|* 5 |      TABLE ACCESS FULL        | T_ORD_BIG |      1 |  2430K |00:00:03.80  |    258K |  258K |
|* 6 |      INDEX UNIQUE SCAN        | PK_M_CUS  |  2430K |  2430K |00:00:01.16  |       4 |     1 |
|  7 |     TABLE ACCESS BY INDEX ROWID| M_CUS    |  2430K |  2430K |00:00:01.14  |   2430K |     2 |
-----------------------------------------------------------------------------------------
```

어떤가? 항상 크기가 작은 쪽을 선행 집합으로 선택해야 하는 것은 아니다. 몇 개의 규칙에 얽매이지 말고 열린 마음으로 SQL을 다양하게 변경해보기 바란다.

7.3 MERGE 조인과 성능

7.3.1 대량의 데이터 처리

머지 조인은 대량의 데이터를 조인할 때 적합하다. NL 조인과의 비교를 통해 머지 조인이 과연 대량 데이터 조인에 유리한지 살펴보자.

여기서는 머지 조인의 성능 테스트를 위해 T_ORD_BIG 테이블을 사용한다.
아래 SQL을 실행해보자. M_CUS와 T_ORD_BIG 테이블을 NL 조인하는 SQL이다. (T_ORD_BIG에서 읽어야 할 데이터가 절대적으로 많다. 그러므로 T_ORD_BIG을 'FULL SCAN'으로 선행 처리했다.)

고객별 2월 전체 주문금액 조회 - T_ORD_BIG,NL 조인 사용
```
1  SELECT  /*+ GATHER_PLAN_STATISTICS LEADING(T2) USE_NL(T1) FULL(T2) */
2          T1.CUS_ID ,MAX(T1.CUS_NM) CUS_NM ,MAX(T1.CUS_GD) CUS_GD ,COUNT(*) ORD_CNT
3          ,SUM(T2.ORD_AMT) ORD_AMT
4          ,SUM(SUM(T2.ORD_AMT)) OVER() TTL_ORD_AMT
5  FROM    M_CUS T1
6          ,T_ORD_BIG T2
7  WHERE   T1.CUS_ID = T2.CUS_ID
8  AND     T2.ORD_YMD LIKE '201702%'
9  GROUP BY T1.CUS_ID;
```

위 SQL은 필자 환경에서 7.69초가 걸린다. 실행계획은 아래와 같다. 총 Buffers 항목을 주목하자.

고객별 2월 전체 주문금액 조회 - T_ORD_BIG,NL 조인 사용 - 실행계획

Id	Operation	Name	Starts	A-Rows	A-Time	Buffers	Reads
0	SELECT STATEMENT		1	50	00:00:07.69	2238K	258K
1	WINDOW BUFFER		1	50	00:00:07.69	2238K	258K
2	HASH GROUP BY		1	72	00:00:07.69	2238K	258K
3	NESTED LOOPS		1	1980K	00:00:09.11	2238K	258K
4	NESTED LOOPS		1	1980K	00:00:07.57	258K	258K
* 5	TABLE ACCESS FULL	T_ORD_BIG	1	1980K	00:00:06.11	258K	258K
* 6	INDEX UNIQUE SCAN	PK_M_CUS	1980K	1980K	00:00:00.98	4	1
7	TABLE ACCESS BY INDEX ROWID	M_CUS	1980K	1980K	00:00:01.10	1980K	8

7.3 MERGE 조인과 성능

SQL을 머지 조인으로 변경해 처리해보자. 아래와 같이 'USE_MERGE' 힌트를 사용한다. LEADING 힌트도 M_CUS로 대상을 변경했다.

고객별 2월 전체 주문금액 조회 - T_ORD_BIG, 머지 조인 사용
1 `SELECT    /*+ GATHER_PLAN_STATISTICS LEADING(T1) USE_MERGE(T2) FULL(T2) */`
2 `...`

머지 조인으로 변경하자, 5.57초로 성능이 개선되었다. 실행계획은 아래와 같다. Buffers 수치가 2,238K에서 258K로 압도적으로 줄어들었다. 이로 인해 실행 시간이 단축된 것이다.

고객별 2월 전체 주문금액 조회 - T_ORD_BIG, 머지 조인 사용 - 실행계획
``

| Id | Operation | Name | Starts | A-Rows | A-Time | Buffers | Reads |

| 0 | SELECT STATEMENT | | 1 | 50 |00:00:05.57 | 258K | 258K |
| 1 | WINDOW BUFFER | | 1 | 50 |00:00:05.57 | 258K | 258K |
| 2 | SORT GROUP BY NOSORT | | 1 | 72 |00:00:05.66 | 258K | 258K |
| 3 | MERGE JOIN | | 1 | 1980K |00:00:05.31 | 258K | 258K |
| 4 | TABLE ACCESS BY INDEX ROWID | M_CUS | 1 | 90 |00:00:00.01 | 3 | 3 |
| 5 | INDEX FULL SCAN | PK_M_CUS | 1 | 90 |00:00:00.01 | 1 | 1 |
|* 6 | SORT JOIN | | 90 | 1980K |00:00:05.14 | 258K | 258K |
|* 7 | TABLE ACCESS FULL | T_ORD_BIG | 1 | 1980K |00:00:06.09 | 258K | 258K |

``

위 SQL이 머지 조인으로 처리되는 과정은 [그림 7.3.1-1]과 같다.

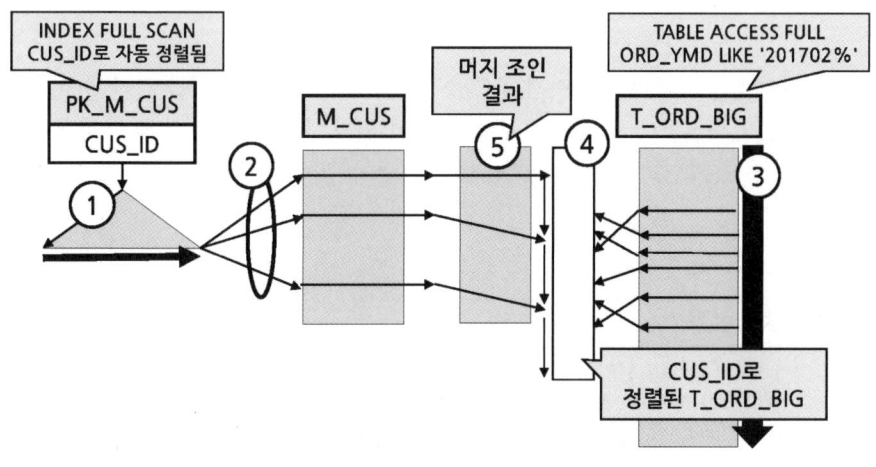

[그림 7.3.1-1]

[그림 7.3.1-1]의 과정을 설명하면 아래와 같다.

1. PK_M_CUS 인덱스를 INDEX FULL SCAN (CUS_ID 순서의 리프 블록을 차례대로 읽는다.)
2. 1번에서 찾은 ROWID를 이용해 M_CUS에 접근 (TABLE ACCESS BY INDEX ROWID)
3. T_ORD_BIG을 TABLE ACCESS FULL, ORD_YMD가 201702%인 데이터를 검색한다.
4. 3번의 결과를 CUS_ID 순서로 정렬 처리한다.
5. 2번을 처리하면서 4번의 결과와 머지 조인 처리한다.
   (NL 조인처럼 후행 테이블을 반복해서 다시 읽지 않는다.)

전자제품을 생산하는 과정을 생각해 보자. 단 한 개의 제품만 생산한다면 차례대로 부품들을 조립하면서 완제품을 만드는 것이 효율적일 수 있다. 하지만 대량 생산을 해야 한다면, 중간 부품들을 미리 대량으로 만들어 놓고, 최종 조립만 하는 것이 훨씬 빠를 것이다. 머지 조인은 이와 같은 방식으로 조인 대상을 미리 모아 놓고 한 번에 조인 처리한다. 대량의 데이터를 조인 처리할 때 효율적이다.

7.3.2 필요한 인덱스

머지 조인의 인덱스 전략을 알아보자. 머지 조인은 조인에 참여하는 데이터를 각각 조회해서 조인을 처리한다. 그러므로 조인에 참여하는 테이블별로 대상을 줄일 수 있는 조건에 인덱스를 만들어 주면 된다.

예를 들어, A 테이블과 B 테이블이 머지 조인을 수행할 때, A와 B 테이블 각각에 WHERE 조건절이 있으면 각각의 조건별로 인덱스를 구성해 주면 된다. 단, 해당 조건에 인덱스를 사용하는 것이 'TABLE ACCESS FULL' 보다는 좋은 성능을 낼 수 있어야 한다.

아래 SQL을 실행해보자.

	머지 조인 - T_ORD_BIG을 FULL SCAN으로 처리
1	SELECT /*+ GATHER_PLAN_STATISTICS LEADING(T1) USE_MERGE(T2) FULL(T2) */
2	T1.CUS_ID ,MAX(T1.CUS_NM) CUS_NM ,MAX(T1.CUS_GD) CUS_GD ,COUNT(*) ORD_CNT
3	,SUM(T2.ORD_AMT) ORD_AMT ,SUM(SUM(T2.ORD_AMT)) OVER() TTL_ORD_AMT
4	FROM M_CUS T1
5	,T_ORD_BIG T2

6	WHERE T1.CUS_ID = T2.CUS_ID
7	AND T2.ORD_YMD BETWEEN '20170201' AND '20170210'
8	GROUP BY T1.CUS_ID;

위 SQL은 '20170201'부터 '20170210'까지의 주문 데이터를 고객과 머지 조인한다. T_ORD_BIG 테이블을 강제로 'FULL SCAN' 하도록 'FULL(T2)' 힌트를 주었다. 필자 환경에서는 5초 정도의 시간이 걸린다.

위 SQL을 머지 조인으로 유지한 채 성능을 개선하려면 T_ORD_BIG의 ORD_YMD 컬럼에 인덱스를 고려해 볼 수 있다. T_ORD_BIG에는 ORD_YMD가 포함된 인덱스가 이미 아래와 같이 있다.

- X_T_ORD_BIG_1: ORD_YMD
- X_T_ORD_BIG_3: ORD_YMD, CUS_ID
- X_T_ORD_BIG_4: CUS_ID, ORD_YMD, ORD_ST

각각의 경우를 모두 테스트해 보자. 머지 조인을 유지한 채 'INDEX()' 힌트만 변경하면서 실행해보자.

	머지 조인 - T_ORD_BIG의 인덱스 별 테스트
1	-- 1. X_T_ORD_BIG_1(ORD_YMD) 인덱스 사용.
2	SELECT /*+ GATHER_PLAN_STATISTICS LEADING(T1) USE_MERGE(T2) INDEX(T2 X_T_ORD_BIG_1) */
3	…
4	-- 2. X_T_ORD_BIG_3(ORD_YMD, CUS_ID) 인덱스 사용.
5	SELECT /*+ GATHER_PLAN_STATISTICS LEADING(T1) USE_MERGE(T2) INDEX(T2 X_T_ORD_BIG_3) */
6	…
7	-- 3. X_T_ORD_BIG_4(CUS_ID, ORD_YMD, ORD_ST) 인덱스 사용.
8	SELECT /*+ GATHER_PLAN_STATISTICS LEADING(T1) USE_MERGE(T2) INDEX(T2 X_T_ORD_BIG_4) */
9	…

SQL을 각각 실행한 후에, 실행계획의 중요한 부분만 요약해 보면 아래와 같다. (X_T_ORD_BIG_4의 경우는 ORD_YMD가 인덱스의 선두 컬럼이 아니므로 'SKIP SCAN'으로 처리된다.)

	머지 조인 - T_ORD_BIG의 인덱스 별 테스트. - 실행계획
1	-- 1. X_T_ORD_BIG_1(ORD_YMD) 인덱스 사용.
2	--
3	| Id | Operation | Name |Starts | A-Rows | A-Time | Buffers | Reads |
4	--

```
5   |*  6 |    SORT JOIN                    |              |   90 |  720K|00:00:04.55 |  87262 | 18006 |
6   |   7 |     TABLE ACCESS BY INDEX ROWID | T_ORD_BIG    |    1 |  720K|00:00:03.90 |  87262 | 18006 |
7   |*  8 |      INDEX RANGE SCAN           | X_T_ORD_BIG_1|    1 |  720K|00:00:00.32 |   2009 |  2009 |
8   --------------------------------------------------------------------------------------------------
9
10  -- 2. X_T_ORD_BIG_3(ORD_YMD, CUS_ID) 인덱스 사용.
11  --------------------------------------------------------------------------------------------------
12  | Id  | Operation                       | Name         |Starts| A-Rows | A-Time     | Buffers| Reads |
13  --------------------------------------------------------------------------------------------------
14  |*  6 |    SORT JOIN                    |              |   90 |  720K|00:00:05.10 |   722K | 18916 |
15  |   7 |     TABLE ACCESS BY INDEX ROWID | T_ORD_BIG    |    1 |  720K|00:00:04.82 |   722K | 18916 |
16  |*  8 |      INDEX RANGE SCAN           | X_T_ORD_BIG_3|    1 |  720K|00:00:00.39 |   2919 |  2919 |
17  --------------------------------------------------------------------------------------------------
18
19  3. X_T_ORD_BIG_4(CUS_ID, ORD_YMD, ORD_ST) 인덱스 사용.
20  --------------------------------------------------------------------------------------------------
21  | Id  | Operation                       | Name         |Starts| A-Rows | A-Time     | Buffers| Reads |
22  --------------------------------------------------------------------------------------------------
23  |*  6 |    SORT JOIN                    |              |   90 |  720K|00:00:05.50 |   723K | 19736 |
24  |   7 |     TABLE ACCESS BY INDEX ROWID | T_ORD_BIG    |    1 |  720K|00:00:04.58 |   723K | 19736 |
25  |*  8 |      INDEX SKIP SCAN            | X_T_ORD_BIG_4|    1 |  720K|00:00:01.21 |   3739 |  3739 |
26  --------------------------------------------------------------------------------------------------
```

각각의 실행계획에서 'SORT JOIN' 단계의 Buffers와 Reads 수치를 살펴보자. Reads 항목은 세 경우 모두 비슷하다. 하지만, Buffers 항목을 보면, 'X_T_ORD_BIG_1' 인덱스를 사용한 경우가 압도적으로 좋다.

복합 인덱스인 'X_T_ORD_BIG_3'와 'X_T_ORD_BIG_4'는 머지 조인에서는 성능에 큰 도움이 되지 못하고 있다. (그런데도 복합 인덱스의 장점은 매우 많다는 것을 기억하기 바란다.)
이 결과로 머지 조인은 단일 인덱스를 사용해야 한다는 결론을 내리면 곤란하다. 항상 자신의 환경에서 테스트해보고 결론을 도출해야 한다.
여기서는 ORD_YMD로 구성된 단일 인덱스를 사용한 경우가 성능이 가장 좋았지만, 복합 인덱스를 사용해도 성능이 크게 나쁘지 않으면, 복합 인덱스를 가져가는 것이 시스템 전체를 위해서는 더 좋을 수도 있다.

여기에 설명하지 않았지만, 정렬 작업(SORT JOIN)을 제거할 수 있는 인덱스를 구성하는 것도 좋은 전략이다. 하지만 최근에 이 같은 전략을 사용해서 이득을 본 경험이 없기 때문에 여기서 소개하지는 않는다.

7.4 HASH 조인과 성능

7.4.1 대량의 데이터 처리

NL 조인은 많은 양의 데이터를 조인 처리하기에는 적합하지 않다. 그러므로 많은 양의 데이터를 조인하려면 머지 조인을 사용해야 한다. 하지만 머지 조인도 데이터를 정렬해야 하는 부담이 있다. 이와 같은 단점을 해결할 수 있는 것이 바로 해시 조인이다.

해시 조인은 해시 함수를 사용하기 때문에 CPU와 메모리에 추가적인 부하가 발생한다. 하지만 머지 조인에 비하면 월등한 성능을 가지고 있다. 대용량 데이터의 조인은 해시 조인이 필수다.

아래 SQL을 실행해보자. T_ORD_BIG 전체를 머지 조인으로 처리하는 SQL이다.

```
T_ORD_BIG 전체를 조인 - 머지 조인으로 처리
1  SELECT  /*+ GATHER_PLAN_STATISTICS LEADING(T1) USE_MERGE(T2) */
2          T1.CUS_ID ,MAX(T1.CUS_NM) CUS_NM ,MAX(T1.CUS_GD) CUS_GD
3          ,COUNT(*) ORD_CNT ,SUM(T2.ORD_AMT) ORD_AMT ,SUM(SUM(T2.ORD_AMT)) OVER() TTL_ORD_AMT
4  FROM    M_CUS T1
5          ,T_ORD_BIG T2
6  WHERE   T1.CUS_ID = T2.CUS_ID
7  GROUP BY T1.CUS_ID;
```

실행계획은 아래와 같다.

```
T_ORD_BIG 전체를 조인 - 머지 조인으로 처리. - 실행계획
 1  -------------------------------------------------------------------------------------------
 2  | Id |Operation                      |Name    |A-Rows |  A-Time     |Buffers | OMem | 1Mem |Used-Mem
 3  -------------------------------------------------------------------------------------------
 4  |  0 |SELECT STATEMENT               |        |   50  |00:00:34.33  | 258K|        |       |
 5  |  1 | WINDOW BUFFER                 |        |   50  |00:00:34.33  | 258K|73728   | 73728 |
 6  |  2 |  SORT GROUP BY NOSORT         |        |   90  |00:00:34.41  | 258K|        |       |
 7  |  3 |   MERGE JOIN                  |        |  30M  |00:00:27.38  | 258K|        |       |
 8  |  4 |    TABLE ACCESS BY INDEX RID  |M_CUS   |   90  |00:00:00.01  |   3 |        |       |
 9  |  5 |     INDEX FULL SCAN           |PK_M_CUS|   90  |00:00:00.01  |   1 |        |       |
10  |* 6 |    SORT JOIN                  |        |  30M  |00:00:24.88  | 258K| 646M   | 8342K | 76M (1)
11  |  7 |     TABLE ACCESS FULL         |T_ORD_BIG| 30M  |00:00:03.05  | 258K|        |       |
12  -------------------------------------------------------------------------------------------
```

전체 실행 시간이 34초고, 6번 단계의 소트 조인 단계까지 24.88초가 걸렸다. 6번 단계의 Used-Mem 항목을 살펴보면 76M이다. 정렬을 위해 메모리를 76메가 사용했다고 이해하면 된다.

위 SQL을 해시 조인으로 처리해보자. 아래와 같이 'USE_MERGE' 힌트만 'USE_HASH'로 변경하면 된다.

T_ORD_BIG 전체를 조인 - 해시 조인으로 처리

```
1  SELECT   /*+ GATHER_PLAN_STATISTICS LEADING(T1) USE_HASH(T2) */
2  …
```

실행계획을 확인해보면 22초로 성능이 개선되었다. 'Used-Mem' 항목도 머지 조인에 비해 좋아졌다.

T_ORD_BIG 전체를 조인 - 해시 조인으로 처리. - 실행계획

```
-----------------------------------------------------------------------------------------------
| Id | Operation            | Name      | A-Rows | A-Time      | Buffers | OMem  | 1Mem  | Used-Mem   |
-----------------------------------------------------------------------------------------------
|  0 | SELECT STATEMENT     |           |     50 | 00:00:22.07 |   258K  |       |       |            |
|  1 |  WINDOW BUFFER       |           |     50 | 00:00:22.07 |   258K  | 73728 | 73728 |            |
|  2 |   HASH GROUP BY      |           |     90 | 00:00:22.07 |   258K  |  726K |  726K | 3679K (0)  |
|* 3 |    HASH JOIN         |           |    30M | 00:00:13.92 |   258K  |  990K |  990K | 1246K (0)  |
|  4 |     TABLE ACCESS FULL| M_CUS     |     90 | 00:00:00.01 |     6   |       |       |            |
|  5 |     TABLE ACCESS FULL| T_ORD_BIG |    30M | 00:00:03.22 |   258K  |       |       |            |
-----------------------------------------------------------------------------------------------
```

대량의 데이터를 조인할 때, 해시 조인이 머지 조인보다 좋다는 것을 알 수 있다. 물론 머지 조인 과정에서 성능 소모가 큰 정렬 부분을 인덱스로 제거할 수 있다면 머지 조인의 성능이 더 좋을 수 있다.

7.4.2 빌드 입력 선택의 중요성

NL 조인에서는 선행 집합의 선택이 매우 중요하다. 선행 집합을 잘 선택해야 조인 횟수가 줄어들며 이로 인해 조인 성능이 향상한다. 해시 조인 역시 성능 향상을 위해 선행 집합 선택이 매우 중요하다.

해시 조인의 경우, 선행 집합은 빌드 입력(Build-Input)으로 처리하며, 후행 집합은 검증 입력(Probe-Input)으로 처리된다. 빌드 입력은 조인할 대상에 해시 함수를 적용해 조인 준비를 하는 과정이다. 검증 입력은 후행 집합에 해시 함수를 적용해 빌드 입력과 비교해 조인을 처리하는 과정이다.

해시 조인은 빌드 입력의 데이터가 적으면 적을수록 성능에 유리하다. 빌드 입력이 메모리 영역인 해시 영역에 모두 위치해야만 최고의 성능을 낼 수 있다. 빌드 입력의 데이터가 너무 많아 해시 영역에 모두 올릴 수 없으면, 임시 공간(Temporary Space)을 사용하게 되며 이로 인해 성능 저하가 발생한다.

아래는 T_ORD_BIG을 선행 집합으로 M_CUS와 해시 조인하는 SQL이다. (M_CUS를 선행 집합으로 처리했을 때 22.07초가 걸렸다.)

```
T_ORD_BIG 전체를 조인  -  T_ORD_BIG을 선행 집합으로 처리

1   SELECT  /*+ GATHER_PLAN_STATISTICS LEADING(T2) USE_HASH(T1) */
2           T1.CUS_ID ,MAX(T1.CUS_NM) CUS_NM ,MAX(T1.CUS_GD) CUS_GD
3           ,COUNT(*) ORD_CNT ,SUM(T2.ORD_AMT) ORD_AMT ,SUM(SUM(T2.ORD_AMT)) OVER() TTL_ORD_AMT
4   FROM    M_CUS T1
5           ,T_ORD_BIG T2
6   WHERE   T1.CUS_ID = T2.CUS_ID
7   GROUP BY T1.CUS_ID;
```

T_ORD_BIG을 선행 집합으로 처리하자, 33.61초의 수행 시간이 걸리고, 해시 조인에서 많은 메모리가 사용되었다. 실행계획은 아래와 같다.

```
T_ORD_BIG 전체를 조인  -  T_ORD_BIG을 선행 집합으로 처리  -  실행계획

----------------------------------------------------------------------------------------
| Id | Operation         | Name      | Starts | A-Rows | A-Time   | Used-Mem  | Used-Tmp |
----------------------------------------------------------------------------------------
|  0 | SELECT STATEMENT  |           |      1 |     50 | 00:33.61 |           |          |
|  1 |  WINDOW BUFFER    |           |      1 |     50 | 00:33.61 |           |          |
|  2 |   HASH GROUP BY   |           |      1 |     90 | 00:33.61 | 3698K (0) |          |
|* 3 |    HASH JOIN      |           |      1 |    30M | 00:25.05 |   56M (1) |     578K |
|  4 |     TABLE ACCESS FULL| T_ORD_BIG |    1 |    30M | 00:03.54 |           |          |
|  5 |     TABLE ACCESS FULL| M_CUS     |    1 |     90 | 00:00.04 |           |          |
----------------------------------------------------------------------------------------
```

요즘같이 데이터가 넘쳐나는 시대에는 대용량 테이블 간에 조인이 수행되는 경우가 많다. 이런

경우는 어느 쪽을 빌드 입력으로 선택하든 성능에 큰 차이가 나지 않을 수 있다. 하지만 습관적으로 조금이라도 작은 쪽을 선행 집합으로 해시 조인을 처리하는 것이 좋다.

7.4.3 대량의 데이터에만 사용할 것인가?

해시 조인은 대량의 데이터를 조인할 때 유용한 방법이라고 설명했다. 하지만 해시 조인은 대량의 데이터뿐 아니라, 소량의 데이터를 조인할 때도 매우 유용하다.

실행계획을 확인하다 보면, 해시 조인이 발생하는 SQL을 자주 보게 된다. '7.2.6 여러 테이블의 조인' 절에서 사용한 SQL도 해시 조인이 발생했다. 설명을 위해 다시 한번 해당 SQL을 살펴보자.

```
3개 테이블의 조인. - M_ITM과 T_ORD_JOIN을 먼저 처리
1   SELECT  /*+ GATHER_PLAN_STATISTICS */
2           T1.ITM_ID ,T1.ITM_NM ,T2.ORD_ST ,COUNT(*) ORD_QTY
3   FROM    M_ITM T1
4           ,T_ORD_JOIN T2
5           ,M_CUS T3
6   WHERE   T1.ITM_ID = T2.ITM_ID
7   AND     T3.CUS_ID = T2.CUS_ID
8   AND     T1.ITM_TP = 'ELEC'
9   AND     T3.CUS_GD = 'B'
10  AND     T2.ORD_YMD LIKE '201702%'
11  GROUP BY T1.ITM_ID ,T1.ITM_NM ,T2.ORD_ST;
```

위 SQL을 실행하면 실행계획에 해시 조인이 나타난다.

```
3개 테이블의 조인 - 실행계획
1   ---------------------------------------------------------------------
2   | Id | Operation              | Name  |Starts |A-Rows | A-Time     | Buffers |
3   ---------------------------------------------------------------------
4   |  0 | SELECT STATEMENT       |       |   1   |    7  |00:00:00.07 |   364   |
5   |  1 |  HASH GROUP BY         |       |   1   |    7  |00:00:00.07 |   364   |
6   |* 2 |   HASH JOIN            |       |   1   | 10000 |00:00:00.02 |   364   |
7   |* 3 |    TABLE ACCESS FULL   | M_CUS |   1   |    30 |00:00:00.01 |     6   |
8   |  4 |    NESTED LOOPS        |       |   1   | 26000 |00:00:00.05 |   358   |
9   |  5 |     NESTED LOOPS       |       |   1   | 26000 |00:00:00.02 |   124   |
10  |* 6 |      TABLE ACCESS FULL | M_ITM |   1   |    10 |00:00:00.01 |     6   |
```

```
11  |*  7 |       INDEX RANGE SCAN        | X_T_ORD_JOIN_4|    10 | 26000 |00:00:00.03 |   118 |
12  |   8 |    TABLE ACCESS BY INDEX RID| T_ORD_JOIN     | 26000 | 26000 |00:00:00.03 |   234 |
13  -------------------------------------------------------------------------------------------
```

실행계획에서 M_ITM과 T_ORD_JOIN의 NL 조인 결과는 26,000건이다. 26,000건의 데이터가 M_CUS와 조인할 때는 해시 조인으로 처리되고 있다. 26,000 건 정도면 NL 조인으로도 충분히 처리할 수 있다. 아래와 같이 모든 조인이 NL 조인으로 처리가 되도록 힌트를 사용해 보자.

```
3개 테이블의 조인 - NL 조인으로만 처리
1   SELECT   /*+ GATHER_PLAN_STATISTICS LEADING(T1 T2 T3) USE_NL(T2 T3) */
2   ...
```

모든 테이블이 NL 조인으로 처리된 SQL의 실행계획을 살펴보면 아래와 같다. Buffers를 보면 이전보다 성능이 좋지 못하다. 해시 조인이 포함된 경우 총 Buffers는 364에 불과했지만 모두 NL 조인으로 변경하자 Buffers가 26,362에 달하고 있다.

```
3개 테이블의 조인 - NL 조인으로만 처리  -  실행계획
1   ------------------------------------------------------------------------------------------
2   | Id  | Operation                          | Name           | Starts | A-Rows | A-Time     | Buffers |
3   ------------------------------------------------------------------------------------------
4   |   0 | SELECT STATEMENT                   |                |      1 |      7 | 00:00.11   |  26362  |
5   |   1 |  HASH GROUP BY                     |                |      1 |      7 | 00:00.11   |  26362  |
6   |   2 |   NESTED LOOPS                     |                |      1 |  10000 | 00:00.06   |  26362  |
7   |   3 |    NESTED LOOPS                    |                |      1 |  26000 | 00:00.06   |    362  |
8   |   4 |     NESTED LOOPS                   |                |      1 |  26000 | 00:00.03   |    358  |
9   |*  5 |      TABLE ACCESS FULL             | M_ITM          |      1 |     10 | 00:00.01   |      6  |
10  |   6 |      TABLE ACCESS BY INDEX ROWID| T_ORD_JOIN        |     10 |  26000 | 00:00.04   |    352  |
11  |*  7 |       INDEX RANGE SCAN             | X_T_ORD_JOIN_4 |     10 |  26000 | 00:00.02   |    118  |
12  |*  8 |     INDEX UNIQUE SCAN              | PK_M_CUS       |  26000 |  26000 | 00:00.02   |      4  |
13  |*  9 |    TABLE ACCESS BY INDEX ROWID     | M_CUS          |  26000 |  10000 | 00:00.02   |  26000  |
14  ------------------------------------------------------------------------------------------
```

해시 조인은 메모리와 CPU를 비교적 많이 사용한다는 점과 대용량 데이터 조인에 적합하다는 이유로 소량의 데이터는 무조건 NL 조인만 사용해야 한다고 생각할 수 있다. 하지만 모든 SQL을 NL 조인으로 변경할 필요는 없다. 노력보다 얻는 성능 효과가 작거나 없을 수도 있기 때문이다.

만약에 특정 SQL이 매우 많이 사용되면서 CPU 점유 시간이 높다면, 해시 조인을 제거할 방법을 고민해 봐야 할 것이다. 이런 상황이 아니라면 굳이 해시 조인을 제거하려고 노력할 필요는 없다.

7.4.4 어떤 조인을 사용할 것인가?

오라클의 내부적인 조인 처리 방식을 살펴보았다. 이제 우리가 만든 SQL의 실행계획을 보면 어떤 방식으로 조인되는지 눈에 들어올 것이다.

어떤 조인 방식을 사용할지는 SQL의 목적과 사용 빈도 그리고 DBMS 성능에 따라 다양하게 결정할 수 있다.
OLTP 환경의 로그인 처리, 계좌이체, 주문처리 같은 자주 실행되는 SQL은 NL 조인만으로 처리하는 것이 데이터베이스 전체 성능에 도움이 된다. 단, NL 조인의 성능이 확보되도록 적절한 인덱스가 구성되어 있어야 한다.
대량의 데이터를 조회해서 분석을 수행해야 한다면 해시 조인이 유용하다. 머지 조인이 활용되는 경우는 많지 않다. 조인 조건 컬럼에 적절한 인덱스를 만들기 어려울 때도 해시 조인을 활용한다.

힌트를 사용하지 않는 한 어떤 조인을 할지는 옵티마이져가 결정한다. 옵티마이져가 제일 나은 선택을 할 수 있게 인덱스를 잘 구성해주는 것이 중요하다. 그런데 인덱스를 잘 구성하려면 SQL이 어떤 조인 방식으로 처리하는 것이 좋은지 먼저 판단할 수 있어야 한다. 조인에 따라 효율적인 인덱스가 다르기 때문이다. 그렇기 때문에 옵티마이져보다 앞서서 어떤 조인 방식이 좋은지 예측할 수 있어야 한다.

이러한 예측 능력을 키우려면 꾸준한 연습이 필요하다. 하나의 SQL을 NL, 머지, 해시 조인으로 다양하게 시도해 보고 실행계획으로 성능을 확인하는 연습이 필요하다. 조인 방법뿐 아니라, 조인 순서와 인덱스도 다양하게 변경해 보도록 한다. 꾸준히 연습하다 보면 테이블과 SQL만 봐도 어떤 조인 방식이 좋은지 저절로 알 수 있다.

PART III

오픈,
훌륭한 마무리를 위한 SQL 기술

Chapter. 8   OLTP SQL 기술
Chapter. 9   분석함수
Chapter. 10   페이징 처리 기술
Chapter. 11   SQL 개발 가이드

시스템 오픈 때가 되면 나오는 레퍼토리들이 있다.
- 페이징 처리가 없는 화면이 많네요. 이대로는 오픈 못 합니다.
- 이 분석 리포트는 원래 있던 요구사항이에요. 개발 안 하면 오픈 못 합니다.
- SQL이 너무 멋대로입니다. 정리해주세요. 오픈 못 하고, 인수인계 못 받습니다.

프로젝트가 크든 작든, 오픈은 쉽지 않다. 오픈 시점이 다가오면 개발팀과 운영팀, 현업 업무팀의 불꽃 튀는 눈치 싸움이 시작된다. 각자의 입장이 다르기 때문이다.
성공적인 오픈을 위해서는 서로가 무조건 밀어붙여서는 안 된다. 필요한 기술을 제대로 알고, 머리를 맞대고 효율적인 방법을 찾아야 한다.
페이징 처리 기법, 리포트를 위한 분석함수, 그리고 SQL 개발 가이드까지. 성공적인 오픈을 기원하는 마음으로 마지막 Part를 채웠다.

Chapter. 8

OLTP SQL 기술

'트랜잭션' 처리를 통한 데이터 정확성 확보, 문서 번호 부여, 그리고 시퀀스와 최근 데이터를 가져오는 기술. 모두 OLTP(On-Line-Transaction-Processing) 시스템에서 자주 사용하는 기술이다. Chapter. 8에서는 OLTP 시스템을 구축하면서 자주 사용되는 SQL 기술을 소개한다. 어렴풋이 알고 있을 내용을 예제와 함께 자세히 알아보도록 할 것이다.

'8.1 트랜잭션'과 '8.2락(LOCK)' 절은 특히 중요하다. 데이터의 정확성과 관련된 내용이기 때문이다. 은행에 돈을 저금하고 필요할 때 찾을 수 있는 것처럼, 데이터베이스에는 데이터를 보관하고 필요할 때 찾아 쓸 수 있다. 은행에 저금 된 돈이 잘 못 관리되고 있다면 어떻겠는가? 데이터베이스의 데이터가 부정확하게 관리되고 있다면 어떻게 되겠는가? 데이터베이스의 데이터는 정확하게 관리되어야 한다. 이를 위해 '트랜잭션'과 '락'에 대한 이해는 필수다. 그뿐만 아니라 '트랜잭션'과 '락'은 성능에도 밀접한 영향이 있다. 고급 수준의 개발자라면, 당연히 제대로 다룰 수 있어야 한다.

지루할 수 있지만, 부디 인내력을 갖고 관련 내용을 정복해주기 바란다.

8.1 트랜잭션

8.1.1 트랜잭션(Transaction)이란?

트랜잭션은 반드시 한 번에 처리되어야 하는 논리적인 작업 단위다.

하나의 트랜잭션은 여러 개의 작업(여러 개의 SQL)으로 구성될 수 있다. 대표적인 예가 바로 계좌이체다. A계좌에서 B계좌로 500원을 이체한다고 생각해 보자. A계좌에서는 500원 출금을, B계좌에는 500원을 입금하는 작업이 필요하다. 이 두 작업은 반드시 하나의 작업으로 처리해야 한다. 만약에 A계좌에서 출금만 되고, B계좌에 입금이 되지 않는다면 문제가 될 것이다. 이처럼 트랜잭션은 절대 쪼개서 실행할 수 없는 작업의 최소 단위다.

트랜잭션을 종료하는 명령어에는 COMMIT과 ROLLBACK이 있다. COMMIT은 트랜잭션 과정 중에 변경된 데이터를 모두 반영하고 종료하는 명령어다. 반면에 ROLLBACK은 트랜잭션 과정에서 진행된 작업을 모두 취소하고 종료하는 명령어다. 트랜잭션 처리 중에 에러가 발생하거나 진행해선 안 되는 상황이 발생하면 ROLLBACK으로 데이터를 트랜잭션 시작 이전 상태로 되돌릴 수 있다.

(1) 트랜잭션 COMMIT

[그림 8.1.1-1]은 A계좌에서 B계좌로 500원을 이체하는 트랜잭션을 COMMIT 한 경우다. 트랜잭션을 COMMIT 했으므로 A계좌와 B계좌의 잔액이 모두 변경되었다.

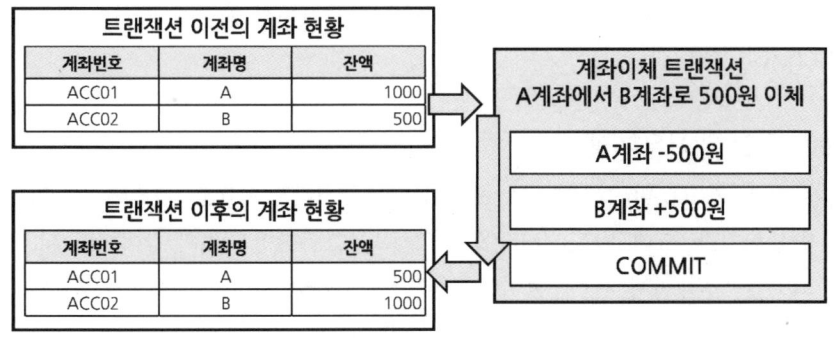

[그림 8.1.1-1]

(2) 트랜잭션 ROLLBACK

[그림 8.1.1-2]는 계좌이체 트랜잭션을 ROLLBACK 처리한 경우다. A계좌에서 -500원을 하는 과정은 성공했으나, B계좌에 +500원을 처리하는 과정에서 에러가 발생해 트랜잭션을 ROLLBACK 했다. ROLLBACK으로 인해 A계좌에서 500원을 차감(-500)한 작업은 취소된다. 결과적으로 데이터는 트랜잭션 시작 이전 상태로 되돌려진다. 트랜잭션 이전과 이후의 계좌별 잔액이 변동이 없다.

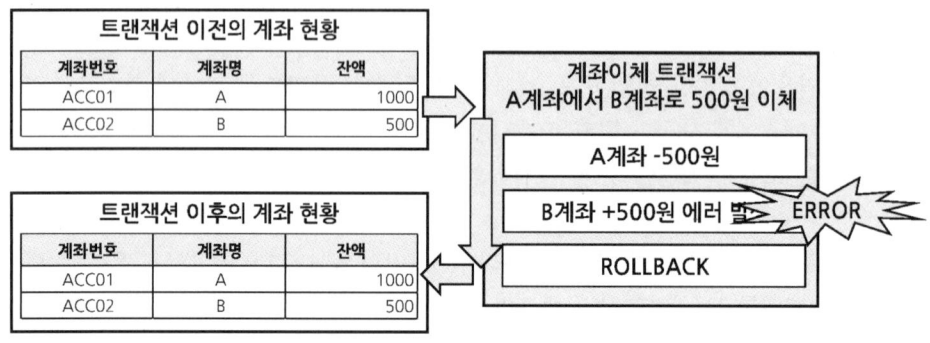

[그림 8.1.1-2]

[그림 8.1.1-2]에서 발생하는 에러는 SQL 실행 에러일 수도 있지만, 논리적(업무적)으로 진행해서는 안 되는 상황일 수도 있다. SQL 실행시 발생한 에러는 예외(Exception) 처리를 통해 손쉽게 ROLLBACK을 구현할 수 있다. 하지만 업무적인 에러는 직접 점검 로직을 구현해 ROLLBACK을 수행해야 한다. 예를 들어, B계좌가 존재하지 않는 상태에서 B계좌의 잔액을 UPDATE 한다고 해서 SQL 에러가 발생하지 않는다. UPDATE 건수가 0건일 뿐이다. 이 경우에는 계좌에서 500원을 차감하면 안 된다. 데이터 정확성을 위해서는 업무적인 점검 로직을 추가해서 트랜잭션을 ROLLBACK 해야 한다.

(3) COMMIT을 잘 못 사용한 예

COMMIT을 잘 못 사용하면 부정확한 데이터가 만들어진다. 만약에 B계좌에 500원을 증가시킬 때 에러가 발생했지만, 그대로 COMMIT을 수행하면 [그림 8.1.1-3]과 같이 잘못된 데이터가 만들어진다. 그림을 보면, A계좌만 잔액이 500원으로 변경되었다. ROLLBACK을 해야 하는 상황에서 COMMIT을 수행해 A계좌에서만 500원이 사라졌다.

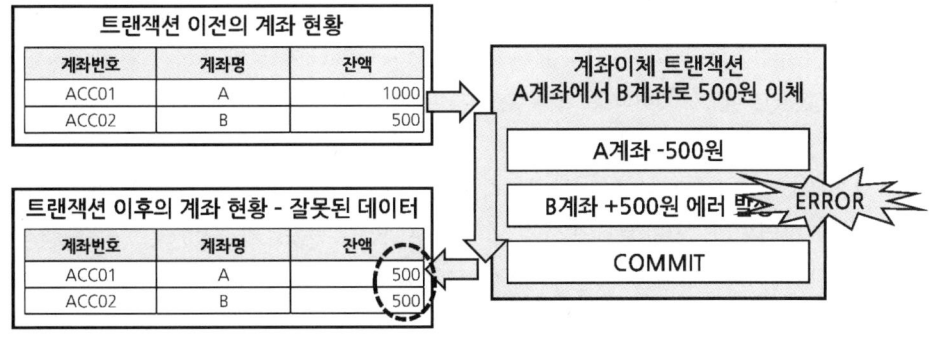

[그림 8.1.1-3]

SQL 문장에서 에러가 발생해도 데이터베이스는 전체 트랜잭션을 ROLLBACK 하지 않는다. 에러가 발생한 문장 하나만 ROLLBACK될 뿐이고 트랜잭션은 여전히 살아있다. 반드시 명시적으로 ROLLBACK을 실행해야만 트랜잭션 전체를 되돌릴 수 있다. 절대 데이터베이스가 마음대로 트랜잭션을 ROLLBACK 하지는 않는다.

(4) 트랜잭션의 시작과 끝

트랜잭션은 데이터 변경 SQL이 실행되는 순간 시작된다. 시작된 트랜잭션은 COMMIT이나 ROLLBACK을 만나기 전까지 유지된다. COMMIT이나 ROLLBACK을 만난 후, 새로운 데이터 변경 SQL이 실행되면, 그 순간 새로운 트랜잭션이 시작된다. [그림 8.1.1-4]와 같다.

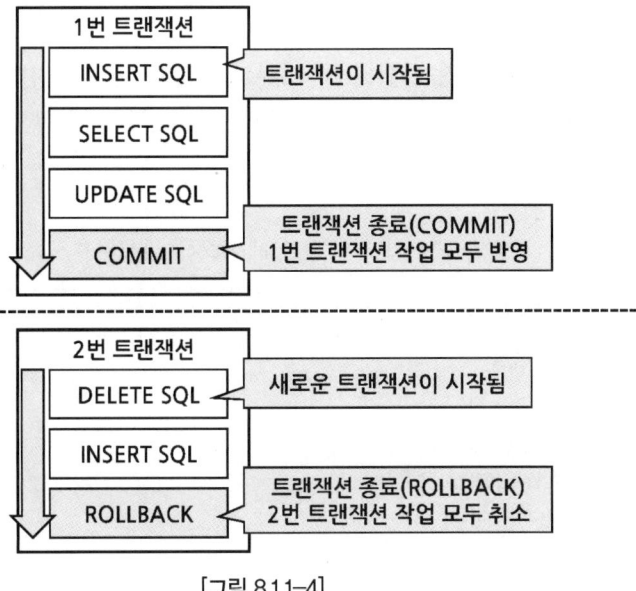

[그림 8.1.1-4]

[그림 8.1.1-4]에는 두 개의 트랜잭션이 나타나 있다. INSERT부터 COMMIT까지가 하나의 트랜잭션이고, DELETE부터 ROLLBACK까지가 또 다른 하나의 트랜잭션이다.(Read Committed 고립화 수준을 기준으로 설명한 것이다. 고립화 수준은 8.1.3 절에서 설명한다.)

1번 트랜잭션은 COMMIT으로 종료가 되었다. 1번 트랜잭션에서 변경된 데이터는 모두 데이터베이스에 실제 반영된다. 2번 트랜잭션은 ROLLBACK으로 종료가 되었다. 2번 트랜잭션에서 발생했던 데이터 변경은 모두 취소된다. ROLLBACK으로 인해, 데이터는 2번 트랜잭션이 시작되기 이전 상태로 돌아간다.

8.1.2 트랜잭션 테스트

계좌이체 SQL을 직접 구현해서 트랜잭션을 테스트해 보자. 테스트를 위해 [그림 8.1.2-1]과 같은 계좌(M_ACC) 테이블을 새로 생성한다.

계좌 / M_ACC	
*계좌번호	*ACC_NO
계좌명	ACC_NM
잔액	BAL_AMT

[그림 8.1.2-1]

여기서는 트랜잭션의 개념을 잡기 위해 계좌(M_ACC) 테이블만 사용한다. (실전에서는 하나의 트랜잭션에 더 많은 테이블이 사용된다.) 쉬운 예로 트랜잭션의 개념을 정확히 잡고, 실전에서 응용할 수 있기를 바란다.

아래 스크립트를 이용해 계좌 테이블과 테스트 데이터를 생성하도록 하자.

계좌 테이블 및 계좌 데이터 생성

```
1   -- 계좌 테이블을 생성
2   CREATE TABLE M_ACC
3   (
4           ACC_NO  VARCHAR2(40)    NOT NULL,
5           ACC_NM  VARCHAR2(100)   NULL,
6           BAL_AMT NUMBER(18,3)    NULL
7   );
```

```
8
9     ALTER TABLE M_ACC
10            ADD CONSTRAINT  PK_M_ACC PRIMARY KEY (ACC_NO) USING INDEX;
11
12    -- 테스트 데이터를 생성.
13    INSERT INTO M_ACC(ACC_NO ,ACC_NM ,BAL_AMT)
14    SELECT 'ACC1' ,'1번계좌' ,3000 FROM DUAL UNION ALL
15    SELECT 'ACC2' ,'2번계좌' ,500 FROM DUAL UNION ALL
16    SELECT 'ACC3' ,'3번계좌' ,0 FROM DUAL;
```

(1) 정상적인 계좌이체

ACC1에는 3,000원이, ACC2에는 500원의 잔액이 있다. ACC1에서 ACC2로 500원을 이체하는 SQL을 작성해보자.

계좌이체 - ACC1에서 ACC2로 500원 이체

```
1    UPDATE  M_ACC T1
2    SET     T1.BAL_AMT = T1.BAL_AMT - 500
3    WHERE   T1.ACC_NO = 'ACC1';
4
5    UPDATE  M_ACC T1
6    SET     T1.BAL_AMT = T1.BAL_AMT + 500
7    WHERE   T1.ACC_NO = 'ACC2';
8
9    COMMIT;
```

두 개의 UPDATE 문을 실행한 다음에 COMMIT 했으므로, 두 UPDATE 문장은 하나의 트랜잭션으로 처리된다. ACC1에는 2,500원이 남고, ACC2의 잔액은 1,000원이 되어 있다.

(2) 비정상적인 계좌이체 - 수신 계좌가 없는 경우

이번에는 ACC1에서 ACC4로 500원을 이체해보자. 이때, ACC4는 존재하지 않는 계좌다.

계좌이체 - ACC1에서 ACC4로 500원 이체

```
1    UPDATE  M_ACC T1
2    SET     T1.BAL_AMT = T1.BAL_AMT - 500
3    WHERE   T1.ACC_NO = 'ACC1';
4
5    UPDATE  M_ACC T1
6    SET     T1.BAL_AMT = T1.BAL_AMT + 500
7    WHERE   T1.ACC_NO = 'ACC4';
```

```
8
9    SELECT  * FROM M_ACC;
```

위 SQL은 아무런 에러도 발생하지 않았으므로, COMMIT 해도 문제없다고 판단할 수 있다. 하지만 조회해보면, ACC1에서만 500원이 사라졌다. ACC4는 계좌 자체가 없다. 잔액이 추가될 수 없다. 만약에 COMMIT을 한다면 500원이 쥐도 새도 모르게 사라지게 된다. 반드시 ACC4 계좌가 존재할 때만 COMMIT 처리해야 한다. 아래와 같이 ROLLBACK 처리하도록 하자.

계좌이체 - ACC1에서 ACC4로 500원 이체, ROLLBACK 처리

```
1    ROLLBACK;
2
3    SELECT  * FROM M_ACC;
```

ROLLBACK 후에 M_ACC를 조회해보면, ACC1의 잔액은 다시 2,500원이 되어있다.

계좌이체를 처리하기 전에 아래 SQL로 계좌 존재 여부를 점검할 수 있다. ACC4 라는 계좌가 존재하면 'Y'를 존재하지 않으면 'N'값이 나온다. 참고하기 바란다.

계좌이체 - 계좌존재여부 검증

```
1    SELECT  NVL(MAX('Y'),'N')
2    FROM    DUAL T1
3    WHERE   EXISTS(SELECT * FROM M_ACC A WHERE A.ACC_NO = 'ACC4');
```

(3) 비정상적인 계좌이체 – 이체 금액이 잔액보다 큰 경우

이번에는 ACC1에서 ACC3으로 5,000원을 이체해보자. ACC1의 잔액은 2,500원 밖에 없다. 계좌이체가 이루어져서는 안 된다.

계좌이체 - ACC1에서 ACC3으로 5000원 이체

```
1    UPDATE  M_ACC T1
2    SET     T1.BAL_AMT = T1.BAL_AMT - 5000
3    WHERE   T1.ACC_NO = 'ACC1';
4
5    UPDATE  M_ACC T1
6    SET     T1.BAL_AMT = T1.BAL_AMT + 5000
7    WHERE   T1.ACC_NO = 'ACC3';
8
9    SELECT  * FROM M_ACC;
```

위 SQL을 차례대로 실행하면 ACC1의 잔액은 −2,500원이 되어 있다. ACC1에서 이체할 수 없는 금액이 빠져나갔다. 아마도 계좌 주인은 강력하게 항의할 것이다. ROLLBACK으로 데이터를 되돌려 놓자.

계좌이체 - ACC1에서 ACC3로 5000원 이체, ROLLBACK 처리
1　ROLLBACK; 2 3　SELECT * FROM M_ACC;

(4) 트랜잭션 중에 에러가 발생한 경우

이번에는 트랜잭션 처리 과정에서 SQL 에러가 발생하는 경우를 살펴보자.

새로운 계좌를 INSERT
1　INSERT INTO M_ACC(ACC_NO ,ACC_NM ,BAL_AMT) 2　VALUES('ACC4' ,'4번계좌' ,0); 3 4　INSERT INTO M_ACC(ACC_NO ,ACC_NM ,BAL_AMT) 5　VALUES('ACC1' ,'1번계좌' ,0); --ACC1은 이미 존재하므로 에러가 발생한다. 6 7　-- ORA-00001: unique constraint (TEST.PK_M_ACC) violated 8 9　SELECT * FROM M_ACC;

위 SQL에서, ACC4를 INSERT 하는 첫 번째 문장은 성공적으로 실행된다. 하지만 ACC1을 INSERT 하는 두 번째 문장은 'Unique Constraint' 오류가 발생한다. ACC1 계좌가 이미 있기 때문이다. 트랜잭션 과정 중에 에러가 발생했지만, M_ACC에 ACC4는 정상적으로 INSERT 되어 있다. 에러가 발생했다고 해서 트랜잭션 전체가 자동 ROLLBACK 되는 것은 아니기 때문이다. 만약에 여기서 COMMIT을 하면 ACC4만 INSERT 된 채로 트랜잭션이 종료된다.

트랜잭션 과정 중에 에러가 발생하면 ROLLBACK을 실행해 트랜잭션이 반영되지 않도록 해야 한다. 위 트랜잭션을 ROLLBACK 처리하자.

트랜잭션의 요점만 정리해 보면 다음과 같다.

- 트랜잭션은 한 번에 이루어져야 하는 작업 단위다. (더는 쪼갤 수 없는 작업 단위)
- 트랜잭션은 COMMIT이나 ROLLBACK으로 종료가 이루어진다.

- COMMIT으로 종료될 경우, 트랜잭션에서 변경된 데이터들은 모두 DB에 실제 반영된다.
- ROLLBACK으로 종료될 경우, 트랜잭션 시작 이전으로 데이터들은 복구가 된다.
- 트랜잭션 내에 에러가 발생했다고 해서 자동으로 ROLLBACK이 수행되지 않는다.

8.1.3 트랜잭션 고립화 수준 – READ COMMITTED

트랜잭션 고립화 수준이란, 하나의 트랜잭션에서 작업 중인 데이터가 다른 트랜잭션에 영향을 받지 않는 정도를 뜻한다. 또는 반대로, 하나의 트랜잭션에서 작업 중인 데이터를 다른 트랜잭션이 어느 정도까지 접근할 수 있는지에 대한 정도라고 말할 수 있다.

1번 세션과 2번 세션의 트랜잭션이 A계좌의 잔액을 동시에 변경할 수 있다면, 비정상적인 데이터가 만들어진다. 예를 들어, A계좌의 잔액이 4,000원인 상황에서 1번과 2번 세션이 동시에 4,000원을 출금할 수 있다면 A계좌에는 -4,000원의 잔액이 남게 된다. 이와 같은 비정상적인 데이터를 막기 위해서 트랜잭션 고립화 수준의 이해가 필요하다.

트랜잭션 고립화 수준은 낮은 단계부터 높은 단계가 있다. 고립화 수준을 가장 낮은 단계로 설정하면, 한 트랜잭션에서 변경 중인 데이터를 다른 트랜잭션에서 접근할 수 있다. 반대로 고립화 수준을 높은 단계로 설정하면, 조회만 이루어진 데이터도 다른 트랜잭션이 변경할 수 없게 한다. 이러한 트랜잭션의 고립화 수준은 데이터베이스의 동시성과 밀접한 연관이 있다. 동시성이란 데이터베이스를 동시에 여러 명이 사용할 수 있는 능력을 이야기한다. 동시성이 좋다는 것, 또는 동시성이 높다는 것은 많은 사용자가 동시에 데이터베이스를 사용할 수 있다는 것을 뜻한다.

일반적으로 고립화 수준을 낮게 설정하면 동시성은 좋아진다. 반대로 고립화 수준을 높게 설정할수록 동시성은 나빠진다. 데이터의 정확성을 확보하려면 고립화 수준을 높여야 하는데, 이로 인해 동시성이 떨어지는 것을 피할 수는 없다.

데이터의 정확도는 매우 중요하지만, 데이터베이스의 동시성도 무시할 수는 없다. 데이터 정확도가 아무리 높아도 여러 사용자가 동시에 사용할 수 없다면, 미움받는 시스템이 될 것이다. 정확도와 동시성은 상반되는 관계이지만 이 두 가지가 동시에 확보되도록 해야 한다. 그러므로 특정 수준의 고립화 수준을 사용해 데이터의 정확도를 확보하고 트랜잭션을 최적화해 동시성을 높여야 한다.
트랜잭션에서 불필요한 작업은 제거해 간결하게 만들고, SQL을 최적화해서 잘 구현한다면, 데이터의 정확성과 동시성 모두 확보할 수 있다.

트랜잭션 고립화 수준에는 다음과 같이 4개의 단계가 있다. 'READ UNCOMMITTED'가 가장 낮은 고립화 수준이고 'SERIALZABLE READ'가 가장 높은 고립화 수준이다. 오라클은 'READ UNCOMMITTED'는 제공하지 않는다. 오라클의 기본적인 고립화 수준은 'READ COMMITTED'다.

- READ UNCOMMITTED
- READ COMMITTED
- REPEATABLE READ
- SERIALIZABLE READ

이 책에서는 모든 고립화 수준을 상세하게 설명하지는 않는다. 대부분의 DBMS가 사용하는 수준인 'READ COMMITTED'를 중심으로 설명한다. MS-SQL도 'READ COMMITED'를 기본 수준으로 사용한다. 요즘 사용이 증가하는 My-SQL의 InnoDB는 'READ COMMITED' 보다 한 단계 높은 'REPEATBLE READ'를 기본으로 제공하지만, 동시성을 위해 일부러 'READ COMMITTED'로 사용하기도 한다. (My-SQL은 'READ COMMITTED'를 사용하려면 복제 방식을 그에 맞도록 설정해야 한다.)

'READ COMMITTED'만으로 데이터 정확성을 확보하기에는 어려움이 있다. 'SELECT~FOR UPDATE'도 알고 있어야 한다. 'SELECT~FOR UPDATE'는 뒤에서 별도로 설명할 것이다.

'READ COMMITTED' 고립화 수준을 이해하기 위해 다양한 테스트를 해보자.

(1) READ COMMITTED: UPDATE-SELECT 테스트
첫 번째 세션에서는 UPDATE를 하고, 두 번째 세션에서는 SELECT를 하는 테스트를 해보자. 테스트를 위해서는 세션이 다른 두 개의 SQL 창을 열어야 한다. (SQL Developer 기준으로 두 개의 SQL Developer를 실행하면 된다.)

첫 번째 세션에서는 다음 SQL을 차례대로 실행하도록 한다.

UPDATE-SELECT 테스트 - 첫 번째 세션 SQL	
1	SELECT * FROM M_ACC T1 WHERE T1.ACC_NO = 'ACC1'; --ACC1의 잔액은 2500원
2	
3	UPDATE M_ACC T1
4	SET T1.BAL_AMT = 5000
5	WHERE T1.ACC_NO = 'ACC1';
6	
7	SELECT * FROM M_ACC T1 WHERE T1.ACC_NO = 'ACC1'; --ACC1의 잔액 5000원

위 SQL을 모두 실행하고 나면, ACC1의 잔액은 2,500원에서 5,000으로 UPDATE 된다. 아직 COMMIT이나 ROLLBACK은 하지 않았다. 이제는 두 번째 세션으로 넘어가 ACC1의 잔액을 조회해보자

UPDATE-SELECT 테스트 - 두 번째 세션 SQL	
1	SELECT * FROM M_ACC T1 WHERE T1.ACC_NO = 'ACC1'; --ACC1의 잔액은 2500원

첫 번째 세션에서 ACC1의 잔액을 5,000원으로 변경했지만, 두 번째 세션에는 여전히 2,500원으로 조회된다. 첫 번째 세션이 아직 COMMIT을 하지 않았기 때문에, 첫 번째 세션에서 변경한 데이터를 두 번째 세션에서는 읽을 수가 없다. 'READ COMMITTED'의 의미를 떠올려 보라. 'COMMIT' 된 데이터만 'READ' 할 수 있다.
다시 첫 번째 세션으로 돌아가 COMMIT을 실행해보자.

UPDATE-SELECT 테스트 - 첫 번째 세션 COMMIT 처리	
1	COMMIT;

이제는 두 번째 세션에서도 ACC1의 잔액이 5,000원으로 조회될 것이다.

(2) READ COMMITTED: UPDATE-UPDATE 테스트

두 세션이 동시에 같은 데이터를 UPDATE하는 테스트를 해보자. 첫 번째 세션에서 아래와 같은 UPDATE 문장을 실행한다.

UPDATE - UPDATE 테스트 - 첫 번째 세션 SQL	
1	--현재 ACC1의 잔액은 5,000
2	UPDATE M_ACC T1
3	SET T1.BAL_AMT = T1.BAL_AMT - 500
4	WHERE T1.ACC_NO = 'ACC1';
5	

| 6 | SELECT * FROM M_ACC T1 WHERE T1.ACC_NO = 'ACC1'; --ACC1의 잔액은 4,500원 |

ACC1의 잔액에서 500원을 차감시켰다. 아직 COMMIT 하지 않은 상태다. 두 번째 세션에서 아래 SQL을 차례대로 실행해보자.

UPDATE - UPDATE 테스트 - 두 번째 세션 SQL
1   -- 아직 첫 번째 세션의 UPDATE 문이 COMMIT 되지 않았다.
2   -- 두 번째 세션에서는 첫 번째 세션의 UPDATE 이전 데이터가 조회된다.
3   SELECT * FROM M_ACC T1 WHERE T1.ACC_NO = 'ACC1'; --ACC1의 잔액은 5,000원
4
5   -- 아래 SQL은 첫 번째 세션에 막혀 진행되지 못한다.
6   UPDATE   M_ACC T1
7   SET   T1.BAL_AMT = T1.BAL_AMT - 500
8   WHERE   T1.ACC_NO = 'ACC1';

두 번째 세션에서 ACC1의 잔액은 5,000원이 조회된다. 첫 번째 세션이 ACC1의 잔액을 4,500원으로 변경했지만, 아직 COMMIT을 하지 않았기 때문이다. 두 번째 세션에서 UPDATE를 실행하면 완료되지 못하고 계속 실행 중에 빠진다. 첫 번째 세션이 ACC1의 잔액을 UPDATE 한 후에 COMMIT이나 ROLLBACK을 하지 않았기 때문에, 두 번째 세션은 ACC1의 잔액을 UPDATE하지 못하고 '대기(WAIT)' 상태에 빠진 것이다.

> **MEMO 대기(WAIT) 상태**
>
> 선행 트랜잭션이 데이터를 변경하고 있음으로, 후행 트랜잭션이 데이터에 접근하지 못하고 기다리는 상태를 뜻한다. 대기 상태가 길어지면 데이터베이스의 동시성이 나빠진다.

같은 데이터를 먼저 변경한 첫 번째 세션의 트랜잭션이 종료(COMMIT or ROLLBACK)되어야만 두 번째 세션도 UPDATE를 할 수 있다. 첫 번째 세션으로 돌아가 COMMIT을 실행하도록 하자.

UPDATE - UPDATE 테스트 - 첫 번째 세션 COMMIT
1   COMMIT;

첫 번째 세션에서 COMMIT을 실행하자마자, 두 번째 세션의 UPDATE도 완료된다. 두 번째 세션도 COMMIT 처리하고 ACC1의 잔액을 확인해보자.

UPDATE - UPDATE 테스트 - 두 번째 세션 확인
1   COMMIT;

| 2 3 | SELECT * FROM M_ACC T1 WHERE T1.ACC_NO = 'ACC1'; --ACC1의 잔액은 4,000원 |

두 번째 세션에서 ACC1의 잔액은 4,000원이 되어 있다. 여기서 잔액이 4,000원이 맞는지 고민이 필요하다. 두 번째 세션에서 UPDATE 전에 잔액은 분명히 5,000원이었다. UPDATE로 500원만 차감을 시켰으나 결과는 4,500원이 아닌 4,000원이 나온 것이다.

첫 번째 세션과 두 번째 세션의 작업을 종합해서 분석해 보면 ACC1의 잔액은 4,000원이 맞다. 첫 번째 세션이 먼저 500원을 차감했기 때문이다. 하지만 두 번째 세션 입장만 놓고 본다면 잘못된 결과임이 분명하다.

지금 설명한 과정을 그려보면 [그림 8.1.3-1]과 같다.

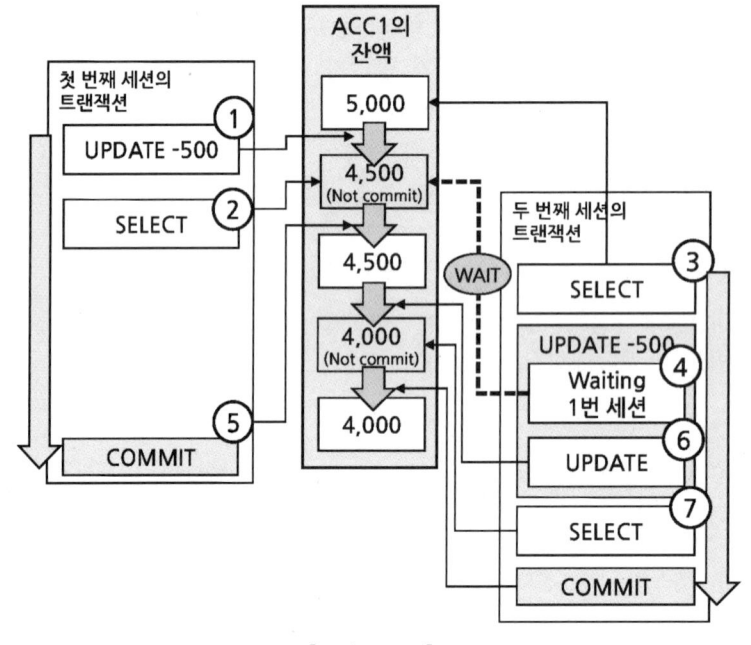

[그림 8.1.3-1]

[그림 8.1.3-1]의 과정을 차례대로 설명하면 아래와 같다.

　　1. 첫 번째 세션에서 UPDATE를 실행해, ACC1의 잔액을 500원 차감시킨다.
　　　(아직 COMMIT을 실행하지 않은 상태다.)

2. 첫 번째 세션에서 ACC1의 잔액을 SELECT 하면 4,500원이다.
3. 두 번째 세션에서 ACC1의 잔액을 SELECT 하면 5,000원이 조회된다.
4. 두 번째 세션에서 UPDATE를 실행해 ACC1의 잔액을 500원 차감시키려 했으나,
   : 두 번째 세션은 대기 상태에 빠진다.
   : 첫 번째 세션이 같은 데이터를 변경하고 COMMIT이나 ROLLBACK 하지 않았기 때문이다.
5. 첫 번째 세션에서 COMMIT을 수행한다.
6. 첫 번째 세션이 COMMIT 하자, 두 번째 세션은 대기 중이던 UPDATE 문을 바로 처리한다.
7. 두 번째 세션에서 잔액을 조회하면 4,000원이 조회된다.
   : 두 번째 세션의 3번 과정에서 ACC1의 잔액은 5,000원이었다.
   : 4번 과정에서 500원만 차감시켰으나, 7번의 결과는 4,000원이 조회된다.
   : 두 번째 세션의 트랜잭션 중간에 첫 번째 세션의 UPDATE가 COMMIT 되었기 때문이다.

만약에 첫 번째 세션의 5번 과정에서 COMMIT이 아닌 ROLLBACK을 했다면, 두 번째 세션에서 ACC1의 최종 잔액은 4,500원이 조회되었을 것이다. 첫 번째 세션이 ROLLBACK을 하면 ACC1의 잔액은 5,000원으로 되돌아가고, 대기하던 두 번째 세션은 5,000원에서 500원을 차감하게 된다.

(3) READ COMMITTED: INSERT-INSERT 테스트 #1

'INSERT-INSERT' 과정을 테스트해 보자. 먼저 첫 번째 세션에서 ACC4계좌를 INSERT 한다. COMMIT은 실행하지 않는다.

INSERT - INSERT 테스트 - 첫 번째 세션 ACC4 생성
1	INSERT INTO M_ACC(ACC_NO, ACC_NM, BAL_AMT) VALUES('ACC4','4번계좌',0);

위 트랜잭션은 COMMIT 되지 않았으므로 다른 세션에서 M_ACC를 조회하면 ACC4 계좌는 조회되지 않는다. 'READ-COMMITTED'에서는 INSERT 역시 COMMIT이 되어야만 다른 세션에서 조회할 수 있다.

두 번째 세션에서도 ACC4를 INSERT 해보자.

INSERT - INSERT 테스트 - 두 번째 세션 ACC4 생성
1	INSERT INTO M_ACC(ACC_NO, ACC_NM, BAL_AMT) VALUES('ACC4','4번계좌',0);

두 번째 세션의 INSERT 작업은, 'UPDATE-UPDATE' 테스트처럼 완료하지 못하고 대기 상태에 빠진다. 첫 번째 세션에서 ACC4를 INSERT 한 후에 트랜잭션을 종료(COMMIT 또는 ROLLBACK)하지 않았기 때문이다.

ACC_NO는 PK(Primary Key)로 지정된 컬럼이다. ACC4가 두 건 입력될 수 없다. 그러므로 첫 번째 세션에서 COMMIT을 하면, 두 번째 세션의 INSERT 작업은 중복 에러가 발생한다. 첫 번째 세션에서 ROLLBACK을 해야만, 두 번째 세션의 INSERT 작업이 성공한다. 첫 번째 세션에 따라 두 번째 세션의 결과가 달라지므로 두 번째 세션은 대기할 수 밖에 없다.
첫 번째 세션에서 COMMIT을 실행해 보자. 두 번째 세션에서는 에러가 발생할 것이다.

INSERT - INSERT 테스트 - 첫 번째 세션 COMMIT
1	COMMIT;

(4) READ COMMITTED: INSERT-INSERT 테스트 #2

이번에는 첫 번째 세션에서 ACC5계좌를 INSERT해보자.

INSERT - INSERT 테스트 - 첫 번째 세션 ACC5 생성
1	INSERT INTO M_ACC(ACC_NO, ACC_NM, BAL_AMT) VALUES('ACC5','5번계좌',0);

첫 번째 세션에서 ACC5를 INSERT 한 후에 COMMIT을 하지 않은 채로 두 번째 세션에서 ACC99를 INSERT 해보자.

INSERT - INSERT 테스트 - 두 번째 세션 ACC99 생성
1	INSERT INTO M_ACC(ACC_NO, ACC_NM, BAL_AMT) VALUES('ACC99','99번계좌',0);

두 번째 세션에서 ACC99를 INSERT 하는 작업은 대기 상태에 빠지지 않고 바로 처리된다. 첫 번째 세션이 INSERT 중인 데이터와 중복되지 않기 때문이다. 두 번째 세션을 COMMIT 하지 않은 상태로 ACC5도 INSERT 해보자.

INSERT - INSERT 테스트 - 두 번째 세션 ACC5 생성
1	INSERT INTO M_ACC(ACC_NO ,ACC_NM ,BAL_AMT) VALUES('ACC5' ,'5번계좌' ,0);

두 번째 세션은 ACC5를 넣는 과정에서 대기 상태에 빠진다. 첫 번째 세션에서 이미 ACC5를 INSERT 처리하고 있기 때문이다. 첫 번째 세션으로 돌아가 COMMIT을 실행해보자. 두 번째

세션에서는 중복 에러가 발생한다.

INSERT - INSERT 테스트 - 첫 번째 세션 COMMIT	
1	COMMIT;

두 번째 세션에서 ACC99는 INSERT 작업이 이루어졌지만, ACC5는 대기 상태에 빠져있다가 첫 번째 세션에 의해 에러가 발생했다. 에러가 발생했지만 두 번째 세션의 트랜잭션은 아직 살아 있다. 앞에서 설명했듯이 에러가 발생했다고 트랜잭션이 자동으로 ROLLBACK 되지는 않기 때문이다.

여기서 만약에 트랜잭션을 ROLLBACK 하면 ACC99의 INSERT 작업도 취소가 된다. 반대로 COMMIT 하면 ACC99의 INSERT 작업만 데이터베이스에 반영된다.

지금까지의 내용을 종합해 READ-COMMITTED의 특징을 정리해보면 아래와 같다.

- 한 트랜잭션이 변경 중 데이터는, 다른 트랜잭션에서 변경 전 데이터만 조회할 수 있다.
  (변경 중 데이터: UPDATE, DELETE, INSERT 후에 COMMIT이나 ROLLBACK 되지 않은 데이터)
- 한 트랜잭션이 변경 중 데이터는, 다른 트랜잭션에서 동시에 변경할 수 없다.
  : 늦게 UPDATE를 시도한 세션은 대기 상태에 빠지게 된다.
  (DELETE도 마찬가지다.)
- UPDATE가 대기 상태에 빠지면 선행 트랜잭션의 처리에 따라 UPDATE 결과가 다르다.
- 같은 키 값을 가진 데이터가 동시에 입력되면, 후행 트랜잭션은 대기 상태에 빠진다.
  : 여기서 키는 Primary Key와 Unique Key 모두를 이야기한다.
  : 선행 트랜잭션의 처리에 따라 후행 트랜잭션은 중복 에러가 발생할 수 있다.
- 에러가 발생해도 트랜잭션 전체가 자동 ROLLBACK 되지 않는다.

'READ-COMMITTED'의 다양한 상황을 살펴보았다. 복잡한 트랜잭션을 개발해야 하는 상황이라면 두 개의 세션을 번갈아 가면서 SQL을 실행해보기 바란다. 불필요한 대기 상태나, 부정확한 데이터가 발생할 가능성을 미리 파악할 수 있다.

8.2 락(LOCK)

8.2.1 락(LOCK)

락(LOCK)은 말 그대로 데이터에 잠금을 걸어 놓는 장치다. 데이터를 잠그면, 데이터를 잠근 세션 외에 다른 세션들은 잠긴 데이터에 접근할 수 없다. 잠금을 통해 트랜잭션 고립화 수준을 구현할 수 있다.

오라클의 락을 완벽하게 이해하려면 락의 종류부터 사용되는 상황까지 모두 알고 있어야 한다. 여기서는 그만큼 깊게 설명하지는 않는다. 흔하게 말하고, 접하는 락에 대해서만 설명한다.

중요하게 알아야 할 것은 데이터 변경 시 발생하는 락이다. 데이터를 변경하면 해당 로우에 락(잠금)을 걸고, 트랜잭션이 COMMIT 또는 ROLLBACK 할 때까지 유지한다. 변경 락이 발생한 로우는 락을 생성한(소유한) 트랜잭션만 변경 작업을 할 수 있다.

앞에서 'UPDATE-UPDATE', 'INSERT-INSERT' 과정을 테스트하면서, 두 번째 세션이 대기 상태에 빠지는 것을 보았을 것이다. 이 같은 대기 상태를 만든 것이 바로 락(LOCK)이다. 첫 번째 세션에서 변경한 데이터에 락을 걸어났기 때문에 두 번째 세션은 락이 풀리기 전까지 같은 데이터를 변경하지 못하고 대기에 빠진 것이다.

한 칸짜리 화장실을 생각하면 쉽게 이해할 수 있다. 먼저 들어간 사람이 문을 잠그고(LOCK) 볼 일을 보고 있으면, 다른 사람들은 화장실에 들어갈 수 없다. 화장실 문 앞에 줄을 서서 대기(WAIT)하고 있어야 한다.

락은 시스템을 위험한 상태로 만드는 무서운 존재로 인식되기도 한다. 변경 락이 많이 발생할수록 많은 세션이 대기 상태에 빠지고, 그로 인해 시스템은 점차 느려지거나, 시스템 장애로 이어질 수 있기 때문이다. 하지만 락이 없다면 데이터의 정확성을 절대 확보할 수 없다. 락에 겁먹지 않고 적절하게 락을 사용하는 것이 중요하다.

8.2.2 SELECT~FOR UPDATE

오라클은 기본적으로 'READ COMMITTED'의 고립화 수준을 제공한다.

'READ COMMITTED'는 변경된 데이터에 로우 단위로 변경 락을 생성한다. 데이터(로우)의 변경 락을 소유한 트랜잭션 외에 다른 트랜잭션에서는 해당 데이터를 변경할 수 없으며, 같은 데이터를 조회 요청하면 변경 이전의 데이터만 조회가 가능하다. 이와 같은 특징은 처리 방법에 따라 업무적으로 잘못된 데이터가 발생할 수 있다. 'READ COMMITTED' 수준에서 데이터 일관성을 확보하려면 'SELECT~FOR UPDATE'를 활용해야 한다.

'SELECT~FOR UPDATE'의 설명에 앞서, 업무적으로 데이터가 잘못 발생한 경우를 요약해서 살펴보자.

두 개 세션을 열어, 세션을 번갈아 가면서 다음 SQL을 번호 순서대로 실행하도록 한다.

동시에 두 개의 세션이 ACC1의 잔액에서 4,000원씩을 출금하려고 한다.

	첫 번째 세션	두 번째 세션
1	--첫 번째 세션	--두 번째 세션
2	--1.ACC1에서 4,000원을 출금하려고 한다.	--2.ACC1에서 4,000원을 출금하려고 한다.
3	SELECT T1.BAL_AMT FROM M_ACC T1	SELECT T1.BAL_AMT FROM M_ACC T1
4	WHERE T1.ACC_NO = 'ACC1'; --4,000원이 조회된다.	WHERE T1.ACC_NO = 'ACC1'; --4,000원이 조회된다.
5		
6	--IF BAL_AMT >= 4,000 THEN UPDATE	
7	--3.잔액이 4,000원이 있음으로 4,000원을 출금처리.	
8	UPDATE M_ACC T1 SET T1.BAL_AMT = T1.BAL_AMT - 4000	
9	WHERE T1.ACC_NO = 'ACC1';	
10		
11	--4.잔액이 0원이 되어 있다.	
12	SELECT T1.BAL_AMT FROM M_ACC T1	
13	WHERE T1.ACC_NO = 'ACC1';	--IF BAL_AMT >= 4,000 THEN UPDATE
14		--5.잔액이 4,000원이 있음으로 4,000원을 출금처리.
15		--첫 번째 세션에 의해 대기 상태에 빠진다.
16		UPDATE M_ACC T1 SET T1.BAL_AMT = T1.BAL_AMT - 4000
17	--6.COMMIT처리.	WHERE T1.ACC_NO = 'ACC1';
18	COMMIT;	
19		
20		--7. 잔액이 마이너스 4,000원이 되어 있다.
21		SELECT T1.BAL_AMT FROM M_ACC T1
22		WHERE T1.ACC_NO = 'ACC1';
23		
24		--8. COMMIT처리
25		COMMIT;

위 SQL을 번호 순서대로 실행해보면, 두 번째 세션은 5번 SQL에서 대기(WAIT)에 빠진다. 첫 번째 세션에서 같은 데이터를 변경하고 있기 때문이다. 첫 번째 세션에서 COMMIT을 실행한 후에

Chapter. 8

야 두 번째 세션의 5번 SQL이 실행된다.

여기서 주의 깊게 볼 것은 두 번째 세션의 잔액이다. 두 번째 세션의 2번 SQL에서 조회된 잔액은 4,000원이었다. 하지만 5번 SQL에서 4,000원을 출금하는 UPDATE를 실행한 후에 잔액을 확인하면 0원이 아닌 -4,000원이 조회된다. 두 번째 세션이 UPDATE를 하는 사이에 첫 번째 세션이 이미 출금 처리했기 때문이다.

두 번째 세션의 입장에서는 정상적으로 처리되었다고 말하기 어렵다. 업무적으로 발생할 수 없는 마이너스 잔액이 발생했다. 트랜잭션 처리 과정에 문제가 있다고 할 수 있다.

이와 같은 상황을 막기 위해 'SELECT~FOR UPDATE'를 사용할 수 있다. 'SELECT~FOR UPDATE'는 조회된 로우 데이터에 변경 락을 생성해 다른 트랜잭션이 같은 로우를 변경하는 것을 막는다.

동시 출금을 'SELECT~FOR UPDATE'로 처리해보자. 테스트를 위해 ACC1의 잔액을 4,000원으로 초기화해 놓는다.

	ACC1의 잔액을 4,000원으로 변경
1	UPDATE M_ACC SET BAL_AMT = 4000 WHERE ACC_NO = 'ACC1';
2	
3	COMMIT;

두 개의 세션에서 아래와 같이 'SELECT~FOR UPDATE'를 이용해, 출금처리를 해보자.

	동시에 두 개의 세션이 ACC1의 계좌에서 4,000원씩을 출금하려고 한다. - SELECT ~ FOR UPDATE사용.	
1	-- 첫 번째 세션	--두 번째 세션
2	--1. ACC1에서 4,000원을 출금하려고 한다.	--2. ACC1에서 4,000원을 출금하려고 한다.
3	SELECT T1.BAL_AMT FROM M_ACC T1	SELECT T1.BAL_AMT FROM M_ACC T1
4	WHERE T1.ACC_NO = 'ACC1'	WHERE T1.ACC_NO = 'ACC1'
5	FOR UPDATE; --4,000원이 조회된다.	FOR UPDATE;
6		-- 대기 상태에 빠졌다가 첫 번째 세션이 COMMIT된 후
7		-- 0원이 조회된다.
8	--3. 잔액이 4,000원이 있음으로 4,000원을 출금처리.	
9	-- IF BAL_AMT >= 4,000 THEN UPDATE	
10	UPDATE M_ACC T1 SET T1.BAL_AMT = T1.BAL_AMT - 4000	
11	WHERE T1.ACC_NO = 'ACC1';	

12	
13 --4. 잔액이 0원이 되어 있다.	
14 SELECT T1.BAL_AMT FROM M_ACC T1	
15 WHERE T1.ACC_NO = 'ACC1';	
16	
17 --5. COMMIT처리.	
18 COMMIT;	
19	-- IF BAL_AMT >= 4,000 THEN UPDATE
20	-- 잔액이 4,000보다 작으므로 출금 불가.
21	
22	ROLLBACK;

SQL을 실행해 보면, 두 번째 세션은 2번 SQL(SELECT~FOR UPDATE)부터 실행되지 못하고 대기에 빠진다. 첫 번째 세션의 1번 SQL이 같은 ACC1의 잔액 데이터를 이미 'SELECT ~ FOR UPDATE'로 접근했기 때문이다. 같은 데이터에 두 개의 세션이 동시에 UPDATE 하려고 하면, 두 번째 세션이 대기에 빠지는 원리와 같다. 두 번째 세션은 첫 번째 세션이 종료(COMMIT 또는 ROLLBACK)되어야만 진행이 가능하다.

'SELECT~FOR UPDATE'는 데이터 조회 시점부터 변경 락을 생성해 데이터의 일관성을 확보할 수 있게 해준다. 실제로 계좌 이체, 상품 매매, 재고 입출고와 같은 프로세스에 사용되는 기술이다.

'SELECT~FOR UPDATE'는 조회 시점부터 변경 락이 발생해 동시성을 떨어뜨리는 단점이 있다. 그러므로 'SELECT~FOR UPDATE'가 사용되는 SQL과 트랜잭션은 최적화가 필요하다. 조회 시점에 발생한 락이 트랜잭션 종료 시점까지 유지되기 때문에, 락을 얼마큼 빨리 해소해 주느냐에 따라 데이터베이스의 동시성이 좌우된다.

'SELECT~FOR UPDATE'에는 'NOWAIT'와 'WAIT SECONDS' 옵션을 지정할 수 있다. 이와 같은 기능은 세션의 대기 시간을 줄여 데이터베이스의 동시성을 높이는 데 도움을 준다. 'NOWAIT'를 이용하면 대기 상태에 빠지자마자 예외가 발생한다. 'WAIT SECONDS'는 대기할 초를 설정할 수 있다. 'WAIT 3'과 같이 지정하면 3초를 대기하고, 시간이 초과하면 예외가 발생한다. 'NOWAIT'와 'WAIT SECONDS' 기능을 활용해, 예외가 발생하면 트랜잭션을 ROLLBACK 처리하고 빠져나오거나 재처리를 유도할 수 있다. 물론, 대기에 빠지지 않고 빠져나오는 것이 업무적으로 타당한지에 대한 고민과 업무적인 협의가 필요할 것이다.

8.2.3 대기(WAIT) 상태

대기(WAIT) 상태의 세션이 많아지면 시스템이 장애로 빠질 수가 있다.

대부분 시스템은 데이터베이스 연결 및 접근에 폴링(Polling) 처리를 한다. 폴링은 WAS에서 특정 수만큼의 세션을 데이터베이스와 미리 연결해 놓고 여러 명의 사용자가 세션을 공유해 사용하는 방법이다. 데이터베이스와 연결을 맺는 작업은 WAS와 데이터베이스 모두 많은 자원을 소모한다. 그러므로 폴링 방식을 사용하는 것이 일반적이다.

폴링을 사용하는 구조에서 연결된 세션이 모두 대기 상태에 빠지면 시스템은 더는 작동하지 않게 된다. 세션이 대기 상태에 빠지는 것은 느린 SQL과 종료(COMMIT 또는 ROLLBACK)되지 않은 락에 의해서다. 느린 SQL이 많으면 많을수록 세션을 사용하기 위한 대기 시간이 길어진다. 느린 SQL보다 더 무서운 것은, 제대로 종료되지 않은 트랜잭션이다. 락으로 인해 세션이 무한정 대기 상태에 빠질 수 있기 때문이다.

신입 개발자가 전체 계좌 정보를 조회하는 화면을 개발하기로 했다고 가정하자. 신입 개발자는 이전에 개발된 SQL을 참고해 아래와 같이 개발했다. (실제로 이처럼 개발하는 사람은 없을 것이다.)

	계좌조회 프로세스
1	SELECT T1.* FROM M_ACC T1 **FOR UPDATE**;

M_ACC를 조회만 하면 되는 상황에서 'SELECT~FOR UPDATE'를 사용했다. 아마도 다른 개발자가 계좌이체에서 사용한 것을 보고 응용했거나, 계좌정보가 조회될 때 다른 곳에서 변경하면 안 된다고 지나친 걱정을 했을 수도 있다. 어쨌든 계좌정보 전체를 조회하면서 'SELECT~FOR UPDATE'를 사용했고, 해당 SQL을 실행한 후에 COMMIT이나 ROLLBACK도 없었다고 생각해 보자.
위 SQL이 실행되면 M_ACC의 데이터에는 어떤 변경도 불가능하다. 계좌이체를 수행하는 세션은 모두 대기 상태에 빠지게 된다. 최악의 경우 사용 가능한 세션이 모두 대기 상태에 빠질 수도 있다. 이로 인해 WAS나 DB를 재가동(Restart)해야만 하는 상황이 발생할 것이다.

실제 현장에서 이 정도로 잘못 개발되는 경우는 없지만, 시스템이 거대해지고 복잡해질수록, 이와 유사한 구멍이 하나씩 생기게 되어 있다.

위와는 다른 상황으로, 특정 트랜잭션에서 계좌 데이터를 변경한 후에 실수로 COMMIT이나

ROLLBACK을 빠뜨릴 때도 있다. 이 경우는 바로 문제가 나타나지 않지만, 시간이 지날수록 잘못된 데이터가 만들어지거나 시스템을 장애에 빠뜨리게 하는 주범이 된다. 어떻게 보면, M_ACC를 'SELECT~FOR UPDATE'로 조회한 경우보다 더 찾기 힘들고 해결이 어려운 상황이 될 수도 있다.

시스템의 동시성을 높이려면 불필요한 'SELECT~FOR UPDATE' 사용을 피하고, 트랜잭션은 항상 제대로 종료해야 한다. 그리고 트랜잭션은 최대한 빠르게 처리되도록 해야 한다.

8.2.4 데드락(DEAD-LOCK, 교착상태)

시스템을 개발한 후에 가장 잡아내기 어려운 에러 중의 하나가 바로 데드락(Dead Lock)이다. 데드락은 교착상태라고도 한다. 첫 번째 세션이 두 번째 세션의 작업이 끝나기를 기다리고 있고 두 번째 세션도 첫 번째 세션의 작업이 끝나기를 기다리는 상태다. 이처럼 서로가 기다리고 있으면 더는 작업을 진행할 수 없음으로 이를 교착상태라고 한다.

락에 의한 '대기 상태'와 '데드락'을 같은 것으로 생각하는 사람이 가끔 있다. 이 둘은 엄연히 다르다. 대기 상태는 데이터의 정확성을 위해 기다리는 (정상적인) 상태지만, 데드락은 더는 트랜잭션을 진행할 수 없는 상태다.

데드락이 발생하는 경우를 테스트해보자. 테스트를 위해 ACC1과 ACC2의 잔액을 5,000원으로 UPDATE 처리해 놓는다.

	ACC1, ACC2의 잔액 초기화
1	UPDATE M_ACC SET BAL_AMT = 5000 WHERE ACC_NO IN ('ACC1','ACC2');
2	COMMIT;

두 개의 세션을 열어 아래 SQL을 차례대로 실행하도록 한다. 첫 번째 세션은 ACC1에서 ACC2로 2,000원을 이체하고, 두 번째 세션은 ACC2에서 ACC1로 3,000원을 이체한다.

	데드락 테스트 - 두 개의 세션에서 계좌이체 실행	
1	--첫 번째 세션, ACC1->ACC2 2,000원 이체	--두 번째 세션, ACC2->ACC1 3,000원 이체
2	--1.ACC1의 잔액 확인	
3	SELECT T1.BAL_AMT FROM M_ACC T1	

4 WHERE T1.ACC_NO = 'ACC1' FOR UPDATE;	
5	
6 --2.ACC1에서 잔액 마이너스	
7 UPDATE M_ACC T1 SET T1.BAL_AMT = T1.BAL_AMT - 2000	
8 WHERE T1.ACC_NO = 'ACC1';	
9	
10	
11	--3.ACC2의 잔액 확인
12	SELECT T1.BAL_AMT FROM M_ACC T1
13	WHERE T1.ACC_NO = 'ACC2' FOR UPDATE;
14	
15	--4. ACC2에서 잔액 마이너스
16	--IF BAL_AMT >= 3,000 THEN UPDATE
17	UPDATE M_ACC T1 SET T1.BAL_AMT = T1.BAL_AMT - 3000
18	WHERE T1.ACC_NO = 'ACC2';
19 --5. ACC2의 잔액 플러스	
20 --두 번째 세션 3번,4번 SQL에 의해 대기에 빠진다.	
21 UPDATE M_ACC T1 SET T1.BAL_AMT = T1.BAL_AMT + 2000	
22 WHERE T1.ACC_NO = 'ACC2';	
23	--6.ACC1의 잔액 플러스
24	--첫 번째 세션 1번,5번 SQL에 의해 대기에 빠진다.
25	UPDATE M_ACC T1 SET T1.BAL_AMT = T1.BAL_AMT + 3000
26 --7. 약간의 시간 후에 아래와 같이 데드락이 발생	WHERE T1.ACC_NO = 'ACC1';
27 SQL 오류: ORA-00060: deadlock detected while	
28 waiting for resource	
29	
30	
31 -- 8. 데드락이 나왔으므로 ROLLBACK처리한다.	
32 ROLLBACK;	-- 9. 두 번째 세션도 ROLLBACK처리한다.
33	ROLLBACK;

위 SQL을 번호대로 실행해보면 첫 번째 세션은 5번에서, 두 번째 세션은 6번 SQL에서 대기 상태에 빠진다. 첫 번째 세션은 두 번째 세션이 ACC2의 락을 해제하기를 기다리고, 두 번째 세션은 첫 번째 세션이 ACC1에 대한 락을 해제하기를 기다리며 대기 상태에 빠진다. 더는 진행할 수 없는 교착상태(데드락)가 된 것이다. 오라클은 데드락이 발생하면 한쪽의 세션에 ORA-00060 예외를 발생한다.

데드락 상황을 그려보면 [그림 8.2.4-1]과 같다. 그림을 보면 첫 번째 세션의 5번과 두 번째 세션의 6번이 대기 상태에 빠져있다.

8.2 락(LOCK)

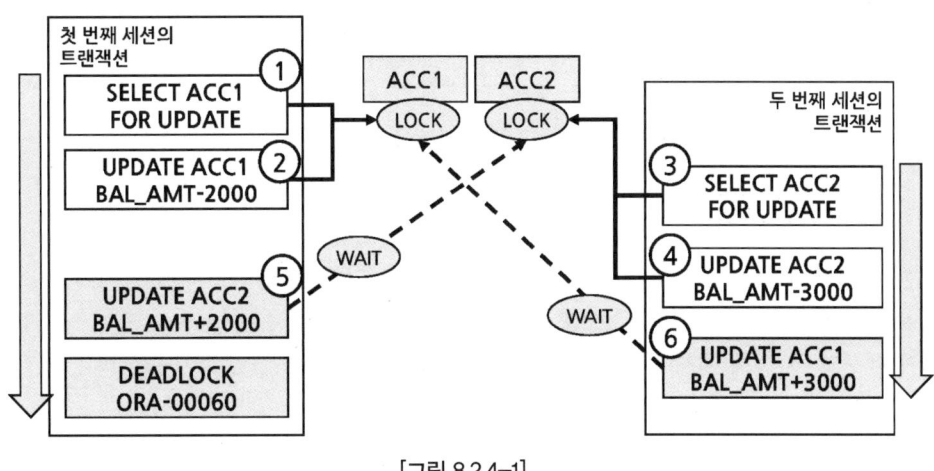

[그림 8.2.4-1]

계좌이체에서 데드락을 피하려면, 트랜잭션 시작 부분에서 ACC1과 ACC2에 동시에 락을 생성하면 된다. 아래 SQL을 보자.

	데드락 피하기 - 두 개의 세션에서 계좌이체 실행	
1	-- 첫 번째 세션, ACC1->ACC2 2,000원 이체	-- 두 번째 세션, ACC2->ACC1 3,000원 이체
2	-- 1.ACC1, ACC2의 잔액 확인	
3	SELECT T1.ACC_NO ,T1.BAL_AMT FROM M_ACC T1	
4	WHERE T1.ACC_NO IN ('ACC1','ACC2') FOR UPDATE;	
5		
6	-- 2.ACC1에서 잔액 마이너스	
7	-- (잔액이 이체금액 이상이면 이체 수행)	
8	UPDATE M_ACC T1 SET T1.BAL_AMT = T1.BAL_AMT - 2000	
9	WHERE T1.ACC_NO = 'ACC1';	-- 3.ACC1, ACC2의 잔액 확인
10		-- 첫 번째 세션 1번 SQL로 인해 대기 상태에 빠진다.
11		SELECT T1.ACC_NO ,T1.BAL_AMT FROM M_ACC T1
12		WHERE T1.ACC_NO IN ('ACC2','ACC1') FOR UPDATE;
13	-- 4. ACC2의 잔액 플러스	
14	UPDATE M_ACC T1 SET T1.BAL_AMT = T1.BAL_AMT + 2000	
15	WHERE T1.ACC_NO = 'ACC2';	
16		-- 5. ACC2에서 잔액 마이너스
17	COMMIT;	-- IF BAL_AMT >= 3,000 THEN UPDATE
18		UPDATE M_ACC T1 SET T1.BAL_AMT = T1.BAL_AMT - 3000
19		WHERE T1.ACC_NO = 'ACC2';
20		
21		-- 6.ACC1의 잔액 플러스
22		UPDATE M_ACC T1 SET T1.BAL_AMT = T1.BAL_AMT + 3000
23		WHERE T1.ACC_NO = 'ACC1';

24	
25	COMMIT;

첫 번째 세션의 1번 SQL을 보면 ACC1과 ACC2를 동시에 'SELECT~FOR UPDATE'하고 있다. 이로 인해 첫 번째 세션은 ACC1과 ACC2의 변경 락을 동시에 소유하게 된다.

두 번째 세션의 3번 SQL은 첫 번째 세션의 1번 SQL로 인해 정상적인 대기 상태에 빠진다. 첫 번째 세션이 트랜잭션을 종료(COMMIT 또는 ROLLBACK)할 때까지 진행할 수 없다. 결과적으로 첫 번째 세션과 두 번째 세션 간에는 서로가 기다리는 교착상태가 발생하지 않는다.

이와 같은 방법은 트랜잭션의 시작부터 ACC1과 ACC2에 락을 생성해 동시성에 저하를 가져오는 단점이 있다. 그런데도 데드락에 대한 고민을 덜려면 이와 같은 방법을 고려해야 한다.

8.2.5 트랜잭션 최소화

데이터를 변경하는 트랜잭션은 변경 락을 발생하고 이로 인해 다른 트랜잭션을 대기 상태로 만든다. 대기하는 세션이 많아질수록 시스템은 점차 느려지므로 데이터 변경이 포함된 트랜잭션은 최적화가 필요하다. SQL 단위로 최적화가 필요하며, 유사하게 반복 실행되는 SQL을 합쳐서 트랜잭션 길이를 최소화해야 한다.

모든 트랜잭션을 이처럼 만들기에는 쉽지 않다. 하지만 적어도 시스템의 핵심 트랜잭션에는 이와 같은 노력이 필요하다.

지금까지 살펴본 계좌이체 트랜잭션을 최소화해보자. 간단한 내용을 부분적으로 개선할 수 있어야 나중에 복잡한 내용도 개선할 수 있다. 데드락을 피하면서 계좌이체를 처리한 최종 SQL은 아래와 같다.

ACC1->ACC2 2,000원 계좌이체 트랜잭션 SQL

1	-- 1.ACC1, ACC2의 잔액 확인
2	SELECT T1.ACC_NO ,T1.BAL_AMT
3	FROM M_ACC T1
4	WHERE T1.ACC_NO IN ('ACC1','ACC2') FOR UPDATE;
5	

```
6      -- 2.ACC1의 잔액이 이체금액 이상이면 이체 수행
7      UPDATE M_ACC T1
8      SET    T1.BAL_AMT = T1.BAL_AMT - 2000
9      WHERE  T1.ACC_NO = 'ACC1';
10
11     -- 3. ACC2의 잔액 플러스
12     UPDATE M_ACC T1
13     SET    T1.BAL_AMT = T1.BAL_AMT + 2000
14     WHERE  T1.ACC_NO = 'ACC2';
15     COMMIT;
```

위 SQL에는 M_ACC에 대한 UPDATE 문이 두 개 존재한다. 두 개의 UPDATE를 하나로 통합해 트랜잭션의 길이를 줄일 수 있다. 아래 SQL과 같다.

ACC1->ACC2 2,000원 계좌이체 트랜잭션 SQL

```
1      -- 1.ACC1, ACC2의 잔액 확인
2      SELECT T1.ACC_NO ,T1.BAL_AMT
3      FROM   M_ACC T1
4      WHERE  T1.ACC_NO IN ('ACC1','ACC2') FOR UPDATE;
5
6      -- 2.ACC1의 BAL_AMT가 이체 금액보다 작으면 ROLLBACK처리(잔액이 부족합니다.)
7
8      -- 3.ACC2가 존재하지 않는다면 ROLLBACK처리(수신 계좌가 존재하지 않습니다.)
9
10     -- 4.ACC1과 ACC2의 잔액을 동시에 처리
11     UPDATE   M_ACC T1
12     SET      T1.BAL_AMT = T1.BAL_AMT +
13                CASE  WHEN T1.ACC_NO = 'ACC1' THEN -1 * 2000
14                      WHEN T1.ACC_NO = 'ACC2' THEN 1 * 2000 END
15     WHERE    T1.ACC_NO IN ('ACC1','ACC2');
16     COMMIT;
```

2, 3번 과정에 업무 로직을 추가해 처리 불가능한 데이터로 판단되면 트랜잭션을 ROLLBACK 하고 에러 메시지를 보여주도록 한다. 중요한 업무의 트랜잭션은 항상 에러 메시지 처리를 동반하게 된다.

4번 SQL을 보면 계좌이체의 보내는 쪽(ACC1)과 받는 쪽(ACC2)의 계좌를 동시에 UPDATE 하고 있다. CASE 문을 이용해 보내는 쪽이면 이체금액을 마이너스하고, 받는 쪽이면 이체금액을 플러스한다. CASE 문이 사용되어 약간 복잡해졌지만, 두 개의 UPDATE 문을 하나로 처리했다.

계좌이체 과정은 한 문장의 SQL로도 변경할 수 있다. 아래와 같다.

```
ACC1->ACC2 2,000원 계좌이체 트랜잭션 SQL - 한 문장으로 처리
1    UPDATE  M_ACC T1
2    SET     T1.BAL_AMT = T1.BAL_AMT +
3                        CASE   WHEN T1.ACC_NO = 'ACC1' THEN -1 * 2000
4                               WHEN T1.ACC_NO = 'ACC2' THEN  1 * 2000 END
5    WHERE   T1.ACC_NO IN ('ACC1','ACC2')
6    AND     T1.BAL_AMT >= CASE WHEN T1.ACC_NO = 'ACC1' THEN 2000
7                               WHEN T1.ACC_NO = 'ACC2' THEN 0 END;
8
9    -- UPDATE된 건수가 두 건이면 COMMIT.
10   -- UPDATE된 건수가 두 건이 아니면 ROLLBACK
11   COMMIT;
```

계좌이체 트랜잭션을 단 한 문장으로 변경했다. 하지만 SQL의 복잡도가 많이 증가했다. 이처럼 복잡도가 높은 방법은 좋지 않다. 유지 보수에 애를 먹을 수 있다. 또한 SQL을 한 문장으로 변경했으므로 처리 과정 중에 발생한 에러를 세밀하게 처리할 수 없게 되었다. 그런데도 이러한 SQL을 보여주는 이유는 어떤 문제든 생각할수록 다양한 방법이 있다는 것을 알려주기 위해서다.

트랜잭션을 최소화하는 과정을 간단히 살펴보았다. 길이가 긴 트랜잭션을 줄이도록 노력해야 한다. 그러면서도 다른 개발자들이 알아볼 수 있는 선에서 복잡하지 않게 SQL을 구현해야 한다.

8.2.6 방어 로직

'방어 로직'은 데이터베이스의 동시성을 높이면서 데이터의 정확성을 확보하는 방법이다. 개발 현장에서 가끔 사용되는 용어다.

지금까지 살펴본, 계좌이체 트랜잭션은 조회 시점에 'SELECT~FOR UPDATE'를 사용해, 데이터의 정확성을 확보했다. 이 방법은 조회 시점부터 변경 락을 생성해 동시성을 떨어뜨리는 단점이 있다. '방어 로직'을 사용하면 동시성을 떨어뜨리지 않고, 데이터 정확성을 확보할 수 있다. '방어 로직' 테스트를 위해 M_ACC의 잔액을 모두 3,000원으로 변경하자. 아래와 같다.

8.2 락(LOCK)

	계좌 잔액 초기화
1	UPDATE M_ACC T1 SET T1.BAL_AMT = 3000;
2	COMMIT;

아래는 '방어 로직'을 사용해 계좌이체를 구현한 SQL이다.

	계좌이체 방어 로직
1	-- 1.ACC1, ACC2의 잔액 확인(ACC1과 ACC2 모두 3000원이 조회된다.)
2	-- ACC1의 잔액은 @FROM_BAL_AMT에, ACC2의 잔액은 @TO_BAL_AMT에 저장한다.
3	SELECT T1.ACC_NO ,T1.BAL_AMT FROM M_ACC T1
4	WHERE T1.ACC_NO IN ('ACC1','ACC2'); -- SELECT~FOR UPDATE를 사용하지 않는다.
5	
6	-- 2.ACC1의 BAL_AMT가 이체 금액보다 작으면 ROLLBACK처리(잔액이 부족합니다.)
7	
8	-- 3.ACC2가 존재하지 않는다면 ROLLBACK처리(수신 계좌가 존재하지 않습니다.)
9	
10	-- 4.ACC1과 ACC2의 잔액을 동시에 처리
11	UPDATE M_ACC T1
12	SET T1.BAL_AMT = T1.BAL_AMT +
13	CASE WHEN T1.ACC_NO = 'ACC1' THEN -1 * 2000
14	WHEN T1.ACC_NO = 'ACC2' THEN 1 * 2000 END
15	WHERE T1.ACC_NO IN ('ACC1','ACC2')
16	AND T1.BAL_AMT = CASE WHEN T1.ACC_NO = 'ACC1' THEN 3000 --@FROM_BAL_AMT 값을 사용
17	WHEN T1.ACC_NO = 'ACC2' THEN 3000 --@TO_BAL_AMT 값을 사용
18	END
19	;
20	
21	-- 5. UPDATE된 건수가 2건 일때만 COMMIT처리.
22	COMMIT;

'방어로직'의 핵심은 아래와 같다.

1. 조회 할 때 잔액을 변수에 저장: 2번 라인의 주석 참고
2. 잔액 변경할 때, '조회 때 저장한 잔액'과 '현재 잔액'이 같을 때만 처리
   : 16~18번 라인 CASE문
3. 변경된 건수를 확인해서 2건일 때만 COMMIT처리: 21, 22번 라인

간단하게 설명하면, 조회 시점에 잔액을 저장해 놓고, 변경 시점에 잔액이 변경되지 않았을 때만 UPDATE 하도록 SQL을 구현하는 것이다. 여기서는 '잔액' 값을 이용해 판단했지만, 테이블에 '최종변경일시'와 같은 변경 기록 컬럼을 추가해 사용할 수도 있다. 조회 시점과 UPDATE 시

점에 '최종변경일시' 값이 다르다면, 중간에 누군가 데이터를 변경했음을 인식해 예외 처리하면 된다. 데이터 조회 시점에는 변경 락을 발생시키지 않는 것이 핵심이다.

'방어로직'을 간단하게 살펴봤다.

8.2.7 불필요한 트랜잭션의 분리

트랜잭션을 최소화하려면 불필요한 작업을 트랜잭션에서 분리할 필요가 있다.

[그림 8.2.7-1]은 가상의 주문처리 트랜잭션이다. 그림에서 A고객의 '주문 완료 문자 발송' 작업에 지연(DELAY)이 발생했다. 문자 발송을 위해 외부 시스템과 연계하는 과정에서 예상치 못한 문제가 생긴 것이다. A고객은 주문한 재고 데이터에 락을 잡고 있다. 트랜잭션을 종료하지 못했으므로 락은 계속 유지된다. 이로 인해 같은 품목을 주문한 B고객은 재고 데이터를 변경할 때 대기 상태에 빠지게 된다. B고객뿐 아니라, 같은 품목을 주문하려는 모든 고객은 A고객의 트랜잭션이 완료될 때까지 기다려야만 한다.

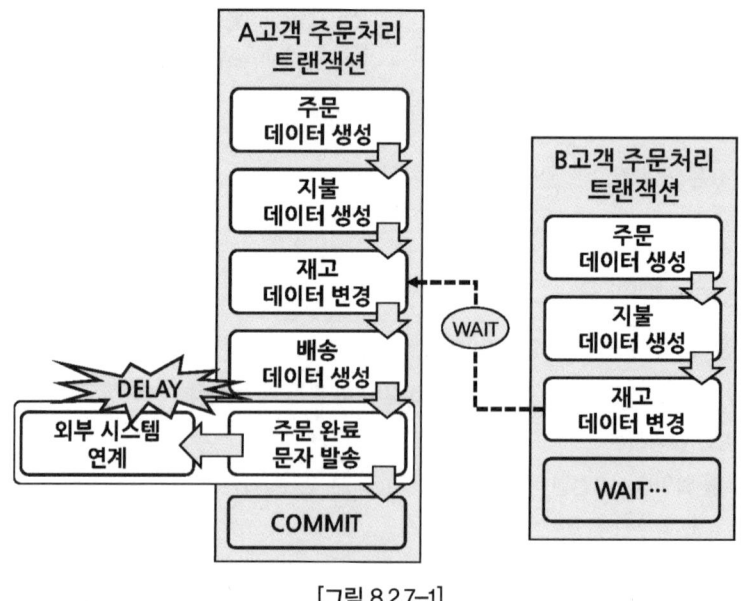

[그림 8.2.7-1]

생각해보면, '주문 완료 문자 발송' 작업은 주문처리 트랜잭션에 포함할 필요가 없다. 문자가 조금 늦게 나가거나, 문자가 나가지 않는다고 해서 주문 처리를 못 할 이유가 없다. 더욱이 외부 시스템과 연계를 하므로 다양한 이슈가 있을 수 있다. 위의 경우에는 '배송 데이터 생성' 후에 COMMIT을 바로 하고, '주문 완료 문자 발송'은 별도 트랜잭션으로 실행하는 것을 고려해야 한다.

이처럼 트랜잭션과 주요 연관성이 떨어지는 작업을 분리하면 트랜잭션의 실행 시간을 줄 일 수 있다. 이로 인해 트랜잭션에서 만들어진 락을 빠르게 해소 할 수 있으며 결과적으로 데이터베이스의 동시성을 높일 수 있다. 개발한 트랜잭션에서 떼어내도 상관없는 작업이 있는지 고민해볼 필요가 있다.

8.3 문서번호 처리 기술

8.3.1 SELECT MAX 방식

개발할 때 자주 만나게 되는 것 중의 하나가 바로 키 값 부여다. 키 값의 종류 중 하나인 ID나 문서번호를 부여하는 것을 채번이라고 한다. 여기서는 문서번호를 채번하는 기술에 대해 살펴보자.

문서번호는 일반적으로 현업의 업무 규칙을 따른다. 현업에서는 '일자+순번'으로 문서번호를 관리할 수도 있으며, '법인+일자+순번' 또는 '유형+일자+순번'으로 문서번호를 관리하기도 한다. 이처럼 현업은 문서번호에 업무적 의미를 담고자 한다. 문서번호를 통해 언제 등록된 문서인지를 확인하거나, 문서번호만으로 어느 유형의 문서인지 또는 어느 법인의 문서인지를 알고 싶기 때문이다. 여기서는 문서번호를 이처럼 관리하는 것이 맞고 틀린 지는 논하지 않는다. 모델링 관련 책도 아니면서 의견이 다양할 수 있기 때문이다.

문서번호 채번을 연습하기 위해 [그림 8.3.1-1]의 '구매오더' 테이블을 생성하자.

구매 / T_PO	
*구매오더번호	*PO_NO
제목	TIT
공급자ID	SUP_ID
구매오더상태(요청/승인/구매중/완료)	PO_ST
요청일시	REQ_DT
요청자ID	REQ_UID
승인일시	CNF_DT
승인자ID	CNF_UID
완료일시	CMP_DT
완료자ID	CMP_UID

[그림 8.3.1-1]

아래는 구매오더(T_PO) 테이블을 생성하는 스크립트다.

구매오더(T_PO)테이블 생성

```
1   CREATE TABLE T_PO
2   (
3       PO_NO           VARCHAR2(40)    NOT NULL,
4       TIT             VARCHAR2(100)   NULL,
```

```
5              SUP_ID              VARCHAR2(40)   NULL,
6              PO_ST               VARCHAR2(40)   NULL,
7              REQ_DT              DATE   NULL,
8              REQ_UID             VARCHAR2(40)   NULL,
9              CNF_DT              DATE   NULL,
10             CNF_UID             VARCHAR2(40)   NULL,
11             CMP_DT              DATE   NULL,
12             CMP_UID             VARCHAR2(40)   NULL
13  );
14
15  CREATE UNIQUE INDEX PK_T_PO ON T_PO (PO_NO);
16
17  ALTER TABLE T_PO
18         ADD CONSTRAINT  PK_T_PO PRIMARY KEY (PO_NO) USING INDEX;
```

구매오더 테이블은 구매오더번호(PO_NO)가 PK다. 여기서 구매오더번호의 채번 규칙은 아래와 같다고 가정하자. 아래에서 요청일자는 구매오더 테이블의 요청일시(REQ_DT)를 YYYYMMDD로 변환한 값이다.

- PO(고정문자) + YYYYMMDD(요청일자) + NNNNNNNN(순번8자리)

위 채번 규칙을 사용해 데이터를 입력하는 SQL은 아래와 같다. 테스트를 위해 PL/SQL로 처리했다. 여기서 요청일자(v_REQ_YMD)는 오늘일 수도 있고 과거일 수도 있다.

PO + YYYYMMDD + NNNNNNNN 형태 채번 SQL

```
1   DECLARE
2       v_NEW_PO_NO VARCHAR2(40);
3       v_REQ_DT DATE;
4       v_REQ_YMD VARCHAR2(8);
5   BEGIN
6       v_REQ_DT := TO_DATE('20170301 23:59:59','YYYYMMDD HH24:MI:SS');
7       v_REQ_YMD := TO_CHAR(v_REQ_DT,'YYYYMMDD'); -- 입력받은 v_REQ_DT를 v_REQ_YMD로 변환
8
9       SELECT 'PO' || v_REQ_YMD ||
10              LPAD(
11                  TO_CHAR(
12                      TO_NUMBER(
13                          NVL(SUBSTR(
14                              MAX(T1.PO_NO)
15                          ,-8),'0')
16                      ) + 1
17                  )
```

```
18                    ,8,'0')
19      INTO     v_NEW_PO_NO
20      FROM     T_PO T1
21      WHERE    T1.REQ_DT >= TO_DATE(v_REQ_YMD,'YYYYMMDD')
22      AND      T1.REQ_DT <  TO_DATE(v_REQ_YMD,'YYYYMMDD') + 1
23      ;
24
25      INSERT INTO T_PO (PO_NO ,TIT ,REQ_DT ,REQ_UID)
26      VALUES   (v_NEW_PO_NO ,'TEST_'||v_NEW_PO_NO ,v_REQ_DT ,'TEST');
27
28      COMMIT;
29  END;
```

9~22번 라인의 SQL은 T_PO(구매오더)에서 요청일자에 해당하는 가장 큰 PO_NO(구매오더번호)를 가져와 새로운 PO_NO를 채번하고 있다. 채번 과정을 보면 MAX, SUBSTR, TO_CHAR, LPAD와 같은 함수를 복잡하게 사용하고 있다. PO_NO는 문자열이므로 채번을 하려면 숫자 부분만 잘라내서 처리해야 하기 때문이다. 이와 같은 채번 방식을 'SELECT~MAX' 방식이라고 하자.

채번된 값은 v_NEW_PO_NO에 저장해 놓고 있다. 25번 라인에서 v_NEW_PO_NO를 이용해 신규 데이터를 INSERT 한다.

위 PL/SQL 전체를 두 번 연속 실행한 후 T_PO를 조회해 보면, 구매 데이터 두 건이 생성되어 있다. PO_NO 역시 채번 규칙에 맞게 정상적으로 부여되어 있다.

이와 같은 'SELECT~MAX' 방식은 혼자 테스트 했을 때는 특별한 문제가 없다. 하지만 시스템은 혼자 사용하는 것이 아니다. 동시에 여러 명이 사용할 경우를 고려해야 한다. 'SELECT~MAX' 방식은 성능 이슈와 잠재적인 오류를 가지고 있다. 이에 대해 하나씩 살펴보도록 하자. (이러한 문제를 살펴보는 이유는 'SELECT~MAX'를 사용하지 말라는 것이 아니다. 적절하게 사용하기 위함이다.)

8.3.2 SELECT MAX 방식의 성능

'SELECT~MAX' 채번 방식의 성능 문제를 짚어보자.

8.3 문서번호 처리 기술

성능 문제를 알아보기 위해서는 T_PO 테이블에 적당한 양의 데이터를 입력할 필요가 있다. 아래 SQL로 T_PO 테이블을 TRUNCATE 한 후에 100일간에 해당하는 테스트 데이터를 생성하도록 하자.

백만 건의 PO 데이터를 생성

```
1   TRUNCATE TABLE T_PO;
2
3   INSERT INTO T_PO
4         (PO_NO ,TIT ,REQ_DT ,REQ_UID)
5   SELECT 'PO'||T2.REQ_YMD||LPAD(TO_CHAR(T1.RNO),8,'0') PO_NO
6         ,'TEST PO' TIT
7         ,TO_DATE(T2.REQ_YMD,'YYYYMMDD') + (RNO / 60 / 60 / 24) REQ_DT
8         ,'TEST' REQ_UID
9   FROM  (SELECT ROWNUM RNO FROM DUAL CONNECT BY ROWNUM <= 10000) T1 --하루에 만 건의 PO 데이터 생성.
10        ,(
11          SELECT TO_CHAR(TO_DATE('20170101','YYYYMMDD') + (ROWNUM -1 ),'YYYYMMDD') REQ_YMD
12          FROM DUAL A
13          CONNECT BY ROWNUM <= 100 --100일간의 데이터를 생성.
14         ) T2;
15
16  COMMIT;
```

위 SQL을 실행하면 T_PO 테이블에 하루에 만 건씩 100일에 해당하는 총 백만 건의 데이터가 생성된다.

(1) REQ_DT를 이용한 SELECT~MAX

백만 건의 데이터가 있는 상황에서, 채번을 위한 마지막 PO_NO를 조회해보자. 실행계획을 확인할 수 있도록 GATHER_PLAN_STATISTICS 힌트도 포함해서 실행한다. (조회 성능만 확인하면 되므로, 채번 과정에 사용하는 SUBSTR, LPAD와 같은 SELECT 절 함수는 제외하고, 마지막 PO_NO만 가져온다.)

SELECT~MAX의 성능 측정

```
1   SELECT /*+ GATHER_PLAN_STATISTICS */
2          MAX(T1.PO_NO)
3   FROM   T_PO T1
4   WHERE  T1.REQ_DT >= TO_DATE('20170302','YYYYMMDD')
5   AND    T1.REQ_DT <  TO_DATE('20170302','YYYYMMDD') + 1;
```

실행계획을 확인해 보면, T_PO에 TABLE ACCESS FULL이 발생한다. 채번을 위해 T_PO의 모든 데이터를 읽은 것이다. FULL SCAN이 발생하는 이유는 이미 알고 있을 것이다. WHERE 조건절에서 사용된 REQ_DT 컬럼에 인덱스가 없기 때문이다. 실행계획은 아래와 같다.

```
SELECT~MAX의 성능 측정  -  실행계획
1   -----------------------------------------------------------------------------
2   | Id | Operation           | Name | Starts | A-Rows |   A-Time    | Buffers | Reads |
3   -----------------------------------------------------------------------------
4   |  0 | SELECT STATEMENT    |      |     1  |      1 |00:00:00.35 |  16223  |  8103 |
5   |  1 |  SORT AGGREGATE     |      |     1  |      1 |00:00:00.35 |  16223  |  8103 |
6   |* 2 |   TABLE ACCESS FULL | T_PO |     1  |  10000 |00:00:00.13 |  16223  |  8103 |
7   -----------------------------------------------------------------------------
```

REQ_DT에 인덱스를 생성해야만 FULL SCAN을 피할 수 있다. 인덱스가 없는 상황에서 계속해서 데이터가 쌓이다 보면 나중에는 채번 과정에서 심각한 성능 문제가 발생할 것이다.

SELECT 절에서 MAX 처리하는 컬럼이 PO_NO이므로 REQ_DT, PO_NO 순서의 복합 인덱스를 만들면 더 좋은 성능을 낼 수 있다. 인덱스만 이용해 채번을 처리할 수 있기 때문이다. 아래와 같이 복합 인덱스를 만든 후에 다시 한번 조회 SQL을 실행해보자.

```
SELECT~MAX의 성능 측정  -  인덱스 추가
1   CREATE INDEX X_T_PO_1 ON T_PO(REQ_DT, PO_NO);
2
3   SELECT  /*+ GATHER_PLAN_STATISTICS */
4           MAX(T1.PO_NO)
5   FROM    T_PO T1
6   WHERE   T1.REQ_DT >= TO_DATE('20170302','YYYYMMDD')
7   AND     T1.REQ_DT <  TO_DATE('20170302','YYYYMMDD') + 1;
```

실행계획을 확인해 보면 새로 만든 인덱스를 사용하고 있다. 실행계획은 아래와 같다.

```
SELECT~MAX의 성능 측정  -  인덱스 추가  -  실행계획
1   -----------------------------------------------------------------------------
2   | Id | Operation          | Name     | Starts | A-Rows |   A-Time    | Buffers | Reads |
3   -----------------------------------------------------------------------------
4   |  0 | SELECT STATEMENT   |          |     1  |      1 |00:00:00.01 |    56   |   55  |
5   |  1 |  SORT AGGREGATE    |          |     1  |      1 |00:00:00.01 |    56   |   55  |
6   |* 2 |   INDEX RANGE SCAN | X_T_PO_1 |     1  |  10000 |00:00:00.01 |    56   |   55  |
7   -----------------------------------------------------------------------------
```

실행계획의 전체 Buffers를 보면 16,223에서 56으로 획기적으로 개선되었다.

Buffers 수치가 개선되었지만 여전히 성능 문제가 남아있다. 실행계획의 2번 단계를 보면 A-Rows가 10,000이다. MAX 값을 구하기 위해 인덱스 리프 블록에서 만 건의 데이터에 접근한 것이다. 다시 말해 하루 치의 PO 데이터 전부를 읽었다.

(2) INDEX RANGE SCAN(MIN/MAX)

'SELECT~MAX'의 성능이 최적화되려면 실행계획에 'INDEX RANGE SCAN(MIN/MAX)'가 나와야 한다. 'INDEX RANGE SCAN (MIN/MAX)'는 인덱스를 이용해 최댓값이나 최솟값을 빠르게 구하는 오퍼레이션이다.

우선은 'INDEX RANGE SCAN (MIN/MAX)'가 처리되는 과정을 이해할 필요가 있다. [그림 8.3.2-1]을 살펴보자. 그림에서 왼쪽은 'INDEX RANGE SCAN (MIN/MAX)'로 MAX 값을 가져오는 과정이다. 조건에 해당하는(REQ_DT='2017-03-05') 리프 데이터 중에 제일 뒤에 있는 PO_NO값을 한 건만 가져온다. 리프 데이터는 'REQ_DT, PO_NO' 순서로 정렬되어 있다. 그러므로 제일 뒤의 PO_NO는 'MAX(PO_NO)'와 같은 값이다. 'MIN(PO_NO)'는 반대로 리프 데이터 중에 제일 앞에 있는 PO_NO값을 가져온다. 그림에서 오른쪽에 해당한다.

'(MIN/MAX)'가 없는 'INDEX RANGE SCAN'은 조건에 해당하는 리프 데이터를 모두 읽는다. 반면에 '(MIN/MAX)'는 리프 데이터의 제일 앞이나, 제일 뒤에 한 건만 읽는다. 그러므로 성능이 매우 훌륭하다.

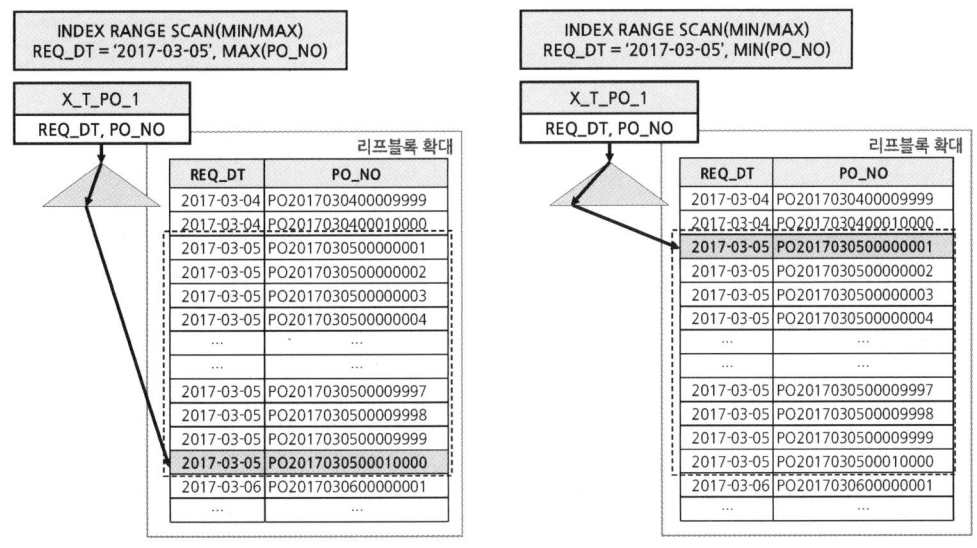

[그림 8.3.2-1]

최댓값이나 최솟값을 구할 때 INDEX RANGE SCAN(MIN/MAX) 오퍼레이션이 나오는 것이 제일 좋다. 하지만 'REQ_DT, PO_NO'로 구성된 복합 인덱스에서 선두 컬럼인 REQ_DT가 '범위 조건'이면 'MAX(PO_NO)'를 구할 때 'INDEX RANGE SCAN(MIN/MAX)'를 사용할 수 없다. 인덱스의 선두 컬럼인 REQ_DT가 '같다(=)' 조건으로 사용되어야만 'INDEX RANGE SCAN(MIN/MAX)'를 사용할 수 있다.

REQ_DT는 시분초까지 포함된 DATE 자료형이기 때문에 '같다(=)' 조건으로 특정 하루의 모든 데이터를 조회할 수 없다. REQ_DT의 시분초가 모두 '00시 00분 00초'라면 '같다(=)' 조건을 사용할 수 있지만 T_PO의 REQ_DT는 그렇지 않다.

'INDEX RANGE SCAN(MIN/MAX)'를 사용할 수 있도록 REQ_DT를 대신할 REQ_YMD 컬럼을 추가해보자. REQ_YMD는 REQ_DT를 'YYYYMMDD' 형태의 문자열로 관리하는 컬럼이다. 아래 SQL을 사용해 REQ_YMD 컬럼을 추가하고, 값도 UPDATE해 놓도록 하자. REQ_YMD와 PO_NO로 구성된 복합 인덱스도 생성해야 한다.

REQ_YMD, PO_NO복합 인덱스 추가
1　　ALTER TABLE T_PO ADD REQ_YMD VARCHAR(8); 2 3　　UPDATE　T_PO 4　　SET　　　REQ_YMD = TO_CHAR(REQ_DT,'YYYYMMDD') 5　　; 6　　COMMIT; 7 8　　CREATE INDEX X_T_PO_2 ON T_PO(REQ_YMD, PO_NO);

인덱스가 생성되면, 아래와 같이 REQ_YMD에 '같다(=)' 조건을 사용해 MAX(PO_NO)를 처리해보자.

SELECT~MAX의 성능 측정 - REQ_YMD컬럼 사용
1　　SELECT　/*+ GATHER_PLAN_STATISTICS */ 2　　　　　　　MAX(T1.PO_NO) 3　　FROM　　T_PO T1 4　　WHERE　T1.REQ_YMD = '20170302';

실행계획을 확인해 보면 A-Rows가 10,000에서 1로 개선되었다. Buffers 역시 56에서 3으로 개선된 것을 볼 수 있다. 실행계획은 아래와 같다.

```
  SELECT~MAX의 성능 측정  -  REQ_YMD컬럼 사용  -  실행계획
1 -------------------------------------------------------------------------
2 | Id | Operation                    | Name    | Starts | A-Rows | A-Time      | Buffers | Reads |
3 -------------------------------------------------------------------------
4 |  0 | SELECT STATEMENT             |         |    1   |    1   | 00:00:00.01 |    3    |   2   |
5 |  1 |  SORT AGGREGATE              |         |    1   |    1   | 00:00:00.01 |    3    |   2   |
6 |  2 |   FIRST ROW                  |         |    1   |    1   | 00:00:00.01 |    3    |   2   |
7 |* 3 |    INDEX RANGE SCAN (MIN/MAX)| X_T_PO_2|    1   |    1   | 00:00:00.01 |    3    |   2   |
8 -------------------------------------------------------------------------
```

실행계획의 3번 단계를 보면 'INDEX RANGE SCAN (MIN/MAX)'가 수행되었다.

'INDEX RANGE SCAN (MIN/MAX)'는 인덱스 리프 블록에서 조건에 해당하는 값 중에, 제일 앞이나, 제일 뒤의 한 건만 읽어서 처리하는 오퍼레이션이다. 리프 블록은 인덱스 키 값으로 정렬되어 있어서, 결과적으로 'MIN/MAX' 집계 함수를 적용한 것과 같은 결과를 얻을 수 있다. 'MIN/MAX' 집계함수가 사용된 SQL에는 실행계획에 'INDEX RANGE SCAN (MIN/MAX)'가 나오는 것이 좋다.

A-Rows를 10,000에서 1로 줄이는 성능 개선을 했지만, REQ_DT와 중복 속성인 REQ_YMD 컬럼을 추가한 것에 대해서는 고민이 필요하다. 같은 값을 중복해서 관리하는 것은 의외로 많은 문제가 있다.

(3) PO_NO를 이용한 SELECT~MAX

잘 생각해 보면 REQ_YMD 컬럼을 추가하지 않아도 채번 성능을 해결할 수 있다. PO_NO의 채번 규칙을 활용하면 된다. PO_NO는 'PO'라는 고정문자열 다음에 'YYYYMMDD'의 일자, 그다음에 '8자리 순번'으로 구성되어 있다. 이 규칙을 이용해 아래와 같이 SQL을 실행해보자.

```
  SELECT~MAX의 성능 측정  -  PO_NO컬럼을 활용
1  SELECT   /*+ GATHER_PLAN_STATISTICS */
2           MAX(T1.PO_NO)
3  FROM     T_PO T1
4  WHERE    T1.PO_NO >= 'PO'||'20170302'
5  AND      T1.PO_NO <  'PO'||TO_CHAR(TO_DATE('20170302','YYYYMMDD')+1,'YYYYMMDD');
```

SQL에서 4번 라인을 보면 채번이 필요한 요청일자(20170302) 앞에 'PO' 문자를 붙여서 'PO20170302' 보다 큰 PO_NO를 가져오도록 조건을 처리했다. 5번 라인에서는 채번이 필요한

일자의 다음 일자 앞에 'PO'를 붙인 후 해당 값보다 작은 PO_NO만 조회하도록 하고 있다.

이처럼 WHERE 절을 구현하면 REQ_YMD나 REQ_DT 컬럼을 사용한 것과 같은 효과를 낼 수 있다. 그뿐만 아니라 PO_NO에는 이미 PK 인덱스가 있음으로 인덱스를 추가할 필요도 없다.

실행계획을 확인해 보면, 'PK_T_PO' 인덱스를 이용해 'INDEX RANGE SCAN (MIN/MAX)'가 제대로 작동되었다. 실행계획은 아래와 같다.

```
SELECT~MAX의 성능 측정  -  PO_NO컬럼을 활용  -  실행계획
---------------------------------------------------------------------------
| Id | Operation                     | Name    | Starts | A-Rows |   A-Time     | Buffers | Reads |
---------------------------------------------------------------------------
|  0 | SELECT STATEMENT              |         |      1 |      1 |00:00:00.01 |       3 |    12 |
|  1 |  SORT AGGREGATE               |         |      1 |      1 |00:00:00.01 |       3 |    12 |
|  2 |   FIRST ROW                   |         |      1 |      1 |00:00:00.01 |       3 |    12 |
|* 3 |    INDEX RANGE SCAN (MIN/MAX) | PK_T_PO |      1 |      1 |00:00:00.01 |       3 |    12 |
---------------------------------------------------------------------------
```

SQL에서 PO_NO에 관한 조건을 LIKE 조건으로 변경하는 것도 고민해 볼 수 있다. 하지만 LIKE 조건을 사용하면 'INDEX RANGE SCAN (MIN/MAX)' 가 나오지 않는다. 위와 같이 크다, 작다 조건을 동시에 사용해야 한다.

지금 살펴본 방법은 채번 규칙에 따라 사용 가능 여부가 결정된다. 만약에 채번 규칙에 요청 일자의 의미가 포함되지 않았다면 사용할 수 없는 방법이다.

'SELECT~MAX' 방식을 이용한 채번 성능을 살펴보았다. WHERE 조건절의 컬럼에 인덱스가 필수라는 것과 채번의 MAX 과정에서 'INDEX RANGE SCAN(MIN/MAX)' 실행계획이 나와야 한다는 것을 기억하기 바란다.

8.3.3 SELECT MAX 방식의 중복 오류

'SELECT~MAX' 방식의 채번은 중복 오류가 발생할 가능성이 있다. 중복 오류는 한 명의 사용자가 채번 작업을 할 때는 발생하지 않는다. 여러 명이 동시에 채번할 때만 발생할 수 있다.
두 개의 SQL 세션 창을 열어서 채번과 INSERT를 아래와 같이 실행해보자.

8.3 문서번호 처리 기술

동시에 두 개의 세션에서 채번과 INSERT 작업을 실행

	첫 번째 세션	두 번째 세션
1	`--첫 번째 세션`	`--두 번째 세션`
2	`--1.채번을 실행(PO20170302000010001가 조회된다.)`	
3	`SELECT  'PO' || '20170302' ||`	
4	`        LPAD(TO_CHAR(TO_NUMBER(`	
5	`          NVL(SUBSTR(MAX(T1.PO_NO),-8),'0')) + 1`	
6	`         ),8,'0')`	
7	`FROM    T_PO T1`	
8	`WHERE   T1.PO_NO >= 'PO'||'20170302'`	
9	`AND     T1.PO_NO <`	
10	`        'PO'||TO_CHAR(TO_DATE('20170302','YYYYMMDD')+1`	
11	`                ,'YYYYMMDD');`	
12		
13	`--2.채번된 번호를 이용 INSERT처리.`	
14	`INSERT INTO T_PO (PO_NO ,TIT ,REQ_DT ,REQ_UID)`	
15	`VALUES('PO20170302000010001','TEST',`	
16	`TO_DATE('20170302','YYYYMMDD'),'TEST');`	
17		`--3.채번을 실행(PO20170302000010001가 조회된다.)`
18		`--첫 번째 세션과 같은 번호가 채번된다.`
19		`SELECT  'PO' || '20170302' ||`
20		`        LPAD(TO_CHAR(TO_NUMBER(`
21		`          NVL(SUBSTR(MAX(T1.PO_NO),-8),'0')) + 1`
22		`         ),8,'0')`
23		`FROM    T_PO T1`
24		`WHERE   T1.PO_NO >= 'PO'||'20170302'`
25		`AND     T1.PO_NO <`
26		`        'PO'||TO_CHAR(TO_DATE('20170302','YYYYMMDD')+1`
27		`                ,'YYYYMMDD');`
28		
29		
30		`--4.채번된 번호를 이용 INSERT처리.`
31		`--'PO20170302000010001'를 첫 번째 세션에서 이미`
32		`--INSERT중이므로 대기 상태에 빠진다.`
33		`--첫 번째 세션이 COMMIT처리하면 중복 오류가 발생.`
34		`INSERT INTO T_PO (PO_NO ,TIT ,REQ_DT ,REQ_UID)`
35		`VALUES('PO20170302000010001','TEST',`
36		`TO_DATE('20170302','YYYYMMDD'),'TEST');`
37	`--5.COMMIT처리.`	
38	`COMMIT;`	
39		`--6.오류가 발생했으므로 ROLLBACK한다.`
40		`ROLLBACK;`

첫 번째 세션에서 'SELECT~MAX'로 얻은 신규 PO_NO는 'PO20170302000010001'이다. 두 번째 세션에서 얻은 신규 PO_NO도 첫 번째 세션의 신규 PO_NO와 같다. 첫 번째 세션에서

INSERT 후에 COMMIT을 하지 않았기 때문에, 두 번째 세션도 첫 번째 세션과 같은 PO_NO를 얻게 된 것이다.

두 번째 세션은 INSERT를 하면 대기 상태에 빠진다. 같은 PO_NO를 첫 번째 세션이 이미 INSERT 하고 있기 때문이다. (아직 COMMIT을 하지 않았으므로 INSERT 하고 있다고 표현했다.) 첫 번째 세션에서 COMMIT을 하는 순간 두 번째 세션은 중복 에러가 발생한다.

중복 에러에 대한 처리를 제대로 해놓지 않았다면 시스템 에러처럼 보이게 된다. 보통은 '다른 사용자가 같은 작업을 처리 중입니다.'와 같이 메시지를 보여주고 다시 시도하도록 하는 것이 좋다. 문제는 매우 많은 사용자가 동시에 구매오더를 입력하면, 대부분 사용자가 시도 때도 없이 중복 에러를 만나게 된다는 것이다. 그러므로 매우 빈번하게 발생하는 채번이라면 'SELECT~MAX' 방식을 사용하지 않는 것이 좋다.

'SELECT~MAX' 방식은 별도의 객체(테이블, 시퀀스, 사용자함수)를 생성할 필요가 없어 편리하다. 하지만 중복 오류가 발생할 수 있다는 점과 적절한 인덱스를 만들어 주지 못하면 성능에 이슈가 있다는 점을 알고 사용해야 한다.

8.3.4 채번 테이블

'SELECT~MAX' 채번은 동시에 여러 사용자가 사용할 경우 중복 오류가 발생할 가능성이 크다. 이와 같은 중복 오류를 피해야 한다면, 채번 테이블을 사용할 수 있다. (채번 테이블도 100% 완벽하게 중복 오류를 제거하지는 못한다.)

채번 테이블을 실제로 만들어 연습해보도록 하자. 테스트에 앞서 구매오더(T_PO) 테이블의 데이터를 모두 삭제하자.

구매오더(T_PO)테이블 비우기
1	TRUNCATE TABLE T_PO;

구매오더번호(PO_NO)는 일자별로 채번이 이루어진다. 일자별로 채번을 하려면 일자별 채번 테이블이 필요하다. [그림 8.3.4-1]과 같은 기준일자별로 마지막 구매오더번호를 관리하는 테이블을 생성하자.

```
┌─────────────────────────────────┐
│     구매오더채번 / T_PO_NUM      │
├─────────────────┬───────────────┤
│ *기준일자       │ *BAS_YMD      │
│ 마지막구매오더번호│ LST_PO_NO    │
└─────────────────┴───────────────┘
```

[그림 8.3.4-1]

테이블을 생성하는 SQL은 아래와 같다.

구매오더채번(T_PO_NUM)테이블 생성

```
1   CREATE TABLE T_PO_NUM
2   (
3           BAS_YMD    VARCHAR(8)    NOT NULL,
4           LST_PO_NO  VARCHAR2(40)  NOT NULL
5   );
6
7   CREATE UNIQUE INDEX PK_T_PO_NUM ON T_PO_NUM (BAS_YMD);
8
9   ALTER TABLE T_PO_NUM
10          ADD CONSTRAINT PK_T_PO_NUM PRIMARY KEY (BAS_YMD) USING INDEX;
```

T_PO_NUM(구매오더채번) 테이블은 채번이 이루어질 때마다, 해당 일자의 마지막 구매오더번호를 UPDATE해 관리한다. 아래와 같이 PL/SQL을 이용해 채번 과정을 처리할 수 있다.

구매오더채번(T_PO_NUM)테이블을 이용한 채번

```
1   DECLARE
2       v_NEW_PO_NO VARCHAR2(40);
3       v_REQ_DT DATE;
4       v_REQ_YMD VARCHAR2(8);
5   BEGIN
6       v_REQ_DT := TO_DATE('20170301 23:59:59','YYYYMMDD HH24:MI:SS');
7       v_REQ_YMD := TO_CHAR(v_REQ_DT,'YYYYMMDD'); -- 입력받은 v_REQ_DT를 v_REQ_YMD로 변환
8
9       MERGE INTO T_PO_NUM T1
10      USING (
11          SELECT  'PO' || v_REQ_YMD ||
12                  LPAD(TO_CHAR(
13                    TO_NUMBER(
14                      NVL(SUBSTR(MAX(A.LST_PO_NO),-8),'0'))
15                    + 1
16                  ),8,'0') NEW_PO_NO
17          FROM    T_PO_NUM A
```

```
18              WHERE    A.BAS_YMD = v_REQ_YMD
19            ) T2
20            ON (T1.BAS_YMD = v_REQ_YMD)
21       WHEN MATCHED THEN UPDATE SET T1.LST_PO_NO = T2.NEW_PO_NO
22       WHEN NOT MATCHED THEN INSERT (BAS_YMD ,LST_PO_NO)
23                           VALUES(v_REQ_YMD ,T2.NEW_PO_NO)
24       ;
25
26       SELECT   T1.LST_PO_NO
27       INTO     v_NEW_PO_NO
28       FROM     T_PO_NUM T1
29       WHERE    T1.BAS_YMD = v_REQ_YMD;
30
31       INSERT INTO T_PO (PO_NO ,TIT ,REQ_DT ,REQ_UID)
32       VALUES  (v_NEW_PO_NO ,'TEST_'||v_NEW_PO_NO ,v_REQ_DT ,'TEST');
33
34       COMMIT;
35
36  END;
```

위 PL/SQL을 두 번 반복해서 실행해 보자. 구매오더(T_PO) 테이블에는 두 건의 데이터가 만들어지고, 구매오더채번(T_PO_NUM) 테이블에는 마지막으로 부여된 구매오더번호만 관리되고 있다.

채번 테이블을 사용한 방식도 중복 오류를 완전히 피할 수는 없다. 하지만 중복 오류는 하루에 딱 한 번, 해당 일자의 최초 채번에만 발생할 수 있다. 그것도 해당 일자의 최초 채번을 여러 명이 동시에 요청할 때만 발생할 수 있다. 'SELECT~MAX' 방식에 비하면 가뭄에 콩 나듯이 발생한다고 할 수 있다.

채번 테이블을 이용한 방식은 아래와 같은 성능 장점이 있다.

- 채번 테이블의 기준일자(BAS_YMD)가 PK이므로 추가로 인덱스를 생성할 필요가 없다.
- 일자별로 한 건의 데이터만 존재하므로, 단 한 건의 데이터만 읽으면 채번할 수 있다.
  : INDEX RANGE SCAN(MIN/MAX)를 고려할 필요가 없다.

채번 테이블에는 단점도 있다. 아래와 같다.

1. 중복 오류(최초에만 발생)
   : 해당 일자에 최초 채번이 동시에 실행되면 중복 오류가 발생할 수 있다.
2. 동시성 저하

: 동시 채번이 발생하면 후행 채번은 선행 세션의 트랜잭션이 완료할 때까지 대기한다.
3. 관리 비용
: 채번 테이블을 추가로 생성해서 관리해야 하는 관리의 부담이 존재한다.

단점을 해결할 방법을 고민해보자.

(1) 중복 오류

중복 오류 해결을 위해서는 다음날 채번 데이터를 미리 만들어 놓으면 된다. 배치 작업을 등록해 처리하거나 오늘 첫 번째 채번이 이루어질 때 내일의 0번째 채번 데이터를 같이 INSERT 하면 된다. 또는 몇 년간의 채번 기초 데이터를 미리 만들어 놓을 수 있다.

(2) 동시성 저하

채번 테이블에서 동시성 저하를 완벽하게 해결할 방법은 없다. (동시성을 올리고 싶다면 오라클의 시퀀스(Sequence) 개체 사용을 권장한다.) 다만 조금이라도 동시성을 향상하려면 채번 과정을 독립된 트랜잭션으로 처리하는 방법이 있다. 오라클의 AUTONOMOUS_TRANSACTION 옵션의 사용자 정의 함수(FUNCTION)를 사용하면 된다.

(3) 관리 비용

채번이 필요한 모든 곳에 채번 테이블을 생성할 것이 아니라, 어느 정도 통합된 구조의 채번 테이블을 만들어 해소할 수 있다. 하지만 개발 인원이 주기적으로 변경되거나, 채번 테이블을 최초 설계한 사람이 없다면, 어느새 채번 테이블에 대한 존재를 잊어버리게 된다. 또는 통합 채번 테이블을 잘 못 사용해 전체적인 성능 문제를 일으킬 수도 있다. 그러므로 '통합 채번 테이블'을 운영하기 위해서는 철저한 가이드와 교육이 필수다.

8.3.5 채번함수

채번함수에 대해 살펴보자. 오라클에 별도의 채번함수가 있는 것은 아니다. 여기서 이야기하는 채번함수는 채번을 처리하는 사용자 정의 함수를 뜻한다. 사용자 정의 함수는 오라클에서 기본적으로 제공하는 함수가 아니다. PL/SQL을 이용해 개발자나 사용자가 직접 개발한 함수를 뜻한다.

오라클에는 사용자 정의 함수에 AUTONOMOUS_TRANSACTION 옵션을 지정할 수 있다. 옵션이 지정된 함수는, 함수를 호출한 메인 트랜잭션에 영향을 받지 않고 별도 트랜잭션으로 처리된다. 이 옵션을 사용하면 채번 과정을 완전히 별도의 트랜잭션으로 구현할 수 있다. 이를 통해 채번과 메인 트랜잭션의 동시성을 모두 향상할 수 있다.

여기서 테스트할 채번함수는 '구매오더채번(T_PO_NUM)' 테이블에 채번을 처리하고 채번된 값을 리턴해주는 역할을 한다. 채번함수는 아래와 같다.

채번함수

```
1    CREATE OR REPLACE FUNCTION UFN_GET_PO_NO
2    (    v_BAS_YMD IN VARCHAR2
3    )
4    RETURN VARCHAR2 IS PRAGMA AUTONOMOUS_TRANSACTION;
5       v_NEW_PO_NO VARCHAR2(40);
6    BEGIN
7       --채번 실행.
8       UPDATE  T_PO_NUM T1
9       SET     T1.LST_PO_NO = 'PO' || v_BAS_YMD ||
10                  LPAD(TO_CHAR(TO_NUMBER(
11                      NVL(SUBSTR(T1.LST_PO_NO,-8),'0')
12                  ) + 1),8,'0')
13      WHERE   T1.BAS_YMD = v_BAS_YMD;
14
15      --업데이트 데이터가 없으면, 최초 채번이므로 INSERT수행.
16      IF SQL%ROWCOUNT=0 THEN
17         INSERT INTO T_PO_NUM (BAS_YMD, LST_PO_NO) VALUES  (v_BAS_YMD, 'PO'||v_BAS_YMD||'00000001');
18      END IF;
19
20      --채번값 GET
21      SELECT  T1.LST_PO_NO
22      INTO    v_NEW_PO_NO
23      FROM    T_PO_NUM T1
24      WHERE   T1.BAS_YMD = v_BAS_YMD;
25
26
27      COMMIT; --트랜잭션 COMMIT처리.
28
29      RETURN v_NEW_PO_NO;
30
31   END;
```

채번함수는 REQ_YMD를 매개변수로 받아 해당 일자의 채번을 처리하고 채번된 PO_NO를 리턴해 주도록 되어 있다. 4번 라인을 보면 'IS PRAGMA AUTONOMOUS_TRANSACTION'를 선언해 놓았다.

위 채번함수는 UPDATE 문을 이용했다. UPDATE를 무조건 실행하고, UPDATE 된 건수가 0건일 때만 최초 채번으로 간주해 INSERT 하도록 했다. (SQL%ROWCOUNT로 UPDATE 된 건수를 알 수 있다.)

아래와 같이 채번함수를 사용할 수 있다.

채번함수를 사용한 채번

```
1   DECLARE
2       v_NEW_PO_NO VARCHAR2(40);
3       v_REQ_DT DATE;
4       v_REQ_YMD VARCHAR2(8);
5   BEGIN
6       v_REQ_DT := TO_DATE('20170305 23:59:59','YYYYMMDD HH24:MI:SS');
7       v_REQ_YMD := TO_CHAR(v_REQ_DT,'YYYYMMDD'); -- 입력받은 v_REQ_DT를 v_REQ_YMD로 변환
8
9       v_NEW_PO_NO := UFN_GET_PO_NO(v_REQ_YMD);
10
11      INSERT INTO T_PO (PO_NO ,TIT ,REQ_DT ,REQ_UID)
12      VALUES   (v_NEW_PO_NO ,'TEST_'||v_NEW_PO_NO ,v_REQ_DT ,'TEST');
13
14      COMMIT;
15  END;
```

9번 라인을 보면 채번함수를 이용해 새로 채번 된 값을 v_NEW_PO_NO에 담고 있다. v_NEW_PO_NO(신규 PO번호)를 이용해 나머지 메인 트랜잭션을 처리하면 된다.

채번 과정을 별도 트랜잭션으로 처리해 트랜잭션의 동시성을 높였다. 다만 채번이 필요할 때마다 채번 테이블과 채번함수를 만들어야 하는 관리 부담이 여전히 있다. 부담을 줄이기 위해 [그림 8.3.5-1]과 같이 통합 채번 테이블을 고려할 수 있다.

통합채번 / M_NUM
*채번유형　　　*NUM_TP *채번일자　　　*BAS_YMD 마지막번호　　LST_NO

[그림 8.3.5-1]

아래 스크립트로 통합 채번 테이블을 생성한다.

통합채번 테이블 생성

```
1   CREATE TABLE M_NUM
2   (
3           NUM_TP VARCHAR2(40) NOT NULL,
4           BAS_YMD VARCHAR(8) NOT NULL,
5           LST_NO VARCHAR2(40)  NOT NULL
6   );
7
8   CREATE UNIQUE INDEX PK_M_NUM ON M_NUM(NUM_TP, BAS_YMD);
9
10  ALTER TABLE M_NUM
11          ADD CONSTRAINT  PK_M_NUM PRIMARY KEY (NUM_TP, BAS_YMD) USING INDEX;
```

채번함수 역시 아래와 같이 통합된 형태로 만든다.

통합된 형태의 채번함수

```
1   CREATE OR REPLACE FUNCTION UFN_GET_NUM
2   (    v_NUM_TP IN VARCHAR2
3       ,v_BAS_YMD IN VARCHAR2 )
4   RETURN VARCHAR2 IS PRAGMA AUTONOMOUS_TRANSACTION;
5       v_NEW_NO VARCHAR2(40);
6       v_PREFIX VARCHAR2(40);
7       v_LENGTH INT;
8   BEGIN
9       SELECT  CASE  WHEN v_NUM_TP = 'PO' THEN 'PO'
10                    WHEN v_NUM_TP = 'SO' THEN 'SO'
11                    WHEN v_NUM_TP = 'CS' THEN 'CS'
12              END
13              ,CASE WHEN v_NUM_TP = 'PO' THEN 8
14                    WHEN v_NUM_TP = 'SO' THEN 8
15                    WHEN v_NUM_TP = 'CS' THEN 4
16              END
17         INTO   v_PREFIX
```

```
18                     ,v_LENGTH
19         FROM    DUAL;
20
21         --채번 실행
22         UPDATE  M_NUM T1
23         SET     T1.LST_NO = v_PREFIX || v_BAS_YMD ||
24                     LPAD(TO_CHAR(TO_NUMBER(
25                         NVL(SUBSTR(T1.LST_NO,(-1*v_LENGTH)),'0'))
26                     ) + 1),v_LENGTH,'0')
27         WHERE   T1.NUM_TP = v_NUM_TP
28         AND     T1.BAS_YMD = v_BAS_YMD;
29
30         --업데이트 데이터가 없으면, 최초 채번이므로 INSERT수행.
31         IF SQL%ROWCOUNT=0 THEN
32             INSERT INTO M_NUM (NUM_TP ,BAS_YMD ,LST_NO)
33             VALUES  (v_NUM_TP ,v_BAS_YMD ,v_PREFIX||v_BAS_YMD||LPAD('1',v_LENGTH,'0'));
34         END IF;
35
36         --채번값 GET(채번 유형까지 변수로 사용)
37         SELECT  T1.LST_NO
38         INTO    v_NEW_NO
39         FROM    M_NUM T1
40         WHERE   T1.NUM_TP = v_NUM_TP
41         AND     T1.BAS_YMD = v_BAS_YMD;
42
43         COMMIT; --트랜잭션 COMMIT처리.
44
45         RETURN v_NEW_NO;
46     END;
```

통합된 채번함수는 채번유형(NUM_TP)을 매개변수로 받는다. 채번함수의 시작 부분(9~19번 라인)에서 CASE 문을 이용해 채번유형에 따라 사용할 접두어(Prefix)와 순번의 자릿수를 변수에 저장해 놓고 변숫값을 활용해 채번을 처리한다.

아래는 통합 채번함수를 사용하는 SQL이다. 실행해 보면 채번유형별로 채번이 된다.

통합 채번함수 사용

```
1   SELECT  UFN_GET_NUM('PO','20170501') PO_NO
2           ,UFN_GET_NUM('SO','20170501') SO_NO
3           ,UFN_GET_NUM('CS','20170501') CS_ID
4   FROM    DUAL;
```

Chapter. 8

채번이 매우 빈번하게 발생하는 핵심 업무는 별도의 채번 테이블과 함수를 사용하는 것이 좋다. 통합된 형태로 인해 핵심 업무가 영향을 받아서는 안 되기 때문이다.

채번을 위해 'SELECT~MAX'를 사용하는 방법부터 채번 테이블과 채번함수를 사용하는 방법까지 살펴보았다. 트랜잭션이 많이 발생하는 프로세스가 아니라면 'SELECT~MAX' 방법도 괜찮은 방법이다. 다만 적절한 인덱스를 빼먹지 않고 만들어야 한다.

만약에 초당 몇십 건을 뛰어넘어 초당 몇백 건의 데이터가 발생하는 트랜잭션이라면 지금까지 소개한 방법보다는 시퀀스를 이용한 채번이 바람직하다. 시퀀스를 이용한 방법이 성능에 있어서 가장 유리하기 때문이다. 다만 시퀀스를 이용한 채번은 특정 형태의 문서번호를 만들기에는 무리가 있다.

8.4 시퀀스와 ROWNUM

8.4.1 시퀀스 객체(Sequence Object)

오라클에는 시퀀스(Sequence) 객체가 있다. 시퀀스를 사용하면 차례대로 증가하는 숫자 값을 얻어 낼 때 매우 편리하다. 성능 또한 훌륭하다.
이러한 시퀀스 값은 특정 테이블에 PK 값으로 자주 사용되기도 한다. 시퀀스값을 PK로 정의하는 이유는 PK 값 부여 과정에서 성능을 향상하거나 모델을 단순화하기 위해서다.

시퀀스 값을 PK로 사용하는 것을 무조건 반대하는 사람도 있으며, 적극적으로 찬성하는 사람도 있다. 한 가지 확실한 것은 무조건적인 시퀀스 사용은 좋지 않다는 것이다. 기본적으로 명확하고 간단한 PK 후보가 있다면 해당 컬럼을 PK로 잡아주는 것이 좋다. 하지만 PK를 구성하는 컬럼들이 너무 많아지거나, PK 값 처리 성능이 걱정된다면 시퀀스 값을 PK로 사용하는 것을 고려해봐야 한다.

시퀀스 객체를 사용할 때 알아야 할 것은, 테이블에 부여한 시퀀스 값에 구멍이 빠질 수 있다는 것이다. 구멍이 빠졌다는 뜻은 부여된 시퀀스 값이 '1, 2, 4'와 같이 중간에 값이 없는 것을 뜻한다. 이처럼 구멍이 빠지는 이유는 시퀀스가 트랜잭션의 'COMMIT, ROLLBACK'과는 무관하게 처리되기 때문이다. [그림 8.4.1-1]과 같이 트랜잭션이 처리된다면 업무 테이블의 시퀀스 값은 구멍이 빠진 상태로 발생하게 된다.

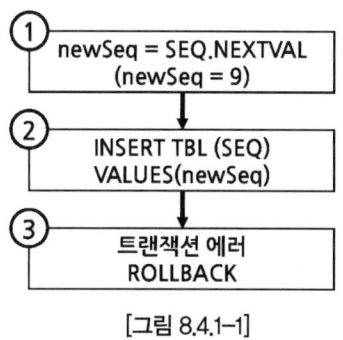

[그림 8.4.1-1]

[그림 8.4.1-1]의 과정을 설명하면 아래와 같다.

    1. 시퀀스 객체의 NEXTVAL을 이용해 시퀀스값을 발급 받음(여기서는 9를 발급받음)

2. 발급받은 시퀀스 값을 이용해 테이블에 INSERT 한다.

3. INSERT 처리 중 어떤 오류로 인해 트랜잭션을 롤백 처리한다.

: newSeq=9는 테이블에 저장되지 못한 채 사라진다.

: 다시 NEXTVAL을 하면 9가 아닌 10이 나온다.

NEXTVAL로 시퀀스값을 발급받은 후에 롤백하면 새로 받은 값은 사라진다. 그러므로 시퀀스 값이 절대적으로 연속해야 하는 업무 요건에는 시퀀스를 사용할 수 없다.

실제로 시퀀스 값이 중간에 비어도 업무적으로 문제가 되는 경우는 거의 없다. 하지만 가끔 현업 담당자들이 시퀀스 값이 절대적으로 비어서는 안 된다고 요청할 때가 있다. 이런 경우에는 숫자 값을 연속시켜서 프로그램을 개발하는 것은 동시성(성능) 이슈가 심각함을 알려주고 협의를 진행해 보기 바란다.

시퀀스 객체에는 NEXTVAL과 CURRVAL 함수가 있다.

- MY_SEQ.NEXTVAL: MY_SEQ 시퀀스 객체의 다음 값을 가져온다.
- MY_SEQ.CURRVAL: 현 세션에서 최종 사용한 MY_SEQ.NEXTVAL 값을 가져온다.
  (NEXTVAL 후 사용 가능)

시퀀스 객체를 생성할 때는 다음과 같은 옵션을 줄 수 있다.

- START WITH n: 시퀀스의 시작 값을 설정
- INCREMENT BY n: 시퀀스의 증가 값을 설정
- MAXVALUE n: 최댓값을 설정
- MINVALUE n: 최솟값을 설정
- CYCLE | NOCYCLE: 최댓값 도달 후 순환 여부
- CACHE n | NOCACHE: 캐시 설정(n만큼 캐시에 시퀀스를 미리 생성함)
- ORDER | NOORDER: RAC 환경에서 시퀀스의 정렬 순서 보장 여부

여기서 성능 관련해 중요한 옵션은 'CACHE | NOCACHE'와 'ORDER | NOORDER'다. 'CACHE 100'으로 시퀀스 객체를 생성하면, 시퀀스 객체는 100개의 시퀀스 값을 미리 메모리에 생성한 후에 시퀀스 요청을 메모리에서 처리한다. 'ORDER | NOORDER'는 RAC 환경에서 시퀀스의 값을 차례대로 처리할 것인지의 여부다. ORDER로 설정하면 RAC 환경에서 성능 저하

가 발생할 수 있다. 일반적으로 NOORDER로 시퀀스를 구성하는 것이 좋다.

시퀀스 테스트를 위해 [그림 8.4.1-2]와 같은 T_ACC_TRN(계좌이체) 테이블을 추가 생성하자. 그림에서 계좌(M_ACC) 테이블은 트랜잭션 설명에서 이미 생성한 테이블이다. 여기서는 계좌이체(T_ACC_TRN) 테이블만 추가 생성한다.

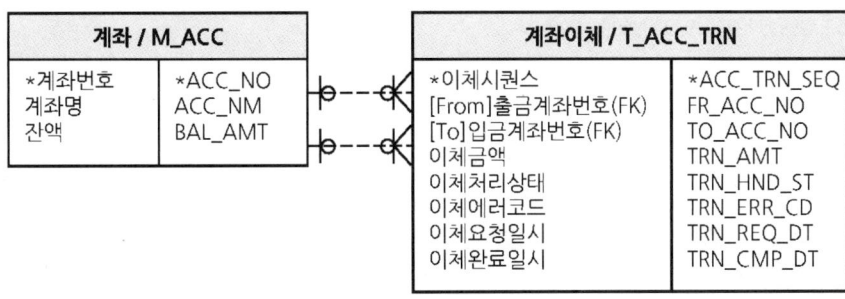

[그림 8.4.1-2]

아래는 계좌이체 테이블을 생성하는 스크립트다.

계좌이체 테이블 생성

```
1   -- 계좌이체 테이블 생성
2   CREATE TABLE T_ACC_TRN
3   (
4           ACC_TRN_SEQ         NUMBER(18)   NOT NULL,
5           FR_ACC_NO           VARCHAR2(40) NULL,
6           TO_ACC_NO           VARCHAR2(40) NULL,
7           TRN_AMT             NUMBER(18,3) NULL,
8           TRN_HND_ST          VARCHAR2(40) NULL,
9           TRN_ERR_CD          VARCHAR2(40) NULL,
10          TRN_REQ_DT          TIMESTAMP    NULL,
11          TRN_CMP_DT          TIMESTAMP    NULL
12  );
13
14  ALTER TABLE T_ACC_TRN
15          ADD CONSTRAINT T_ACC_TRN PRIMARY KEY (ACC_TRN_SEQ) USING INDEX;
16
17  ALTER TABLE T_ACC_TRN
18          ADD (CONSTRAINT  FK_T_ACC_TRN_1 FOREIGN KEY (FR_ACC_NO) REFERENCES M_ACC(ACC_NO));
19
20  ALTER TABLE T_ACC_TRN
21          ADD (CONSTRAINT  FK_T_ACC_TRN_2 FOREIGN KEY (TO_ACC_NO) REFERENCES M_ACC(ACC_NO));
```

계좌이체 테이블에서 사용할 시퀀스를 생성하자. 생성할 시퀀스의 이름은 SQ_T_ACC_TRN이다. T_ACC_TRN 테이블에서 사용할 시퀀스임을 구분하기 위해 테이블 명 앞에 'SQ_'를 붙였다.

계좌이체 시퀀스 생성

```
1  CREATE SEQUENCE SQ_T_ACC_TRN
2  START WITH 1
3  INCREMENT BY 1
4  MAXVALUE 9999999999999999999999999
5  NOCYCLE
6  CACHE 20
7  NOORDER;
```

시퀀스 객체에 NEXTVAL을 호출하면 자동으로 시퀀스의 다음 값을 받아온다. NEXTVAL이 처음 실행되는 거라면 시퀀스를 생성할 때 'START WITH'로 설정된 값이 나온다. 아래 PL/SQL은 시퀀스로 채번을 처리한 후 계좌이체 데이터를 INSERT 하는 구문이다.

시퀀스를 이용한 계좌이체 처리

```
1   DECLARE
2     v_NEW_ACC_TRN_SEQ NUMBER(18);
3   BEGIN
4
5     v_NEW_ACC_TRN_SEQ := SQ_T_ACC_TRN.NEXTVAL;
6
7     INSERT INTO T_ACC_TRN
8         (ACC_TRN_SEQ ,FR_ACC_NO ,TO_ACC_NO ,TRN_AMT ,TRN_HND_ST ,TRN_ERR_CD ,TRN_REQ_DT ,TRN_CMP_DT)
9     VALUES(v_NEW_ACC_TRN_SEQ ,'ACC1' ,'ACC3' ,500 ,'REQ' ,NULL ,SYSDATE ,NULL);
10
11    COMMIT;
12  END;
```

5번 라인을 보면 SQ_T_ACC_TRN.NEXTVAL을 이용해 v_NEW_ACC_TRN_SEQ 변수에 채번된 값을 저장하고 있다. 7번 라인에서는 v_NEW_ACC_TRN_SEQ를 사용해 INSERT 처리를 하고 있다.

8.4.2 잘못 활용한 시퀀스

시퀀스를 사용할 때, 절대 사용하면 안 되는 패턴이 있다. 시스템을 망가뜨리는 주범 패턴이다. 아래 SQL을 살펴보자.

8.4 시퀀스와 ROWNUM

시퀀스를 이용한 계좌이체 처리 - 잘못된 방법

```
1   DECLARE
2     v_NEW_ACC_TRN_SEQ NUMBER(18);
3   BEGIN
4
5     INSERT INTO T_ACC_TRN
6          (ACC_TRN_SEQ ,FR_ACC_NO ,TO_ACC_NO ,TRN_AMT ,TRN_HND_ST ,TRN_ERR_CD ,TRN_REQ_DT ,TRN_CMP_DT)
7     VALUES(SQ_T_ACC_TRN.NEXTVAL ,'ACC1' ,'ACC3' ,500 ,'REQ' ,NULL ,SYSDATE ,NULL);
8
9     SELECT  MAX(ACC_TRN_SEQ)
10    INTO    v_NEW_ACC_TRN_SEQ
11    FROM    T_ACC_TRN;
12
13    COMMIT;
14  END;
```

7번 라인을 보면 INSERT를 하면서 시퀀스 채번(SQ_T_ACC_TRN.NEXTVAL)을 바로 처리하고 있다. 이처럼 INSERT 절에서 시퀀스를 직접 사용한 부분은 특별한 문제는 없다.

문제는 9번 라인의 'SELECT~MAX' SQL이다. INSERT 된 시퀀스 값을 이용해 후행 처리가 필요할 때 이처럼 사용할 때가 있다. 예를 들어, 주문 데이터를 만든 후에, 주문 상세를 바로 만들려면 방금 입력한 주문 데이터의 PK 값이 필요하다. 이때 'SELECT~MAX'를 사용한다. 절대 이렇게 사용해서는 안 된다.

위 SQL에서 'SELECT~MAX'를 이용해 입력된 값을 가져오는 방식은 T_ACC_TRN 테이블을 불필요하게 한 번 더 접근한다. 불필요하게 테이블에 한 번 더 접근해 성능에 손해를 보고 있다. 성능은 둘째 치고 가장 큰 문제는 잘못된 ACC_TRN_SEQ를 가져올 수 있다는 점이다. 많은 사용자가 동시에 같은 트랜잭션을 처리하고 있으면, 다른 사람이 처리한 PK 값이 튀어나올 수도 있다.

불가피하게 INSERT 문장에서 NEXTVAL을 사용해야 한다면, 입력된 시퀀스 값은 CURRVAL을 이용해서 가져와야 한다. CURRVAL은 자신의 세션에서 마지막 사용한 시퀀스 값을 리턴해준다. 아래와 같이 개발해야 한다.

시퀀스를 이용한 계좌이체 처리 - CURRVAL 이용

```
1   DECLARE
2     v_NEW_ACC_TRN_SEQ NUMBER(18);
```

```
3   BEGIN
4
5     INSERT INTO T_ACC_TRN
6         (ACC_TRN_SEQ ,FR_ACC_NO ,TO_ACC_NO ,TRN_AMT ,TRN_HND_ST ,TRN_ERR_CD ,TRN_REQ_DT ,TRN_CMP_DT)
7     VALUES(SQ_T_ACC_TRN.NEXTVAL ,'ACC1' ,'ACC3' ,500 ,'REQ' ,NULL ,SYSDATE ,NULL);
8
9     v_NEW_ACC_TRN_SEQ := SQ_T_ACC_TRN.CURRVAL;
10
11    DBMS_OUTPUT.PUT_LINE('NEW SEQ:'||TO_CHAR(v_NEW_ACC_TRN_SEQ));
12
13    COMMIT;
14  END;
```

9번 라인을 보면 CURRVAL을 사용하고 있다. CURRVAL은 현재 세션에서 마지막으로 사용한 시퀀스 값만 리턴한다. 절대 다른 세션에서 처리된 시퀀스 값을 리턴하지 않는다. CURRVAL을 사용해야 데이터의 정확성을 유지할 수 있으며, SQL 성능도 높일 수 있다.

오라클뿐만 아니라 MS-SQL, My-SQL 등도 시퀀스와 비슷한 기능을 제공한다. MS-SQL은 identity를, My-SQL은 AUTOINCREMENT 옵션으로 시퀀스와 유사한 기능을 제공한다. 오라클은 별도의 시퀀스 객체를 제공하지만, MS-SQL과 My-SQL은 테이블 내 컬럼에 이와 같은 기능을 설정한다. (최근의 MS-SQL은 별도의 시퀀스 객체도 제공한다.)
MS-SQL과 My-SQL은 INSERT 시점에 시퀀스 형태 컬럼에 자동으로 증가한 값이 부여된다. 이 경우에 후행 처리를 위해 마지막 시퀀스값을 가져오려고 'SELECT~MAX'를 사용하는 경우가 많다. MS-SQL과 My-SQL도 오라클의 CURRVAL과 같은 기능을 제공한다. MS-SQL은 @@IDENTITY를 제공하고, My-SQL은 LAST_INSERT_ID()를 제공한다. 이러한 기능을 꼭 기억하고 사용하기 바란다.

8.4.3 최근 데이터를 가져오는 기술

OLTP 시스템에서는 최근 데이터를 가져와야 하는 경우가 많다. 예를 들어 최근 판매 3건만 조회하거나, 마지막 주문을 조회해야 하는 경우다. 이때 ROWNUM과 적절한 인덱스를 이용하면 최소의 비용으로 데이터를 읽어낼 수 있다.
최근 로그인 세 번을 실패했는지 확인하는 SQL을 만들어 보자. 실제 SQL을 만들어 보기 위해 [그림 8.4.3-1]과 같은 '로그인 기록(T_CUS_LGN)' 테이블을 생성하도록 한다.

로그인 기록 / T_CUS_LGN	
고객ID(*)	CUS_ID
로그인일시(*)	LGN_DT
로그인성공여부	SUC_YN
로그인실패사유코드	LGN_FAL_CD

[그림 8.4.3-1]

T_CUS_LGN은 로그인에 성공하면 로그인 일시와 로그인 성공 여부를 'Y'로 저장한다. 만약에 암호 오류 등으로 로그인에 실패하면 로그인 성공여부를 'N'으로 저장하고 실패사유 코드를 남긴다. 필요에 따라 로그인한 'IP, MAC ADDRESS, OS' 등의 컬럼을 추가할 수도 있다.

아래 스크립트를 이용해 T_CUS_LGN을 생성하고 테스트 데이터를 입력하도록 하자.

T_CUS_LGN 테이블 생성 및 테스트 데이터 입력

```
1   CREATE TABLE T_CUS_LGN
2   (
3           CUS_ID VARCHAR2(40) NOT NULL,
4           LGN_DT DATE NOT NULL,
5           SUC_YN VARCHAR2(40) NULL,
6           LGN_FAL_CD VARCHAR2(40) NULL
7   );
8
9   CREATE UNIQUE INDEX PK_T_CUS_LGN ON T_CUS_LGN(CUS_ID, LGN_DT);
10
11  ALTER TABLE T_CUS_LGN
12          ADD CONSTRAINT PK_T_CUS_LGN PRIMARY KEY(CUS_ID, LGN_DT) USING INDEX;
13
14  INSERT INTO T_CUS_LGN (CUS_ID ,LGN_DT ,SUC_YN ,LGN_FAL_CD)
15  SELECT   T1.CUS_ID ,T2.LGN_DT
16          ,CASE WHEN T1.CUS_ID = 'CUS_0001' AND RNO >= 4998 THEN 'N' ELSE 'Y' END SUC_YN
17          ,CASE WHEN T1.CUS_ID = 'CUS_0001' AND RNO >= 4998 THEN 'PW.WRONG' ELSE NULL END LGN_FAL_CD
18  FROM     M_CUS T1
19          ,(      SELECT TO_DATE('20170301','YYYYMMDD') + (ROWNUM / 24 / 60 / 30) LGN_DT
20                          ,ROWNUM   RNO
21                   FROM   DUAL A CONNECT BY ROWNUM <= 5000
22           ) T2;
```

위 스크립트를 실행하면 T_CUS_LGN에는 고객별로 5,000건의 로그인 기록이 만들어진다. 로그인 기록은 '2017년 3월 1일'부터 시작해 2초 간격으로 만들어진다. 스크립트의 16, 17번 라인을 보면 CASE 문을 이용해 'CUS_0001' 고객만 마지막 로그인 세 건을 실패로 만들고 있다.

'CUS_0001' 고객이 최근 로그인 세 번을 실패했는지 확인하는 SQL을 작성해보자. 아래와 같은 SQL을 사용할 수 있다.

로그인 연속 실패 카운트 - 좋지 못한 방법

```
1   SELECT  COUNT(*)
2   FROM    T_CUS_LGN T1
3   WHERE   T1.LGN_DT > (
4                   SELECT  MAX(T1.LGN_DT) LAST_SUC_DT
5                   FROM    T_CUS_LGN T1
6                   WHERE   T1.CUS_ID = 'CUS_0001'
7                   AND     T1.SUC_YN = 'Y' )
8   AND     T1.CUS_ID = 'CUS_0001'
9   AND     T1.SUC_YN = 'N';
```

위 SQL은 일부러 가장 안 좋은 방법으로 구현한 예다.

서브쿼리로 고객이 마지막으로 성공한 로그인 일시를 가져와서, 그 일시 이후로 실패한 로그인의 카운트를 하는 방법이다. 결과가 3 이상이면 연속 세 번으로 로그인을 실패한 것이다. 여기서 잘못된 점은 T_CUS_LGN 테이블을 두 번 사용했다는 점이다. 그리고 서브쿼리의 성능을 확보하려면 'CUS_ID, SUC_YN, LGN_DT'로 구성된 복합 인덱스도 필요하다. 매우 좋지 못한 방법이다.

로그인 세 번을 실패했는지 확인하는 가장 좋은 방법은 ROWNUM을 이용해 고객의 마지막 로그인 세 건만 읽어 내는 것이다. 아래와 같은 SQL을 사용할 수 있다.

로그인 연속 실패 카운트 - ROWNUM과 인덱스를 활용한 효율적인 방법

```
1   SELECT  COUNT(*)
2   FROM    (
3           SELECT  *
4           FROM    (
5                   SELECT  *
6                   FROM    T_CUS_LGN T1
7                   WHERE   T1.CUS_ID = 'CUS_0001'
8                   ORDER BY T1.LGN_DT DESC
9                   ) T2
10          WHERE   ROWNUM <= 3
11          ) T3
12  WHERE   T3.SUC_YN = 'N';
```

이처럼 ROWNUM을 사용한 SQL에는 적절한 인덱스가 필요하다. 그래야만 정확히 데이터를 3건만 읽어 처리할 수 있다. 만약에 적절한 인덱스 없이 위와 같이 SQL을 실행하면 'CUS_0001' 고객의 모든 로그인 정보를 읽어 정렬을 수행한 뒤에 세 건만 가져와 처리하게 된다. 앞에서 살펴본 방법보다 더 좋지 않은 성능이 나올 수 있다.

ROWNUM을 위한 복합 인덱스 컬럼 선정 규칙은 아래와 같다. (아래 규칙을 외우는 것보다, 실행계획에서 원하는 방향으로 처리되었는지 확인하는 것이 더욱 중요하다.)

1. WHERE 절에 조건으로 사용된 컬럼을 복합 인덱스의 선두 컬럼으로 사용한다.
   : 조건이 여러 개라면, '같다(=)' 조건의 컬럼을 앞쪽에, 범위 조건을 뒤쪽에 놓는다.
2. ORDER BY에 사용된 컬럼을 1번에서 정의한 컬럼 뒤에 차례대로 위치시킨다.

위 SQL을 예로 들면 'CUS_ID, LGN_DT' 순서의 복합 인덱스가 필요하다. 다행히도 T_CUS_LGN 테이블은 CUS_ID와 LGN_DT로 PK가 구성되어 있다. 인덱스를 만들 필요가 없다. 위 SQL의 실행계획은 아래와 같다.

```
로그인 연속 실패 카운트 - ROWNUM과 인덱스를 활용한 효율적인 방법, 실행계획
-------------------------------------------------------------------------------
| Id  | Operation                       | Name       | Starts | A-Rows |   A-Time    | Buffers |
-------------------------------------------------------------------------------
|   0 | SELECT STATEMENT                |            |      1 |      1 |00:00:00.01 |       4 |
|   1 |  SORT AGGREGATE                 |            |      1 |      1 |00:00:00.01 |       4 |
|*  2 |   VIEW                          |            |      1 |      3 |00:00:00.01 |       4 |
|*  3 |    COUNT STOPKEY                |            |      1 |      3 |00:00:00.01 |       4 |
|   4 |     VIEW                        |            |      1 |      3 |00:00:00.01 |       4 |
|   5 |      TABLE ACCESS BY INDEX ROWID| T_CUS_LGN  |      1 |      3 |00:00:00.01 |       4 |
|*  6 |       INDEX RANGE SCAN DESCENDING| PK_T_CUS_LGN|     1 |      3 |00:00:00.01 |       3 |
-------------------------------------------------------------------------------
```

실행계획을 보면 'INDEX RANGE SCAN DESCENDING' 오퍼레이션에 A-Rows가 3이다. 정확히 필요한 최근 3건의 로그인 데이터만 읽은 것이다.

'INDEX RANGE SCAN DESCENDING' 과정은 [그림 8.4.3-2]와 같다. 그림의 과정을 설명하면 아래와 같다.

1. PK_T_CUS_LGN 인덱스를 이용해 CUS_ID가 CUS_0001인 데이터를 찾는다.
   : CUS_ID가 CUS_0001이면서 LGN_DT가 가장 큰 값의 리프 데이터를 찾아간다.

(INDEX를 DESCENDING(내림차순)으로 읽어 나가기 위해 LGN_DT가 가장 큰 값을 찾는다.)
2. 인덱스의 리프 데이터를 DESCENDING으로 차례대로 읽어 나간다.
: SQL의 ROWNUM 조건에 의해 세 건만 읽고 종료한다.

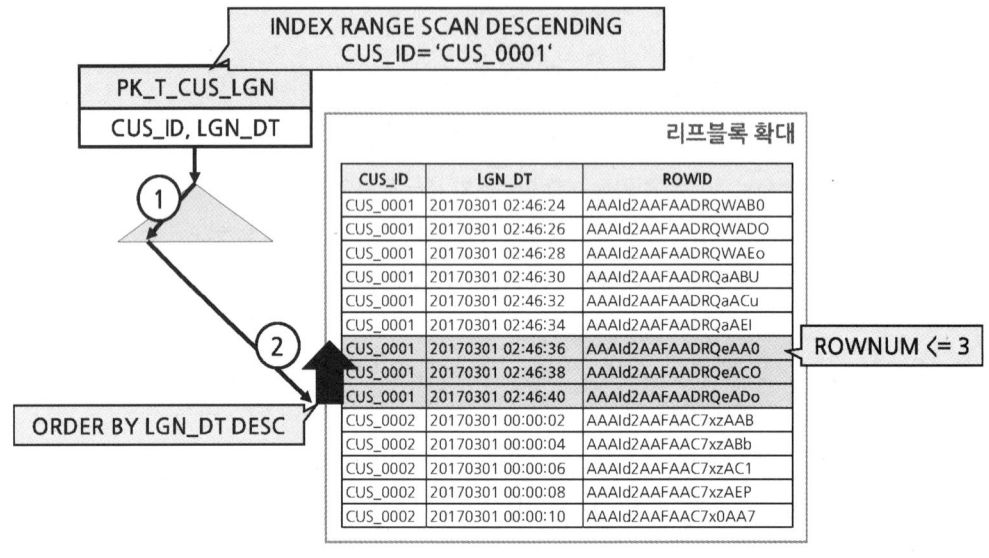

[그림 8.4.3-2]

실행계획에 'INDEX RANGE SCAN DESCENDING' (또는 ASCENDING)이 나오고 A-Rows가 필요한 건수만큼인지를 확인하는 것이 가장 중요하다. 특히나 ROWNUM을 이용한 SQL은 인덱스를 제대로 만들어줘도 상황에 따라 원하는 방향으로 실행계획이 나오지 않을 수 있다. 반드시 실행계획을 확인해야 한다.

위 SQL을 작성할 때 주의할 점이 있다.

(1) ORDER BY 위치

ORDER BY가 인라인-뷰 안에 있고, ROWNUM 조건은 인라인-뷰 바깥에 있어야 한다. ORDER BY와 ROWNUM이 같은 SQL 블록에 있으면, ROWNUM이 먼저 처리된 후에 ORDER BY가 처리된다. 성능은 더 좋을 수 있지만 올바른 데이터가 아니다.

(2) SUC_YN 조건 위치

SUC_YN 조건을 ROWNUM과 같은 WHERE 절에서 사용하면 부정확한 데이터가 나온다. 그리고 성능 문제도 발생할 수 있다. 아래 SQL을 살펴보자.

로그인 연속 실패 카운트 - SUC_YN 조건을 잘못 사용한 경우

```
1   SELECT  *
2   FROM    (
3           SELECT  *
4           FROM    T_CUS_LGN T1
5           WHERE   T1.CUS_ID = 'CUS_0001'
6           ORDER BY T1.LGN_DT DESC
7           ) T2
8   WHERE   ROWNUM <= 3
9   AND     T2.SUC_YN = 'N'
```

위 SQL은 인라인-뷰를 하나 제거하고 SUC_YN과 ROWNUM 조건을 같은 WHERE 절에 위치시켰다. 'CUS_0001'을 매개변수로 사용한 경우에는 위 SQL은 정상적으로 실행된다. 해당 회원은 최근 로그인 세 건이 실패 상태이기 때문이다. 하지만 위 SQL에 다른 고객ID를 매개변수로 사용하면 성능이 좋지 못하거나 틀린 결과가 나온다. 위 SQL에서 고객ID를 'CUS_0002'로 변경해 실행해 보면 아래와 같은 실행계획이 나온다.

로그인 연속 실패 카운트 - SUC_YN 조건을 잘못 사용한 경우, 실행계획

```
-----------------------------------------------------------------------------------------
| Id | Operation                       | Name        | Starts | A-Rows | A-Time      | Buffers |
-----------------------------------------------------------------------------------------
|  0 | SELECT STATEMENT                |             |    1   |    0   | 00:00:00.01 |  1526   |
|* 1 |  COUNT STOPKEY                  |             |    1   |    0   | 00:00:00.01 |  1526   |
|  2 |   VIEW                          |             |    1   |    0   | 00:00:00.01 |  1526   |
|* 3 |    TABLE ACCESS BY INDEX ROWID  | T_CUS_LGN   |    1   |    0   | 00:00:00.01 |  1526   |
|* 4 |     INDEX RANGE SCAN DESCENDING | PK_T_CUS_LGN|    1   |  5000  | 00:00:00.01 |    36   |
-----------------------------------------------------------------------------------------
```

실행계획을 보면 A-Rows가 5,000이다. ROWNUM과 SUC_YN 조건이 같은 위치에 있다 보니, SUC_YN이 N인 데이터가 ROWNUM 조건만큼 나올 때까지 고객의 로그인 정보를 뒤진 것이다. SUC_YN 조건은 절대로 ROWNUM이 있는 인라인-뷰의 바깥에 위치해야 한다. 그래야만, 최근 세 건만 읽고 로그인 실패인지를 확인할 수 있다.

Chapter. 9
분석함수

최근의 데이터베이스는 다양한 기능의 분석함수를 제공한다. 분석함수는 조회된 데이터의 순위를 구하거나, 전체 금액 대비 현재 데이터의 금액 비율, 누계를 구하는 등 다양한 분석을 손쉽게 구현할 수 있게 해준다. 분석함수는 보통 OVER 절과 함께 사용하는데, OVER 절 안에 'PARTITION BY'와 'ORDER BY'라는 기능을 제공하므로 좀 더 세밀하고 다양한 분석이 가능하다.

분석함수는 'GROUP BY'와 함께 사용하는 집계함수와 비슷해 보이지만 실제로는 다른 기능이다. 데이터를 집계해서 분석을 지원한다는 목적은 같지만, 분석함수는 분석 대상을 별도로 지정해 분석을 수행하는 특징이 있으며 집계함수보다 좀 더 다양한 분석이 가능하다.

9.1 OVER 절

9.1.1 OVER 절 이해하기

분석함수를 사용하기 위해서는 분석 대상을 지정해야 한다. 이때 OVER 절을 사용한다. OVER 절은 분석함수 바로 뒤에 사용한다. OVER 절을 살펴보는 것으로 분석함수를 시작해보자.

분석함수 중에는 집계함수와 명칭이 같은 'COUNT, SUM, MIN, MAX'가 있으며, 'RANK, LAG, LEAD'와 같이 집계함수에는 없는 함수도 있다. 'COUNT, SUM, MIN, MAX'와 같은 분석함수는 집계함수와 명칭과 기능이 같지만 분석을 수행하는 대상이 다르다.

SUM이나 COUNT처럼 분석함수와 집계함수에 동시에 존재하는 함수는, OVER 절의 존재 여부로 분석함수와 집계함수를 구분한다. OVER 절이 있으면 분석함수고 그렇지 않으면 집계함수다.

OVER 절에 관한 기본 개념을 정리하면 아래와 같다.
- 분석함수의 분석 대상을 정하는 역할을 한다.
- 대부분의 분석함수는 OVER 절과 같이 사용한다.
- OVER ()와 같이 괄호 안에 아무런 옵션을 주지 않으면 조회된 결과 전체가 분석 대상이다.

OVER 절의 기본 사용법을 익혀보자. '3월 1일'의 주문 로우 데이터를 보여주면서, '3월 1일'의 '주문 총 건수'를 마지막 컬럼에 추가하는 SQL을 고민해 보자. [그림 9.1.1-1]과 같은 결과를 만드는 것이다.

ORD_SEQ	CUS_ID	ORD_DT	ALL_CNT
442	CUS_0010	2017-03-01	5
443	CUS_0020	2017-03-01	5
444	CUS_0030	2017-03-01	5
445	CUS_0040	2017-03-01	5
446	CUS_0050	2017-03-01	5

[그림 9.1.1-1]

[그림 9.1.1-1]에서 ALL_CNT가 '3월 1일' 주문의 총 건수다. '3월 1일'의 주문 총 건수는 다섯 건이므로 모든 로우마다 5라는 값이 출력된다. 그림과 같은 결과를 만들기 위해 아래와 같이 집계

함수를 사용하는 SQL을 무작정 작성해 볼 수 있다.

조회된 주문 건수를 마지막 컬럼에 추가하는 SQL

```
1   SELECT  T1.ORD_SEQ ,T1.CUS_ID ,T1.ORD_DT
2                   ,COUNT(*) ALL_CNT
3   FROM    T_ORD T1
4   WHERE   T1.ORD_DT >= TO_DATE('20170301','YYYYMMDD')
5   AND     T1.ORD_DT <  TO_DATE('20170302','YYYYMMDD');
```

위 SQL은 에러가 발생한다. 2번 라인의 COUNT(*)는 집계함수다. SELECT 되는 다른 컬럼과 같이 사용할 수 없다. 아래와 같이 COUNT(*) 뒤에 OVER()를 추가해 SQL을 실행해보자.

조회된 주문 건수를 마지막 컬럼에 추가하는 SQL - 분석함수 사용

```
1   SELECT  T1.ORD_SEQ ,T1.CUS_ID ,T1.ORD_DT
2                   ,COUNT(*) OVER() ALL_CNT
3   FROM    T_ORD T1
4   WHERE   T1.ORD_DT >= TO_DATE('20170301','YYYYMMDD')
5   AND     T1.ORD_DT <  TO_DATE('20170302','YYYYMMDD');
```

OVER()를 추가하자 SQL은 정상적으로 실행된다. OVER()를 사용했으므로 COUNT(*)는 분석 함수로 동작한다.

'COUNT(*) OVER()'가 처리되는 과정은 [그림 9.1.1-2]와 같다. 그림에서 첫 번째 로우의 분석 대상을 보면, 분석함수를 사용하기 전의 조회된 결과가 분석 대상임을 알 수 있다. 조회된 데이터가 다섯 건이므로 'COUNT(*) OVER()'가 처리되면 5라는 결과가 나온다. 마지막 로우의 분석 대상 역시 첫 번째 로우의 분석 대상과 같다. 그러므로 결과 역시 같다. 다른 로우도 마찬가지다. ALL_CNT는 모두 5라는 결괏값이 나온다.

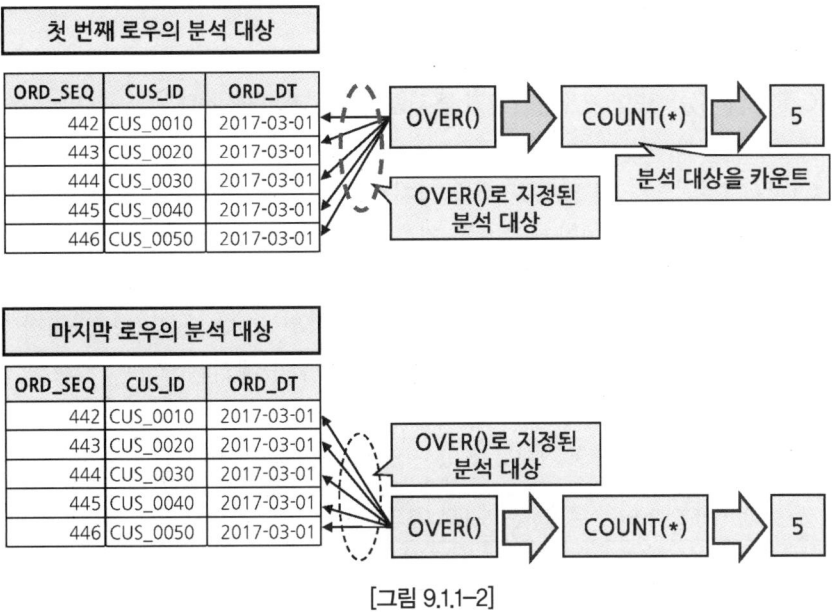

[그림 9.1.1-2]

OVER()는 분석함수 뒤에서 분석 대상을 지정하는 기능을 한다. 위와 같이 OVER 의 괄호 안에 별다른 옵션을 주지 않으면 조회가 완료된 결과 전체가 분석 대상이다.

OVER 절 안에 'PARTITION BY'나 'ORDER BY'를 사용하면 각 로우마다 분석 대상을 다르게 설정할 수 있다. 좀 더 나아가면 WINDOING 절까지 사용해 분석 대상을 더욱더 세밀하게 조정할 수 있다.

9.1.2 분석 대상

분석함수를 익히기 위해서는 분석 대상의 개념이 매우 중요하다. 분석 대상을 이해해야 분석함수를 정확히 사용할 수 있다.

분석 대상의 이해를 위해 'SELECT SQL'이 처리되는 개념적인 과정을 살펴보자.

1. FROM 절: 대상 테이블들을 선택
2. WHERE 절(생략 가능): 1번의 대상 중에 조회할 데이터를 선택.

(조인 존재 시 조인도 수행)
3. GROUP BY 절(생략 가능): 2번까지 수행된 결과를 그룹화
4. HAVING 절(생략 가능): 3번까지 수행된 결과 중 최종 조회될 데이터를 선택

'SELECT SQL'은 내부적으로 더 많은 단계를 거치겠지만, 분석 대상을 익히기 위해서는 이 정도의 개념과 순서만 알면 된다. 여기서 중요한 것은 OVER 절의 분석 대상은 위 과정이 모두 종료된 결과 집합이라는 사실이다. 때에 따라서는 2, 3, 4번 과정은 생략될 수도 있다. 그런 경우에는 1번까지의 결과가 분석 대상이 된다. 4번 과정만 생략된 SQL이라면 3번 과정까지 처리된 결과 집합이 분석 대상이다. 다시 말해 분석 대상은 분석함수를 제외한 SQL이 완료된 결과다.

'GROUP BY'가 없는 SQL과 'GROUP BY'가 있는 SQL을 통해 분석 대상의 차이를 이해해보자.

GROUP BY가 없는 SQL과 GROUP BY가 존재하는 SQL의 결과

1	SELECT T1.ORD_SEQ ,T1.CUS_ID	SELECT T1.CUS_ID
2	,COUNT(*) OVER() ALL_CNT	,COUNT(*) OVER() ALL_CNT
3	FROM T_ORD T1	FROM T_ORD T1
4	WHERE T1.CUS_ID IN ('CUS_0002','CUS_0003')	WHERE T1.CUS_ID IN ('CUS_0002','CUS_0003')
5	AND T1.ORD_DT >= TO_DATE('20170101','YYYYMMDD')	AND T1.ORD_DT >= TO_DATE('20170101','YYYYMMDD')
6	AND T1.ORD_DT < TO_DATE('20170201','YYYYMMDD')	AND T1.ORD_DT < TO_DATE('20170201','YYYYMMDD')
7	ORDER BY T1.ORD_SEQ;	GROUP BY T1.CUS_ID;

두 SQL 모두 주문 테이블에서 특정 고객의 1월 주문을 조회하고 있다. 왼쪽 SQL은 'GROUP BY'가 없고, 오른쪽은 고객ID(CUS_ID)별 'GROUP BY'가 있다. 위 SQL 각각에 대한 분석 대상은 [그림 9.1.2-1]과 같다. 그림에서 왼쪽은 'GROUP BY'가 없는 경우다. ALL_CNT는 6이 된다. 오른쪽은 'GROUP BY'가 존재하는 SQL의 결과다. ALL_CNT는 'GROUP BY'까지 처리된 2가 된다.

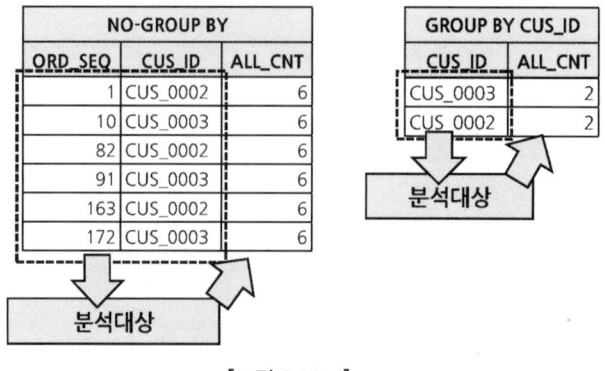

[그림 9.1.2-1]

9.1 OVER 절

'GROUP BY'가 포함된 SQL은 'GROUP BY'까지 처리된 결과가 분석 대상이다. 이를 정확히 알고 있어야 한다.

분석함수를 처음 사용할 때 'GROUP BY'가 포함된 SQL에서 자주 실수하게 된다. 분석함수를 사용하기 위해서는 분석 대상이 에러가 없는 정상적인 SQL이어야 한다. 아래 두 SQL을 살펴보자.

왼쪽 SQL은 에러가 발생, 오른쪽 SQL은 정상

```
1   SELECT  T1.CUS_ID                                          SELECT  T1.CUS_ID
2           ,T1.ORD_AMT                                                ,SUM(T1.ORD_AMT) ORD_AMT
3   FROM    T_ORD T1                                           FROM    T_ORD T1
4   WHERE   T1.CUS_ID IN ('CUS_0002','CUS_0003')               WHERE   T1.CUS_ID IN ('CUS_0002','CUS_0003')
5   AND     T1.ORD_DT >= TO_DATE('20170101','YYYYMMDD')        AND     T1.ORD_DT >= TO_DATE('20170101','YYYYMMDD')
6   AND     T1.ORD_DT <  TO_DATE('20170201','YYYYMMDD')        AND     T1.ORD_DT <  TO_DATE('20170201','YYYYMMDD')
7   GROUP BY T1.CUS_ID;                                        GROUP BY T1.CUS_ID;
8
9   ORA-00979: not a GROUP BY expression
```

왼쪽 SQL은 'GROUP BY'에 정의하지 않은 ORD_AMT를 집계함수 없이 사용해 오류가 발생했다. 오른쪽 SQL은 ORD_AMT에 집계함수를 처리해 정상적으로 실행된다. 이 두 개의 SQL에 'SUM() OVER()' 분석함수를 적용해보자.

SUM() OVER()를 적용

```
1   SELECT  T1.CUS_ID                                          SELECT  T1.CUS_ID
2           ,SUM(T1.ORD_AMT) OVER() TTL_ORD_AMT                       ,SUM(SUM(T1.ORD_AMT)) OVER() OVER_ORD_AMT
3   FROM    T_ORD T1                                           FROM    T_ORD T1
4   WHERE   T1.CUS_ID IN ('CUS_0002','CUS_0003')               WHERE   T1.CUS_ID IN ('CUS_0002','CUS_0003')
5   AND     T1.ORD_DT >= TO_DATE('20170101','YYYYMMDD')        AND     T1.ORD_DT >= TO_DATE('20170101','YYYYMMDD')
6   AND     T1.ORD_DT <  TO_DATE('20170201','YYYYMMDD')        AND     T1.ORD_DT <  TO_DATE('20170201','YYYYMMDD')
7   GROUP BY T1.CUS_ID;                                        GROUP BY T1.CUS_ID;
8
9   ORA-00979: not a GROUP BY expression
```

왼쪽 SQL은 여전히 같은 에러가 발생한다. 분석함수인 'SUM() OVER()'를 제외하면 원래처럼 T1.ORD_AMT만 남게 되고 이는 에러가 발생하는 SQL이다. 분석함수 적용 전 SQL 자체에 에러가 있다. 그러므로 분석을 수행할 수 없다. 분석함수를 처음 사용할 때 이와 같은 실수를 종종 한다.

오른쪽의 SQL은 에러 없이 실행된다. 아래와 같이 SUM이 중첩해서 사용된 것을 볼 수 있다.

- SUM(SUM(T1.ORD_AMT)) OVER()

안쪽의 'SUM(T1.ORD_AMT)'는 CUS_ID 별로 주문금액을 집계한 집계함수고 바깥쪽의 'SUM() OVER()'는 분석함수다. 즉 분석함수는 집계함수가 처리된 'SUM(T1.ORD_AMT)'에 대해서 분석을 수행한다.

분석함수와 'GROUP BY'가 동시에 사용될 때는, 'GROUP BY'에 명시된 컬럼이나, 'SUM(T1.ORD_AMT)' 처럼 집계함수를 사용한 결과만 분석함수로 분석할 수 있다. 처음 분석함수를 사용할 때 이 부분 때문에 헤매는 경우가 많다. 이 부분을 헷갈리다가 분석함수 사용을 포기하는 개발자도 보았다.

분석 대상에 감이 잡혔을 것이다. 아래 SQL로 분석함수와 집계함수의 차이를 좀 더 살펴보자.

분석함수와 집계함수의 차이

```
1   SELECT  T1.CUS_ID
2          ,COUNT(*) BY_CUS_ORD_CNT  --집계함수: 고객별 주문건수
3          ,COUNT(*) OVER() ALL_CUST_CNT   --분석함수: 조회된 고객 수(두 명이 나온다.)
4          ,SUM(COUNT(*)) OVER() ALL_ORD_CNT   --분석함수: 2번 라인의 고객별 주문건수에 대한 합
5   FROM    T_ORD T1
6   WHERE   T1.CUS_ID IN ('CUS_0002','CUS_0003')
7   AND     T1.ORD_DT >= TO_DATE('20170101','YYYYMMDD')
8   AND     T1.ORD_DT <  TO_DATE('20170201','YYYYMMDD')
9   GROUP BY T1.CUS_ID;
```

위 SQL에서 2번 라인은 집계함수고 OVER()를 사용한 3번, 4번 라인은 분석함수다. SQL 라인별로 집계함수와 분석함수를 정리해보면 아래와 같다.

- 2번 라인 COUNT(*): GROUP BY의 CUS_ID별 집계를 수행하는 집계함수.
- 3번 라인 COUNT(*) OVER(): 분석 대상의 데이터 건수를 세는 분석함수.
- 4번 라인 SUM(COUNT(*)) OVER()
  : 안쪽의 COUNT(*)는 CUS_ID별 집계함수(2번 라인의 결과).
  : 바깥쪽의 SUM() OVER()는 CUS_ID별 COUNT(*)에 대한 분석함수.

이해를 위해 [그림 9.1.2-2]를 참고하자. 고객ID(CUS_ID)와 '고객별주문건수(BY_CUS_ORD_CNT)'는 분석함수의 분석 대상이 된다. 'COUNT(*) OVER()'는 분석 대상의 건수를 세는 분석함수이고, 'SUM(COUNT(*)) OVER()'는 고객별주문건수에 SUM을 처리하는 분석함수다.

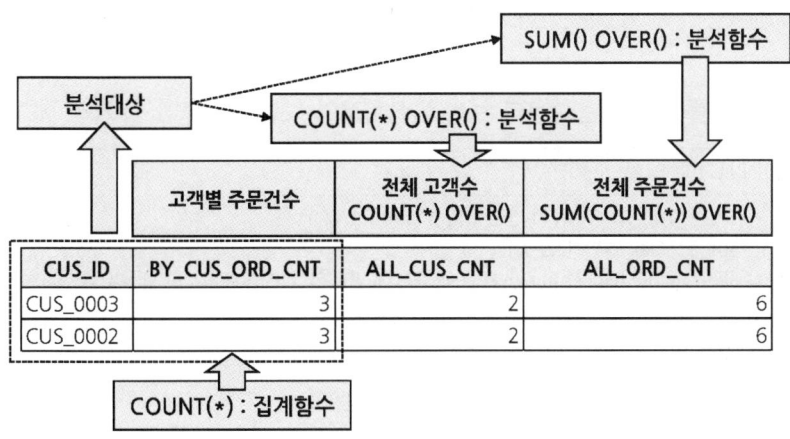

[그림 9.1.2-2]

분석 대상의 개념을 정리해보면 아래와 같다.

- 분석함수는 분석 대상에 대해 수행된다.
- 분석 대상이란 분석함수를 제외한 SQL의 결과다.
- OVER() 안에 아무런 옵션을 정의하지 않으면 조회된 SQL 결과 전체가 분석 대상이다.
- GROUP BY가 포함된 SQL에서 분석함수를 사용할 경우에는 GROUP BY에 명시된 컬럼 또는, 집계함수를 사용한 결과에만 분석함수를 사용 할 수 있다.

분석 대상의 개념이 정확하지 않으면 뒤이어 설명하는 'PARTITION BY'와 'ORDER BY' 기능은 더욱더 이해하기 어렵다. 이해가 잘되지 않는다면 다시 한번 살펴보고 다음 내용으로 나아가기 바란다.

9.1.3 OVER - PARTITION BY

'PARTITION BY'는 OVER 절의 괄호 안에 사용하는 구문이다. 로우 별로 분석 대상을 다르게 지정할 수 있다.

이전까지는 OVER 절 안에 별다른 옵션 없이 분석함수를 지정했다. OVER 절에 'PARTITION BY T1.CUS_ID'라고 정의하면, 분석 대상은 해당 로우의 CUS_ID 값과 같은 값을 가진 로우들이 된다.

'PARTITION BY'를 사용하는 다음의 SQL을 살펴보자.

CUS_ID별로 PARTITION BY를 사용
1 SELECT   T1.CUS_ID ,TO_CHAR(T1.ORD_DT,'YYYYMM') ORD_YM
2   ,SUM(T1.ORD_AMT) ORD_AMT
3   ,SUM(SUM(T1.ORD_AMT)) OVER(PARTITION BY T1.CUS_ID) BY_CUST_AMT
4 FROM   T_ORD T1
5 WHERE   T1.CUS_ID IN ('CUS_0002','CUS_0003')
6 AND   T1.ORD_DT >= TO_DATE('20170301','YYYYMMDD')
7 AND   T1.ORD_DT < TO_DATE('20170601','YYYYMMDD')
8 GROUP BY T1.CUS_ID ,TO_CHAR(T1.ORD_DT,'YYYYMM')
9 ORDER BY T1.CUS_ID ,TO_CHAR(T1.ORD_DT,'YYYYMM');

3번 라인을 보면 'PARTITION BY T1.CUS_ID'가 사용되었다.

[그림 9.1.3-1]을 보면 'PARTITION BY'가 어떻게 동작하는지 알 수 있다. 그림에서 왼쪽은 분석함수 적용 이전의 실행 결과다. 'PARTITION BY T1.CUS_ID'로 분석 대상을 지정했으므로 각 로우 별로 자신의 CUS_ID와 같은 CUS_ID를 가진 로우가 분석 대상이 된다.

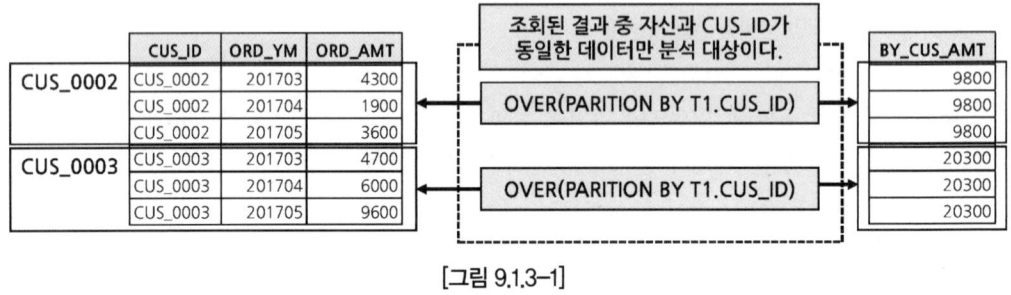

[그림 9.1.3-1]

[그림 9.1.3-1]에서 첫 번째 로우의 CUS_ID는 'CUS_0002'다. 그러므로 첫 번째 로우의 분석 대상은 같은 CUS_ID를 가진 첫 번째(자신), 두 번째, 세 번째 로우다. 두 번째, 세 번째 로우도 첫 번째 로우와 같은 분석 대상을 갖는다. 네 번째 로우는 CUS_ID가 'CUS_0003'이다. CUS_ID가 'CUS_0003'인 네 번째(자신), 다섯 번째, 여섯 번째 로우가 분석 대상이다. 다섯 번째, 여섯 번째 로우도 같은 분석 대상을 갖는다. 그림에서 BY_CUS_AMT를 보면, CUS_ID가 같은 로우끼리 ORD_AMT를 SUM 한 결과가 나오고 있다.
PARTITION은 '칸막이'란 뜻이 있다. '칸막이'란 뜻 그대로 'PARTITION BY'에 정의된 컬럼 값

에 따라 칸막이를 만들어서 분석한다고 생각하면 된다.

'PARTITION BY'는 여러 컬럼을 지정할 수도 있으며, 하나의 SELECT 절에서 분석함수별로 다르게 지정할 수도 있다. 다음 SQL을 살펴보자.

	다양하게 PARTITION BY를 사용
1	SELECT T1.CUS_ID ,TO_CHAR(T1.ORD_DT,'YYYYMM') ORD_YM ,T1.ORD_ST
2	,SUM(T1.ORD_AMT) ORD_AMT
3	,SUM(SUM(T1.ORD_AMT)) OVER(PARTITION BY T1.CUS_ID) BY_CUST_AMT
4	,SUM(SUM(T1.ORD_AMT)) OVER(PARTITION BY T1.ORD_ST) BY_ORD_ST_AMT
5	,SUM(SUM(T1.ORD_AMT)) OVER(PARTITION BY T1.CUS_ID, TO_CHAR(T1.ORD_DT,'YYYYMM')) BY_CUST_YM_AMT
6	FROM T_ORD T1
7	WHERE T1.CUS_ID IN ('CUS_0002','CUS_0003')
8	AND T1.ORD_DT >= TO_DATE('20170301','YYYYMMDD')
9	AND T1.ORD_DT < TO_DATE('20170601','YYYYMMDD')
10	GROUP BY T1.CUS_ID ,TO_CHAR(T1.ORD_DT,'YYYYMM') ,T1.ORD_ST
11	ORDER BY T1.CUS_ID ,TO_CHAR(T1.ORD_DT,'YYYYMM') ,T1.ORD_ST;

위 SQL에서 PARTITOIN BY에 따른 분석 대상은 아래와 같다.

- 3번 라인 OVER(PARTITION BY T1.CUS_ID)

  : 자신의 로우와 CUS_ID가 같은 로우들을 분석 대상으로 지정.

- 4번 라인 OVER(PARTITION BY T1.ORD_ST)

  : 자신의 로우와 ORD_ST가 같은 로우들을 분석 대상으로 지정.

- 5번 라인 OVER(PARTITION BY T1.CUS_ID, TO_CHAR(T1.ORD_DT, 'YYYYMM'))

  : 자신의 로우와 CUS_ID, 주문년월이 같은 로우들을 분석 대상으로 지정.

일반적으로 데이터의 소계를 구하려면 ROLLUP을 사용한다. 하지만 분석함수의 'PARTITION BY'도 소계를 구할 수 있다. 다만, ROLLUP은 소계를 로우로 추가하지만, 분석함수는 소계를 컬럼으로 추가한다. ROLLUP과 분석함수를 사용해서 소계를 구하는 각각의 SQL을 살펴보자.

	ROLLUP과 PARTITION BY의 비교		
1	SELECT T1.CUS_ID	SELECT T1.CUS_ID	
2	,TO_CHAR(T1.ORD_DT,'YYYYMM') ORD_YM	,TO_CHAR(T1.ORD_DT,'YYYYMM') ORD_YM	
3	,SUM(T1.ORD_AMT) ORD_AMT	,SUM(T1.ORD_AMT) ORD_AMT	
4	FROM T_ORD T1	,SUM(SUM(T1.ORD_AMT))	
5	WHERE T1.CUS_ID IN ('CUS_0002','CUS_0003')	OVER(PARTITION BY T1.CUS_ID) BY_CUST_AMT	
6	AND T1.ORD_DT >= TO_DATE('20170301','YYYYMMDD')	,SUM(SUM(T1.ORD_AMT)) OVER() ALL_AMT	
7	AND T1.ORD_DT < TO_DATE('20170601','YYYYMMDD')	FROM T_ORD T1	

8	GROUP BY	WHERE T1.CUS_ID IN ('CUS_0002','CUS_0003')
9	ROLLUP(T1.CUS_ID,TO_CHAR(T1.ORD_DT,'YYYYMM'))	AND T1.ORD_DT >= TO_DATE('20170301','YYYYMMDD')
10	ORDER BY T1.CUS_ID,TO_CHAR(T1.ORD_DT,'YYYYMM');	AND T1.ORD_DT < TO_DATE('20170601','YYYYMMDD')
11		GROUP BY T1.CUS_ID,TO_CHAR(T1.ORD_DT,'YYYYMM')
12		ORDER BY T1.CUS_ID,TO_CHAR(T1.ORD_DT,'YYYYMM');

왼쪽은 ROLLUP을 사용했고, 오른쪽은 분석함수에 'PARTITION BY'를 사용했다. 결과를 확인해보면 [그림9.1.3-2]와 같다.

ROLLUP

CUS_ID	ORD_YM	ORD_AMT
CUS_0002	201703	4300
CUS_0002	201704	1900
CUS_0002	201705	3600
CUS_0002	(null)	9800 ← A
CUS_0003	201703	4700
CUS_0003	201704	6000
CUS_0003	201705	9600
CUS_0003	(null)	20300 ← B
(null)	(null)	30100 ← C

분석함수

CUS_ID	ORD_YM	ORD_AMT	BY_CUS_AMT	ALL_AMT
CUS_0002	201703	4300 (A)	9800	30100 (C)
CUS_0002	201704	1900	9800	30100
CUS_0002	201705	3600	9800	30100
CUS_0003	201703	4700	20300	30100
CUS_0003	201704	6000 (B)	20300	30100
CUS_0003	201705	9600	20300	30100

[그림 9.1.3-2]

[그림9.1.3-2]에서 ROLLUP 결과의 A, B, C와 분석함수의 A, B, C는 서로 같은 데이터다. A와 B는 고객별 주문금액이고 C는 전체 주문금액이다. ROLLUP은 소계가 로우로 생성되었으나, 분석함수는 소계가 각각의 컬럼으로 만들어졌다.

각 로우 별로 전체 대비 비율이나 소계 대비 비율을 컬럼으로 표현해야 할 때가 있다. 이때 분석함수를 사용할 수 있다. 아래 SQL과 같이 구현하면 된다. (RATIO_TO_REPORT() 분석함수를 사용 할 수도 있다.)

고객별로 주문금액 비율 구하기 - PARTITION BY를 사용
1 SELECT T1.CUS_ID
2   ,TO_CHAR(T1.ORD_DT,'YYYYMM') ORD_YM
3   ,SUM(T1.ORD_AMT) ORD_AMT
4   ,ROUND(SUM(T1.ORD_AMT) / (SUM(SUM(T1.ORD_AMT)) OVER(PARTITION BY T1.CUS_ID))
5   * 100.00,2) ORD_AMT_RT_BY_CUST
6   ,ROUND(SUM(T1.ORD_AMT) / (SUM(SUM(T1.ORD_AMT)) OVER()) * 100.00,2) ORD_AMT_RT_BY_ALL_AMT
7   FROM T_ORD T1
8   WHERE T1.CUS_ID IN ('CUS_0002','CUS_0003')

```
 9   AND      T1.ORD_DT >= TO_DATE('20170301','YYYYMMDD')
10   AND      T1.ORD_DT <  TO_DATE('20170601','YYYYMMDD')
11   GROUP BY T1.CUS_ID,TO_CHAR(T1.ORD_DT,'YYYYMM')
12   ORDER BY T1.CUS_ID,TO_CHAR(T1.ORD_DT,'YYYYMM');
```

'PARTITION BY'를 사용해 각 로우 별로 분석 대상을 다르게 설정하는 것을 알아보았다. 더불어서 해당 기능을 이용해 소계와 비율을 구하는 SQL도 살펴보았다. 실전에서도 이 기능을 잘 활용할 수 있기를 바란다.

9.1.4 OVER - ORDER BY

OVER 절의 괄호 안에는 'ORDER BY' 구문도 사용할 수 있다. SELECT 문에서 'ORDER BY'는 조회된 결과를 정렬하는 문장이다. 이러한 'ORDER BY'를 분석함수의 OVER 절 안에 사용하면 각 로우별로 'ORDER BY'에 따라 분석 대상이 다르게 정해진다. 이러한 특징은 현재 데이터까지의 누적 합계를 구할 때 유용하다.

OVER 절 안에 'ORDER BY'를 사용한 SQL을 살펴보자.

```
특정 고객의 3월부터 8월까지의 6개월 간의 주문 조회, 월별 누적주문금액을 같이 표시
누적주문금액: 아래 예를 참고
   3월의 누적주문금액은 3월 주문 금액과 동일
   4월의 누적주문금액은 3월과 4월 주문금액 합계
   ...
   8월의 누적금액은 3~8월의 주문금액 합계
```

```
1   SELECT   TO_CHAR(T1.ORD_DT,'YYYYMM') ORD_YM
2            ,SUM(T1.ORD_AMT) ORD_AMT
3            ,SUM(SUM(T1.ORD_AMT)) OVER(ORDER BY TO_CHAR(T1.ORD_DT,'YYYYMM')) ORD_YM_SUM
4   FROM     T_ORD T1
5   WHERE    T1.CUS_ID = 'CUS_0002'
6   AND      T1.ORD_DT >= TO_DATE('20170301','YYYYMMDD')
7   AND      T1.ORD_DT <  TO_DATE('20170901','YYYYMMDD')
8   GROUP BY TO_CHAR(T1.ORD_DT,'YYYYMM')
9   ORDER BY TO_CHAR(T1.ORD_DT,'YYYYMM');
```

위 SQL에서 '월별누적주문금액(ORD_YM_SUM)'을 구하기 위해 사용한 분석함수는 아래와 같다.

SUM(SUM(T1.ORD_AMT)) OVER(ORDER BY TO_CHAR(T1.ORD_DT,'YYYYMM'))

SUM 분석함수를 사용하면서 OVER 절 안에 'ORDER BY'를 사용했다. OVER 절 안에 'ORDER BY'가 있으면 'ORDER BY' 기준으로 자신보다 먼저 조회된 데이터가 분석대상이 된다. [그림 9.1.4-1]을 보면 이해할 수 있다.

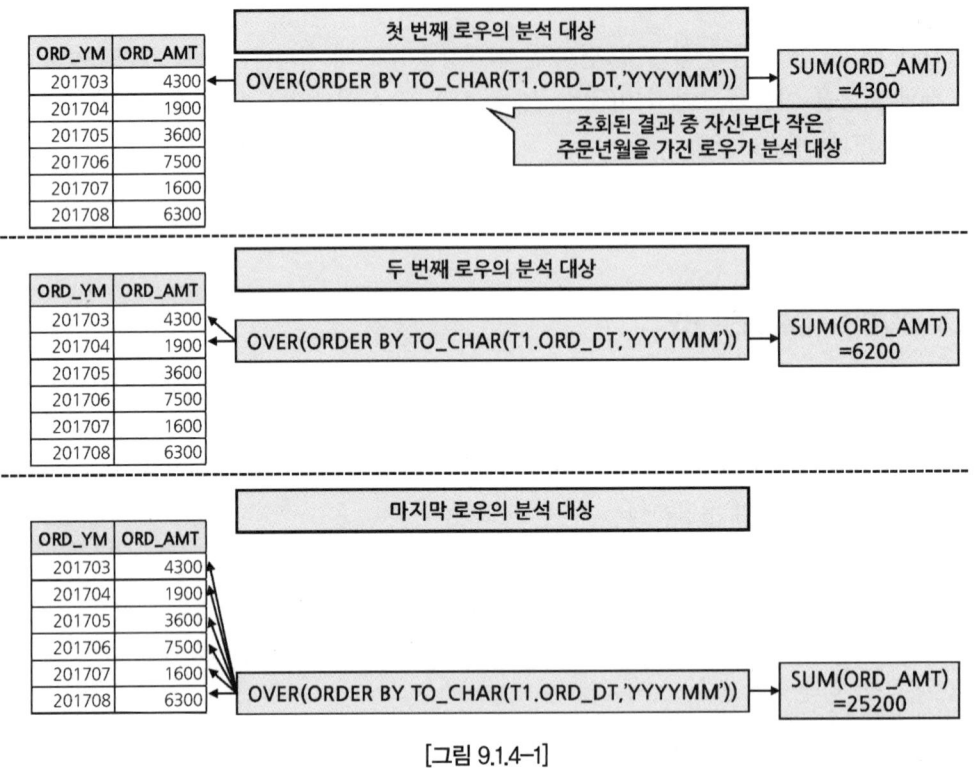

[그림 9.1.4-1]

설명의 편의를 위해 'TO_CHAR(T1.ORD_DT,'YYYYMM')'을 주문년월(ORD_YM)로 부르기로 하자. [그림 9.1.4-1]을 보면 결과 데이터가 주문년월 순서로 출력되어 있다. 그리고 각 로우 별로 주문년월이 자신보다 작거나 같은 로우가 분석 대상이 되고 있다.

그림에서 첫 번째 로우는 주문년월이 '201703'이다. '201703'보다 작거나 같은 로우는 자기 자신밖에 없다. 그러므로 첫 번째 로우의 분석 대상은 자기 자신이다. '월별누적주문금액(ORD_YM_SUM)'을 보면 자신의 ORD_AMT와 같다.

그림에서 두 번째 로우는 주문년월이 '201704'다. '201704'보다 작거나 같은 주문년월을 가진 첫 번째, 두 번째 로우가 분석 대상이다. 두 번째 로우의 월별누적주문금액은 첫 번째, 두 번째 로우의 ORD_AMT를 SUM 한 6,200이다.

이처럼 OVER 절 안에 'ORDER BY'를 사용하면 분석 대상이 'ORDER BY'에 정의된 순서로 구성되므로 각 로우별로 누적금액을 구할 수 있다.

'ORDER BY'는 'PARTITION BY'와도 동시에 사용할 수 있다. 분석 대상을 'PARTITION BY'로 나눈 후 나누어진 단위별로 'ORDER BY'를 처리한다. 아래 SQL을 사용하면 CUS_ID 별로 각각 누계를 구할 수 있다.

	특정 고객 두 명의 3월 ~ 5월까지의 월별 주문금액 조회, 고객별 월별 누적주문금액을 같이 표시
1	SELECT T1.CUS_ID ,TO_CHAR(T1.ORD_DT,'YYYYMM') ORD_YM
2	,SUM(T1.ORD_AMT) ORD_AMT
3	,SUM(SUM(T1.ORD_AMT)) OVER(PARTITION BY T1.CUS_ID) BY_CUST_AMT
4	,SUM(SUM(T1.ORD_AMT)) OVER(PARTITION BY T1.CUS_ID ORDER BY TO_CHAR(T1.ORD_DT,'YYYYMM'))
5	BY_CUS_ORD_YM_SUM
6	FROM T_ORD T1
7	WHERE T1.CUS_ID IN ('CUS_0002','CUS_0003')
8	AND T1.ORD_DT >= TO_DATE('20170301','YYYYMMDD')
9	AND T1.ORD_DT < TO_DATE('20170601','YYYYMMDD')
10	GROUP BY T1.CUS_ID ,TO_CHAR(T1.ORD_DT,'YYYYMM')
11	ORDER BY T1.CUS_ID ,TO_CHAR(T1.ORD_DT,'YYYYMM');

위 SQL을 실행하면 BY_CUS_ORD_YM_SUM 에 고객별 월별 누적주문금액이 구해진다.

'PARTITION BY'와 'ORDER BY'를 동시에 사용할 때는 'PARTITION BY'가 'ORDER BY'보다 먼저 와야 한다. 'PARTITION BY'에 대상 컬럼을 콤마로 구분해서 적은 후 파티션의 마지막 컬럼과 'ORDER BY' 사이에는 콤마를 사용하면 안 된다.

- OVER(PARTITION BY T1.CUS_ID, T1.ORD_ST, T1.PAY_TP ORDER BY T1.ORD_AMT)
 : PARTITION BY 마지막 컬럼 T1.PAY_TP 뒤에 콤마 없이 ORDER BY가 오므로 문제없음.
- OVER(PARTITION BY T1.CUS_ID, T1.ORD_ST, T1.PAY_TP, ORDER BY T1.ORD_AMT)
 : PARTITION BY 마지막 컬럼 T1.PAY_TP 뒤에 콤마가 있어 문법 에러 발생.

분석함수의 OVER 절에 'PARTITION BY'와 'ORDER BY'를 동시에 사용함으로써 좀 더 강력한 분석이 가능해졌다.
OVER 절의 'ORDER BY'에는 ROWS나 RANGE 옵션을 추가로 사용해 분석 대상을 세밀하게 지정할 수 있다. 이 책에서는 관련 부분을 설명하지는 않는다. 지금까지 설명한 내용만으로도 분석 함수를 사용하는데 크게 지장이 없다 판단되기 때문이다. 세밀한 지정을 좀 더 알고 싶다면 다른 책들을 참고하기 바란다. 이 책에 모든 내용을 담지 못한 것에 이해 바란다.

9.2 기타 분석함수

9.2.1 순위 분석함수

RANK와 DENSE_RANK 분석함수를 사용하면 순위를 구할 수 있다.

RANK와 DENSE_RANK는 OVER 절 안에 'ORDER BY'를 필수적으로 사용해야 한다. 'ORDER BY'에 따라 순위가 정해지기 때문이다. 다음 SQL은 고객의 주문금액별 순위를 구한다.

RANK 분석함수

```
1  SELECT  T1.CUS_ID
2         ,SUM(T1.ORD_AMT) ORD_AMT
3         ,RANK() OVER(ORDER BY SUM(T1.ORD_AMT) DESC) RNK
4  FROM    T_ORD T1
5  GROUP BY T1.CUS_ID;
```

위 SQL을 실행하면 고객별로 주문금액이 나오고, RNK 컬럼에는 주문금액에 따른 순위 값이 표시된다. 'RANK() OVER()' 절에 'ORDER BY SUM(T1.ORD_AMT)'를 DESC(내림차순)로 정렬을 했기 때문에, 'SUM(T1.ORD_AMT)' 값이 가장 크면 1위가 된다. 반대로 'SUM(T1.ORD_AMT)'를 ASC(오름차순)로 정렬했다면 'SUM(T1.ORD_AMT)'가 가장 작은 고객이 1위가 된다.

DENSE_RANK 역시 RANK처럼 순위를 구하는 분석함수다. RANK와 DENSE_RANK는 동률의 순위를 가진 데이터를 처리하는 방법에 차이가 있다. 다음의 SQL을 수행해보자.

RANK와 DENSE_RANK의 비교

```
1  SELECT  T1.ID ,T1.AMT
2         ,RANK() OVER(ORDER BY T1.AMT DESC) RANK_RES
3         ,DENSE_RANK() OVER(ORDER BY T1.AMT DESC) DENSE_RANK_RES
4  FROM    (
5          SELECT  'A' ID ,300 AMT FROM DUAL UNION ALL
6          SELECT  'B' ID ,150 AMT FROM DUAL UNION ALL
7          SELECT  'C' ID ,150 AMT FROM DUAL UNION ALL
8          SELECT  'D' ID ,100 AMT FROM DUAL
9          ) T1;
```

위 SQL을 실행하면 [그림 9.2.1-1]과 같은 결과가 나온다. 네 번째 로우의 RANK와 DENSE_RANK의 결과가 다르다. RANK는 AMT가 같은 B와 C를 모두 2위로 순위를 부여한 후에 다음 순위는 4위로 처리한다. 동률이 두 명이므로 다음 순위는 하나를 건너뛰게 된다. 반면에 DENSE_RANK는 동률이 있어도 다음 순위를 연속해서 부여한다. 이와 같은 특징을 이해하고 필요에 따라 사용하면 된다.

ID	AMT	RANK_RES	DENSE_RANK_RES
A	300	1	1
B	150	2	2
C	150	2	2
D	100	4	3

[그림 9.2.1-1]

9.2.2 ROW_NUMBER

ROW_NUMBER는 조회 결과에 줄 번호를 부여하는 분석함수다. OVER 절의 'ORDER BY'에 정의된 순서대로 줄 번호를 부여하므로 순위를 구하는 RANK나 DENSE_RANK와 유사하다. 하지만 ROW_NUMBER는 중복된 순위를 내보내지 않는다.

오라클에는 ROW_NUMBER 외에도 ROWNUM이라는 줄 번호를 부여하는 기능이 있다. 비슷해 보이지만, ROW_NUMBER는 OVER 절에 'PARTITION BY'와 'ORDER BY'를 사용해 세밀한 줄 번호를 부여할 수 있다.

주의할 점은 ROW_NUMBER는 ROWNUM을 대체하는 기능은 아니라는 것이다. 상황에 따라 다르겠지만 대체로 ROWNUM이 ROW_NUMBER보다 성능 면에서 유리하다. ROWNUM으로 쉽게 처리할 수 있다면 굳이 ROW_NUMBER를 사용하지 않는 것이 좋다.

아래는 ROW_NUMBER를 사용한 SQL이다.

ROW_NUMBER()를 이용한 순위 구하기
```
1   SELECT  T1.ID ,T1.AMT
2          ,RANK() OVER(ORDER BY T1.AMT DESC) RANK_RES
3          ,ROW_NUMBER() OVER(ORDER BY T1.AMT DESC) ROW_NUM_RES
4   FROM   (
5           SELECT 'A' ID ,300 AMT FROM DUAL UNION ALL
6           SELECT 'B' ID ,150 AMT FROM DUAL UNION ALL
7           SELECT 'C' ID ,150 AMT FROM DUAL UNION ALL
```

```
8              SELECT  'D' ID ,100 AMT FROM DUAL
9              ) T1;
```

아래 SQL은 ROW_NUMBER에 'PARTITION BY'와 'ORDER BY'를 같이 사용한 예다. 파티션에 정의한 컬럼 별로 줄 번호를 부여할 수 있다.

3월, 4월 주문에 대해, 월별로 주문금액 Top-3 고객 구하기
```
1    SELECT  T0.ORD_YM ,T0.CUS_ID ,T0.ORD_AMT ,T0.BY_YM_RANK
2    FROM    (
3            SELECT  TO_CHAR(T1.ORD_DT,'YYYYMM') ORD_YM ,T1.CUS_ID ,SUM(T1.ORD_AMT) ORD_AMT
4                   ,ROW_NUMBER()
5                        OVER(PARTITION BY TO_CHAR(T1.ORD_DT,'YYYYMM')
6                             ORDER BY SUM(T1.ORD_AMT) DESC) BY_YM_RANK
7            FROM    T_ORD T1
8            WHERE   T1.ORD_DT >= TO_DATE('20170301','YYYYMMDD')
9            AND     T1.ORD_DT <  TO_DATE('20170501','YYYYMMDD')
10           GROUP BY TO_CHAR(T1.ORD_DT,'YYYYMM')
11                   ,T1.CUS_ID
12           ) T0
13   WHERE   T0.BY_YM_RANK <= 3
14   ORDER BY T0.ORD_YM ,T0.BY_YM_RANK;
```

5번 라인을 보면 'PARTITION BY'를 사용해 월별로 분석 대상을 나누고 있다. 월별로 나누어진 분석 대상에 ROW_NUMBER를 사용해 월별로 고객별 주문금액 순위를 구한다. 흥미로운 점은 월별로 TOP 3만 조회하기 위해 분석함수가 사용된 SQL을 인라인-뷰로 처리하고 바깥에서 'BY_YM_RANK<=3' 조건을 사용한 부분이다. 실제로 품목별 Top-N이나 판매점별 Top-N을 구하기 위해 사용할 수 있는 패턴이다.

아래는 고객별로 마지막 주문만 조회하기 위해서 ROW_NUMBER를 사용한 예다.

ROW_NUMBER()를 이용한 데이터 선택
```
1    SELECT  T2.*
2    FROM    (
3            SELECT  T1.*
4                   ,ROW_NUMBER()
5                        OVER(PARTITION BY T1.CUS_ID
6                             ORDER BY T1.ORD_DT DESC ,T1.ORD_SEQ DESC) ORD_RNK
7            FROM    T_ORD T1
8            ) T2
9    WHERE   T2.ORD_RNK = 1;
```

위 SQL은 OLTP 환경에서는 좋지 않은 패턴이다. 일회성으로 데이터를 추출해야 할 때 사용할 만한 패턴이다.

9.2.3 LAG, LEAD

LAG는 자신의 이전 값을, LEAD는 자신의 이후 값을 가져오는 분석함수다. 이때 자신보다 몇 건 이전이나 이후의 값을 가져올지 결정할 수 있다. [그림 9.2.3-1]을 보면 LAG와 LEAD의 기능을 이해할 수 있다.

ORD_SEQ	CUS_ID	ORD_DT	ORD_ST	PAY_DT	PAY_TP
1	CUS_0002	2017-01-02	WAIT		
2	CUS_0012	2017-01-02	COMP	42737	CARD
3	CUS_0022	2017-01-02	COMP	42737	BANK
4	CUS_0032	2017-01-02	COMP	42737	BANK
5	CUS_0042	2017-01-02	COMP	42737	BANK
6	CUS_0052	2017-01-02	COMP	42737	CARD
7	CUS_0062	2017-01-02	COMP	42737	CARD
8	CUS_0072	2017-01-02	COMP	42737	CARD

(LAG offset 3, LEAD offset 4)

[그림 9.2.3-1]

LAG, LEAD 사용법은 아래와 같다.

- LAG(컬럼명, offset) OVER([PARTITION BY ~] ORDER BY ~)
- LEAD(컬럼명, offset) OVER([PARTITION BY ~] ORDER BY ~)
- offset: 현재 로우에서 몇 로우 이전 또는 몇 로우 이후를 뜻한다.

자신의 이전이나, 이후 값을 가져온다는 뜻은 데이터에 순서가 있다는 뜻이다. 다시 말해 OVER 절에 ORDER BY를 사용해야 하는 분석함수다. 'ORDER BY'에서 정렬 방법을 DESC와 ASC 중에 어떤 것을 사용하는지에 따라 가져오는 데이터가 달라지니 주의가 필요하다.

아래와 같이 LAG와 LEAD를 사용한다.

	LAG와 LEAD의 사용 예제
1	SELECT T1.CUS_ID
2	,SUM(T1.ORD_AMT) ORD_AMT
3	,ROW_NUMBER() OVER(ORDER BY SUM(T1.ORD_AMT) DESC) RNK
4	,LAG(T1.CUS_ID,1) OVER(ORDER BY SUM(T1.ORD_AMT) DESC) LAG_1
5	,LEAD(T1.CUS_ID,1) OVER(ORDER BY SUM(T1.ORD_AMT) DESC) LEAD_1
6	FROM T_ORD T1
7	WHERE T1.ORD_DT >= TO_DATE('20170301','YYYYMMDD')
8	AND T1.ORD_DT < TO_DATE('20170401','YYYYMMDD')
9	AND T1.CUS_ID IN ('CUS_0020','CUS_0021','CUS_0022','CUS_0023')
10	GROUP BY T1.CUS_ID;

위 SQL에서 사용된 LAG와 LEAD를 정리하면 아래와 같다.

- LAG(T1.CUS_ID,1) OVER(ORDER BY SUM(T1.ORD_AMT) DESC)

　: LAG는 자신의 이전 데이터를 조회

　: ORDER BY SUM(T1.ORD_AMT) DESC이므로 자신보다 주문금액이 높은 이전 데이터를 조회

　: offset이 1이므로, 1건 이전의 CUS_ID를 조회.

- LEAD(T1.CUS_ID,1) OVER(ORDER BY SUM(T1.ORD_AMT) DESC)

　: LEAD는 자신의 다음 데이터를 조회

　: ORDER BY SUM(T1.ORD_AMT) DESC이므로 자신보다 주문금액이 낮은 다음 데이터를 조회

　: offset이 1이므로, 1건 이후의 CUS_ID를 조회

아래는 LAG를 활용해서, 현재 월의 데이터에 이전 월의 주문금액을 같이 보여주는 SQL이다.

	주문년월 별 주문금액에, 전월 주문금액을 같이 표시 - LAG를 활용
1	SELECT TO_CHAR(T1.ORD_DT,'YYYYMM') ORD_YM
2	,SUM(T1.ORD_AMT) ORD_AMT
3	,LAG(SUM(T1.ORD_AMT), 1) OVER(ORDER BY TO_CHAR(T1.ORD_DT,'YYYYMM') ASC) BF_YM_ORD_AMT
4	FROM T_ORD T1
5	WHERE T1.ORD_ST = 'COMP'
6	GROUP BY TO_CHAR(T1.ORD_DT,'YYYYMM');

위 SQL의 결과는 [그림 9.2.3-2]를 보면 이해할 수 있다. '1월' 데이터에 이전 월은 없음으로, '1월'의 BF_YM_ORD_AMT(전월 주문금액) 값은 NULL이다. '2월'의 BF_YM_ORD_AMT는 '1월'의 ORD_AMT인 372,300이 나온다. LAG의 offset을 3으로 변경한다면 3개월 이전의 값을 가져올 수 있다. (3개월 이전의 값이 분석대상에 포함되어 있어야 한다.)

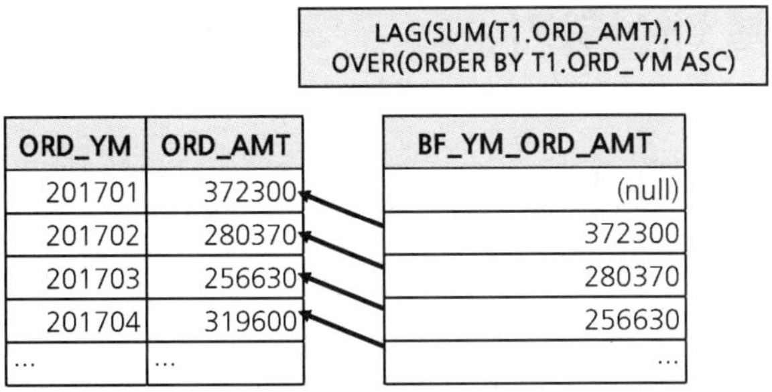
LAG(SUM(T1.ORD_AMT),1)
OVER(ORDER BY T1.ORD_YM ASC)
ORD_YM
ORD_AMT
201701
372300
201702
280370
201703
256630
201704
319600
...
...
BF_YM_ORD_AMT
(null)
372300
280370
256630
...

[그림 9.2.3-2]

이처럼 이전 로우의 값을 현재 로우에 가져올 수 있다면 이전 대비 현재 월의 증가율을 손쉽게 구할 수 있다.

9.3 분석함수를 대신하기

9.3.1 분석함수를 대신하는 방법

서브쿼리와 인라인-뷰, 셀프-조인(Self-Join)을 활용하면 분석함수를 대신할 수 있다.

오라클은 분석함수를 제공하고 있음으로, 이러한 기술을 익힐 필요가 없을 수도 있다. 하지만 하나의 SQL을 다양한 방법으로 구현해 보는 것은 기술 향상에 큰 도움이 된다. 꼭 분석함수를 대신하는 방법이 아니라, 다양하게 SQL을 구현하는 방법에 대한 설명이라고 생각하기 바란다. 설명에 앞서, 분석함수가 성능 면에서는 가장 유리할 수 있다는 점을 알고 있기 바란다. (언제나 그랬듯이, 정확한 건 실행계획을 확인해야 알 수 있다.)

> **MEMO**
>
> 셀프-조인(Self-Join)은 자기 자신과 조인하는 것을 뜻한다. 예를 들어 T_ORD와 T_ORD가 조인하는 것을 셀프-조인이라고 한다. 데이터베이스 입장에서는 셀프-조인도 다른 조인들과 동일하게 처리한다.

아래 SQL은 주문 테이블에서 특정 고객의 주문년월별 주문금액과 해당 고객의 총 주문금액도 같이 표시하는 SQL이다. 총 주문금액은 분석함수를 사용한다.

특정 고객의 주문년월별 주문금액, 특정 고객의 총 주문금액을 같이 표시

```
1  SELECT   TO_CHAR(T1.ORD_DT,'YYYYMM') ORD_YM
2           ,SUM(T1.ORD_AMT) YM_ORD_AMT
3           ,SUM(SUM(T1.ORD_AMT)) OVER() TTL_ORD_AMT
4  FROM     T_ORD T1
5  WHERE    T1.CUS_ID = 'CUS_0002'
6  GROUP BY TO_CHAR(T1.ORD_DT,'YYYYMM')
7  ORDER BY TO_CHAR(T1.ORD_DT,'YYYYMM');
```

(1) 서브쿼리로 대신하기

3번 라인에 분석함수를 대신하는 가장 쉬운 방법은 아래와 같이 서브쿼리를 사용하는 것이다. 3~5번 라인을 보면 서브쿼리를 사용해 고객의 총 주문금액을 구하고 있다.

9.3 분석함수를 대신하기

특정 고객의 총 주문금액 - 서브쿼리로 해결

```
1   SELECT  TO_CHAR(T1.ORD_DT,'YYYYMM') ORD_YM
2          ,SUM(T1.ORD_AMT) YM_ORD_AMT
3          ,(SELECT  SUM(A.ORD_AMT)
4              FROM    T_ORD A
5              WHERE   A.CUS_ID = 'CUS_0002') TTL_ORD_AMT
6   FROM    T_ORD T1
7   WHERE   T1.CUS_ID = 'CUS_0002'
8   GROUP BY TO_CHAR(T1.ORD_DT,'YYYYMM')
9   ORDER BY TO_CHAR(T1.ORD_DT,'YYYYMM');
```

(2) 인라인-뷰로 대신하기

위 SQL은 또다시 인라인-뷰로 변경할 수 있다. 아래와 같이 서브쿼리 부분을 인라인-뷰로 처리하면 된다.

특정 고객의 총 주문금액 - 인라인-뷰로 해결

```
1    SELECT  TO_CHAR(T1.ORD_DT,'YYYYMM') ORD_YM
2           ,SUM(T1.ORD_AMT) YM_ORD_AMT
3           ,MAX(T2.TTL_ORD_AMT) TTL_ORD_AMT
4    FROM    T_ORD T1
5           ,(
6            SELECT  SUM(A.ORD_AMT) TTL_ORD_AMT
7            FROM    T_ORD A
8            WHERE   A.CUS_ID = 'CUS_0002'
9            ) T2
10   WHERE   T1.CUS_ID = 'CUS_0002'
11   GROUP BY TO_CHAR(T1.ORD_DT,'YYYYMM')
12   ORDER BY TO_CHAR(T1.ORD_DT,'YYYYMM');
```

T_ORD와 인라인-뷰(T2)를 카테시안-조인하고 있다. 그러므로 조회되는 T_ORD의 모든 로우에 인라인-뷰의 결과가 컬럼으로 추가된다. 주의할 점은 총 주문금액을 보여줄 때 3번 라인과 같이 'SUM'이 아닌 'MAX'를 사용해야 한다. T_ORD를 'GROUP BY' 하기 전에 조인이 먼저 처리되므로, SUM을 사용하면 TTL_ORD_AMT가 몇 배로 부풀어져 나온다.

분석함수를 대신하는 기본적인 방법을 살펴보았다. 이외에도 다른 방법이 있겠지만 상식적으로 사용할 수 있는 방법은 이와 같다.

9.3.2 PARTITION BY를 대신하기

아래 SQL은 두 명의 고객에 대해 고객별, 월별 주문금액을 구하고, 분석함수로 고객별 총 주문금액도 같이 표시하는 SQL이다. 4번 라인을 보면 분석함수에 'PARTITION BY'를 사용해 고객별 총 주문금액을 구하고 있다.

고객별 총 주문금액 - PARTITION BY 사용

```
1   SELECT  T1.CUS_ID
2          ,TO_CHAR(T1.ORD_DT,'YYYYMM') ORD_YM
3          ,SUM(T1.ORD_AMT) ORD_AMT
4          ,SUM(SUM(T1.ORD_AMT)) OVER(PARTITION BY T1.CUS_ID) BY_CUS_AMT
5   FROM    T_ORD T1
6   WHERE   T1.CUS_ID IN ('CUS_0002','CUS_0003')
7   AND     T1.ORD_DT >= TO_DATE('20170301','YYYYMMDD')
8   AND     T1.ORD_DT <  TO_DATE('20170601','YYYYMMDD')
9   GROUP BY T1.CUS_ID ,TO_CHAR(T1.ORD_DT,'YYYYMM')
10  ORDER BY T1.CUS_ID ,TO_CHAR(T1.ORD_DT,'YYYYMM');
```

(1) 서브쿼리로 대신하기

위 SQL을 서브쿼리로 변경하면 아래와 같다.

고객별 총 주문금액 - 서브쿼리로 해결

```
1   SELECT  T1.CUS_ID ,TO_CHAR(T1.ORD_DT,'YYYYMM') ORD_YM
2          ,SUM(T1.ORD_AMT) ORD_AMT
3          ,(  SELECT  SUM(A.ORD_AMT)
4              FROM    T_ORD A
5              WHERE   A.ORD_DT >= TO_DATE('20170301','YYYYMMDD')
6              AND     A.ORD_DT <  TO_DATE('20170601','YYYYMMDD')
7              AND     A.CUS_ID = T1.CUS_ID ) BY_CUS_AMT
8   FROM    T_ORD T1
9   WHERE   T1.CUS_ID IN ('CUS_0002','CUS_0003')
10  AND     T1.ORD_DT >= TO_DATE('20170301','YYYYMMDD')
11  AND     T1.ORD_DT <  TO_DATE('20170601','YYYYMMDD')
12  GROUP BY T1.CUS_ID ,TO_CHAR(T1.ORD_DT,'YYYYMM')
13  ORDER BY T1.CUS_ID ,TO_CHAR(T1.ORD_DT,'YYYYMM');
```

3~7번 라인에서 서브쿼리로 고객별 총 주문금액을 구하고 있다. 7번 라인을 보면 서브쿼리가 메인 FROM 절의 'T1.CUS_ID'를 참조하고 있다. 상관 서브쿼리 방식이다. 성능에 있어서 좋은 방법은 아니다.

(2) 인라인-뷰로 대신하기

위 SQL은 또다시 인라인-뷰로 변경할 수 있다.

고객별 총 주문금액 - 인라인-뷰로 해결

```
1   SELECT  T0.CUS_ID ,T0.ORD_YM ,T0.ORD_AMT ,T2.BY_CUS_AMT
2   FROM   (   SELECT  T1.CUS_ID ,TO_CHAR(T1.ORD_DT,'YYYYMM') ORD_YM ,SUM(T1.ORD_AMT) ORD_AMT
3              FROM    T_ORD T1
4              WHERE   T1.CUS_ID IN ('CUS_0002','CUS_0003')
5              AND     T1.ORD_DT >= TO_DATE('20170301','YYYYMMDD')
6              AND     T1.ORD_DT <  TO_DATE('20170601','YYYYMMDD')
7              GROUP BY T1.CUS_ID,TO_CHAR(T1.ORD_DT,'YYYYMM')
8          ) T0
9         ,(  SELECT  A.CUS_ID ,SUM(A.ORD_AMT) BY_CUS_AMT
10             FROM    T_ORD A
11             WHERE   A.CUS_ID IN ('CUS_0002','CUS_0003')
12             AND     A.ORD_DT >= TO_DATE('20170301','YYYYMMDD')
13             AND     A.ORD_DT <  TO_DATE('20170601','YYYYMMDD')
14             GROUP BY A.CUS_ID
15         ) T2
16  WHERE  T0.CUS_ID = T2.CUS_ID
17  ORDER BY T0.CUS_ID ,T0.ORD_YM;
```

T0는 고객ID, 주문년월별 주문금액을 구하는 인라인-뷰다. T2는 고객ID별 총 주문금액을 구하는 인라인-뷰다. T0와 T2를 CUS_ID 값으로 조인을 하면 T0의 결과에 고객ID별 총 주문금액을 추가할 수 있다.

'PARTITION BY'를 대체하는 SQL을 살펴보았다. 대체로 'PARTITION BY'보다 작성 양도 많고 복잡하다. 만약에 'PARTITION BY' 항목이 늘어나면 늘어나는 만큼 SQL이 길고 복잡해진다. 그로 인해 SQL을 잘 못 작성할 가능성도 커진다. 가능하면 분석함수를 사용하는 것이 좋다.

9.3.3 ROW_NUMBER를 대신하기

아래는 ROW_NUMBER를 사용해 순위를 구하는 SQL이다.

주문년월별 주문금액 순위 구하기 - ROW_NUMBER 사용

```
1   SELECT  TO_CHAR(T1.ORD_DT,'YYYYMM') ORD_YM
2          ,SUM(T1.ORD_AMT) ORD_AMT
```

```
3              ,ROW_NUMBER() OVER(ORDER BY SUM(T1.ORD_AMT) DESC) ORD_AMT_RANK
4        FROM    T_ORD T1
5        GROUP BY TO_CHAR(T1.ORD_DT,'YYYYMM')
6        ORDER BY TO_CHAR(T1.ORD_DT,'YYYYMM');
```

(1) ROWNUM으로 대신하기

ROWNUM은 ROW_NUMBER와 유사하므로, ROWNUM을 사용해 위 SQL을 대신할 수 있다. 아래와 같이 ROWNUM을 사용하면 된다.

주문년월별 주문금액 순위 구하기 - ROWNUM으로 해결

```
1    SELECT  T0.ORD_YM
2           ,T0.ORD_AMT
3           ,ROWNUM ORD_AMT_RANK
4    FROM   (
5           SELECT  TO_CHAR(T1.ORD_DT,'YYYYMM') ORD_YM
6                  ,SUM(T1.ORD_AMT) ORD_AMT
7           FROM    T_ORD T1
8           GROUP BY TO_CHAR(T1.ORD_DT,'YYYYMM')
9           ORDER BY SUM(T1.ORD_AMT) DESC
10          ) T0
11   ORDER BY T0.ORD_YM;
```

ROWNUM은 인라인-뷰의 데이터가 조회되는 순서에 따라 만들어지므로 9번 라인과 같이 인라인-뷰 안에 'ORDER BY'를 꼭 명시해야 한다. 그렇지 않으면 ROWNUM은 뒤죽박죽으로 나오게 된다.

(2) 서브쿼리로 대신하기

ROW_NUMBER는 아래와 같이 중첩된 서브쿼리로 해결할 수도 있다.

주문년월별 주문금액 순위 구하기 - 서브쿼리로 해결

```
1    SELECT  T2.ORD_YM
2           ,T2.ORD_AMT
3           ,( SELECT   COUNT(*)
4              FROM    (SELECT  TO_CHAR(A.ORD_DT,'YYYYMM') ORD_YM
5                              ,SUM(A.ORD_AMT) ORD_AMT
6                       FROM    T_ORD A
7                       GROUP BY TO_CHAR(A.ORD_DT,'YYYYMM')) B
8              WHERE   B.ORD_AMT >= T2.ORD_AMT
```

```
 9                   ) ORD_AMT_RANK
10   FROM   (
11               SELECT  TO_CHAR(T1.ORD_DT,'YYYYMM') ORD_YM
12                      ,SUM(T1.ORD_AMT) ORD_AMT
13               FROM    T_ORD T1
14               GROUP BY TO_CHAR(T1.ORD_DT,'YYYYMM')
15               ORDER BY SUM(T1.ORD_AMT) DESC
16               ) T2
17   ORDER BY T2.ORD_YM;
```

순위는 상대적이다. 예를 들어, 1등은 나보다 성적 좋은 사람이 없다는 뜻이다. 2등은 나보다 성적 좋은 사람이 1명만 있다는 것이고, 50등은 나보다 성적 좋은 사람이 49명이 있다는 뜻이다. 월별 주문금액 순위도 마찬가지다. 현재 월보다 주문금액이 많은 월이 없다면 현재 월이 1위가 된다. 이와 같은 개념을 SELECT 절의 서브쿼리로 구현했다. 3~8번 라인이 순위를 구하는 서브쿼리다. 주문년월별 순위를 구해야 하므로 서브쿼리를 중첩해서 사용하고 있다.

(3) 인라인-뷰와 셀프-조인으로 대신하기

이번에는 인라인-뷰와 셀프-조인으로 ROW_NUMBER를 대신해보자.

주문년월별 주문금액 순위 구하기 - 인라인-뷰와 셀프-조인으로 해결

```
 1   SELECT  T0.ORD_YM ,MAX(T0.ORD_AMT) ORD_AMT ,COUNT(*) ORD_AMT_RANK
 2   FROM    (SELECT  TO_CHAR(T1.ORD_DT,'YYYYMM') ORD_YM
 3                   ,SUM(T1.ORD_AMT) ORD_AMT
 4            FROM    T_ORD T1
 5            GROUP BY TO_CHAR(T1.ORD_DT,'YYYYMM')
 6            ) T0
 7           ,(SELECT  TO_CHAR(T1.ORD_DT,'YYYYMM') ORD_YM
 8                    ,SUM(T1.ORD_AMT) ORD_AMT
 9             FROM    T_ORD T1
10             GROUP BY TO_CHAR(T1.ORD_DT,'YYYYMM')
11             ) T3
12   WHERE   T3.ORD_AMT >= T0.ORD_AMT
13   GROUP BY T0.ORD_YM
14   ORDER BY T0.ORD_YM;
```

T0은 주문년월별 주문금액을 구하는 인라인-뷰다. T3은 T0과 완전히 같은 인라인-뷰다. 여기서 핵심은 12번 라인의 조인 조건이다.

[그림 9.3.3-1]을 보면 T0과 T3이 어떻게 조인되는지 알 수 있다. 그림에서 T0과 T3은 ORD_

AMT 값으로 내림차순 되어있다. T0과 T3의 조인 조건은 'T3.ORD_AMT >= T0.ORD_AMT'이다. 즉 T3의 ORD_AMT가 T0의 ORD_AMT보다 크거나 같으면 조인이 된다. 이 조건으로 조인을 처리한 후에, T0의 ORD_YM 별로 카운트하면 순위가 구해진다.

T0			T3			T0.ORD_AMT <= T3.ORD_AMT			
ORD_YM	ORD_AMT		ORD_YM	ORD_AMT		ORD_YM	ORD_AMT	ORD_YM	ORD_AMT
201707	513900		201707	513900		201707	513900	201707	513900
201712	512900		201712	512900		201712	512900	201707	513900
201708	505700		201708	505700		201712	512900	201712	512900
201705	480300		201705	480300		201708	505700	201707	513900
201709	471000		201709	471000		201708	505700	201712	512900
201711	471000		201711	471000		201708	505700	201708	505700
201710	461000		201710	461000		...	...	...	...
201706	449300		201706	449300					
201701	436740		201701	436740					
201704	388400		201704	388400					
201702	328970		201702	328970					
201703	303110		201703	303110					

[그림 9.3.3-1]

위 SQL은 인라인-뷰를 WITH 절로 처리하면 조금 더 간단하게 구현할 수 있다.

분석함수를 대신할 수 있는 SQL들을 살펴봤다. 대부분 분석함수보다 복잡하다. 기본적으로 성능도 분석함수보다 좋은 구조는 아니다. 가능하다면 분석함수를 사용하기를 권장한다. 다만, 다양한 방법으로 SQL을 구현할 수 있음을 알고 있기 바란다.

Chapter. 10

페이징 처리 기술

사용자의 화면에 한 번에 많은 데이터를 보여주기에는 데이터베이스와 WAS, 클라이언트까지 모두 성능의 부담이 있다. 이때, 시스템의 부담을 줄이면서 사용자가 한 번에 볼 수 있는 만큼의 데이터만 보여주는 처리를 페이징(Paging)이라고 한다.

예를 들어, 사용자가 만 건의 데이터를 요청하면 30건만 조회를 시켜주고, 다음 페이지를 요청하면 다음 30건을 보여주는 기술이다.

10.1 페이징 기술

10.1.1 페이징의 종류

페이징의 종류부터 정의해보자. 이 책에서는 페이징을 구현하는 방법에 따라 아래와 같이 세 가지로 분류한다.

- WAS 페이징: 모든 데이터를 가져와 WAS에서 페이징 처리를 하는 방법
- DB 페이징: 데이터베이스에서 페이징에 필요한 만큼의 데이터만 조회하는 방법
- DB-INDEX 페이징: 인덱스를 이용해 페이징에 필요한 데이터만 정확히 읽어내는 방법

페이징 종류에 대한 차이는 [그림 10.1.1-1]을 보면 쉽게 이해할 수 있다.

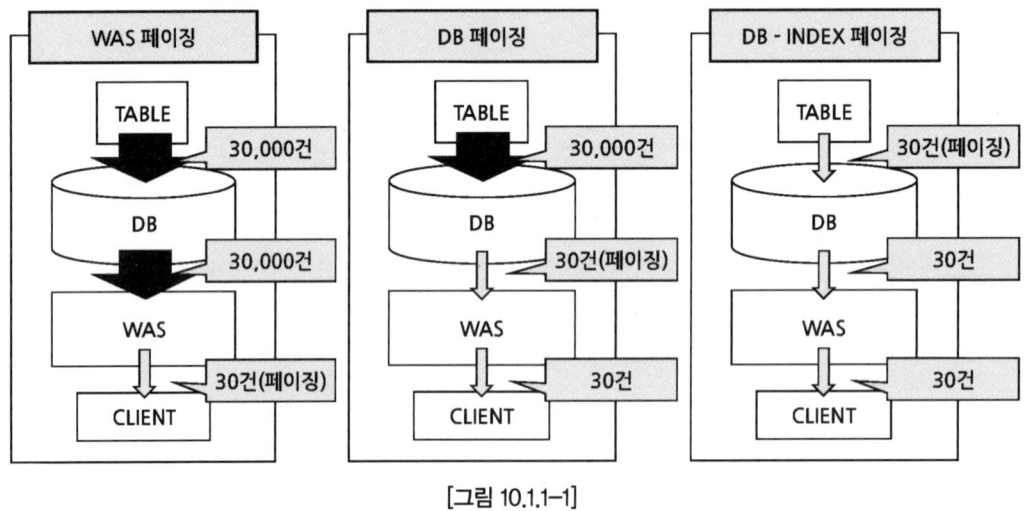

[그림 10.1.1-1]

WAS 페이징은 사용하면 안 되는 방법이다. 아마도 이처럼 페이징을 하는 곳은 없을 것이다. 화면에는 30건의 데이터만 필요한데, 29,970건의 데이터가 계속 DB에서 WAS로 전송되는 비효율이 있다. 이로 인해 네트워크 부하가 심하게 발생한다. 그뿐만 아니라 WAS에서 30,000건의 데이터를 계속해서 처리하다 보면, WAS에 부하도 많이 걸리게 된다.

DB 페이징과 DB-INDEX 페이징은 비슷한 기술이다. SQL 성능을 최적화했는지에 따라 두 기술을 분류할 수 있다.

DB 페이징은 SQL 성능까지 고려한 방법은 아니다. 조회에 필요한 데이터를 모두 읽은 다음에 페이지에 필요한 만큼만 데이터를 잘라내서 WAS로 보내는 방법이다. 가장 흔하게 사용하는 방법이다. WAS에 부하를 주지 않는 대신에, 데이터베이스에서 모든 부하를 받는다.

DB-INDEX 페이징은 인덱스를 이용해 필요한 데이터만 정확히 읽어내는 방법이다. 인덱스와 ROWNUM을 활용해 구현한다. 페이징 건수가 30건이라면 정확히 30건의 데이터만 접근하는 방법이다. 필요한 데이터만 읽어내므로 성능이 가장 좋다. 하지만 상황에 따라서 DB-INDEX 페이징이 불가능할 때도 있다.

DB-INDEX 페이징은 분류를 위해 필자가 지어낸 용어다. 특별한 기술이나 엄청난 비밀이 있는 것은 아니다. 부분 범위 처리 페이징이라고 부를 수도 있으며 NO-SORT 페이징이라고 부를 수도 있다.

10.1.2 DB 페이징

DB 페이징을 살펴보자. DB 페이징은 가장 흔하게 사용하는 기법이다. ROWNUM을 이용해 페이징에 필요한 데이터만 골라내면 된다.

아래와 같이 T_ORD_JOIN 테이블을 조회하는 SQL이 있다고 가정하자. 아래 SQL은 192,000 건이 조회된다. 화면에 이렇게 많은 데이터를 한 번에 보여주기에는 무리가 있다. 아마도 데이터를 내려보내는 중에 WAS나 클라이언트 환경에 심한 부하가 발생할 것이다.

```
주문 리스트를 조회
1   SELECT  T1.ORD_SEQ  ,T1.ORD_YMD  ,T1.CUS_ID  ,T2.CUS_NM
2           ,T3.RGN_NM  ,T1.ORD_ST   ,T1.ITM_ID
3   FROM    T_ORD_JOIN T1 ,M_CUS T2 ,M_RGN T3
4   WHERE   T1.ORD_YMD LIKE '201703%'
5   AND     T1.CUS_ID = T2.CUS_ID
6   AND     T3.RGN_ID = T2.RGN_ID
7   ORDER BY T1.ORD_YMD DESC ,T1.ORD_SEQ DESC;
```

(1) 첫 페이지 조회

페이징 건수는 30건이라고 가정하고 위 SQL을 DB 페이징으로 변경해보자. 첫 번째 페이지를 조회하는 SQL은 아래와 같이 작성할 수 있다.

주문 리스트를 조회 - 첫 번째 페이지

```
1   SELECT  *
2   FROM    (
3           SELECT  T1.ORD_SEQ  ,T1.ORD_YMD  ,T1.CUS_ID  ,T2.CUS_NM
4                  ,T3.RGN_NM  ,T1.ORD_ST  ,T1.ITM_ID
5           FROM    T_ORD_JOIN T1 ,M_CUS T2 ,M_RGN T3
6           WHERE   T1.ORD_YMD LIKE '201703%'
7           AND     T1.CUS_ID = T2.CUS_ID
8           AND     T3.RGN_ID = T2.RGN_ID
9           ORDER BY T1.ORD_YMD DESC ,T1.ORD_SEQ DESC
10          ) T_PG1
11  WHERE   ROWNUM <= 30;
```

원래의 SQL을 인라인-뷰로 처리하고 인라인-뷰 바깥에서 ROWNUM을 사용해 30건만 조회하도록 처리하면 된다. 이때 'ORDER BY'와 ROWNUM의 위치가 매우 중요하다. 'ORDER BY'는 인라인-뷰 안쪽에, ROWNUM은 인라인-뷰 바깥쪽에 위치해야 한다. 이처럼 구현해야만 'ORDER BY' 순서에 맞는 30건의 데이터를 찾아낼 수 있다.

(2) 첫 페이지 조회 - ROWNUM을 잘 못 사용한 예

아래와 같이 인라인-뷰를 제거하고 ROWNUM과 ORDER BY를 같은 SQL 블록에서 실행해보자.

주문 리스트를 조회 - 첫 번째 페이지, ROWNUM을 잘못 사용

```
1   SELECT  T1.ORD_SEQ  ,T1.ORD_YMD  ,T1.CUS_ID  ,T2.CUS_NM
2          ,T3.RGN_NM  ,T1.ORD_ST  ,T1.ITM_ID
3   FROM    T_ORD_JOIN T1 ,M_CUS T2 ,M_RGN T3
4   WHERE   T1.ORD_YMD LIKE '201703%'
5   AND     T1.CUS_ID = T2.CUS_ID
6   AND     T3.RGN_ID = T2.RGN_ID
7   AND     ROWNUM <= 30
8   ORDER BY T1.ORD_YMD DESC ,T1.ORD_SEQ DESC;
```

위 SQL은 ROWNUM이 'ORDER BY' 이전에 처리되므로 정렬 순서가 뒤죽박죽된다. ROWNUM의 위치에 따른 실행계획을 비교해 보면 원인을 정확히 알 수 있다.

10.1 페이징 기술

```
ROWNUM 위치에 따른 실행계획
-- ROWNUM을 인라인-뷰 바깥에서 사용(정상)
---------------------------------------------------------------------------------
| Id  | Operation                        | Name          | Starts | A-Rows | A-Time      | Buffers |
---------------------------------------------------------------------------------
|   0 | SELECT STATEMENT                 |               |      1 |     30 |00:00:00.22  |   2681  |
|*  1 |  COUNT STOPKEY                   |               |      1 |     30 |00:00:00.22  |   2681  |
|   2 |   VIEW                           |               |      1 |     30 |00:00:00.22  |   2681  |
|*  3 |    SORT ORDER BY STOPKEY         |               |      1 |     30 |00:00:00.22  |   2681  |
|   4 |     NESTED LOOPS                 |               |      1 |   192K |00:00:00.19  |   2681  |
|   5 |      NESTED LOOPS                |               |      1 |   192K |00:00:00.08  |    970  |
|   6 |       MERGE JOIN                 |               |      1 |     90 |00:00:00.01  |      8  |
|   7 |        TABLE ACCESS BY INDEX ROWID| M_RGN        |      1 |      5 |00:00:00.01  |      2  |
|   8 |         INDEX FULL SCAN          | PK_M_RGN      |      1 |      5 |00:00:00.01  |      1  |
|*  9 |        SORT JOIN                 |               |      5 |     90 |00:00:00.01  |      6  |
|  10 |         TABLE ACCESS FULL        | M_CUS         |      1 |     90 |00:00:00.01  |      6  |
|* 11 |      INDEX RANGE SCAN            | X_T_ORD_JOIN_2|     90 |   192K |00:00:00.06  |    962  |
|  12 |     TABLE ACCESS BY INDEX ROWID  | T_ORD_JOIN    |   192K |   192K |00:00:00.08  |   1711  |
---------------------------------------------------------------------------------

-- ROWNUM을 인라인-뷰 없이 사용(비정상)
---------------------------------------------------------------------------------
| Id  | Operation                        | Name          | Starts | A-Rows | A-Time      | Buffers |
---------------------------------------------------------------------------------
|   0 | SELECT STATEMENT                 |               |      1 |     30 |00:00:00.01  |     12  |
|   1 |  SORT ORDER BY                   |               |      1 |     30 |00:00:00.01  |     12  |
|*  2 |   COUNT STOPKEY                  |               |      1 |     30 |00:00:00.01  |     12  |
|   3 |    NESTED LOOPS                  |               |      1 |     30 |00:00:00.01  |     12  |
|   4 |     NESTED LOOPS                 |               |      1 |     30 |00:00:00.01  |     11  |
|   5 |      MERGE JOIN                  |               |      1 |      1 |00:00:00.01  |      8  |
|   6 |       TABLE ACCESS BY INDEX ROWID| M_RGN         |      1 |      1 |00:00:00.01  |      2  |
|   7 |        INDEX FULL SCAN           | PK_M_RGN      |      1 |      1 |00:00:00.01  |      1  |
|*  8 |       SORT JOIN                  |               |      1 |      1 |00:00:00.01  |      6  |
|   9 |        TABLE ACCESS FULL         | M_CUS         |      1 |     90 |00:00:00.01  |      6  |
|* 10 |      INDEX RANGE SCAN            | X_T_ORD_JOIN_2|      1 |     30 |00:00:00.01  |      3  |
|  11 |     TABLE ACCESS BY INDEX ROWID  | T_ORD_JOIN    |     30 |     30 |00:00:00.01  |      1  |
---------------------------------------------------------------------------------
```

첫 번째 실행계획은 ROWNUM을 인라인-뷰 바깥에서 사용한 경우다. 'SORT ORDER BY STOPKEY'가 먼저 처리되고, 마지막에 'COUNT STOPKEY'가 처리되었다. 'COUNT STOPKEY'는 ROWNUM 조건을 처리한 단계다. 즉 정렬(SORT ORDER BY STOPKEY)을 먼저 한 후에 ROWNUM(COUNT STOPKEY)이 처리되었으므로 첫 페이지에 필요한 30건이 제대로 나온다.

두 번째 실행계획은 ROWNUM을 인라인-뷰 없이 사용한 경우다. 'COUNT STOPKEY'가 먼저 처리되고 'SORT ORDER BY'가 나중에 처리되었다. 조건에 맞는 데이터를 아무거나 30건 골라낸 후에 정렬 작업을 한 것이다. 정렬 없이 30건을 골라냈으므로 필요한 첫 페이지의 데이터가 나오지 않는다.

두 실행계획의 Buffers를 비교해 보면 ROWNUM을 인라인-뷰 없이 사용한 경우가 압도적으로 좋다. 당연히 아무거나 30건만 읽은 후에 정렬 처리를 했으므로 성능이 좋을 수밖에 없다. 성능보다 우선시 되어야 하는 것은 데이터의 정확성이다. 성능을 이유로 잘못된 데이터를 사용자에게 보여줄 수는 없다. 반드시 ROWNUM은 'ORDER BY'가 처리된 인라인-뷰 바깥에서 사용해야 한다.

(3) 두 번째 페이지 처리 - ROWNUM을 잘 못 사용한 예

두 번째 페이지를 읽을 때는 ROWNUM이 31 이상이면서 60 이하인 데이터를 조회해야 한다. 아래와 같이 ROWNUM 조건을 범위 조건으로 처리해보자. 안타깝게도 아래 SQL은 제대로 작동하지 않는다. 실행하면 조회되는 데이터가 없다.

주문 리스트를 조회 - 두 번째 페이지 조회, 잘못된 처리

```
1   SELECT  *
2   FROM    (
3           SELECT  T1.ORD_SEQ ,T1.ORD_YMD ,T1.CUS_ID ,T2.CUS_NM
4                  ,T3.RGN_NM ,T1.ORD_ST ,T1.ITM_ID
5           FROM    T_ORD_JOIN T1 ,M_CUS T2 ,M_RGN T3
6           WHERE   T1.ORD_YMD LIKE '201703%'
7           AND     T1.CUS_ID = T2.CUS_ID
8           AND     T3.RGN_ID = T2.RGN_ID
9           ORDER BY T1.ORD_YMD DESC ,T1.ORD_SEQ DESC
10          ) T_PG1
11  WHERE   ROWNUM >= 31
12  AND     ROWNUM <= 60;
```

ROWNUM은 조회되는 데이터에 1부터 차례대로 번호를 매긴다. 그러므로 1을 거치지 않고서 2나 3이 나올 수 없다. 아래 SQL들을 실행해 보면 ROWNUM의 특징을 이해할 수 있다.

조회가 가능한 ROWNUM

```
1   SELECT * FROM T_ORD_JOIN T1 WHERE ROWNUM = 1; --조회 가능
2   SELECT * FROM T_ORD_JOIN T1 WHERE ROWNUM = 2; --조회 불가능
3   SELECT * FROM T_ORD_JOIN T1 WHERE ROWNUM <= 2; --조회 가능
4   SELECT * FROM T_ORD_JOIN T1 WHERE ROWNUM >= 2; --조회 불가능
```

(4) 두 번째 페이지 처리 – 정상적인 방법

위와 같은 ROWNUM의 특징 때문에 두 번째 페이지를 조회하려면 아래와 같이 인라인-뷰를 하나 더 사용해야 한다.

주문 리스트를 조회 - 두 번째 페이지 조회

```
1   SELECT  *
2   FROM    (
3           SELECT  ROWNUM RNO
4                  ,T1.*
5           FROM    (
6                   SELECT  T1.ORD_SEQ  ,T1.ORD_YMD  ,T1.CUS_ID  ,T2.CUS_NM
7                          ,T3.RGN_NM   ,T1.ORD_ST   ,T1.ITM_ID
8                   FROM    T_ORD_JOIN T1 ,M_CUS T2 ,M_RGN T3
9                   WHERE   T1.ORD_YMD LIKE '201703%'
10                  AND     T1.CUS_ID = T2.CUS_ID
11                  AND     T3.RGN_ID = T2.RGN_ID
12                  ORDER BY T1.ORD_YMD DESC ,T1.ORD_SEQ DESC
13                  ) T1
14          WHERE   ROWNUM <= 60
15          ) T2
16  WHERE   T2.RNO >= 31;
```

14번 라인을 보면 두 번째 페이지의 마지막까지 조회 되도록 'ROWNUM <= 60' 조건을 사용하고 있다. SQL의 3번 라인에서는 ROWNUM을 RNO로 별칭을 지정했다. ROWNUM을 60까지 조회하기 때문에 RNO는 1부터 60이 나온다. 이 결과를 다시 인라인-뷰로 처리하고 두 번째 페이지의 시작 데이터부터 조회가 되도록 'RNO >= 31' 조건을 사용한다.

이처럼 인라인-뷰를 두 번 사용해야만 두 번째 페이지 이후가 제대로 조회된다. 인라인-뷰의 두 번 사용을 피하고자 ROWNUM 대신에 분석함수인 ROW_NUMBER를 사용하는 것을 고려할 수 있다. 실제로 페이징 처리에 ROW_NUMBER를 사용한 경우도 많다. 하지만 페이징 처리에서 ROW_NUMBER는 ROWNUM보다 성능이 좋지 못할 가능성이 크다. 페이징 처리에서는 되도록 ROWNUM을 사용하기 바란다.

DB 페이징은 성능까지는 고려하지 않는다. 두 번째 페이지를 처리한 SQL의 실행계획을 살펴보자.

주문 리스트를 조회 - 두 번째 페이지 조회 - 실행계획

```
---------------------------------------------------------------------------------------------
| Id  | Operation                         | Name          | Starts | A-Rows |   A-Time    | Buffers |
---------------------------------------------------------------------------------------------
|   0 | SELECT STATEMENT                  |               |      1 |     30 |00:00:00.19  |    2681 |
|*  1 |  VIEW                             |               |      1 |     30 |00:00:00.19  |    2681 |
|*  2 |   COUNT STOPKEY                   |               |      1 |     60 |00:00:00.19  |    2681 |
|   3 |    VIEW                           |               |      1 |     60 |00:00:00.19  |    2681 |
|*  4 |     SORT ORDER BY STOPKEY         |               |      1 |     60 |00:00:00.19  |    2681 |
|   5 |      NESTED LOOPS                 |               |      1 |   192K |00:00:00.17  |    2681 |
|   6 |       NESTED LOOPS                |               |      1 |   192K |00:00:00.07  |     970 |
|   7 |        MERGE JOIN                 |               |      1 |     90 |00:00:00.01  |       8 |
|   8 |         TABLE ACCESS BY INDEX ROWID| M_RGN        |      1 |      5 |00:00:00.01  |       2 |
|   9 |          INDEX FULL SCAN          | PK_M_RGN      |      1 |      5 |00:00:00.01  |       1 |
|* 10 |         SORT JOIN                 |               |      5 |     90 |00:00:00.01  |       6 |
|  11 |          TABLE ACCESS FULL        | M_CUS         |      1 |     90 |00:00:00.01  |       6 |
|* 12 |        INDEX RANGE SCAN           | X_T_ORD_JOIN_2|     90 |   192K |00:00:00.06  |     962 |
|  13 |       TABLE ACCESS BY INDEX ROWID | T_ORD_JOIN    |   192K |   192K |00:00:00.06  |    1711 |
---------------------------------------------------------------------------------------------
```

실행계획의 12, 13번 오퍼레이션을 보면 A-Rows가 192K(192,000)다. 최종 30건을 위해 데이터베이스 내부적으로 192,000건을 뒤진 것이다. 엄청난 비효율이다. 이와 같은 비효율을 제거하려면 DB-INDEX 페이징 기술을 사용해야 한다.

10.1.3 DB-INDEX 페이징

인덱스를 추가해 'DB 페이징'의 성능을 끌어올리는 방법이 바로 'DB-INDEX 페이징'이다. 인덱스를 이용해 필요한 데이터만 정확히 읽어내는 방법이다.

DB-INDEX 페이징을 구현하려면, SQL의 조건절에만 인덱스를 만드는 것이 아니라 페이징에 사용되는 'ORDER BY' 컬럼까지 고려해 인덱스를 생성해야 한다. 인덱스 컬럼을 정하는 기준은 '8.4.3 최근 데이터를 가져오는 기술' 절에서 살펴본 기준과 같다. 다시 한번 정리하면 아래와 같다.

1. WHERE 절에 조건으로 사용된 컬럼을 복합 인덱스의 선두 컬럼으로 사용한다.
    : 조건이 여러 개라면, '같다(=)' 조건의 컬럼을 앞쪽에, 범위 조건을 뒤쪽에 놓는다.

2. ORDER BY에 사용된 컬럼을 1번에서 정의한 컬럼 뒤에 차례대로 위치시킨다.

언제나 그랬듯이 규칙에 따라 인덱스를 만드는 것보다, 실행계획을 확인하는 것이 가장 중요하다. 아무리 인덱스를 구성해도 WHERE 절의 조건과 'ORDER BY'에 따라 DB-INDEX 페이징이 작동하지 않을 수도 있다. 반드시 실행계획을 확인하고 원하는 대로 처리되었는지 확인해야 한다.

앞 절에서 살펴본 두 번째 페이지 SQL을 DB-INDEX 페이징으로 변경해보자. SQL에는 T_ORD_JOIN 테이블에 ORD_YMD 가 '범위(LIKE, >, <>)' 조건으로 사용되었고, 'ORDER BY'에는 'ORD_YMD, ORD_SEQ'가 차례대로 사용되었다. 그러므로 DB-INDEX 페이징을 위해서는 'ORD_YMD, ORD_SEQ' 순서의 복합 인덱스를 만들면 된다.

아래와 같이 인덱스를 생성한 후에 두 번째 페이지 SQL을 실행해보자.

주문 리스트를 조회 - DB-INDEX 페이징

```
1   --페이징 처리를 위한 인덱스를 추가
2   CREATE INDEX X_T_ORD_JOIN_PG1 ON T_ORD_JOIN(ORD_YMD, ORD_SEQ);
3
4   SELECT  *
5   FROM    (
6           SELECT  ROWNUM RNO
7                   ,T1.*
8           FROM    (
9                   SELECT  T1.ORD_SEQ ,T1.ORD_YMD ,T1.CUS_ID ,T2.CUS_NM
10                          ,T3.RGN_NM  ,T1.ORD_ST  ,T1.ITM_ID
11                  FROM    T_ORD_JOIN T1 ,M_CUS T2 ,M_RGN T3
12                  WHERE   T1.ORD_YMD LIKE '201703%'
13                  AND     T1.CUS_ID = T2.CUS_ID
14                  AND     T3.RGN_ID = T2.RGN_ID
15                  ORDER BY T1.ORD_YMD DESC ,T1.ORD_SEQ DESC
16                  ) T1
17          WHERE   ROWNUM <= 60
18          ) T2
19  WHERE   T2.RNO >= 31;
```

실행계획을 확인해 보면 0.01초로 성능이 개선되었다. 전체 Buffers는 2,681에서 134로 개선되었다.

주문 리스트를 조회 - DB-INDEX 페이징 - 실행계획

```
---------------------------------------------------------------------------------------
| Id | Operation                         | Name            | Starts | A-Rows |   A-Time    | Buffers |
---------------------------------------------------------------------------------------
|  0 | SELECT STATEMENT                  |                 |      1 |     30 | 00:00:00.01 |     134 |
|* 1 |  VIEW                             |                 |      1 |     30 | 00:00:00.01 |     134 |
|* 2 |   COUNT STOPKEY                   |                 |      1 |     60 | 00:00:00.01 |     134 |
|  3 |    VIEW                           |                 |      1 |     60 | 00:00:00.01 |     134 |
|  4 |     NESTED LOOPS                  |                 |      1 |     60 | 00:00:00.01 |     134 |
|  5 |      NESTED LOOPS                 |                 |      1 |     60 | 00:00:00.01 |      74 |
|  6 |       NESTED LOOPS                |                 |      1 |     60 | 00:00:00.01 |      70 |
|  7 |        TABLE ACCESS BY INDEX ROWID| T_ORD_JOIN      |      1 |     60 | 00:00:00.01 |       6 |
|* 8 |         INDEX RANGE SCAN DESCENDING| X_T_ORD_JOIN_PG1|      1 |     60 | 00:00:00.01 |       4 |
|  9 |        TABLE ACCESS BY INDEX ROWID| M_CUS           |     60 |     60 | 00:00:00.01 |      64 |
|*10 |         INDEX UNIQUE SCAN         | PK_M_CUS        |     60 |     60 | 00:00:00.01 |       4 |
|*11 |       INDEX UNIQUE SCAN           | PK_M_RGN        |     60 |     60 | 00:00:00.01 |       4 |
| 12 |      TABLE ACCESS BY INDEX ROWID  | M_RGN           |     60 |     60 | 00:00:00.01 |      60 |
---------------------------------------------------------------------------------------
```

인덱스를 만드는 것만으로 'DB 페이징'이 'DB-INDEX 페이징'으로 변경되고, 성능이 향상했다. 실행계획을 보면 새로 만든 인덱스를 'INDEX RANGE SCAN DESCENDING' 방식으로 접근해 필요한 60건만 가져오고 있다. 이처럼 60건만 가져올 수 있는 이유는, 조회하려는 데이터 순서와 인덱스의 리프 블록의 데이터 순서가 같기 때문이다.

실행계획에서 DB-INDEX 페이징이 동작했는지 확인하려면 아래 항목들을 살펴봐야 한다.

1. INDEX RANGE SCAN DESCENDING(또는 ASCENDING) 오퍼레이션이 있어야 한다.
    (상황에 따라서는 INDEX FULL SCAN이 나올 수도 있다.)
2. 1번 항목에서, 페이징 건수만큼만 또는 약간 초과해서 A-Rows가 나와야 한다.
    : ORDER BY나 조건절, 인덱스 구성에 따라 A-Rows가 페이징 건수보다 높을 수 있다.
    : A-Rows가 최대한 페이징 건수에 가깝거나, 큰 비효율이 없어야 한다.
3. 1번 항목 이후에, COUNT STOPKEY가 있어야 한다.

인덱스 구성보다, 실행계획에 위의 항목들이 적절하게 나왔는지 확인하는 것이 무엇보다 중요하다.
DB-INDEX 페이징 역시 성능에 한계가 있다. 아래와 같이 100번째 페이지가 조회되도록 SQL을 실행해보자. (두 번째 페이지 SQL의 ROWNUM과 RNO에 대한 조건만 변경하면 된다.)

10.1 페이징 기술

```
DB-INDEX 페이징 - 100번째 페이지 조회
1            WHERE    ROWNUM <= 100 * 30 --페이지번호 * 페이지당 로우수
2         ) T2
3    WHERE  T2.RNO >= (100 * 30) - (30-1) --(페이지번호 * 페이지당 로우수) - (페이지당로우수-1)
```

100번째 페이지 SQL의 실행계획은 아래와 같다.

```
DB-INDEX 페이징 - 100번째 페이지 조회 - 실행계획
---------------------------------------------------------------------------------
| Id  | Operation                       | Name            | Starts | A-Rows |   A-Time     | Buffers |
---------------------------------------------------------------------------------
|   0 | SELECT STATEMENT                |                 |      1 |     30 |00:00:00.56 |    2241 |
|*  1 |  VIEW                           |                 |      1 |     30 |00:00:00.56 |    2241 |
|*  2 |   COUNT STOPKEY                 |                 |      1 |   3000 |00:00:00.56 |    2241 |
|   3 |    VIEW                         |                 |      1 |   3000 |00:00:00.56 |    2241 |
|*  4 |     SORT ORDER BY STOPKEY       |                 |      1 |   3000 |00:00:00.56 |    2241 |
|*  5 |      HASH JOIN                  |                 |      1 |   192K |00:00:00.34 |    2241 |
|   6 |       MERGE JOIN                |                 |      1 |     90 |00:00:00.01 |       8 |
|   7 |        TABLE ACCESS BY INDEX ROWID| M_RGN         |      1 |      5 |00:00:00.01 |       2 |
|   8 |         INDEX FULL SCAN         | PK_M_RGN        |      1 |      5 |00:00:00.01 |       1 |
|*  9 |        SORT JOIN                |                 |      5 |     90 |00:00:00.01 |       6 |
|  10 |         TABLE ACCESS FULL       | M_CUS           |      1 |     90 |00:00:00.01 |       6 |
|  11 |       TABLE ACCESS BY INDEX ROWID| T_ORD_JOIN     |      1 |   192K |00:00:00.23 |    2233 |
|* 12 |        INDEX RANGE SCAN         | X_T_ORD_JOIN_PG1|      1 |   192K |00:00:00.16 |     672 |
---------------------------------------------------------------------------------
```

실행계획에서 11번 단계의 A-Rows가 192,000이다. DB-INDEX 페이징이 아니라 DB 페이징 방식으로 처리되었다. (DB-INDEX 페이징이라면 100번째 페이지를 위해 3,000건의 데이터만 접근하면 된다.)

실제 개발할 때는 페이징 처리 조건에 상숫값이 아니라, 바인드 변수를 사용한다. 바인드 변수로 SQL을 구현해야 처음 생성한 실행계획을 계속해서 재사용(소프트 파싱)할 수 있다. 바인드 변수로 페이징 SQL을 만들어서 100페이지를 조회했다면 첫 번째 페이지에 사용했던 'DB-INDEX 페이징 실행계획'을 그대로 사용했을 가능성이 크다.

여기서는 바인드 변수를 사용하지 않았기 때문에, 옵티마이져가 100번째 페이지에 최적화된 실행계획을 만든 것이다. 100번째 페이지는 'DB-INDEX 페이징'보다 'DB 페이징 방식'이 더 좋다고 판단한 것이다.

힌트를 사용해 100번째 페이지도 DB-INDEX 페이징 방식으로 유도할 수 있다. 아래와 같이 힌트를 추가해 SQL을 실행해보자.

DB-INDEX 페이징 - 100번째 페이지 조회 힌트 사용

```
1  SELECT  *
2  FROM    (
3          SELECT  ROWNUM RNO
4                  ,T1.*
5          FROM    (
6                  SELECT  /*+ LEADING(T1) USE_NL(T2 T3) */
7                          T1.ORD_SEQ  ,T1.ORD_YMD  ,T1.CUS_ID  ,T2.CUS_NM
8                          ,...
```

힌트가 추가된 SQL의 실행계획은 아래와 같다.

DB-INDEX 페이징 - 100번째 페이지 조회 힌트 사용 - 실행계획

```
-----------------------------------------------------------------------------------------
| Id  | Operation                          | Name           | Starts | A-Rows |   A-Time    | Buffers |
-----------------------------------------------------------------------------------------
|   0 | SELECT STATEMENT                   |                |     1  |    30  |00:00:00.02  |  6048   |
|*  1 |  VIEW                              |                |     1  |    30  |00:00:00.02  |  6048   |
|*  2 |   COUNT STOPKEY                    |                |     1  |  3000  |00:00:00.02  |  6048   |
|   3 |    VIEW                            |                |     1  |  3000  |00:00:00.02  |  6048   |
|   4 |     NESTED LOOPS                   |                |     1  |  3000  |00:00:00.02  |  6048   |
|   5 |      NESTED LOOPS                  |                |     1  |  3000  |00:00:00.02  |  3048   |
|   6 |       NESTED LOOPS                 |                |     1  |  3000  |00:00:00.01  |  3044   |
|   7 |        TABLE ACCESS BY INDEX ROWID | T_ORD_JOIN     |     1  |  3000  |00:00:00.01  |    40   |
|*  8 |         INDEX RANGE SCAN DESCENDING| X_T_ORD_JOIN_PG1|    1  |  3000  |00:00:00.01  |    14   |
|   9 |        TABLE ACCESS BY INDEX ROWID | M_CUS          |  3000  |  3000  |00:00:00.01  |  3004   |
|* 10 |         INDEX UNIQUE SCAN          | PK_M_CUS       |  3000  |  3000  |00:00:00.01  |     4   |
|* 11 |       INDEX UNIQUE SCAN            | PK_M_RGN       |  3000  |  3000  |00:00:00.01  |     4   |
|  12 |      TABLE ACCESS BY INDEX ROWID   | M_RGN          |  3000  |  3000  |00:00:00.01  |  3000   |
-----------------------------------------------------------------------------------------
```

실행계획에 DB-INDEX 페이징에 해당하는 오퍼레이션이 모두 나와 있다. 8번 단계의 A-Rows를 보면 100 페이지에 필요한 3,000건만 정확하게 접근하고 있다.

'DB 페이징'과 'DB-INDEX 페이징'의 100번째 페이지 실행계획을 비교해 보면, 'DB-INDEX 페이징'이 성능이 더 나쁘다. Buffers를 보면 'DB 페이징'에서는 2,241이었지만, 'DB-INDEX 페이징'은 6,048로 나빠졌다. 옵티마이저가 100페이지 처리에 왜 'DB 페이징' 실행계획을 만들었는지 이해가 된다.

이처럼 DB-INDEX 페이징은 뒤쪽의 페이지를 조회할수록 성능이 저하된다. 100번째 페이지를 보여주려면 1페이지부터 시작해 100페이지까지 해당하는 데이터를 차례대로 모두 접근해야 하기 때문이다.

다행인지 모르겠지만, 사용자들은 보통 첫 번째나 두 번째 페이지만 보고 나서 조건을 변경해서 다시 조회하는 경향이 있다. 뒤쪽의 페이지를 읽을 가능성이 크지 않다. 꼭 필요한 경우가 아니라면 뒤쪽 페이지의 성능까지 고민할 필요는 없을 것이다.

DB-INDEX 페이징은 구현이 쉬운 방법은 아니다. 시스템의 모든 SQL을 이처럼 개발하기에는 쉽지 않다. 시스템 성능에 큰 문제가 없다면 DB 페이징 방식을 주로 사용하고, 많이 사용되는 화면에만 DB-INDEX 페이징 기술을 사용하기 바란다.

10.2 페이징 성능 높이기

10.2.1 페이징을 위한 카운트 처리

페이징이 있는 화면은 대부분 카운트 SQL을 별도로 실행한다. 조회될 건수를 카운트해서 [그림 10.2.1-1]과 같이 몇 페이지까지 있는지 보여주기 위해서다.

1 2 3 4 5 6 7 8 9 10 Next>
[그림 10.2.1-1]

앞 절에서 구현한 DB-INDEX 페이징 SQL에 카운트 처리를 해보자. 보통 아래와 같이 구현한다. 인라인-뷰 바깥에 페이징 처리하던 부분만 카운트로 대체한다.

페이징을 위한 카운트

```
1   SELECT  COUNT(*)
2   FROM    (
3           SELECT  T1.ORD_SEQ  ,T1.ORD_YMD  ,T1.CUS_ID  ,T2.CUS_NM
4                   ,T3.RGN_NM  ,T1.ORD_ST  ,T1.ITM_ID
5           FROM    T_ORD_JOIN T1  ,M_CUS T2  ,M_RGN T3
6           WHERE   T1.ORD_YMD LIKE '201703%'
7           AND     T1.CUS_ID = T2.CUS_ID
8           AND     T3.RGN_ID = T2.RGN_ID
9           ORDER BY T1.ORD_YMD DESC ,T1.ORD_SEQ DESC
10          ) T1;
```

위 SQL은 실행계획을 보나 마나 T_ORD_JOIN에 대한 A-Rows가 192,000건이 나올 것이다. 조회 조건에 해당하는 모든 데이터를 카운트하기 때문이다. 실행계획은 아래와 같다.

페이징을 위한 카운트 - 실행계획

```
-----------------------------------------------------------------------------------
| Id | Operation            | Name          | Starts | A-Rows |   A-Time   | Buffers |
-----------------------------------------------------------------------------------
|  0 | SELECT STATEMENT     |               |     1  |     1  |00:00:00.05 |    966  |
|  1 |  SORT AGGREGATE      |               |     1  |     1  |00:00:00.05 |    966  |
|  2 |   NESTED LOOPS       |               |     1  |  192K  |00:00:00.06 |    966  |
|* 3 |    TABLE ACCESS FULL | M_CUS         |     1  |    90  |00:00:00.01 |      6  |
|* 4 |    INDEX RANGE SCAN  | X_T_ORD_JOIN_2|    90  |  192K  |00:00:00.04 |    960  |
-----------------------------------------------------------------------------------
```

실행계획의 4번 단계에 A-Rows가 192,000이다. 카운트 SQL을 이처럼 처리한다면, DB-INDEX 페이징으로 성능 최적화를 한 것이 무슨 의미가 있겠는가? DB-INDEX 페이징을 사용한 화면이라면 카운트 SQL도 최적화를 해야 맞다.

그래도 다행인 건 오라클의 옵티마이져는 매우 똑똑하다는 점이다. 실행계획을 보면 'ORDER BY'와 M_RGN에 대한 조인 처리가 사라졌다. 카운트 결과에 영향을 주지 않는 요소를 옵티마이져가 자동으로 제거한 것이다.

페이징 화면에서 카운트 SQL의 성능을 개선하려면, 옵티마이져가 한 것처럼 카운트에 영향을 주지 않는 부분을 제거하는 것이 첫 번째다. 두 번째는 페이지 표시에 필요한 만큼만 카운트하는 것이다.

한 페이지에 30건씩 보여준다고 가정했을 때, [그림 10.2.1-1]과 같이 페이지를 표시하려면 301건의 데이터만 읽으면 된다. 300건이 있으면 1부터 10까지 페이지 표시가 가능하고 Next 버튼이 필요한지 판단하기 위해 추가로 한 건만 더 읽으면 된다. 성능을 고려한 카운트 SQL은 아래와 같다.

페이징을 위한 카운트 최적화
| ```
1   SELECT   COUNT(*)
2   FROM   (
3           SELECT   *
4           FROM   (
5                   SELECT   T1.ORD_SEQ  ,T1.ORD_YMD
6                   FROM    T_ORD_JOIN T1
7                   WHERE   T1.ORD_YMD LIKE '201703%'
8                   ORDER BY T1.ORD_YMD DESC ,T1.ORD_SEQ DESC
9                  ) T1
10          WHERE   ROWNUM <= (30 * 10) + 1
11         ) T1;
``` |

위 SQL은 DB-INDEX 페이징을 응용했다. 페이지 표시에 필요한 301건의 데이터만 읽도록 ROWNUM을 사용했다. 카운트에 영향을 주지 않는 불필요한 조인도 모두 제거했다. 만약에 11~20페이지가 있는지 표시하려면 ROWNUM 조건을 조정해 601건만 카운트하면 된다.

위와 같이 카운트 SQL을 사용할 때는 인라인-뷰 안에 'ORDER BY'를 제거하면 안 된다. 그래야만 결과가 맞다.
실행계획을 직접 확인해 보면 'INDEX RANGE SCAN DESCENDING' 방식으로 필요한 301건
```

의 데이터만 접근하는 것을 알 수 있을 것이다.

10.2.2 DB-INDEX 페이징의 성능 개선

힌트를 사용해 100번째 페이지를 DB-INDEX 페이징으로 유도했을 때, 아래와 같은 실행계획이 나왔다.

```
DB-INDEX 페이징 - 100번째 페이지 조회 힌트 사용 - 실행계획
-------------------------------------------------------------------------------------
| Id  | Operation                        | Name          | Starts | A-Rows |   A-Time    | Buffers |
-------------------------------------------------------------------------------------
|   0 | SELECT STATEMENT                 |               |      1 |     30 |00:00:00.02 |    6048 |
|*  1 |  VIEW                            |               |      1 |     30 |00:00:00.02 |    6048 |
|*  2 |   COUNT STOPKEY                  |               |      1 |   3000 |00:00:00.02 |    6048 |
|   3 |    VIEW                          |               |      1 |   3000 |00:00:00.02 |    6048 |
|   4 |     NESTED LOOPS                 |               |      1 |   3000 |00:00:00.02 |    6048 |
|   5 |      NESTED LOOPS                |               |      1 |   3000 |00:00:00.02 |    3048 |
|   6 |       NESTED LOOPS               |               |      1 |   3000 |00:00:00.01 |    3044 |
|   7 |        TABLE ACCESS BY INDEX ROWID| T_ORD_JOIN   |      1 |   3000 |00:00:00.01 |      40 |
|*  8 |         INDEX RANGE SCAN DESCENDING| X_T_ORD_JOIN_PG1|   1 |   3000 |00:00:00.01 |      14 |
|   9 |        TABLE ACCESS BY INDEX ROWID| M_CUS        |   3000 |   3000 |00:00:00.01 |    3004 |
|* 10 |         INDEX UNIQUE SCAN        | PK_M_CUS      |   3000 |   3000 |00:00:00.01 |       4 |
|* 11 |       INDEX UNIQUE SCAN          | PK_M_RGN      |   3000 |   3000 |00:00:00.01 |       4 |
|  12 |      TABLE ACCESS BY INDEX ROWID | M_RGN         |   3000 |   3000 |00:00:00.01 |    3000 |
-------------------------------------------------------------------------------------
```

위 실행계획은 DB 페이징보다 성능이 좋지 않았다. 성능을 개선할 방법을 알아보자.
위 실행계획이 처리되는 순서를 그려보면 [그림 10.2.2-1]과 같다.

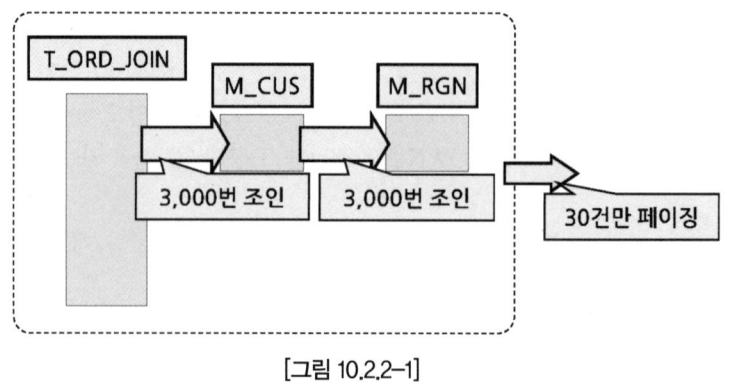

[그림 10.2.2-1]

[그림 10.2.2-1]은 3,000번의 조인을 두 번 한 후에 30건만 페이징 처리하고 있다. 3,000번의 조인이 두 번이나 필요할지 생각해 보기 바란다.

페이징의 정렬 기준 컬럼은 모두 T_ORD_JOIN에 있다. 그러므로 T_ORD_JOIN에서 30건을 잘라낸 후에 나머지 테이블과 조인을 해도 결과는 같다. [그림 10.2.2-2]를 보면 쉽게 이해할 수 있다.

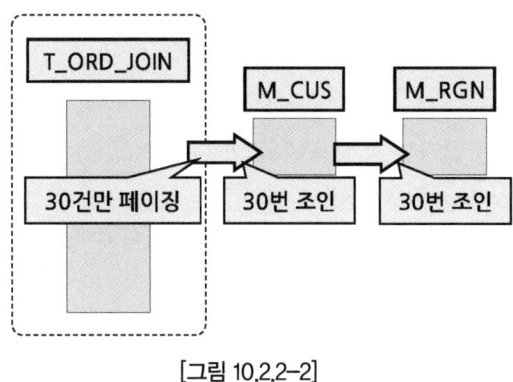

[그림 10.2.2-2]

[그림 10.2.2-2]와 같이 실행되도록 하려면 SQL을 아래와 같이 변경해야 한다.

DB-INDEX 페이징 - 100번째 페이지 조회 성능 개선

```
1   SELECT  T_PG.RNO
2           ,T_PG.ORD_SEQ ,T_PG.ORD_YMD ,T_PG.CUS_ID ,T2.CUS_NM
3           ,T3.RGN_NM ,T_PG.ORD_ST ,T_PG.ITM_ID
4   FROM    (
5           SELECT  ROWNUM RNO
6                   ,T1.*
7           FROM    (
8                   SELECT  T1.ORD_SEQ ,T1.ORD_YMD  ,T1.CUS_ID
9                           ,T1.ORD_ST ,T1.ITM_ID
10                  FROM    T_ORD_JOIN T1
11                  WHERE   T1.ORD_YMD LIKE '201703%'
12                  ORDER BY T1.ORD_YMD DESC ,T1.ORD_SEQ DESC
13                  ) T1
14          WHERE   ROWNUM <= 100 * 30 --페이지번호 * 페이지당 로우수
15          ) T_PG
16          ,M_CUS T2
17          ,M_RGN T3
18  WHERE   T_PG.RNO >= (100 * 30) - (30-1) --(페이지번호 * 페이지당 로우수) - (페이지당로우수-1)
19  AND     T2.CUS_ID = T_PG.CUS_ID
20  AND     T3.RGN_ID = T2.RGN_ID
21  ORDER BY T_PG.RNO;
```

SQL을 보면 인라인-뷰 안에서 T_ORD_JOIN만 조회해서 30건을 잘라낸 후에, 마지막에 M_CUS와 M_RGN을 조인 처리하고 있다. M_CUS와 M_RGN에서는 고객명과 지역명 정보만 가져오면 된다. 페이징 결과에 영향을 주는 요소가 아니므로, 이처럼 페이징 후 조인을 해도 된다.

> **MEMO**
> 여기서는 M_CUS와 M_RGN을 이너-조인으로 처리하고 있지만, 주요 정보에 부가적인 정보(명칭이나 속성)를 보여줄 때는 아우터-조인도 많이 사용하므로 참고하기 바란다.

SQL의 마지막 라인에서는 인라인-뷰(T_PG)의 RNO 값으로 정렬을 다시 하고 있다. 페이징이 된 후에, 조인이 처리되므로 조인을 하면서 페이징의 정렬 순서가 틀어질 수 있기 때문이다. 페이징 후에 조인이 된다면 반드시 마지막에 다시 한번 정렬을 수행해야 한다.

위 SQL은 힌트를 사용하지 않았지만, DB-INDEX 페이징으로 처리된다. (앞에서 100번째 페이지는 힌트가 없으면 DB-INDEX 페이징이 작동하지 않았다.)

```
DB-INDEX 페이징 - 100번째 페이지 조회 성능 개선 - 실행계획
---------------------------------------------------------------------------------
| Id  | Operation                           | Name           | Starts | A-Rows |   A-Time    | Buffers |
---------------------------------------------------------------------------------
|   0 | SELECT STATEMENT                    |                |      1 |     30 |00:00:00.01 |      48 |
|   1 |  SORT ORDER BY                      |                |      1 |     30 |00:00:00.01 |      48 |
|*  2 |   HASH JOIN                         |                |      1 |     30 |00:00:00.01 |      48 |
|   3 |    MERGE JOIN                       |                |      1 |     90 |00:00:00.01 |       8 |
|   4 |     TABLE ACCESS BY INDEX ROWID     | M_RGN          |      1 |      5 |00:00:00.01 |       2 |
|   5 |      INDEX FULL SCAN                | PK_M_RGN       |      1 |      5 |00:00:00.01 |       1 |
|*  6 |     SORT JOIN                       |                |      5 |     90 |00:00:00.01 |       6 |
|   7 |      TABLE ACCESS FULL              | M_CUS          |      1 |     90 |00:00:00.01 |       6 |
|*  8 |    VIEW                             |                |      1 |     30 |00:00:00.01 |      40 |
|*  9 |     COUNT STOPKEY                   |                |      1 |   3000 |00:00:00.01 |      40 |
|  10 |      VIEW                           |                |      1 |   3000 |00:00:00.01 |      40 |
|  11 |       TABLE ACCESS BY INDEX ROWID   | T_ORD_JOIN     |      1 |   3000 |00:00:00.01 |      40 |
|* 12 |        INDEX RANGE SCAN DESCENDING  | X_T_ORD_JOIN_PG1|     1 |   3000 |00:00:00.01 |      14 |
---------------------------------------------------------------------------------
```

실행계획의 9~12번 단계를 보면 T_ORD_JOIN에 DB-INDEX 페이징이 작동하고 있다. 페이징이 된 30건만 M_RGN, M_CUS와 조인이 되고 있다. 100번째 페이지임에도 불구하고 전체 Buffers가 48로 확실하게 개선되었다.

페이징 결과에 영향을 주지 않는 조인이나 서브쿼리는 페이징이 완료된 후에 처리되도록 SQL을 구현하는 것이 좋다. 첫 번째나 두 번째 페이지의 성능만 생각한다면 이러한 전략은 필요 없다. 하지만 100번째 페이지나 더 뒤쪽 페이지를 처리해야 한다면 이와 같은 전략이 필요하다.

10.2.3 DB-INDEX 페이징으로 유도하기

DB-INDEX 페이징은 성능이 획기적인 만큼 구현이 어렵다. 예를 들어, 'GROUP BY'나 'UNION ALL'이 포함되었거나, 조인이 매우 복잡한 SQL은 DB-INDEX 페이징이 불가능할 수도 있다. 하지만 아이디어를 짜내면 DB-INDEX 페이징으로 유도할 수도 있다.

아래 SQL은 기본적으로 DB-INDEX 페이징이 되지 않는다.

DB-INDEX 페이징이 되지 않는 SQL

```
1   SELECT  *
2   FROM    (
3           SELECT  ROWNUM RNO ,A.*
4           FROM    (
5                   SELECT  T1.CUS_ID ,MAX(T1.CUS_NM) CUS_NM
6                           ,SUM(T2.ORD_QTY * T2.UNT_PRC) ORD_AMT
7                   FROM    M_CUS T1
8                           ,T_ORD_JOIN T2
9                   WHERE   T2.CUS_ID(+) = T1.CUS_ID
10                  AND     T2.ORD_YMD(+) LIKE '201703%'
11                  GROUP BY T1.CUS_ID
12                  ORDER BY T1.CUS_ID
13                  ) A
14          WHERE   ROWNUM <= 30
15          ) B
16  WHERE   B.RNO >= 1;
```

M_CUS와 T_ORD_JOIN을 아우터-조인하면서 CUS_ID 별로 ORD_AMT를 집계해서 CUS_ID 순서로 조회하는 SQL이다. 페이징 처리를 위해 ROWNUM을 사용하고 있다. 실행계획을 살펴보면 'DB-INDEX 페이징'이 아닌 'DB-페이징'으로 처리되고 있다.

DB-INDEX 페이징이 되지 않는 SQL - 실행계획

```
 1  -------------------------------------------------------------------------------
 2  | Id  | Operation                        | Name          | Starts | A-Rows | A-Time      | Buffers |
 3  -------------------------------------------------------------------------------
 4  |   0 | SELECT STATEMENT                 |               |     1  |    30  | 00:00:00.16 |   2674  |
 5  |*  1 |  VIEW                            |               |     1  |    30  | 00:00:00.16 |   2674  |
 6  |*  2 |   COUNT STOPKEY                  |               |     1  |    30  | 00:00:00.16 |   2674  |
 7  |   3 |    VIEW                          |               |     1  |    30  | 00:00:00.16 |   2674  |
 8  |*  4 |     SORT GROUP BY STOPKEY        |               |     1  |    30  | 00:00:00.16 |   2674  |
 9  |   5 |      NESTED LOOPS OUTER          |               |     1  |   192K | 00:00:00.12 |   2674  |
10  |   6 |       TABLE ACCESS BY INDEX ROWID| M_CUS         |     1  |    90  | 00:00:00.01 |      3  |
11  |   7 |        INDEX FULL SCAN           | PK_M_CUS      |     1  |    90  | 00:00:00.01 |      1  |
12  |   8 |       TABLE ACCESS BY INDEX ROWID| T_ORD_JOIN    |    90  |   192K | 00:00:00.11 |   2671  |
13  |*  9 |        INDEX RANGE SCAN          | X_T_ORD_JOIN_2|    90  |   192K | 00:00:00.06 |    960  |
14  -------------------------------------------------------------------------------
```

위 SQL을 DB-INDEX 페이징으로 바꾸는 방법을 고민해보자. SQL을 보면 M_CUS의 CUS_ID 순서로 페이징을 하고 있다. M_CUS에는 CUS_ID로 구성된 'PK_M_CUS' 인덱스가 있다. 그러므로 'PK_M_CUS' 인덱스를 이용해 DB-INDEX 페이징을 구현할 수 있다. 하지만 SQL에는 'GROUP BY'와 집계함수, 아우터-조인이 존재하므로 인덱스만으로는 DB-INDEX 페이징이 쉽게 작동하지 않는다.

여기서 이대로 물러날 수도 있지만 조금 고민해보면 해결책을 찾아낼 수 있다. 서브쿼리를 조금 활용해 보는 것이다.

먼저 위의 SQL에서 T_ORD_JOIN을 제거하고 M_CUS만 사용해 페이징 처리를 해보자.

DB-INDEX 페이징이 되지 않는 SQL, M_CUS만 사용해서 DB-INDEX 페이징을 구현

```
 1  SELECT  *
 2  FROM    (
 3          SELECT  ROWNUM RNO ,A.*
 4          FROM    (
 5                  SELECT  T1.CUS_ID ,T1.CUS_NM
 6                  FROM    M_CUS T1
 7                  ORDER BY T1.CUS_ID
 8                  ) A
 9          WHERE   ROWNUM <= 30
10          ) B
11  WHERE   B.RNO >= 1;
```

10.2 페이징 성능 높이기

위와 같이 M_CUS만 조회하면 'PK_M_CUS' 인덱스를 사용해 DB-INDEX 페이징이 작동한다. 불필요한 'GROUP BY'와 'MAX(T1.CUS_NM)'은 제거했다.

이제 위 SQL에서 ORD_AMT를 가져오는 부분만 서브쿼리로 추가해보자. 아래와 같다.

페이징 후 T_ORD_JOIN을 서브쿼리로 처리

```
1   SELECT  B.*
2          ,(   SELECT  SUM(C.ORD_QTY * C.UNT_PRC) ORD_AMT
3               FROM    T_ORD_JOIN C
4               WHERE   C.CUS_ID = B.CUS_ID
5               AND     C.ORD_YMD LIKE '201703%') ORD_AMT
6   FROM    (
7           SELECT  ROWNUM RNO ,A.*
8           FROM    (
9                   SELECT  T1.CUS_ID ,T1.CUS_NM
10                  FROM    M_CUS T1
11                  ORDER BY T1.CUS_ID
12                  ) A
13          WHERE   ROWNUM <= 30
14          ) B
15  WHERE   B.RNO >= 1;
```

실행계획을 확인해 보면 DB-INDEX 페이징으로 처리되고 있다.

페이징 후 T_ORD_JOIN을 서브쿼리로 처리 - 실행계획

```
-------------------------------------------------------------------------------------------
| Id | Operation                         | Name          | Starts | A-Rows |   A-Time    | Buffers |
-------------------------------------------------------------------------------------------
|  0 | SELECT STATEMENT                  |               |      1 |     30 | 00:00:00.01 |       2 |
|  1 |  SORT AGGREGATE                   |               |     30 |     30 | 00:00:00.05 |     896 |
|  2 |   TABLE ACCESS BY INDEX ROWID     | T_ORD_JOIN    |     30 |  63000 | 00:00:00.05 |     896 |
|* 3 |    INDEX RANGE SCAN               | X_T_ORD_JOIN_2|     30 |  63000 | 00:00:00.02 |     319 |
|* 4 |  VIEW                             |               |      1 |     30 | 00:00:00.01 |       2 |
|* 5 |   COUNT STOPKEY                   |               |      1 |     30 | 00:00:00.01 |       2 |
|  6 |    VIEW                           |               |      1 |     30 | 00:00:00.01 |       2 |
|  7 |     TABLE ACCESS BY INDEX ROWID   | M_CUS         |      1 |     30 | 00:00:00.01 |       2 |
|  8 |      INDEX FULL SCAN              | PK_M_CUS      |      1 |     30 | 00:00:00.01 |       1 |
-------------------------------------------------------------------------------------------
```

실행계획의 8번 단계를 보면 'PK_M_CUS'를 'INDEX FULL SCAN'으로 페이징에 필요한 30건만 정확히 읽어내고 있다. 제대로 DB-INDEX 페이징이 되고 있다.

Part. I에서 서브쿼리를 남발하면 안 된다고 설명했다. 하지만 방금은 서브쿼리를 사용해 성능을 개선할 수 있었다. 성능 향상을 위해서는 다양한 측면으로 각종 기술을 활용해볼 필요가 있다.

위 SQL은 아래와 같이 페이징 후 아우터-조인 방식으로도 변경할 수 있다.

페이징 후 T_ORD_JOIN을 아우터-조인으로 처리
```
1   SELECT   T1.RNO ,T1.CUS_ID ,MAX(T1.CUS_NM)
2            ,SUM(T2.ORD_QTY * T2.UNT_PRC) ORD_AMT
3   FROM     (
4            SELECT  B.*
5            FROM    (
6                    SELECT  ROWNUM RNO ,A.*
7                    FROM    (
8                            SELECT   T1.CUS_ID ,T1.CUS_NM
9                            FROM     M_CUS T1
10                           ORDER BY T1.CUS_ID
11                           ) A
12                   WHERE   ROWNUM <= 30
13                   ) B
14           WHERE   B.RNO >= 1
15           ) T1
16           ,T_ORD_JOIN T2
17  WHERE    T2.CUS_ID(+) = T1.CUS_ID
18  AND      T2.ORD_YMD(+) LIKE '201703%'
19  GROUP BY T1.RNO ,T1.CUS_ID
20  ORDER BY T1.RNO ,T1.CUS_ID;
```

위 SQL도 DB-INDEX 페이징이 잘 작동한다.

여기서 살펴본 SQL은 M_CUS의 PK 컬럼인 'CUS_ID'로 페이징을 하므로 DB-INDEX 페이징 처리가 가능했다. 모든 SQL이 DB-INDEX 페이징이 가능한 것은 아니지만, 이처럼 SQL을 변경하면 DB-INDEX 페이징으로 유도할 수도 있다. 상황에 따라서는 DB-INDEX 페이징이 성능이 더 안 좋을 수도 있다. 실행계획을 반드시 확인해야 한다.

10.2.4 DB-INDEX 페이징의 한계

DB-INDEX 페이징은 사용자 요구 사항이 변경되면 인덱스를 재구성해야 할 수도 있다. 때에 따라서는 요구 사항이 변경되면서 DB-INDEX 페이징이 불가능해질 수도 있다.

10.2 페이징 성능 높이기

앞에서 DB-INDEX 페이징을 할 때, 'ORD_YMD, ORD_SEQ' 순서의 인덱스를 사용했다. 기존의 페이징을 'ORD_YMD, CUS_ID, ORD_SEQ' 순서로 변경해달라는 요청이 있다고 가정해 보자. SQL을 변경하는 일은 전혀 어렵지 않다. 아래와 같이 'ORDER BY'만 변경해주면 된다.

주문 리스트를 조회 - DB-INDEX 페이징, 요건 변경

```
1     ...
2                         ORDER BY T1.ORD_YMD DESC ,T1.CUS_ID DESC ,T1.ORD_SEQ DESC
3                  ) T1
4           WHERE  ROWNUM <= 60
5           ) T2
6     WHERE T2.RNO >= 31;
```

위와 같이 SQL을 변경하면 DB-INDEX 페이징은 더는 작동하지 않는다. 정렬을 처리할 인덱스가 없기 때문이다. 다시 DB-INDEX 페이징이 되도록 하려면 기존의 인덱스를 'ORD_YMD, CUS_ID, ORD_SEQ'로 변경하던가 새로운 인덱스를 만들어야 한다. 이처럼 인덱스를 변경하거나 새로 만드는 건 제법 비싼 비용이다.

아래와 같이 'ORDER BY'에 집계함수가 사용되는 경우도 DB-INDEX 페이징을 사용할 수 없다.

DB-INDEX 페이징이 불가능한 경우

```
1    SELECT  *
2    FROM    (
3            SELECT  ROWNUM RNO ,T1.*
4            FROM    (
5                    SELECT  T1.CUS_ID ,MAX(T1.CUS_NM) CUS_NM
6                            ,SUM(T2.ORD_QTY * T2.UNT_PRC) ORD_AMT
7                    FROM    M_CUS T1
8                            ,T_ORD_JOIN T2
9                    WHERE   T1.CUS_ID = T2.CUS_ID(+)
10                   AND     T2.ORD_YMD(+) LIKE '201703%'
11                   GROUP BY T1.CUS_ID
12                   ORDER BY SUM(T2.ORD_QTY * T2.UNT_PRC) DESC ,T1.CUS_ID
13                   ) T1
14           WHERE   ROWNUM <= 60
15           ) T2
16   WHERE   T2.RNO >= 31;
```

위 SQL은 조회되는 모든 데이터에 집계함수를 처리해야만 'ORDER BY'를 처리할 수 있다. 만약에 위 SQL도 DB-INDEX 페이징을 꼭 해야 한다면, 배치 작업으로 집계된 형태의 데이터를

미리 만들어 놓아야 한다. 하지만 이렇게 하면 배치로 집계된 과거의 데이터만 조회할 수 있다. 안타깝게도 DB-INDEX 페이징이 처리된 화면은 사용자 요건을 최소화해야 한다. 요건을 변경하는 순간 DB-INDEX 페이징이 더는 작동 안 할 수 있다.

그뿐만 아니라 인덱스를 제거하거나 변경하면 잘 작동하던 DB-INDEX 페이징이 더는 동작하지 못할 때도 있다.(SQL 튜닝을 할 때, 인덱스 제거나 변경을 권유하지 않는 이유가 여기에 있다.)

Chapter. 11

SQL 개발 가이드

SQL을 작성할 때 참고할 기본 가이드를 알아보자.

여기서 소개하는 가이드를 지킨다고 SQL 성능이 좋아지는 것은 아니다. 하지만 이 가이드를 지켜서 작업하면 적어도 자신의 SQL이 시스템에 큰 문제를 일으키는 일은 없을 것이다.

가이드는 최소한의 성능을 보장하고, 이후 성능 개선 프로젝트를 진행할 때, SQL 변경 없이 성능 개선이 가능하도록 하는 데 목적이 있다.

프로젝트에 투입되면, 프로젝트에서 정한 가이드가 있을 수 있다. 이 책의 내용보다는 프로젝트의 가이드가 우선해야 한다. 여러 명이 협동해야 하는 프로젝트에서는 '좋다, 나쁘다'를 따지면서 많은 시간을 소모하기 보다는, 큰 차이가 없다면 통일된 가이드를 따르는 것이 더욱 중요하다.

11.1 WHERE 절 가이드

11.1.1 WHERE 절의 컬럼은 변형하지 않는다

WHERE 절에서 사용하는 컬럼은 절대 변형해서는 안 된다. WHERE 절의 컬럼을 변형하면 인덱스를 사용할 수 없기 때문이다.

T_ORD_BIG 테이블을 사용해 실제 테스트를 해보자. T_ORD_BIG에서 '2017년 3월'의 주문을 고객ID 별로 카운트하는 SQL을 작성해보자. 아래와 같이 두 가지 방법이 있다.

```
17년 3월달의 고객ID별 주문 건수 구하기
1  -- WHERE 절의 컬럼을 변형                      -- LIKE 조건을 사용.
2  SELECT  T1. CUS_ID ,COUNT(*) ORD_CNT          SELECT  T1. CUS_ID ,COUNT(*) ORD_CNT
3  FROM    T_ORD_BIG T1                          FROM    T_ORD_BIG T1
4  WHERE   SUBSTR(T1.ORD_YMD,1,6) = '201703'     WHERE   T1.ORD_YMD LIKE '201703%'
5  GROUP BY T1.CUS_ID;                           GROUP BY T1.CUS_ID;
```

왼쪽은 주문일자를 SUBSTR 처리해 '같다(=)' 조건으로 SQL을 실행하고 있다. 오른쪽은 주문일자 컬럼은 그대로 두고 LIKE 조건을 사용했다. 두 SQL의 성능을 확인해보면 오른쪽 SQL의 성능이 월등히 좋다.

SUBSTR로 주문일자를 변경한 SQL의 실행계획을 살펴보자.

```
ORD_YMD를 변형한 경우의 실행계획
1   ----------------------------------------------------------------------------------------
2   | Id | Operation              | Name         | Starts | A-Rows |   A-Time    | Buffers | Reads |
3   ----------------------------------------------------------------------------------------
4   |  0 | SELECT STATEMENT       |              |     1  |    50  | 00:00:07.22 |   123K  |  123K |
5   |  1 |  HASH GROUP BY         |              |     1  |    50  | 00:00:07.22 |   123K  |  123K |
6   |* 2 |   INDEX FAST FULL SCAN | X_T_ORD_BIG_3|     1  |  1850K | 00:00:02.10 |   123K  |  123K |
7   ----------------------------------------------------------------------------------------
8
9   Predicate Information (identified by operation id):
10  ---------------------------------------------------
11     2 - filter(SUBSTR("T1"."ORD_YMD",1,6)='201703')
```

실행계획을 보면 'X_T_ORD_BIG_3'을 'INDEX FAST FULL SCAN'하고 있다. 'INDEX FAST FULL SCAN'은 인덱스의 리프 블록을 모두 읽어서 필요한 데이터를 찾아내는 방식이다. 전체

Buffers를 보면 123K다. 'Predicate Information' 부분도 주의 깊게 보도록 하자. ORD_YMD 를 SUBSTR 한 후에 filter 처리하고 있다.

이번에는 ORD_YMD를 LIKE로 처리한 SQL의 실행계획을 살펴보자.

```
ORD_YMD를 변형하지 않은 경우의 실행계획
1  -------------------------------------------------------------------------------
2  | Id | Operation         | Name         | Starts | A-Rows |   A-Time    | Buffers | Reads |
3  -------------------------------------------------------------------------------
4  |  0 | SELECT STATEMENT  |              |     1  |    50  |00:00:00.89  |   7494  |  7494 |
5  |  1 |  HASH GROUP BY    |              |     1  |    50  |00:00:00.89  |   7494  |  7494 |
6  |* 2 |   INDEX RANGE SCAN| X_T_ORD_BIG_3|     1  |  1850K |00:00:00.78  |   7494  |  7494 |
7  -------------------------------------------------------------------------------
8
9  Predicate Information (identified by operation id):
10 -------------------------------------------------
11    2 - access("T1"."ORD_YMD" LIKE '201703%')
12        filter("T1"."ORD_YMD" LIKE '201703%')
```

실행계획을 보면 'X_T_ORD_BIG_3'을 'INDEX RANGE SCAN'하고 있다. 'Predicate Information'을 보면 ORD_YMD 조건을 access로 처리한 것을 알 수 있다. 전체 Buffers가 7,494로 월등히 좋아졌다.

만약에 T_ORD_BIG 테이블에 ORD_YMD 인덱스가 없다면 어땠을까? 이때도 아주 근소하게 ORD_YMD를 LIKE로 사용한 SQL이 좀 더 성능이 좋을 것이다. ORD_YMD를 불필요하게 SUBSTR 처리할 필요가 없기 때문이다.

'같다(=)' 조건을 사용하면 LIKE보다 성능 면에서 좋다는 말을 들어봤을 것이다. 틀린 말은 아니다. 하지만 위와 같이 테이블의 컬럼을 강제로 변형해 처리한다면 해당하지 않는 이야기다. 인덱스에는 테이블의 원래 값만 저장된다. 원래 값을 변형하면 인덱스를 효율적으로 사용할 수 없다. (함수 기반 인덱스는 특수한 상황이기 때문에 논외로 한다.)

WHERE 조건절에서 사용하면 안 되는 패턴을 두 가지 더 살펴보자.

```
WHERE 절의 원래 컬럼을 변형한 경우  -  사용 불가 패턴
1  --컬럼을 결합해 조건 처리.
2  SELECT  *
```

```
3    FROM     T_ORD_BIG T1
4    WHERE    T1.ORD_ST||T1.PAY_TP = 'COMP'||'BANK';
5
6    --컬럼을 소문자로 변경해서 조건 처리.
7    SELECT   *
8    FROM     T_ORD_BIG T1
9    WHERE    LOWER(T1.CUS_ID) = 'cus_0022';
```

첫 번째 SQL은 컬럼별로 조건을 각각 사용해야 한다. 두 번째 SQL은 T1.CUS_ID의 LOWER를 제거하고 조건 값 쪽을 UPPER 처리해야 한다.

실제 프로젝트에서 개발된 SQL을 보면 다양한 이유로 WHERE조건절에 테이블의 컬럼을 변형한다. 그러한 방법이 무조건 잘못되었다고 단정할 수는 없다. 하지만 가능하면 테이블의 컬럼은 그대로 사용하는 습관을 갖는 것이 좋다. 유용한 인덱스를 사용하지 못할 수 있기 때문이다.

11.1.2 날짜 조건 처리하기

테이블에 자주 사용되는 컬럼 중의 하나가 바로 날짜 속성이다. '주문일자, 요청일자, 작업일시, 판매일시'와 같은 속성들이다. 자주 사용하는 만큼 조건을 잘못 사용할 때가 많다.

설명에 앞서 날짜 속성에 사용할 수 있는 자료형에 대해 생각해보자. 오라클은 날짜 속성을 저장할 수 있는 자료형으로 DATE와 TIMESTAMP를 제공한다. DATE 자료형은 시분초까지, TIMESTAMP 자료형은 밀리 세컨드까지 저장할 수 있다. 이 외에도 날짜 속성을 저장하기 위해 문자열 8자리나 10자리를 사용할 때가 제법 있다. CHAR나 VARCHAR2 자료형을 사용해 'YYYYMMDD'나 'YYYY-MM-DD' 형태로 날짜 데이터를 저장하는 경우다.

날짜 속성에 어떤 자료형을 사용하는 것이 좋을지는 다양한 의견이 있다. 어떤 자료형이 무조건 맞다고 결론 내리기는 어렵다. 이 절의 목적은 날짜 속성의 자료형에 따라 어떻게 조건 값을 처리하는 것이 좋은지 살펴보는 것이다.

결론부터 이야기하면 DATE 자료형의 컬럼에는 DATE 형태의 조건값을 사용하고, 문자열 자료형의 날짜 컬럼에는 문자열 조건값을 사용하면 된다.

T_ORD_BIG에는 주문일시(ORD_DT)와 주문일자(ORD_YMD) 컬럼이 동시에 존재한다. 주문일시는 DATE 자료형이고 주문일자는 8자리 문자 자료형이다. (주문일자는 인덱스 설명을 위해 추가한 컬럼이다. 주문일시와 중복된 값을 저장한다.)

(1) 바른 사용법: 문자열 자료형 컬럼 VS. 문자열 자료형 조건 값

아래 SQL을 살펴보자.

ORD_YMD가 20170313인 데이터 조회하기

```
1  SELECT  T1.PAY_TP ,COUNT(*) CNT
2  FROM    T_ORD_BIG T1
3  WHERE   T1.ORD_YMD = '20170313'
4  GROUP BY T1.PAY_TP;
```

WHERE 조건절의 ORD_YMD 는 문자열 자료형이다. 이에 맞게 조건 값도 문자열을 사용하고 있다. 위 SQL은 바르게 사용되고 있다.

(2) 잘못된 사용법: 문자열 자료형 컬럼 VS. DATE 자료형 조건 값

이번에는 ORD_YMD 컬럼에 조건 값을 TO_DATE로 변경해 처리해보자.

ORD_YMD가 20170313인 데이터 조회하기 - 날짜형 변수를 사용

```
1  SELECT  T1.PAY_TP ,COUNT(*) CNT
2  FROM    T_ORD_BIG T1
3  WHERE   T1.ORD_YMD = TO_DATE('20170313','YYYYMMDD')
4  GROUP BY T1.PAY_TP;
```

실행계획은 아래와 같다.

ORD_YMD가 20170313인 데이터 조회하기 - 날짜형 변수를 사용 - 실행계획

```
 1  ---------------------------------------------------------------------
 2  | Id | Operation          | Name      | Starts | A-Rows |   A-Time    | Buffers |
 3  ---------------------------------------------------------------------
 4  |  0 | SELECT STATEMENT   |           |      1 |      2 | 00:00:24.09 |   258K  |
 5  |  1 |  HASH GROUP BY     |           |      1 |      2 | 00:00:24.09 |   258K  |
 6  |* 2 |   TABLE ACCESS FULL| T_ORD_BIG |      1 |  60000 | 00:00:34.37 |   258K  |
 7  ---------------------------------------------------------------------
 8
 9  Predicate Information (identified by operation id):
10  ---------------------------------------------------
11    2 - filter(INTERNAL_FUNCTION("T1"."ORD_YMD")=TO_DATE(' 2017-03-13 00:00:00', 'syyyy-mm-dd hh24:mi:ss'))
```

실행계획을 보면 T_ORD_BIG을 'FULL SCAN'하고 있다. 'Predicate Information'에서는 ORD_YMD 컬럼을 'INTERNAL_FUNCTION' 처리하고 있다. 테이블의 ORD_YMD를 DATE 자료형으로 모두 자동 변환한 것이다. 바로 앞의 절에서 WHERE 절의 컬럼을 변형하면 인덱스를 제대로 사용할 수 없는 것을 살펴보았다. 오라클이 컬럼을 자동으로 형 변환한 경우도 마찬가지다. 인덱스를 제대로 사용할 수 없다.

오라클은 문자열 자료형과 DATE 자료형 간에 비교가 발생하면, 문자열 자료형을 DATE 자료형으로 자동 변환한다. 이점을 기억하고 문자열 자료형 컬럼에는 반드시 문자열 변수만 사용해야 한다.

(3) 바른 사용법: DATE 자료형 컬럼 VS. 문자열 자료형 조건 값

이번에는 반대로 테이블의 자료형이 DATE이고 조건 값이 문자열인 경우다. DATE 자료형인 ORD_DT 컬럼을 이용해 '2017년 3월 13일' 데이터를 조회해보자. T_ORD_BIG에는 ORD_DT 컬럼에 인덱스가 없음으로 인덱스를 먼저 생성해야 한다.

ORD_DT에 대한 인덱스 생성
1 CREATE INDEX X_T_ORD_BIG_ORD_DT ON T_ORD_BIG(ORD_DT);

ORD_DT 컬럼에 문자열 조건 값을 사용해 SQL을 실행해보자.

ORD_DT가 20170313인 데이터 조회하기
1 SELECT   T1.PAY_TP ,COUNT(*) CNT
2 FROM   T_ORD_BIG T1
3 WHERE   T1.ORD_DT = '20170313'
4 GROUP BY T1.PAY_TP;

위 SQL은 성능 문제없이 잘 실행된다. 실행계획을 보면 새로 만든 인덱스를 잘 사용하고 있다.

ORD_DT가 20170313인 데이터 조회하기 - 실행계획

```
| Id | Operation                          | Name              | Starts | A-Rows | A-Time      | Buffers |
|  0 | SELECT STATEMENT                   |                   |      1 |      2 | 00:00:00.12 |   20182 |
|  1 |  HASH GROUP BY                     |                   |      1 |      2 | 00:00:00.12 |   20182 |
|  2 |   TABLE ACCESS BY INDEX ROWID      | T_ORD_BIG         |      1 |  60000 | 00:00:00.07 |   20182 |
|* 3 |    INDEX RANGE SCAN                | X_T_ORD_BIG_ORD_DT|      1 |  60000 | 00:00:00.05 |     162 |
```

문자열과 DATE에 비교가 발생하면 문자열이 DATE로 자동 변환된다. 여기서는 조건 값 쪽이 문자열 자료형이므로 조건 값이 DATE 자료형으로 변경된다. 테이블의 컬럼인 ORD_DT가 변형된 것이 아니므로 ORD_DT에 대한 인덱스를 사용할 수 있다.

(4) 잘못된 사용법: DATE 자료형 컬럼을 문자열로 변환 VS. 문자열 자료형 조건값

아래 SQL은 개발 현장에서 가끔 발견되는 잘못된 패턴 중 하나다.

ORD_DT가 20170313인 데이터 조회하기 - ORD_DT 컬럼을 변형

```
1  SELECT   T1.PAY_TP ,COUNT(*) CNT
2  FROM     T_ORD_BIG T1
3  WHERE    TO_CHAR(T1.ORD_DT,'YYYYMMDD') = '20170313'
4  GROUP BY T1.PAY_TP;
```

DATE 자료형의 ORD_DT를 TO_CHAR 처리하고 있다. 앞에서 ORD_YMD에 SUBSTR을 처리한 것과 같은 상황이다. 테이블의 컬럼을 변형했으므로 ORD_DT에 대한 인덱스를 사용할 수 없다. 위 SQL은 '반드시' 아래와 같이 작성해야 한다. 바로 위에서 살펴본 (3)번 방법도 아래와 같이 작성하는 것을 추천한다.

ORD_DT가 20170313인 데이터 조회하기

```
1  SELECT   T1.PAY_TP ,COUNT(*) CNT
2  FROM     T_ORD_BIG T1
3  WHERE    T1.ORD_DT = TO_DATE('20170313','YYYYMMDD')
4  GROUP BY T1.PAY_TP;
```

(5) DATE 자료형 컬럼에 범위 조건 처리

DATE 자료형에는 시분초가 다양하게 들어갈 수 있다. (지금까지 살펴본 T_ORD_BIG의 ORD_DT는 시분초가 모두 '00시 00분 00초'다.)

시분초가 다양하게 입력되어 있으면, DATE 자료형에는 '같다(=)' 조건을 사용해 특정 일자 데이터를 조회할 수 없다. 아래 SQL을 살펴보자.

DATE자료형에 같다(=) 조건이 사용된 경우

```
1  SELECT *
2  FROM   (
3           SELECT 1 ORD_NO ,TO_DATE('20170313 00:00:00','YYYYMMDD HH24:MI:SS') ORD_DT FROM DUAL UNION ALL
4           SELECT 2 ORD_NO ,TO_DATE('20170313 02:00:00','YYYYMMDD HH24:MI:SS') ORD_DT FROM DUAL UNION ALL
```

Chapter. 11

```
5              SELECT 3 ORD_NO ,TO_DATE('20170313 23:59:59','YYYYMMDD HH24:MI:SS') ORD_DT FROM DUAL UNION ALL
6              SELECT 4 ORD_NO ,TO_DATE('20170314 00:00:00','YYYYMMDD HH24:MI:SS') ORD_DT FROM DUAL
7              ) T1
8    WHERE   T1.ORD_DT = TO_DATE('20170313','YYYYMMDD');
```

위 SQL은 ORD_DT가 '20170313 00:00:00'인 데이터 한 건만 조회된다. '20170313'의 모든 데이터를 조회하려면 아래와 같이 '범위◊, ◊' 조건을 사용해야 한다.

DATE자료형에 범위 조건이 사용된 경우

```
1    SELECT  *
2    FROM    (
3              SELECT 1 ORD_NO ,TO_DATE('20170313 00:00:00','YYYYMMDD HH24:MI:SS') ORD_DT FROM DUAL UNION ALL
4              SELECT 2 ORD_NO ,TO_DATE('20170313 02:00:00','YYYYMMDD HH24:MI:SS') ORD_DT FROM DUAL UNION ALL
5              SELECT 3 ORD_NO ,TO_DATE('20170313 23:59:59','YYYYMMDD HH24:MI:SS') ORD_DT FROM DUAL UNION ALL
6              SELECT 4 ORD_NO ,TO_DATE('20170314 00:00:00','YYYYMMDD HH24:MI:SS') ORD_DT FROM DUAL
7              ) T1
8    WHERE   T1.ORD_DT >= TO_DATE('20170313','YYYYMMDD')
9    AND     T1.ORD_DT <  TO_DATE('20170313','YYYYMMDD') + 1;
```

SQL의 9번 라인을 보면 '20170313'을 TO_DATE 한 후에 1을 증가시키고 있다. 다음 날짜인 '20170314'보다 작은 데이터만 조회하기 위해서다. 9번 라인의 조건자가 '작거나 같다(<=)'가 아닌 '작다(◊)' 인 것에 주의해야 한다.

'20170313'의 데이터를 모두 가져오기 위해 아래와 같이 BETWEEN을 사용하는 경우도 있다.

DATE자료형에 범위 조건이 사용된 경우 - BETWEEN 사용

```
1    WHERE   T1.ORD_DT
2      BETWEEN TO_DATE('20170313','YYYYMMDD') AND TO_DATE('20170313 23:59:59','YYYYMMDD HH24:MI:SS');
```

엄밀하게 말하면, 위와 같은 SQL은 잘못되었다. 밀리세컨드까지 관리하고 있다면 23시 59분 59.01초에 발생한 데이터는 검색할 수 없다.

날짜형 속성에 조건을 사용하는 방법을 정리하면 아래와 같다.

　　- 날짜 컬럼이 문자형 자료형이면 문자열 변수로 비교를 한다.
　　- 날짜 컬럼이 DATE 자료형이면 문자열 변수로 처리해도 문제없다.
　　　: 자동으로 문자형이 DATE 자료형으로 변환된다.

: 하지만 명확성과 타 DBMS로 이관을 고려해 TO_DATE 처리를 권장한다.
- 테이블의 날짜 컬럼은 절대 변환하지 않는다.
- 날짜 컬럼이 시분초가 입력된 DATE 자료형이면 범위 조건을 사용해야 한다.

11.1.3 조건 값은 컬럼과 같은 자료형을 사용한다

오라클은 서로 다른 자료형에 비교가 발생하면 우선순위에 따라 한쪽 기준으로 자료형을 자동 변환한다. 예를 들어, 숫자와 문자 간에 비교가 발생하면 문자를 숫자로 변환한다. 이로 인해 인덱스를 사용하지 못해 원하는 성능이 나오지 않을 수 있다. (오라클뿐만 아니라 다른 DBMS도 유사하게 동작한다.)

아래는 문자열 자료형 컬럼인 ORD_YMD에 숫자형으로 조건을 사용한 SQL이다.

ORD_YMD 컬럼에 숫자형 변수를 사용
```
1  SELECT   T1.PAY_TP ,COUNT(*) CNT
2  FROM     T_ORD_BIG T1
3  WHERE    T1.ORD_YMD = 20170313
4  GROUP BY T1.PAY_TP;
```

위 SQL의 조건 값인 20170313은 숫자형이다. 문자열이 아니다. 오라클은 문자형과 숫자형에 비교가 발생하면 문자형를 숫자로 변경한다. 위 SQL의 실행계획을 보면 알 수 있다.

ORD_YMD 컬럼에 숫자형 변수를 사용. - 실행계획
```
 1  ---------------------------------------------------------------------------------
 2  | Id  | Operation          | Name      | Starts | A-Rows |   A-Time   | Buffers | Reads |
 3  ---------------------------------------------------------------------------------
 4  |   0 | SELECT STATEMENT   |           |      1 |      2 |00:00:05.19 |    258K |  258K |
 5  |   1 |  HASH GROUP BY     |           |      1 |      2 |00:00:05.19 |    258K |  258K |
 6  |*  2 |   TABLE ACCESS FULL| T_ORD_BIG |      1 |  60000 |00:00:07.37 |    258K |  258K |
 7  ---------------------------------------------------------------------------------
 8
 9  Predicate Information (identified by operation id):
10  ---------------------------------------------------
11     2 - filter(TO_NUMBER("T1"."ORD_YMD")=20170313)
```

'Predicate Information'을 보면 ORD_YMD 컬럼을 'TO_NUMBER'로 변환하고 있다. 이로 인

해 ORD_YMD에 대한 인덱스를 사용하지 못해 T_ORD_BIG을 'FULL SCAN' 하고 있다. 그러므로 테이블의 컬럼이 문자열 자료형이면 정확하게 문자형의 조건 값을 사용해야 한다.

테이블의 컬럼 값 중에 숫자로 보이는 값이 있다. 그로 인해 해당 컬럼이 숫자형이라고 착각할 수 있다. 아래 스크립트로 M_TEST_CUS 테이블을 생성하고 테스트 데이터를 입력해보자.

M_TEST_CUS 테이블 생성

```
1   CREATE TABLE M_TEST_CUS
2   (
3           CUS_ID VARCHAR2(40) NOT NULL,
4           CUS_GD VARCHAR2(40) NULL,
5           CUS_NM VARCHAR2(40) NULL
6   );
7
8   CREATE UNIQUE INDEX PK_M_TEST_CUS ON M_TEST_CUS(CUS_ID);
9
10  INSERT INTO M_TEST_CUS
11          (CUS_ID,CUS_GD,CUS_NM)
12  SELECT  T1.CUS_ID
13          ,MOD(T1.CUS_ID,3) + 1 CUS_GD
14          ,'CUST_'||T1.CUS_ID CUS_NM
15  FROM    (
16          SELECT   ROWNUM CUS_ID
17          FROM     DUAL A
18          CONNECT BY ROWNUM <= 100000
19          ) T1;
20
21  COMMIT;
```

M_TEST_CUS의 CUS_ID, CUS_GD는 모두 VARCHAR2 자료형이다. 하지만 데이터를 조회해 보면 [그림 11.1.3-1]과 같이 숫자 값만 나온다.

CUS_ID	CUS_GD	CUS_NM
1091	3	CUST_1091
1092	1	CUST_1092
1093	2	CUST_1093
1094	3	CUST_1094
1095	1	CUST_1095
1096	2	CUST_1096
1097	3	CUST_1097
1098	1	CUST_1098

[그림 11.1.3-1]

데이터만 보고 숫자 값이라고 판단해, 아래와 같이 SQL을 작성하는 경우가 있다.

	M_TEST_CUS 데이터 조회
1	SELECT * FROM M_TEST_CUS T1 WHERE T1.CUS_ID = 2000;
2	
3	SELECT COUNT(*) FROM M_TEST_CUS T1 WHERE T1.CUS_GD = 1;

위와 같이 SQL을 작성하면, 테이블의 문자열 자료형 컬럼이 숫자형으로 변화된다. 이로 인해 CUS_ID나 CUS_GD 컬럼에 인덱스가 있어도 활용할 수 없게 된다. 반드시 테이블의 실제 자료형을 확인하고 SQL을 작성해야 한다.

오라클은 문자와 숫자를 비교하면 문자를 숫자로 변형한다. 문자와 DATE를 비교하면 문자를 DATE로 변환한다. 그러므로 조건 값 쪽을 무조건 문자형으로만 처리하면 테이블의 컬럼이 자동 형 변환되는 경우는 없다. 하지만 가능하면 테이블의 원래 컬럼과 같은 자료형을 사용하는 습관을 갖는 것이 좋다. 사용하는 DBMS마다 자료형 변환 기준이 다르거나, 자동 형 변환이 발생하지 않을 수 있기 때문이다.

11.1.4 NOT IN 보다는 IN을 사용한다(긍정형 조건을 사용하자.)

'IN'을 사용하면 여러 개의 OR 조건을 하나의 조건으로 처리할 수 있다. 굳이 설명하지 않아도 'IN' 조건의 사용법은 이미 알고 있을 것이다. 'IN' 조건의 부정형 조건은 'NOT IN'이다. 되도록 'NOT IN'은 사용하지 않는 것이 좋다. 'NOT IN'뿐만 아니라 '같지않다(!=)' 와 같은 부정형 조건은 피하는 것이 좋다. 다른 가이드와 마찬가지로 인덱스를 효율적으로 사용하지 못할 가능성이 있다.

테스트를 위해 T_ACC_TRN(계좌이체) 테이블을 사용할 것이다. T_ACC_TRN은 '8.4.1 시퀀스 객체(Sequence Object)' 절에서 생성했던 테이블이다. 아래 스크립트를 이용해 T_ACC_TRN을 비우고 새로운 데이터를 입력하도록 하자.

	계좌이체(T_ACC_TRN) 테스트 데이터 생성
1	TRUNCATE TABLE T_ACC_TRN;
2	
3	INSERT INTO T_ACC_TRN
4	(ACC_TRN_SEQ ,FR_ACC_NO ,TO_ACC_NO ,TRN_AMT ,TRN_HND_ST ,TRN_REQ_DT ,TRN_CMP_DT)

```
5   SELECT  ROW_NUMBER() OVER(ORDER BY T2.TRN_REQ_DT ASC, T1.RNO ASC, T1.TRN_HND_ST) ACC_TRN_SEQ
6          ,'ACC1' FR_ACC_NO ,'ACC3' TO_ACC_NO ,100 TRN_AMT ,T1.TRN_HND_ST
7          ,T2.TRN_REQ_DT ,T2.TRN_REQ_DT + 1 TRN_CMP_DT
8   FROM   (
9            SELECT ROWNUM RNO ,'REQ'  TRN_HND_ST FROM DUAL CONNECT BY ROWNUM <= 5 UNION ALL
10           SELECT ROWNUM RNO ,'WAIT' TRN_HND_ST FROM DUAL CONNECT BY ROWNUM <= 5 UNION ALL
11           SELECT ROWNUM RNO ,'CNCL' TRN_HND_ST FROM DUAL CONNECT BY ROWNUM <= 10 UNION ALL
12           SELECT ROWNUM RNO ,'COMP' TRN_HND_ST FROM DUAL CONNECT BY ROWNUM <= 1000
13         ) T1
14         ,(
15           SELECT TO_DATE('20170101','YYYYMMDD') + (ROWNUM-1) TRN_REQ_DT
16           FROM DUAL CONNECT BY ROWNUM <= 100
17         ) T2
18         ;
19
20  COMMIT;
```

9~12번 라인을 살펴보면, 이체처리상태(TRN_HND_ST)별로 건수를 다르게 생성하고 있다. 라인별로 'CONNECT BY ROWNUM'의 조건이 다르다. 완료 상태의 데이터를 가장 많이 생성하고, 요청과 대기 상태의 데이터는 소량으로 생성한다.

15, 16번 라인은 '2017년1월1일'부터 100일간의 일자 데이터를 만들고 있다. 100일간의 일자를 카테시안-조인 처리해 대량의 테스트 데이터를 생성한다.

(1) NOT IN ('CNCL', 'COMP') VS. IN ('REQ', 'WAIT')

T_ACC_TRN에서 '2017년 3월 1일' 데이터 중에, 이체처리상태(TRN_HND_ST)가 취소나 완료가 아닌 데이터를 조회하기 위해 아래와 같이 SQL을 사용할 수 있다.

NOT IN 을 사용한 조회
```
1  SELECT  *
2  FROM    T_ACC_TRN T1
3  WHERE   T1.TRN_HND_ST NOT IN ('CNCL','COMP')
4  AND     T1.TRN_REQ_DT >= TO_DATE('20170301','YYYYMMDD')
5  AND     T1.TRN_REQ_DT <  TO_DATE('20170301','YYYYMMDD')+1;
```

T_ACC_TRN에는 위 SQL을 위한 적당한 인덱스가 아직 없다. 위 SQL을 위해 'TRN_HND_ST, TRN_REQ_DT' 순서의 복합 인덱스를 만들어 보자.

TRN_HND_ST, TRN_REQ_DT 순서의 복합 인덱스 생성
```
1  CREATE INDEX X_T_ACC_TRN_1 ON T_ACC_TRN(TRN_HND_ST, TRN_REQ_DT);
```

새로 만든 인덱스를 사용하도록 아래와 같이 힌트를 추가해 SQL을 실행해보자.

```
NOT IN 을 사용한 조회 - 힌트 사용
1   SELECT   /*+ INDEX(T1 X_T_ACC_TRN_1) */
2            *
3   FROM     T_ACC_TRN T1
4   WHERE    T1.TRN_HND_ST NOT IN ('CNCL','COMP')
5   AND      T1.TRN_REQ_DT >= TO_DATE('20170301','YYYYMMDD')
6   AND      T1.TRN_REQ_DT < TO_DATE('20170301','YYYYMMDD')+1;
```

'NOT IN'을 사용한 위 SQL의 실행계획은 아래와 같다.

```
NOT IN 을 사용한 조회 - 힌트 사용 - 실행계획
-----------------------------------------------------------------------------------
| Id | Operation                          | Name        | Starts | A-Rows | A-Time      | Buffers |
-----------------------------------------------------------------------------------
|  0 | SELECT STATEMENT                   |             |      1 |     10 | 00:00:00.01 |      37 |
|  1 |  TABLE ACCESS BY INDEX ROWID       | T_ACC_TRN   |      1 |     10 | 00:00:00.01 |      37 |
|* 2 |   INDEX SKIP SCAN                  | X_T_ACC_TRN_1 |    1 |     10 | 00:00:00.01 |      36 |
-----------------------------------------------------------------------------------
```

'INDEX RANGE SCAN'이 아닌, 'INDEX SKIP SCAN'을 사용하고 있다. 환경에 따라서 'INDEX FULL SCAN'이 나올 수도 있다. 'INDEX RANGE SCAN'이 무조건 좋은 방법은 아니다. 하지만 위 SQL에 대해서는 'INDEX RANGE SCAN'이 더 효율적일 수 있다.

TRN_HND_ST에는 'REQ, WAIT, CNCL, COMP'의 4가지 상태만 존재하고 있다. 아래와 같이 'NOT IN'을 'IN'으로 변경해도 실행 결과는 변하지 않는다.

```
IN 을 사용한 조회
1   SELECT   /*+ INDEX(T1 X_T_ACC_TRN_1) */
2            *
3   FROM     T_ACC_TRN T1
4   WHERE    T1.TRN_HND_ST IN ('REQ','WAIT')
5   AND      T1.TRN_REQ_DT >= TO_DATE('20170301','YYYYMMDD')
6   AND      T1.TRN_REQ_DT < TO_DATE('20170301','YYYYMMDD')+1;
```

'IN'으로 처리한 SQL의 실행계획은 아래와 같다.

IN 을 사용한 조회 - 실행계획

```
-------------------------------------------------------------------------------------
| Id | Operation                      | Name        | Starts | A-Rows |   A-Time    | Buffers |
-------------------------------------------------------------------------------------
|  0 | SELECT STATEMENT               |             |      1 |     10 |00:00:00.01 |       7 |
|  1 |  INLIST ITERATOR               |             |      1 |     10 |00:00:00.01 |       7 |
|  2 |   TABLE ACCESS BY INDEX ROWID  | T_ACC_TRN   |      2 |     10 |00:00:00.01 |       7 |
|* 3 |    INDEX RANGE SCAN            | X_T_ACC_TRN_1|     2 |     10 |00:00:00.01 |       6 |
-------------------------------------------------------------------------------------
```

실행계획을 보면 'INDEX RANGE SCAN'이 사용되고 있다. Buffers 수치가 37에서 7로 개선되었다. 'NOT IN'을 'IN'으로 바꿔서 성능이 향상된 것이다.

(2) != 'COMP' VS. IN ('REQ', 'WAIT', 'CNCL')

이번에는 COMP 상태가 아닌 데이터를 조회하는 SQL을 작성해 보자. 아래와 같이 '같지않다 (!=)' 조건을 사용할 수 있다.

COMP 외의 데이터 조회(같지 않다 조건 사용)

```
1  SELECT  /*+ INDEX(T1 X_T_ACC_TRN_1) */
2          *
3  FROM    T_ACC_TRN T1
4  WHERE   T1.TRN_HND_ST != 'COMP'
5  AND     T1.TRN_REQ_DT >= TO_DATE('20170301','YYYYMMDD')
6  AND     T1.TRN_REQ_DT <  TO_DATE('20170301','YYYYMMDD')+1;
```

위 SQL도 아래와 같이 'IN' 조건으로 변경할 수 있다.

COMP이외의 데이터 조회(IN 조건 사용)

```
1  SELECT  /*+ INDEX(T1 X_T_ACC_TRN_1) */
2          *
3  FROM    T_ACC_TRN T1
4  WHERE   T1.TRN_HND_ST IN ('REQ','WAIT','CNCL')
5  AND     T1.TRN_REQ_DT >= TO_DATE('20170301','YYYYMMDD')
6  AND     T1.TRN_REQ_DT <  TO_DATE('20170301','YYYYMMDD')+1;
```

실행계획을 확인해보면 근소한 차이로 'IN' 조건이 성능이 더 좋다. 'IN' 조건에 유리하도록 테스트 데이터를 구성했기 때문이다. 실전에서는 성능 차이가 전혀 없거나, 'IN' 조건으로 사용한 경우가 오히려 성능이 더 안 좋을 수도 있다. 그렇다 하여도 'IN' 조건으로 SQL을 개발해 놓는 것이 좋다. 옵티마이져가 'INDEX RANGE SCAN'을 사용할 수 있는 가능성을 만들어 주기 때문이다. 'INDEX RANGE SCAN'이 효율적인지는 옵티마이져가 스스로 판단할 것이다.

(3) NOT IN ('COMP', 'WAIT', 'CNCL') VS. = 'REQ'

최악의 SQL은 요청(REQ) 데이터를 조회하기 위해 3개의 상태를 'NOT IN'으로 사용한 경우다. 아래와 같다.

```
NOT IN 조건을 이용해 REQ 데이터를 조회
1   SELECT   /*+ GATHER_PLAN_STATISTICS INDEX(T1 X_T_ACC_TRN_1) */
2            *
3   FROM     T_ACC_TRN T1
4   WHERE    T1.TRN_HND_ST NOT IN ('COMP','WAIT','CNCL')
5   AND      T1.TRN_REQ_DT >= TO_DATE('20170301','YYYYMMDD')
6   AND      T1.TRN_REQ_DT <  TO_DATE('20170301','YYYYMMDD')+1;
```

말하지 못할 사연이 있는 SQL임이 분명하다. 아마도 TRN_HND_ST의 REQ 상태가 다른 상태와 통합되었거나, 상태 값이 나중에 정의되었을 수도 있다. 이유야 어찌 되었든, REQ 상태만 조회하기에는 최악의 SQL이다. 'TRN_HND_ST = 'REQ''와 같이 변경해야 한다.

부정형 조건을 긍정형 조건으로 변경한다고 무조건 인덱스를 효율적으로 사용하는 것은 아니다. 그리고 인덱스를 사용한다고 무조건 성능이 좋은 것도 아니다. 하지만 긍정형 조건은 인덱스를 효율적으로 활용할 가능성을 열어준다. 되도록 긍정형 조건으로 SQL을 작성하는 것이 좋다.

11.1.5 불필요한 LIKE는 제거하자

SQL을 개발하다 보면 'LIKE' 조건을 사용하는 경우가 많다.

주문 정보를 조회하는 화면을 개발한다고 가정해 보자. 해당 화면은 주문일자와 고객ID, 주문상태(ORD_ST)를 조건으로 받게 되어 있다. 주문일자는 필수 조건이다. 반면에 고객ID와 주문상태는 필수 조건으로 사용할지 아직 결정되지 않았다. 이런 경우에 고객ID와 주문상태에 대한 조건을 아래와 같이 'LIKE'로 구현할 수 있다.

주문 정보를 조회 - 고객ID에 LIKE 조건을 사용

```
1  SELECT   *
2  FROM     T_ORD_BIG T1
3  WHERE    T1.ORD_YMD = v_ORD_YMD
4  AND      T1.CUS_ID LIKE v_CUS_ID||'%'
5  AND      T1.ORD_ST LIKE v_ORD_ST||'%';
```

이처럼 SQL을 만들어 놓으면 v_CUS_ID(고객ID 변수)에 값이 존재하면 해당 고객의 주문만 조회되고, 값이 비어 있으면 'CUS_ID LIKE '%''가 되어 모든 고객의 주문을 조회할 수 있다. 주문상태(ORD_ST) 역시 마찬가지다.

'LIKE' 조건을 사용하는 또 다른 이유는, 하나의 SQL로 다양한 화면을 커버하고자 할 때다.

이처럼 SQL에 'LIKE'가 많이 포함되어 있으면, 나중에 인덱스를 구성할 때 많은 어려움이 있다. 실제로는 값이 필수로 들어오지만 위와 같이 LIKE로 만들어 놓으면 복합 인덱스의 선두 컬럼으로 선택되지 못할 수 있다. 이로 인해 복합 인덱스가 제대로 설계되지 못하고, 성능에서 손해를 본다.
그뿐만 아니라, 오라클의 옵티마이저는 LIKE 조건과 '같다(=)' 조건을 다르게 생각한다. '같다(=)' 조건이라면 LIKE 조건보다 인덱스를 사용할 가능성이 더 크다.

그러므로 꼭 필요한 경우가 아니면 LIKE보다는 '같다(=)' 조건을 사용하는 것이 좋다.

11.2 불필요한 부분 제거하기

11.2.1 불필요한 COUNT는 하지 않는다

'COUNT(*)'는 데이터 건수를 세는 집계함수다. 이러한 'COUNT(*)' 집계함수를 불필요한 곳에 사용하는 경우가 많다. 바로 데이터의 존재 여부를 확인할 때다.

고객별로 오늘의 두 번째 주문부터는 할인 처리를 해주는 프로세스가 있다고 가정해 보자. 이 프로세스를 처리하려면 해당 고객이 오늘 주문이 한 건이라도 있는지 확인해야 한다. 아래와 같이 SQL을 사용할 수 있다.

오늘 주문 존재 확인 - COUNT사용

```
1  SELECT  COUNT(*)
2  FROM    T_ORD_BIG T1
3  WHERE   T1.ORD_YMD = '20170225'
4  AND     T1.CUS_ID = 'CUS_0006';
```

오늘 주문이 한 건이라도 있는지 확인하기 위해 카운트를 하고 있다. 실행계획은 아래와 같다.

오늘 주문 존재 확인 - COUNT사용 - 실행계획

```
1  ---------------------------------------------------------------------------------
2  | Id | Operation         | Name         | Starts | A-Rows |   A-Time   | Buffers | Reads |
3  ---------------------------------------------------------------------------------
4  |  0 | SELECT STATEMENT  |              |      1 |      1 |00:00:00.01 |      45 |    44 |
5  |  1 |  SORT AGGREGATE   |              |      1 |      1 |00:00:00.01 |      45 |    44 |
6  |* 2 |   INDEX RANGE SCAN| X_T_ORD_BIG_3|      1 |  10000 |00:00:00.01 |      45 |    44 |
7  ---------------------------------------------------------------------------------
```

실행계획을 보면 'INDEX RANGE SCAN' 단계의 A-Rows가 10,000건이다. 카운트했기 때문에 오늘 주문을 모두 읽었다. 전체 A-Time이나 Buffers 수치를 보면 딱히 부하가 있다고 말하기는 어렵다. 특별히 느리지 않기 때문에 이와 같은 패턴으로 개발하는 경우가 있다.

하지만 이 SQL은 고객이 주문할 때마다 실행된다. 최적화할 필요가 있다. 생각해 보면, 오늘 주문이 한 건이라도 있는지 확인하려면 정확히 한 건만 읽으면 된다. 위 SQL은 9,999건의 불필요한 데이터를 읽고 있다. 아래와 같이 'DUAL~EXISTS'로 변경해 최적화할 수 있다.

오늘 주문 존재 확인 - DUAL, EXISTS사용

```
1  SELECT  NVL(MAX(1),0)
2  FROM    DUAL A
3  WHERE   EXISTS(
4              SELECT  *
5              FROM    T_ORD_BIG T1
6              WHERE   T1.ORD_YMD = '20170225'
7              AND     T1.CUS_ID = 'CUS_0006');
```

위와 같이 SQL을 사용하면, 고객의 오늘 주문이 한 건이라도 존재하면 1이 나오고, 한 건도 없으며 0이 나온다. 아래 실행계획을 살펴보자.

오늘 주문 존재 확인 - DUAL, EXISTS사용 - 실행계획

```
----------------------------------------------------------------------------
| Id | Operation          | Name          | Starts | A-Rows |   A-Time    | Buffers |
----------------------------------------------------------------------------
|  0 | SELECT STATEMENT   |               |    1   |    1   | 00:00:00.01 |    4    |
|  1 |  SORT AGGREGATE    |               |    1   |    1   | 00:00:00.01 |    4    |
|* 2 |   FILTER           |               |    1   |    1   | 00:00:00.01 |    4    |
|  3 |    FAST DUAL       |               |    1   |    1   | 00:00:00.01 |    0    |
|* 4 |    INDEX RANGE SCAN| X_T_ORD_BIG_3 |    1   |    1   | 00:00:00.01 |    4    |
----------------------------------------------------------------------------
```

실행계획에서 'INDEX RANGE SCAN'의 A-Rows가 1이다. Buffers 수치도 4밖에 되지 않는다. 더는 최적화가 필요 없다.

A-Time만 보면 카운트 SQL도 0.01초로 느리지 않다. 굳이 복잡하게 'DUAL~EXISTS'로 사용할 이유가 있을까 생각할 수도 있다. '가랑비에 옷 젖는 줄 모른다'라는 속담을 생각해주기 바란다.

이번에는 성능 차이가 제법 발생하는 예를 들어보자. 최초 주문에만 특별 할인을 해준다고 가정해 보자. 새로 가입한 고객을 위한 이벤트다. 실제로는 '고객별 이벤트' 테이블을 추가해 처리하는 것이 좋을 수 있다. 여기서는 추가 테이블 없이 주문 테이블만 이용해 처리한다고 가정하자. 아래는 최초 주문인지 확인하기 위해 'COUNT(*)'로 처리한 SQL이다.

최초 주문 확인 - COUNT사용 - 기존 주문 없는 고객

```
1  SELECT  COUNT(*)
2  FROM    T_ORD_BIG T1
3  WHERE   T1.CUS_ID = 'CUS_9999';
```

'CUS_9999' 고객은 T_ORD_BIG에 주문이 한 건도 없다. 실행계획을 확인해 보면 별다른 부하 없이 빠르게 처리되고 있다.

```
최초 주문 확인 - COUNT사용  -  기존 주문 없는 고객  -  실행계획
1  ----------------------------------------------------------------------------
2  | Id | Operation          | Name          | Starts | A-Rows |   A-Time    | Buffers | Reads |
3  ----------------------------------------------------------------------------
4  |  0 | SELECT STATEMENT   |               |      1 |      1 | 00:00:00.01 |       4 |    10 |
5  |  1 |  SORT AGGREGATE    |               |      1 |      1 | 00:00:00.01 |       4 |    10 |
6  |* 2 |   INDEX RANGE SCAN | X_T_ORD_BIG_4 |      1 |      0 | 00:00:00.01 |       4 |    10 |
7  ----------------------------------------------------------------------------
```

가입 후에 주문을 한 번도 입력하지 않은 고객은 성능에 전혀 문제가 없다. 이번에는 기존의 주문이 있는 고객을 조건으로 SQL을 실행해보자.

```
최초 주문 확인 - COUNT사용  -  기존 주문 있는 고객
1  SELECT  COUNT(*)
2  FROM    T_ORD_BIG T1
3  WHERE   T1.CUS_ID = 'CUS_0006';
```

'CUS_0006' 고객은 T_ORD_BIG에 이미 360,000건의 주문이 있다. 아래 실행계획을 보면 360,000건의 데이터를 모두 접근하고 있다.

```
최초 주문 확인 - COUNT사용  -  기존 주문 있는 고객  -  실행계획
1  ----------------------------------------------------------------------------
2  | Id | Operation          | Name          | Starts | A-Rows |   A-Time    | Buffers | Reads |
3  ----------------------------------------------------------------------------
4  |  0 | SELECT STATEMENT   |               |      1 |      1 | 00:00:00.14 |    1710 |  1718 |
5  |  1 |  SORT AGGREGATE    |               |      1 |      1 | 00:00:00.14 |    1710 |  1718 |
6  |* 2 |   INDEX RANGE SCAN | X_T_ORD_BIG_4 |      1 |   360K | 00:00:00.18 |    1710 |  1718 |
7  ----------------------------------------------------------------------------
```

'CUS_9999' 고객은 Buffers가 4에 불과했지만, 'CUS_0006'은 1,710의 Buffers가 발생했다. 카운트 SQL로 주문 존재를 확인했기 때문에 주문이 많아지면 많아질수록 점점 느려지게 될 것이다.

위 SQL도 아래와 같이 'DUAL~EXISTS'로 변경해야 한다.

최초 주문 확인 - DUAL~EXISTS사용 - 기존 주문 있는 고객

```
1   SELECT  NVL(MAX(1),0)
2   FROM    DUAL A
3   WHERE   EXISTS(
4              SELECT  *
5              FROM    T_ORD_BIG T1
6              WHERE   T1.CUS_ID = 'CUS_0006');
```

A-Rows가 1인지 직접 실행계획을 확인해보기 바란다. 항상 실행계획을 확인하는 습관이 중요하다.

'DUAL~EXISTS'는 아래와 같이 'ROWNUM'을 사용해 변경할 수도 있다.

최초 주문 확인 - ROWNUM사용

```
1   SELECT  NVL(MAX(1),0) EX_DATA
2   FROM    T_ORD_BIG T1
3   WHERE   T1.CUS_ID = 'CUS_0006'
4   AND     ROWNUM <= 1;
```

개발 현장에서 불필요한 'COUNT(*)'를 너무 많이 보았다. 데이터 존재 확인에 COUNT를 사용해도 성능에 전혀 문제없을 때도 있다. 테이블의 PK나 UNIQUE 값을 조건으로 사용한 경우다. 하지만 COUNT를 계속 사용하다 보면 결국 습관이 된다. COUNT를 사용하기 전에 EXISTS로 처리 가능한지 고민해보기 바란다.

11.2.2 COUNT에 불필요한 부분은 제거한다

여기서 설명할 내용은 '10.2.1 페이징을 위한 카운트 처리' 절과 일부 겹친다. 중요한 부분이므로 가이드에도 추가로 설명을 실었다.

아래와 같이 주문 목록을 조회하는 SQL이 있다고 가정해 보자.

주문리스트 조회 SQL

```
1   SELECT  T1.ORD_SEQ ,T1.RNO ,T1.ORD_YMD ,T1.CUS_ID ,T2.CUS_NM
2          ,T3.BAS_CD_NM ORD_ST_NM
3   FROM    T_ORD_BIG T1
```

```
4              ,M_CUS T2
5              ,C_BAS_CD T3
6     WHERE    T1.ORD_YMD = '20170107'
7     AND      T2.CUS_ID = T1.CUS_ID
8     AND      T3.LNG_CD = 'KO'
9     AND      T3.BAS_CD_DV = 'ORD_ST'
10    AND      T3.BAS_CD = T1.ORD_ST
11    ORDER BY T1.ORD_SEQ ,T1.RNO ;
```

주문(T_ORD_BIG) 정보와 함께 고객이름을 보여주기 위해 고객(M_CUS) 테이블과 조인을 하고 있다. ORD_ST 코드의 명칭을 위해 기준코드(C_BAS_CD) 테이블과도 조인하고 있다. SQL의 11번 라인에는 'ORDER BY'도 있다.

위 SQL의 전체 건수를 보여줄 필요가 있을 때 보통 아래와 같은 패턴으로 개발한다. 이미 개발된 조회 SQL을 인라인-뷰로 처리해 COUNT 하는 방법이다.

주문리스트 조회 SQL - 카운트 처리

```
1     SELECT   COUNT(*)
2     FROM     (
3              SELECT   T1.ORD_SEQ ,T1.RNO ,T1.ORD_YMD ,T1.CUS_ID ,T2.CUS_NM
4                       ,T3.BAS_CD_NM ORD_ST_NM
5              FROM     T_ORD_BIG T1
6                       ,M_CUS T2
7                       ,C_BAS_CD T3
8              WHERE    T1.ORD_YMD = '20170107'
9              AND      T2.CUS_ID = T1.CUS_ID
10             AND      T3.LNG_CD = 'KO'
11             AND      T3.BAS_CD_DV = 'ORD_ST'
12             AND      T3.BAS_CD = T1.ORD_ST
13             ORDER BY T1.ORD_SEQ ,T1.RNO
14             ) T;
```

SQL을 추가 개발할 필요가 없어 매우 편리하다. 하지만 이와 같은 방법은 SQL 성능에서 손해를 본다. 카운트 결과에 영향을 주지 않는 조인과 'ORDER BY' 등이 그대로 사용되었기 때문이다. 실행계획을 확인해 보면 아래와 같다.

주문리스트 조회 SQL - 카운트 처리 - 실행계획

```
1     ---------------------------------------------------------------------------
2     | Id | Operation        | Name        | Starts | A-Rows | A-Time | Buffers |
3     ---------------------------------------------------------------------------
```

```
4    |   0 | SELECT STATEMENT          |             |  1 |     1 |00:00:00.11 |  671 |
5    |   1 |  SORT AGGREGATE           |             |  1 |     1 |00:00:00.11 |  671 |
6    |*  2 |   HASH JOIN               |             |  1 | 90000 |00:00:00.17 |  671 |
7    |   3 |    INDEX FULL SCAN        | PK_M_CUS    |  1 |    90 |00:00:00.01 |    1 |
8    |*  4 |    HASH JOIN              |             |  1 | 90000 |00:00:00.13 |  670 |
9    |*  5 |     INDEX RANGE SCAN      | PK_C_BAS_CD |  1 |     2 |00:00:00.01 |    1 |
10   |*  6 |     INDEX SKIP SCAN       | X_T_ORD_BIG_4|  1 | 90000 |00:00:00.09 |  669 |
11   -------------------------------------------------------------------------------------
```

실행계획을 보면 두 번의 조인(HASH JOIN)이 있다. 조인을 모두 한 후에 COUNT 처리가 되었다.

생각해 보면 'COUNT SQL'에 고객명과 ORD_ST의 코드명은 필요 없다. 다시 말해 카운트를 위해서 M_CUS와 C_BAS_CD를 조인할 필요가 없다. 'ORDER BY' 역시 마찬가지다. 다행히도 'ORDER BY'는 오라클이 자동으로 제거했다. (지금은 페이징과 상관없이 전체 카운트를 하는 경우다. DB-INDEX 페이징 방식의 카운트는 'ORDER BY'가 필수다.)

위 'COUNT SQL'은 아래와 같이 변경할 수 있다. 아래와 같이 변경해도 카운트 결과는 이전과 같다.

주문리스트 조회 SQL - 카운트 처리, 불필요한 조인 제거
```
1   SELECT  COUNT(*)
2   FROM    T_ORD_BIG T1
3   WHERE   T1.ORD_YMD = '20170107';
```

당연히 조인이 생략되었으므로 성능은 향상될 수밖에 없다. 카운트에 영향을 주지 않는 불필요한 조인과 서브쿼리, 'ORDER BY' 등은 제거하고 카운트를 하자.

결과 건수에 영향을 주는 조인은 제거하지 않도록 주의해야 한다. T_ORD_BIG의 CUS_ID 값은 M_CUS에 100% 등록되어 있다. 이런 경우에만 조인을 제거할 수 있다.

개발자가 직접 제거하지 않아도 제거 가능한 부분은 오라클이 자동으로 처리한다. 하지만 항상 오라클만 사용해 개발할 수는 없다. 요즘에는 오픈 소스 진영의 DBMS도 활발하게 사용되고 있다. 그러한 DBMS의 옵티마이져는 아직은 오라클을 따라잡지 못하고 있다. 스스로가 똑똑한 옵티마이져가 되어서 SQL을 변경할 필요가 있다.

11.2.3 불필요한 컬럼은 사용하지 않는다

'SELECT SQL'을 작성하다 보면 필요한 컬럼을 일일이 적기 번거로워 'SELECT *'를 사용하기도 한다.

일회성으로 실행하는 SQL이라면 'SELECT *'를 사용해도 특별한 문제는 없다. 하지만 실제 서비스하는 SQL이라면 꼭 필요한 컬럼만 SELECT 절에 적어주는 것이 좋다.

아래는 '2017년 3월'의 특정 고객의 주문을 조회하는 SQL이다. 실제 화면에 보여줄 4개의 컬럼만 SELECT 절에 사용하고 있다.

특정 고객의 2017년3월 주문 조회

```
1  SELECT  T2.CUS_NM ,T1.CUS_ID ,T1.ORD_ST ,T1.ORD_YMD
2  FROM    T_ORD_BIG T1
3          ,M_CUS T2
4  WHERE   T1.CUS_ID = 'CUS_0077'
5  AND     T1.ORD_YMD LIKE '201703%'
6  AND     T1.CUS_ID = T2.CUS_ID;
```

위 SQL의 실행계획은 아래와 같다.

특정 고객의 2017년3월 주문 조회 - 실행계획

```
---------------------------------------------------------------------------------------
| Id | Operation                        | Name          | Starts | A-Rows |   A-Time     | Buffers | Reads |
---------------------------------------------------------------------------------------
|  0 | SELECT STATEMENT                 |               |     1  |    50  | 00:00:00.01  |     7   |    2  |
|  1 |  NESTED LOOPS                    |               |     1  |    50  | 00:00:00.01  |     7   |    2  |
|  2 |   TABLE ACCESS BY INDEX ROWID    | M_CUS         |     1  |     1  | 00:00:00.01  |     2   |    2  |
|* 3 |    INDEX UNIQUE SCAN             | PK_M_CUS      |     1  |     1  | 00:00:00.01  |     1   |    1  |
|* 4 |   INDEX RANGE SCAN               | X_T_ORD_BIG_4 |     1  |    50  | 00:00:00.01  |     5   |    0  |
---------------------------------------------------------------------------------------
```

실행계획을 보면 T_ORD_BIG에 대한 'TABLE ACCESS BY INDEX ROWID' 작업이 없다. WHERE 절과 SELECT 절에서 사용한 'CUS_ID, ORD_ST, ORD_YMD' 컬럼 모두가 'X_T_ORD_BIG_4' 인덱스에 있기 때문이다.

SELECT 절에 컬럼을 일일이 적기 번거로워 아래와 같이 'SELECT T1.*'로 처리했다고 가정해 보자.

```
특정 고객의 2017년3월 주문 조회 - SELECT T1.*
1   SELECT  T2.CUS_NM, T1.*
2   FROM    T_ORD_BIG T1
3           ,M_CUS T2
4   WHERE   T1.CUS_ID = 'CUS_0077'
5   AND     T1.ORD_YMD LIKE '201703%'
6   AND     T1.CUS_ID = T2.CUS_ID;
```

위 SQL의 실행계획은 아래와 같다.

```
특정 고객의 2017년3월 주문 조회 - SELECT T1.* - 실행계획
-------------------------------------------------------------------------------------
| Id | Operation                       | Name           | Starts | A-Rows | A-Time       | Buffers |
-------------------------------------------------------------------------------------
|  0 | SELECT STATEMENT                |                |      1 |     50 | 00:00:00.01 |      57 |
|  1 |  NESTED LOOPS                   |                |      1 |     50 | 00:00:00.01 |      57 |
|  2 |   TABLE ACCESS BY INDEX ROWID   | M_CUS          |      1 |      1 | 00:00:00.01 |       2 |
|* 3 |    INDEX UNIQUE SCAN            | PK_M_CUS       |      1 |      1 | 00:00:00.01 |       1 |
|  4 |   TABLE ACCESS BY INDEX ROWID   | T_ORD_BIG      |      1 |     50 | 00:00:00.01 |      55 |
|* 5 |    INDEX RANGE SCAN             | X_T_ORD_BIG_4  |      1 |     50 | 00:00:00.01 |       5 |
-------------------------------------------------------------------------------------
```

T_ORD_BIG에 'TABLE ACCESS BY INDEX ROWID' 작업이 생겨났다. 'SELECT T1.*'로 변경되면서 모든 컬럼을 보여주기 위해 테이블에 접근하게 된 것이다.

귀찮아도 SELECT 절에는 '*'를 사용하지 않고 필요한 컬럼만 적어주어야 한다.

WHERE 절의 인덱스만 제대로 구성되어 있고, 대량의 데이터를 조회하는 경우가 아니라면 어느 정도의 'TABLE ACCESS BY INDEX ROWID'가 발생해도 성능에 큰 문제는 없다. 하지만 줄일 수 있는 부하는 줄여주는 것이 좋다. 꼭 필요한 컬럼만 SELECT 절에 사용하는 습관을 갖기 바란다.

11.2.4 동일 테이블의 반복 서브쿼리를 제거하자

SELECT 절의 서브쿼리는 필요한 곳에 적절히 사용하면 SQL 성능과 가독성에 큰 도움이 된다. 하지만 무분별한 사용으로 데이터베이스의 성능을 떨어뜨리는 주범이 되기도 한다.

11.2 불필요한 부분 제거하기

아래 SQL을 살펴보자.

	주문 정보를 조회 - SELECT 절 서브쿼리를 사용
1	SELECT T1.ORD_SEQ ,T1.CUS_ID
2	,T1.ORD_ST
3	,(SELECT A.CUS_NM FROM M_CUS A WHERE A.CUS_ID = T1.CUS_ID) CUS_NM
4	,(SELECT A.EML_AD FROM M_CUS A WHERE A.CUS_ID = T1.CUS_ID) EML_AD
5	FROM T_ORD T1;

고객명과 이메일 주소를 가져오기 위해 SELECT 절에 두 개의 서브쿼리를 사용했다. 서브쿼리도 조인의 일종이다. 그러므로 위와 같이 SQL을 작성하면 M_CUS 테이블을 두 번 조인한 것과 같다. 위 SQL은 한 번의 조인으로 변경할 수 있다. 일반적으로 한 번의 조인이 두 번의 조인보다는 성능에 좋다.

실제 개발 현장에서 기존 SQL에 수정이 발생하면, 이처럼 SELECT 절의 서브쿼리로 해결하는 경우가 많다. 기존 SQL을 쉽게 변경할 수 있기 때문이다. 하지만 이러한 것들이 쌓이다 보면 시스템은 언젠가는 성능 저하에 빠진다.

반복되는 SELECT 절 서브쿼리는 조인으로 작성하도록 하자. 단, 코드명과 같이 값의 종류가 많지 않은 경우는 서브쿼리를 사용하는 것도 괜찮다. 서브쿼리 캐싱으로 성능이 향상될 수 있다.

반복된 SELECT 절 서브쿼리가 성능 문제를 일으키는 대표적인 유형을 살펴보자.

	고객 정보를 조회 - 2017년3월의 주문건수와 주문금액을 서브쿼리로 처리
1	SELECT T1.CUS_ID
2	,T1.CUS_NM
3	,(SELECT COUNT(*)
4	FROM T_ORD_BIG A
5	WHERE A.CUS_ID = T1.CUS_ID AND A.ORD_YMD LIKE '201703%') ORD_CNT
6	,(SELECT SUM(A.ORD_AMT)
7	FROM T_ORD_BIG A
8	WHERE A.CUS_ID = T1.CUS_ID AND A.ORD_YMD LIKE '201703%') ORD_AMT
9	FROM M_CUS T1;

위 SQL은 고객 정보와 함께 고객별로 '2017년 3월'의 주문건수와 주문금액을 조회하고 있다. 주문건수와 주문금액을 가져오기 위해 SELECT 절의 서브쿼리를 두 번 사용했다. 실행계획을 확인해 보면 서브쿼리로 인해 X_T_ORD_BIG_4 인덱스를 두 번이나 접근하고 있다.

Chapter. 11

```
고객 정보를 조회 - 2017년3월의 주문건수와 주문금액을 서브쿼리로 처리 - 실행계획
-------------------------------------------------------------------------------
| Id  | Operation                          | Name        | Starts | A-Rows | A-Time      | Buffers | Reads |
-------------------------------------------------------------------------------
|   0 | SELECT STATEMENT                   |             |      1 |     50 | 00:00:00.01 |       4 |     3 |
|   1 |  SORT AGGREGATE                    |             |     50 |     50 | 00:00:00.63 |    5412 |  5361 |
|*  2 |   INDEX RANGE SCAN                 | X_T_ORD_BIG_4 |   50 |  1110K | 00:00:00.66 |    5412 |  5361 |
|   3 |  SORT AGGREGATE                    |             |     50 |     50 | 00:00:15.44 |   1115K | 59354 |
|   4 |   TABLE ACCESS BY INDEX ROWID      | T_ORD_BIG   |     50 |  1110K | 00:00:15.69 |   1115K | 59354 |
|*  5 |    INDEX RANGE SCAN                | X_T_ORD_BIG_4 |   50 |  1110K | 00:00:00.56 |    5412 |    51 |
|   6 |  TABLE ACCESS FULL                 | M_CUS       |      1 |     50 | 00:00:00.01 |       4 |     3 |
-------------------------------------------------------------------------------
```

위 SQL은 아래와 같이 인라인-뷰와 조인으로 변경할 수 있다. 한 번의 조인으로 주문건수와 주문금액을 모두 해결했다.

```
고객 정보를 조회 - 2017년3월의 주문건수와 주문금액을 조인으로 처리
1  SELECT   T1.CUS_ID ,T1.CUS_NM ,T2.ORD_CNT ,T2.ORD_AMT
2  FROM     M_CUS T1
3           ,(   SELECT A.CUS_ID ,COUNT(*) ORD_CNT ,SUM(A.ORD_AMT) ORD_AMT
4                FROM   T_ORD_BIG A
5                WHERE  A.ORD_YMD LIKE '201703%'
6                GROUP BY A.CUS_ID) T2
7  WHERE    T1.CUS_ID = T2.CUS_ID(+);
```

SQL에 불필요하게 반복 사용하는 테이블이 있는지 항상 고민해야 한다. 반복해서 나타나는 테이블을 줄이는 만큼 성능이 개선될 수 있다. 물론 성능이 개선되려면 인덱스라는 무기가 잘 갖추어져 있고, 무기를 잘 사용할 수 있게 SQL이 작성되어 있어야 한다.

반복 출현하는 테이블을 무리하게 합치려다 오히려 성능이 나빠지는 예도 있다. 반복 출현하는 SELECT 절 서브쿼리는 하나로 합치는 것이 기본 원칙이지만 가장 중요한 것은 실행계획을 보고 성능에 문제가 없는지 확인해보는 것이다.

11.3 생각의 전환

11.3.1 사용자 함수 사용의 최소화

오라클은 사용자 함수(또는 사용자 정의 함수라고 부른다.)를 제공한다. 복잡한 로직을 함수로 구현할 수 있는 편리한 기능이다. 구현된 사용자 함수는 SQL과 조합해서 사용할 수 있다. 대부분의 다른 DBMS도 유사한 기능이 있다.

사용자 함수로 인해 성능 부하가 일어나는 경우가 제법 있다. 독립 트랜잭션 채번이나 매우 복잡한 수식이 반복적으로 사용되는 경우가 아니면 사용자 함수 사용을 최소화하는 것이 좋다. 복잡한 수식을 사용자 함수로 개발할 때도 되도록 테이블 접근이 발생하지 않도록 해야 한다.

테스트를 통해 사용자 함수의 성능 문제를 짚어보자. 기준코드(C_BAS_CD) 테이블에서 코드명을 가져오는 사용자 함수를 개발해 보자. 아래와 같다.

기준코드에서 코드명을 가져오는 사용자 함수

```
1   CREATE OR REPLACE FUNCTION UFN_GET_CODE_NM
2   (    v_BAS_CD_DV VARCHAR2 ,v_BAS_CD VARCHAR2 ,v_LNG_CD VARCHAR2
3   ) RETURN VARCHAR2 IS
4        v_BAS_CD_NM VARCHAR2(100) := '';
5   BEGIN
6
7       SELECT   NVL(MAX(T1.BAS_CD_NM),'')
8       INTO     v_BAS_CD_NM
9       FROM     C_BAS_CD T1
10      WHERE    T1.BAS_CD_DV = v_BAS_CD_DV
11      AND      T1.BAS_CD = v_BAS_CD
12      AND      T1.LNG_CD = v_LNG_CD;
13
14      RETURN v_BAS_CD_NM;
15  END UFN_GET_CODE_NM;
```

기준코드 테이블은 다양한 언어를 지원할 수 있도록 언어코드(LNG_CD) 속성을 가지고 있다. 그러므로 코드명을 가져오기 위한 사용자 함수는 기준코드구분(BAS_CD_DV)과 기준코드(BAS_CD) 그리고 언어코드(LNG_CD) 값을 매개변수로 받아 해당하는 코드명을 결괏값으로 돌려준다.

아마도 이와 유사한 함수를 자신의 시스템에서 본 적이 있을 것이다. 대부분 사이트에서 이와 같은 함수를 봐왔기 때문에 짐작해 본다. 이와 같은 함수가 없거나, 있어도 사용하지 않고 있다면 정말 다행이다.

아래 SQL을 실행해보자, ORD_ST와 PAY_TP의 코드명을 UFN_GET_CODE_NM 사용자 함수로 처리하고 있다.

특정월의 주문을 고객ID, 주문상태명, 지불유형명 순서로 정렬해서 조회

```
1   SELECT  T1.CUS_ID
2          ,T1.ORD_ST ,UFN_GET_CODE_NM('ORD_ST', T1.ORD_ST, 'KO') ORD_ST_NM
3          ,T1.PAY_TP ,UFN_GET_CODE_NM('PAY_TP', T1.PAY_TP, 'KO') PAY_TP_NM
4          ,T1.ORD_YMD ,T1.ORD_AMT
5   FROM    T_ORD_BIG T1
6   WHERE   T1.ORD_YMD = '20170305'
7   ORDER BY T1.CUS_ID ,ORD_ST_NM ,PAY_TP_NM;
```

위 SQL에서 UFN_GET_CODE_NM은 두 군데 사용되었다. T_ORD_BIG에 ORD_YMD가 '20170305'인 데이터는 6만 건이 있다. 그러므로 위 SQL에서 사용자 함수는 12만 번 호출된다. 실행계획을 확인해 보면 아래와 같다.

특정월의 주문을 고객ID, 주문상태명, 지불유형명 순서로 정렬해서 조회 - 실행계획

```
---------------------------------------------------------------------------------------------
| Id | Operation                    | Name         | Starts | A-Rows |   A-Time   | Buffers |OMem |1Mem |
---------------------------------------------------------------------------------------------
|  0 | SELECT STATEMENT             |              |      1 |     50 |00:00:05.24 |   230K  |     |     |
|  1 |  SORT ORDER BY               |              |      1 |     50 |00:00:05.24 |   230K  |4943K| 925K|
|  2 |   TABLE ACCESS BY INDEX RID  | T_ORD_BIG    |      1 |  60000 |00:00:04.03 |  10220  |     |     |
|* 3 |    INDEX RANGE SCAN          | X_T_ORD_BIG_1|      1 |  60000 |00:00:00.07 |    170  |     |     |
---------------------------------------------------------------------------------------------
```

실행계획에는 사용자 함수 사용에 대한 비용이 별도로 나타나지 않는다. 실행계획으로는 사용자 함수가 부하를 일으켰는지 알 수 없다. 다만 전체 Buffers가 230K로 꽤 높은 수치다.

위 SQL을 사용자 함수를 제거하고 조인으로 변경해 보자.

특정월의 주문을 고객ID, 주문상태명, 지불유형명 순서로 정렬해서 조회 - 조인으로 처리

```
1   SELECT  T1.CUS_ID
2          ,T1.ORD_ST ,T_ORD_ST.BAS_CD_NM ORD_ST_NM
3          ,T1.PAY_TP ,T_PAY_TP.BAS_CD_NM PAY_TP_NM
4          ,T1.ORD_YMD ,T1.ORD_AMT
```

```
 5    FROM      T_ORD_BIG T1
 6             ,C_BAS_CD T_ORD_ST
 7             ,C_BAS_CD T_PAY_TP
 8    WHERE    T1.ORD_YMD = '20170305'
 9    AND      T_ORD_ST.BAS_CD(+) = T1.ORD_ST
10    AND      T_ORD_ST.BAS_CD_DV(+) = 'ORD_ST'
11    AND      T_ORD_ST.LNG_CD(+) = 'KO'
12    AND      T_PAY_TP.BAS_CD(+) = T1.PAY_TP
13    AND      T_PAY_TP.BAS_CD_DV(+) = 'PAY_TP'
14    AND      T_PAY_TP.LNG_CD(+) = 'KO'
15    ORDER BY T1.CUS_ID ,T_ORD_ST.BAS_CD_NM ,T_PAY_TP.BAS_CD_NM;
```

조인으로 처리한 SQL의 실행계획은 아래와 같다.

특정월의 주문을 고객ID, 주문상태명, 지불유형명 순서로 정렬해서 조회 - 조인으로 처리 - 실행계획

```
-----------------------------------------------------------------------------------------------
| Id | Operation                       | Name         |Starts |A-Rows |   A-Time   | Buffers | OMem  | 1Mem  |
-----------------------------------------------------------------------------------------------
|  0 | SELECT STATEMENT                |              |   1   |   50  |00:00:02.43 | 10224   |       |       |
|  1 |  SORT ORDER BY                  |              |   1   |   50  |00:00:02.43 | 10224   | 4801K | 915K  |
|* 2 |   HASH JOIN RIGHT OUTER         |              |   1   | 60000 |00:00:04.47 | 10224   | 1063K | 1063K |
|  3 |    TABLE ACCESS BY INDEX RID    | C_BAS_CD     |   1   |    2  |00:00:00.01 |    2    |       |       |
|* 4 |     INDEX RANGE SCAN            | PK_C_BAS_CD  |   1   |    2  |00:00:00.01 |    1    |       |       |
|* 5 |    HASH JOIN RIGHT OUTER        |              |   1   | 60000 |00:00:04.42 | 10222   | 1134K | 1134K |
|  6 |     TABLE ACCESS BY INDEX RID   | C_BAS_CD     |   1   |    2  |00:00:00.01 |    2    |       |       |
|* 7 |      INDEX RANGE SCAN           | PK_C_BAS_CD  |   1   |    2  |00:00:00.01 |    1    |       |       |
|  8 |     TABLE ACCESS BY INDEX RID   | T_ORD_BIG    |   1   | 60000 |00:00:04.36 | 10220   |       |       |
|* 9 |      INDEX RANGE SCAN           | X_T_ORD_BIG_1|   1   | 60000 |00:00:00.05 |   170   |       |       |
-----------------------------------------------------------------------------------------------
```

사용자 함수를 사용한 경우보다 실행계획은 복잡해졌지만, 전체 Buffers는 10,224로 좋아졌다. 반복 호출되던 사용자 함수가 제거된 덕분이다.

여기서는 사용자 함수를 조인으로 변경해 성능을 개선했지만, 코드명과 같이 결괏값의 종류가 많지 않은 데이터는 스칼라 서브쿼리로 대체하는 것도 괜찮다.

사용자 함수로 심각한 성능 문제가 발생하는 예를 살펴보자. 아래는 고객ID와 주문년월을 매개변수로 받아 총 주문금액을 가져오는 사용자 함수다.

고객의 특정월의 주문금액을 가져오는 사용자 함수

```
1   CREATE OR REPLACE FUNCTION UFN_GET_ORD_AMT
2   (    v_CUS_ID VARCHAR2 ,v_ORD_YM VARCHAR2
3   ) RETURN VARCHAR2
4   IS
5       v_ORD_AMT NUMERIC(18,2) := NULL;
6   BEGIN
7       SELECT   SUM(T1.ORD_AMT)
8       INTO     v_ORD_AMT
9       FROM     T_ORD_BIG T1
10      WHERE    T1.ORD_YMD LIKE v_ORD_YM||'%'
11      AND      T1.CUS_ID = v_CUS_ID;
12
13      RETURN v_ORD_AMT;
14  END UFN_GET_ORD_AMT;
```

고객 테이블을 조회하면서 방금 생성한 사용자 함수로 특정 월의 주문금액을 보여주는 SQL을 개발해보자. 이때, 주문금액이 높은 데이터가 먼저 조회되도록 한다.

고객별 2017년3월 주문금액 조회 - 사용자 함수

```
1   SELECT   /*+ GATHER_PLAN_STATISTICS */
2            T1.CUS_ID ,T1.CUS_NM
3            ,UFN_GET_ORD_AMT(T1.CUS_ID,'201703') ORD_AMT
4   FROM     M_CUS T1
5   ORDER BY NVL(ORD_AMT,0) DESC;
```

위 SQL은 제법 오래 걸린다. 실행계획을 살펴보면 아래와 같다.

고객별 2017년3월 주문금액 조회 - 사용자 함수 - 실행계획

```
--------------------------------------------------------------------------------------------
| Id | Operation          | Name  | Starts |A-Rows |   A-Time    | Buffers | Reads | OMem  | 1Mem  |
--------------------------------------------------------------------------------------------
|  0 | SELECT STATEMENT   |       |      1 |    50 |00:00:46.17  |   3718K |  190K |       |       |
|  1 |  SORT ORDER BY     |       |      1 |    50 |00:00:46.17  |   3718K |  190K | 73728 | 73728 |
|  2 |   TABLE ACCESS FULL| M_CUS |      1 |    90 |00:00:00.01  |       6 |     8 |       |       |
--------------------------------------------------------------------------------------------
```

전체 실행 시간과 Buffers가 매우 높다. 아래와 같이 사용자 함수를 제거하고 인라인-뷰와 조인으로 SQL을 변경해보자.

11.3 생각의 전환

고객별 2017년3월 주문금액 조회 - 조인

```
1   SELECT  /*+ GATHER_PLAN_STATISTICS */
2           T1.CUS_ID ,T1.CUS_NM ,T2.ORD_AMT
3   FROM    M_CUS T1
4          ,(  SELECT  A.CUS_ID ,SUM(A.ORD_AMT) ORD_AMT
5              FROM    T_ORD_BIG A
6              WHERE   A.ORD_YMD LIKE '201703%'
7              GROUP BY A.CUS_ID
8           ) T2
9   WHERE   T2.CUS_ID(+) = T1.CUS_ID
10  ORDER BY NVL(T2.ORD_AMT,0) DESC;
```

조인으로 변경하자 Buffers가 3,718K에서 343K로 좋아졌다. 당연히 실행 시간도 단축되었다. 사용자 함수 때문에 성능 저하가 있었다고 결론지을 수 있다.

고객별 2017년3월 주문금액 조회 - 조인 - 실행계획

```
---------------------------------------------------------------------------------------------
| Id |Operation                        | Name        |Starts| A-Rows |   A-Time    |Buffers| OMem | 1Mem |
---------------------------------------------------------------------------------------------
|  0 |SELECT STATEMENT                 |             |   1  |     50 |00:00:11.67  |  343K |      |      |
|  1 | SORT ORDER BY                   |             |   1  |     50 |00:00:11.67  |  343K |73728 |73728 |
|* 2 |  HASH JOIN OUTER                |             |   1  |     90 |00:00:11.67  |  343K | 1023K| 1023K|
|  3 |   TABLE ACCESS FULL             | M_CUS       |   1  |     90 |00:00:00.01  |    6  |      |      |
|  4 |   VIEW                          |             |   1  |     60 |00:00:11.67  |  343K |      |      |
|  5 |    HASH GROUP BY                |             |   1  |     60 |00:00:11.67  |  343K |  910K|  910K|
|  6 |     TABLE ACCESS BY INDEX RID   | T_ORD_BIG   |   1  |  1850K |00:00:14.98  |  343K |      |      |
|* 7 |      INDEX RANGE SCAN           | X_T_ORD_BIG_1|  1  |  1850K |00:00:00.97  |  5156 |      |      |
---------------------------------------------------------------------------------------------
```

사용자 함수를 사용하면 오라클의 다양한 조인 방식을 제대로 활용하지 못한다. 또한, 사용자 함수 안에서 과도한 IO가 발생하면 함수를 사용하는 모든 SQL은 성능 문제를 가지게 된다.

11.3.2 작업량을 줄이자

SQL의 성능을 높이려면 IO를 개선하는 것이 기본 원칙이다. IO를 더 줄일 수 없다면 작업량을 줄이는 아이디어가 필요하다.

T_ORD_JOIN 전체를 읽어서, 고객ID별, 월별, 주문 금액을 보여주는 SQL을 작성해보자. 이 때, 월별 주문 금액은 로우가 아닌 컬럼으로 표시한다. 운영 업무를 해봤다면 이러한 데이터를 하루에 수십 번은 추출해봤을 것이다. 아래와 같이 SQL을 작성할 수 있다.

고객별 월별 주문 금액
```
1   SELECT  T1.CUS_ID
2         ,SUM(T1.UNT_PRC * T1.ORD_QTY) ORD_AMT
3         ,SUM(CASE WHEN T1.ORD_YMD LIKE '201701%' THEN T1.UNT_PRC * T1.ORD_QTY END) AMT_01
4         ,SUM(CASE WHEN T1.ORD_YMD LIKE '201702%' THEN T1.UNT_PRC * T1.ORD_QTY END) AMT_02
5         ,SUM(CASE WHEN T1.ORD_YMD LIKE '201703%' THEN T1.UNT_PRC * T1.ORD_QTY END) AMT_03
6         ,SUM(CASE WHEN T1.ORD_YMD LIKE '201704%' THEN T1.UNT_PRC * T1.ORD_QTY END) AMT_04
7         ,SUM(CASE WHEN T1.ORD_YMD LIKE '201705%' THEN T1.UNT_PRC * T1.ORD_QTY END) AMT_05
8         ,SUM(CASE WHEN T1.ORD_YMD LIKE '201706%' THEN T1.UNT_PRC * T1.ORD_QTY END) AMT_06
9         ,SUM(CASE WHEN T1.ORD_YMD LIKE '201707%' THEN T1.UNT_PRC * T1.ORD_QTY END) AMT_07
10        ,SUM(CASE WHEN T1.ORD_YMD LIKE '201708%' THEN T1.UNT_PRC * T1.ORD_QTY END) AMT_08
11        ,SUM(CASE WHEN T1.ORD_YMD LIKE '201709%' THEN T1.UNT_PRC * T1.ORD_QTY END) AMT_09
12        ,SUM(CASE WHEN T1.ORD_YMD LIKE '201710%' THEN T1.UNT_PRC * T1.ORD_QTY END) AMT_10
13        ,SUM(CASE WHEN T1.ORD_YMD LIKE '201711%' THEN T1.UNT_PRC * T1.ORD_QTY END) AMT_11
14        ,SUM(CASE WHEN T1.ORD_YMD LIKE '201712%' THEN T1.UNT_PRC * T1.ORD_QTY END) AMT_12
15  FROM    T_ORD_JOIN T1
16  GROUP BY T1.CUS_ID
17  ORDER BY SUM(T1.UNT_PRC * T1.ORD_QTY) DESC;
```

위 SQL은 WHERE 조건절이 없다. 그러므로 T_ORD_JOIN 모두를 읽어야 한다. 위 SQL의 실행계획은 아래와 같다.

고객별 월별 주문 금액 - 실행계획
```
-----------------------------------------------------------------------------------------------
| Id |Operation          | Name       |Starts| A-Rows |   A-Time    |Buffers| OMem | 1Mem | Used-Mem |
-----------------------------------------------------------------------------------------------
|  0 |SELECT STATEMENT   |            |   1  |     50 |00:00:04.19  | 26457 |      |      |          |
|  1 | SORT ORDER BY     |            |   1  |     50 |00:00:04.19  | 26457 |73728 |73728 |          |
|  2 |  HASH GROUP BY    |            |   1  |     90 |00:00:04.19  | 26457 | 706K | 706K | 3682K (0)|
|  3 |   TABLE ACCESS FULL| T_ORD_JOIN|   1  |  3224K |00:00:00.40  | 26457 |      |      |          |
-----------------------------------------------------------------------------------------------
```

실행계획을 보면 전체 A-Time이 4.19초다. 테이블 전체를 읽어야 하니 더는 성능 개선 포인트가 없다고 단정할 수 있다. 하지만 여전히 다양한 성능 개선 방법이 있다.

먼저 SQL에 사용된 컬럼을 모두 인덱스로 구성하는 방법이 있다. 인덱스만 사용해 SQL을 처리할 수 있어 IO 부분에서 성능 이득이 예상된다. 두 번째로 테이블 FULL SCAN이 좀 더 빨라지도록 멀티 블록 IO를 높게 잡는 방법도 있다. 세 번째로 병렬 SQL로 처리하는 방법이 있다.
위 방법들을 제외한 다른 방법을 생각해보자. SQL을 보면 답이 있다. 위 SQL에 CASE 문은 12번 사용되고 있다. T_ORD_BIG에는 3백만 건 정도의 데이터가 있다. 그러므로 CASE 문은 3백만 * 12번 처리된다고 추론할 수 있다. CASE 문의 횟수를 줄이면 성능이 좋아질지 시도해 볼 가치가 있다.

CASE 문의 횟수를 줄이는 방법은 간단하다. CASE를 처리하기 전에 고객별, 주문년월별로 주문금액을 먼저 집계하면 된다. 바로 아래 SQL처럼 인라인-뷰를 활용한다.

고객별 월별 주문 금액 - 인라인-뷰를 활용해 CASE 횟수 개선

```
1   SELECT  T1.CUS_ID
2           ,SUM(T1.ORD_AMT) ORD_AMT
3           ,SUM(CASE WHEN T1.ORD_YM = '201701' THEN T1.ORD_AMT END) AMT_01
4           ,SUM(CASE WHEN T1.ORD_YM = '201702' THEN T1.ORD_AMT END) AMT_02
5           -- ... 중략
6           ,SUM(CASE WHEN T1.ORD_YM = '201712' THEN T1.ORD_AMT END) AMT_12
7   FROM    (
8           SELECT  A.CUS_ID ,SUBSTR(A.ORD_YMD,1,6) ORD_YM ,SUM(A.UNT_PRC * A.ORD_QTY) ORD_AMT
9           FROM    T_ORD_JOIN A
10          GROUP BY A.CUS_ID, SUBSTR(A.ORD_YMD,1,6)
11          ) T1
12  GROUP BY T1.CUS_ID
13  ORDER BY SUM(T1.ORD_AMT) DESC;
```

8~10 번 라인의 인라인-뷰 결과는 1,000건이다. 그러므로 인라인-뷰 바깥에서는 CASE 문을 1,000 * 12번만 처리하면 된다.

실행계획을 확인해 보면 아래와 같이 A-Time이 1.31초로 개선되었다. 1/4 정도로 실행 시간이 줄었다.

고객별 월별 주문 금액 - 인라인-뷰를 활용해 CASE 횟수 개선 - 실행계획

```
---------------------------------------------------------------------------------------------
| Id |Operation        |Name |Starts |A-Rows |   A-Time    |Buffers | OMem | 1Mem |Used-Mem|
---------------------------------------------------------------------------------------------
|  0 |SELECT STATEMENT |     |    1  |   50  |00:00:01.31  | 26457  |      |      |        |
|  1 | SORT ORDER BY   |     |    1  |   50  |00:00:01.31  | 26457  |73728 |73728 |        |
|  2 |  HASH GROUP BY  |     |    1  |   90  |00:00:01.31  | 26457  | 706K | 706K |2474K (0)|
|  3 |   VIEW          |     |    1  | 1000  |00:00:01.31  | 26457  |      |      |        |
```

```
 8 |   4|     HASH GROUP BY      |           |   1 | 1000  |00:00:01.31 | 26457 |  873K |  873K|2995K (0|
 9 |   5|     TABLE ACCESS FULL|T_ORD_JOIN|   1 | 3224K|00:00:00.46 | 26457 |       |      |        |
10 -----------------------------------------------------------------------------------------------------
```

SQL을 개발하다 보면 CASE 문이나 DECODE를 많이 사용하게 된다. 대량의 데이터를 처리할 때는 CASE나 DECODE의 위치에 따라 성능 차이가 날 수 있다. CASE를 적용할 대상을 줄일 방법이 있다면 최대한 줄여주는 노력이 필요하다.

조인 역시 마찬가지다. 조인할 대상이 많다면, 대상을 줄여주는 것이 성능에 도움이 될 때가 있다. 아래 SQL은 T_ORD_JOIN 전체를 M_ITM, M_CUS와 조인하는 SQL이다.

고객등급, 아이템유형별 주문금액

```
1  SELECT    T1.CUS_GD ,T2.ITM_TP ,SUM(T3.ORD_QTY * T3.UNT_PRC) ORD_AMT
2  FROM      M_CUS T1
3           ,M_ITM T2
4           ,T_ORD_JOIN T3
5  WHERE     T3.CUS_ID = T1.CUS_ID
6  AND       T3.ITM_ID = T2.ITM_ID
7  GROUP BY T1.CUS_GD, T2.ITM_TP
8  ORDER BY T1.CUS_GD, T2.ITM_TP;
```

위 SQL은 1.4초 정도가 걸린다. SQL에서 데이터가 가장 많은 T_ORD_JOIN을 아래와 같이 인라인-뷰로 'GROUP BY' 처리하면 성능 개선이 가능하다.

고객등급, 아이템유형별 주문금액

```
 1  SELECT    T1.CUS_GD ,T2.ITM_TP ,SUM(T3.ORD_AMT) ORD_AMT
 2  FROM      M_CUS T1
 3           ,M_ITM T2
 4           ,( SELECT    A.CUS_ID ,A.ITM_ID ,SUM(A.ORD_QTY * A.UNT_PRC) ORD_AMT
 5                FROM     T_ORD_JOIN A
 6                GROUP BY A.CUS_ID, A.ITM_ID
 7            ) T3
 8  WHERE     T3.CUS_ID = T1.CUS_ID
 9  AND       T3.ITM_ID = T2.ITM_ID
10  GROUP BY T1.CUS_GD, T2.ITM_TP
11  ORDER BY T1.CUS_GD, T2.ITM_TP;
```

여기서 살펴본 방법을 사용해도 성능이 좋아지지 않을 수도 있다. 각자 환경에 따라 다를 수 있다. 다만, 이러한 시도를 해볼 수 있는 생각의 전환이 필요하다.

11.3.3 집계 테이블을 고민하자

집계 테이블은 실적 테이블을 특정 수준으로 집계해놓은 테이블이다. 집계 테이블은 계속해서 입력, 변경되는 실적 테이블에 접근하는 부담을 줄여준다. 그뿐만 아니라 실적 데이터가 집계된 형태로 저장되므로 데이터 건수가 줄어들어 조회 성능을 높여주는 장점이 있다.

T_ORD_BIG 에는 3천만 건 정도의 데이터가 있다. T_ORD_BIG을 바로 읽어서, 고객ID별 주문금액 순위를 구하려면 제법 오랜 시간이 걸린다. 하지만 집계 테이블을 사용하면 빠르게 원하는 결과를 얻을 수 있다. 성능 테스트를 위해 [그림 11.3.3-1]과 같은 집계 테이블을 생성하자.

일별주문 / S_ORD_BIG_YMD	
주문일자(*)	ORD_YMD(*)
고객ID(*)	CUS_ID(*)
주문상태(*)	ORD_ST(*)
지불유형(*)	PAY_TP(*)
주문금액	ORD_AMT
지불금액	PAY_AMT
주문건수	ORD_CNT

[그림 11.3.3-1]

[그림 11.3.3-1]은 T_ORD_BIG을 일자 별로 집계해서 저장하는 테이블이다. T_ORD_BIG에서 분석에 필요한 컬럼만 모았다. 아래 스크립트를 사용해 집계 테이블(S_ORD_BIG_YMD)을 생성하고, 데이터를 집계해서 INSERT 하도록 한다.

집계 테이블의 생성 및 데이터 집계 수행

```
1   CREATE TABLE S_ORD_BIG_YMD
2   (
3           ORD_YMD VARCHAR2(8) NOT NULL,
4           CUS_ID VARCHAR2(40) NOT NULL,
5           ORD_ST VARCHAR2(40) NOT NULL,
6           PAY_TP VARCHAR2(40) NOT NULL,
7           ORD_AMT NUMBER(18,2) NULL,
8           PAY_AMT NUMBER(18,2) NULL,
9           ORD_CNT NUMBER(18,2) NULL
10  );
11
12  CREATE UNIQUE INDEX PK_S_ORD_BIG_YMD ON S_ORD_BIG_YMD(ORD_YMD, CUS_ID, ORD_ST, PAY_TP);
13
14  ALTER TABLE S_ORD_BIG_YMD
15          ADD CONSTRAINT PK_S_ORD_BIG_YMD PRIMARY KEY (ORD_YMD, CUS_ID, ORD_ST, PAY_TP);
```

```
16
17   INSERT INTO S_ORD_BIG_YMD
18          (ORD_YMD ,CUS_ID ,ORD_ST ,PAY_TP ,ORD_AMT ,PAY_AMT ,ORD_CNT)
19   SELECT  T1.ORD_YMD ,T1.CUS_ID ,NVL(T1.ORD_ST,'NA') ,NVL(T1.PAY_TP,'NA')
20          ,SUM(T1.ORD_AMT) ORD_AMT ,SUM(T1.PAY_AMT) PAY_AMT ,COUNT(*) ORD_CNT
21   FROM    T_ORD_BIG T1
22   WHERE   T1.ORD_YMD LIKE '201701%'
23   GROUP BY T1.ORD_YMD ,T1.CUS_ID ,NVL(T1.ORD_ST,'NA') ,NVL(T1.PAY_TP,'NA');
24
25   COMMIT;
```

19번 라인을 보면, ORD_ST와 PAY_TP 값이 NULL이면 'NA'로 치환하고 있다. S_ORD_BIG_YMD에서 ORD_ST와 PAY_TP는 NULL을 허용하지 않는 PK 컬럼이기 때문이다. 만약에 NULL을 그대로 사용해야 한다면 PK는 제거하고 UNIQUE만 지정할 수도 있다. UNIQUE 인덱스에는 NULL 값을 입력할 수 있다.

S_ORD_BIG_YMD를 사용해 고객ID별 '전체 주문금액'과 '주문금액별 순위'를 구하는 SQL을 작성해 보자.

고객ID별 전체 주문금액과 주문금액별 순위 - 집계 테이블 사용

```
1   SELECT  T1.CUS_ID ,MAX(T2.CUS_NM) CUS_NM ,SUM(T1.ORD_AMT) ORD_AMT
2          ,RANK() OVER(ORDER BY SUM(T1.ORD_AMT) DESC) RNK
3   FROM    S_ORD_BIG_YMD T1
4          ,M_CUS T2
5   WHERE   T1.CUS_ID = T2.CUS_ID
6   GROUP BY T1.CUS_ID
7   ORDER BY SUM(T1.ORD_AMT) DESC;
```

위 SQL을 실행하면 0.01초 만에 실행 결과가 나온다. T_ORD_BIG을 사용하면 18.29초가 걸린다.

놀라운 성능 개선이라 할 수 있다. 하지만 집계 테이블은 많은 단점이 있다. 단점을 하나씩 살펴보자.

(1) 관리 비용 증가

집계 테이블의 첫 번째 단점은 관리 비용이 증가하는 것이다. 집계 테이블을 추가로 만들어야 하고, 집계를 수행하는 배치 작업과 배치를 실행할 스케줄도 생성해야 한다. 집계 테이블이 늘

어나는 만큼 이러한 항목들이 추가되므로 매우 큰 관리 비용이라 할 수 있다.

(2) 비실시간 데이터

집계 테이블의 두 번째 단점은 실시간 데이터가 아니라는 점이다. 집계 작업은 대부분 특정 시간에 수행한다. 특정 시간 이전에 발생한 실적들을 모아서 집계하므로, 이후에 발생한 데이터는 다음 집계가 실행되기 전까지 집계 테이블에 존재하지 않는다.

이로 인해 생기는 가장 큰 문제는 화면마다 데이터가 다를 수 있다는 것이다. A화면은 집계 테이블을 사용하고, B화면은 실적 테이블을 사용하고 있다면, A화면과 B화면에서 조회되는 데이터는 차이가 있다. 이 문제를 방지하려면 화면마다 데이터 추출 기준을 명시해 주어야 한다.

(3) 집계 과정의 오류

집계 테이블의 마지막 단점은 집계 중에 오류가 발생할 수 있다는 점이다. 이로 인해 집계 데이터가 잘못 생성되거나 생성되지 않을 수도 있다. 여기서 살펴본 S_ORD_BIG_YMD의 집계 과정은 매우 단순해 집계 중에 오류가 생길 가능성이 작다. 하지만 실제 운영 시스템에는 이보다 몇십 배는 더 복잡한 집계 로직이 필요하다. 그뿐만 아니라 데이터양에 따라 집계 시간도 오래 걸릴 수 있다.

오류가 발생해 제시간에 집계되지 않거나, 잘못된 데이터로 집계되어 있다면, 그야말로 지옥 같은 아침을 보내게 된다. 출근하자마자 집계 오류를 찾아 해결하고, 다시 집계 작업을 수행해야 한다. 대부분의 집계 데이터는 경영진이나 주요 분석 담당자가 보는 화면과 연관되어 있다. 이런 화면들은 출근하자마자 열어 보는 관심 높은 화면이다. 서둘러서 집계 오류를 해결하지 않으면 여기저기 불려 다니는 불상사가 생기게 될 것이다.

위와 같은 이유로 집계 테이블을 사용하는 것을 반기지 않는 사람들이 많다. 필자 역시 운영팀에 있을 때 집계 테이블 추가에 큰 부담이 있었다.

집계 테이블의 장점은 명확하다. 실적 데이터를 바로 읽어서 절대 이룰 수 없는 성능 향상을 할 수 있다는 점이다. 매우 많은 사람이 사용하고 성능 향상이 필요하다고 판단되면, 위의 단점들을 무릅쓰고 집계 테이블을 고려할 필요가 있다.

에필로그 - 감사의 마음

귀한 시간을 쪼개서 이 책을 읽어주신 독자 여러분께 가장 먼저 감사의 마음을 드립니다.

응원과 이해를 아끼지 않았던 나의 사랑하는 아내
씩씩하고 용감한 영현이와 영찬이.
자식들만 생각하며 몸과 마음을 아끼지 않는 어머니.
이제는 하늘에 계시지만 항상 저를 믿어 주셨던 아버지.
사위 반찬까지 신경 쓰며 항상 웃어 주시는 따뜻한 장모님.
타향살이 하는 동생 없이 혼자서 부모님을 잘 돌봐준 누나.
열심히 그리고 멋지게 사는 우리 처제와 동서.
사랑하고 감사합니다. 언제나 건강했으면 합니다.

제가 경력을 쌓아 올릴 수 있었던 건 모두 재환이 형 덕분입니다.
Respect! Respect! Respect!
직장에서 힘들 때면 항상 큰 힘이 되어준 은덕이.
우리에게 큰 깨달음을 주고 아주 멀리 떠난 종태.
10년 넘게 알았지만, 여전히 10년 전처럼 착한 성일이.
우리 팀은 최고였습니다. 모두 보고 싶습니다.

출판 자체가 리스크가 될 수 있음에도 용단을 내려주신 조시형 대표님.
귀하고 바쁜 시간 쪼개서 책을 살펴봐 주신 디비안(DBian) 임직원분들.
디비안이 없었다면 책을 낼 수 없었을 겁니다.
감사합니다. 디비안의 빛나는 미래를 진심으로 기원합니다.

박상용 전무님, 유진승 상무님, 변동구 수석님, 이상엽 부장님, 이일호 수석님.
기나긴 중국 생활 마감하고 한국으로 돌아오는데 알게 모르게 큰 힘이 되었습니다.
진심으로 감사합니다.

지독했던 MCS 2.0 프로젝트를 잘 마무리해준 SDSK PL들과 개발자분들.
중국에서 같이 일하고 생활했던 SDS 임직원분들.
그리고 MCS 팀의 소중한 중국 친구들.
오랜 시간 함께 해준 고등학교, 대학교 동기들.
이름을 모두 적지 못했지만, 항상 감사한 마음입니다.

2019. 10. 유일환 올림.

찾아보기

[A - Z]

A
A-Rows, A-Time 129
AUTONOMOUS_TRANSACTION 275, 276

B
B*트리 144, 146
Buffers 129, 134, 135

C
CARTESIAN JOIN 81
CASE 33, 34
COUNT 38, 39
CREATE USER 16
CUBE 55
CURRVAL 282, 285

D
DATE 자료형 346
DB 페이징 321
DB-INDEX 페이징 326
DISTINCT 39

F
FLUSH BUFFER_CACHE 166, 170
FULL SCAN 151

G
GRANT 16, 17
GROUP BY 31, 33

GROUPING
GROUPING 46

H
HASH JOIN 195, 225

I
INDEX 141
INDEX FULL SCAN 153, 195
INDEX RANGE SCAN 153, 158
INDEX RANGE SCAN (MIN/MAX) 267
INDEX RANGE SCAN DESCENDING 289, 328
INNER JOIN 59
IOT 144

J
JOIN 58, 189

L
LAG 309
LEAD 309

M
MERGE 105
MERGE JOIN 194, 220
MS-SQL 144, 286
My-SQL 144, 286

N
NESTED LOOPS JOIN 191
NEXTVAL 281, 282
NL 조인 191, 198

O
OUTER JOIN 72
OVER 293

OVER~ORDER BY	303
OVER~PARTITION BY	299

P

Predicate Information	122, 180, 345

R

READ COMMITTED	240
Reads	129, 134, 135
ROLLUP	43
ROW_NUMBER	307
ROWNUM	307, 316, 321

S

SELECT MAX	262
SELECT~FOR UPDATE	248

T

TABLE ACCESS FULL	151, 158

W

WITH 절	112

[ㄱ - ㅎ]

ㄱ

교착 상태	253
기준 데이터 집합	72

ㄴ

논리적 IO	129, 134, 135

ㄷ

단일 인덱스	143, 161
대기 상태	252
데드락	253
데이터 집합	63
동시성	240

ㄹ

락	248

ㅁ

물리적 IO	129, 134, 135

ㅂ

버퍼캐시	134, 135
복합 인덱스	143, 164, 169
부분 범위 처리	136
블록	133
빌드 입력	226

ㅅ

서브쿼리	90
소프트 파싱	131
시퀀스	281, 284
실제 실행계획	123, 126
실행계획	120, 121

ㅇ

예상 실행계획	123
옵티마이저	130
인덱스	141
인덱스로 커버된 SQL	179
인라인-뷰	37

ㅈ

집계 테이블	377
집계함수	31, 32

ㅊ

참조 데이터 집합	72
채번 테이블	272
채번함수	275

ㅋ

클러스터드 인덱스	144

ㅌ

트랜잭션	233
트랜잭션 고립화 수준	240

ㅍ

파티션 테이블	145

ㅎ

하드 파싱	131